ÍNDIOS NO BRASIL

ÍNDIOS NO BRASIL

ÍNDIOS NO BRASIL

Marilena de Souza Chaui
Luís Donisete Benzi Grupioni (Org.)
Laymert Garcia dos Santos
Lucia Bettencourt
Ana Maria de M. Belluzzo
Maria Sylvia Porto Alegre
Aracy Lopes da Silva
Lucia Hussak van Velthem
Ruth Maria Fonini Monserrat
John Monteiro
Dominique Tilkin Gallois
Berta G. Ribeiro
Isabelle Vidal Giannini
Carlos Frederico Marés de Souza Filho
Washington Novaes
Lux Boelitz Vidal
Omar Ribeiro Thomaz
Gerôncio Albuquerque Rocha
Priscila Siqueira

global
EDITORA

"Índios no Brasil" é uma publicação recomendada pelo Ministério da Educação e do Desporto, como parte do programa de promoção e divulgação de materiais didático-pedagógicos sobre as sociedades indígenas brasileiras. Recomendado pelo Comitê de Educação Escolar Indígena.

CATÁLOGO ÍNDIOS NO BRASIL

1ª EDIÇÃO: 1992
Secretaria Municipal de Cultura de São Paulo

2ª EDIÇÃO: 1994
Ministério da Educação e do Desporto (Copyright cedido pela SMC-SP)

4ª EDIÇÃO, Global Editora, São Paulo 2000

2ª REIMPRESSÃO, 2011

Diretor Editorial
JEFFERSON L. ALVES

Organização
LUÍS DONISETE BENZI GRUPIONI

Preparação dos originais
MARIA VALÉRIA RIBEIRO SOSTENA (COORDENAÇÃO)
DALVA ELIAS THOMAS SILVA
IRANY SANTOS
MARIA CRISTINA MARTINS
MARIA DAS GRAÇAS DE SOUZA SÁ
MARIA DE FÁTIMA ROZALES RODERO
REJANE DE CASSIA BARBOSA DA NÓBREGA

Revisão
ANA LÚCIA COELHO
MARIA SILVIA MATTOS SILVEIRA MANZANO
MARIA SILVIA PIRES OBERG

Pesquisa iconográfica
LUÍS DONISETE BENZI GRUPIONI

Projeto gráfico
INSPIRADO NO TRABALHO DE MOEMA CAVALCANTI PARA O LIVRO
HISTÓRIA DOS ÍNDIOS NO BRASIL, ORGANIZADO POR MANUELA CARNEIRO DA CUNHA
E PUBLICADO EM 1992 PELA COMPANHIA DAS LETRAS/FAPESP/SMC-SP

Capa
MARCELO AZEVEDO

Dados Internacionais de Catalogação na Publicação (CIP)
(Câmara Brasileira do Livro, SP, Brasil)

Índios no Brasil / Luís Donisete Benzi Grupioni org. – 4. ed. – São Paulo : Global ; Brasília : MEC, 2000.

Vários autores.
ISBN 85-260-0615-0 (Global)

1. Índios da América do Sul – Brasil 2. Índios da América do Sul – Brasil – Artesanato 3. Índios da América do Sul – Brasil – Cultura 4. Índios da América do Sul – Brasil – História 5. Índios da América do Sul – Brasil – Lendas 6. Índios da América do Sul – Brasil – Ritos e cerimônias 7. Índios da América do Sul – Brasil – Usos e costumes I. Grupioni, Luís Donisete Benzi.

98-5376 CDD–306.08981

Índice para catálogo sistemático:

1. Brasil : Sociedades indígenas : Antropologia cultural : Sociologia 306.08981

GLOBAL EDITORA E DISTRIBUIDORA LTDA.
Rua Pirapitingüi, 111 – Liberdade
CEP 01508-020 – São Paulo – SP
Tel.: (11) 3277-7999 – Fax: (11) 3277-8141
e-mail: global@globaleditora.com.br
www.globaleditora.com.br

Nº DE CATÁLOGO: **2114**

ÍNDICE

OS ÍNDIOS E A SECRETARIA MUNICIPAL DE CULTURA

A DESCOBERTA DA AMÉRICA E O ENCONTRO COM O OUTRO

DIVERSIDADE CULTURAL DAS SOCIEDADES INDÍGENAS

A Severo Gomes,
amigo dos índios

OS ÍNDIOS E A SECRETARIA MUNICIPAL DE CULTURA

500 Anos - Caminhos da Memória, Trilhas do Futuro

Marilena de Souza Chaui

CAMINHOS DA MEMÓRIA

1492

1792 américa 500 anos 1922

1992

TRILHAS DO FUTURO

Quem lê os primeiros relatos sobre o Novo Mundo - diários e cartas de Colombo, Vespúcio, Caminha, Las Casas - observa que a descrição dos nativos da terra obedece a um padrão sempre igual: são seres belos, fortes, livres, "sem fé, sem rei e sem lei". As descrições de Vespúcio, mais do que as dos outros, são de deslumbramento, particularmente quando se referem aos homens jovens e às mulheres. A imagem dos "índios" não é casual: os primeiros navegantes estão convencidos de que aportaram no Paraíso Terrestre e descrevem as criaturas belas e inocentes que viveriam nas cercanias paradisíacas. A esta construção imaginária veio acrescentar-se, mais tarde, a que identificava os nativos com as 10 tribos perdidas de Israel e que, encontradas, ofereciam o primeiro e seguro sinal de que se aproximava o Tempo do Fim, a restauração do Reino de Deus na Terra. Quando, no século XVIII, fazendo a crítica iluminista da civilização e anunciando o romantismo, Rousseau construiu a figura do bom-selvagem, apenas concluiu um caminho aberto no final do século XV.

Contraposta à imagem boa e bela dos nativos, a ação da conquista ergueu uma outra, avesso e negação da primeira. Agora, os "índios" são traiçoeiros, bárbaros, indolentes, pagãos, imprestáveis e perigosos. Postos sob o signo da barbárie, deveriam ser escravizados, evangelizados e, quando necessário, exterminados.

Durante os últimos 500 anos, a América não cessou de oscilar entre as duas imagens brancas dos índios e, nos dois casos, as gentes e as culturas só puderam aparecer filtradas pelas lentes da bondade ou da barbárie originária. Cegos e surdos para a diferença cultural (no sentido amplo deste termo), os pós-colombinos e pós-cabralinos realizaram a obra da dominação, mesmo quando julgaram que faziam o contrário, desejosos de aumentar o rebanho do povo de Deus ou os cidadãos da sociedade moderna.

Entre os efeitos dessa obra - colonização, evangelização, escravidão, aculturação, extermínio - destaca-se um: a certeza de que os povos indígenas pertencem ao passado das Américas e ao passado do Brasil. Passado, aqui, assume três sentidos. **Passado cronológico**: os povos indígenas são resíduo ou remanescente em fase de extinção como outras espécieis naturais. **Passado ideológico**: os povos indígenas desapareceram ou estão desaparecendo, vencidos pelo progresso da civilização que não puderam acompanhar. **Passado simbólico**: os povos indígenas são apenas a memória da boa sociedade perdida, da harmonia desfeita entre homem e natureza, anterior à cisão que marca o advento da cultura moderna (isto é, do capitalismo). No presente, os índios seriam apenas uma realidade empírica com a qual é difícil lidar em termos econômicos, políticos e sociais. Donde a idéia de "Reserva Indígena", espaço onde se conservam espécimens e resíduos.

A Exposição "Índios no Brasil: Alteridade, Diversidade e Diálogo Cultural" procurou uma perspectiva crítica face à dupla tradição do bom e mau selvagem e à ideologia do passado como único tempo que resta aos povos indígenas. Procurou o plural - índios - em lugar do singular "o índio" (inexistente). Procurou o presente - as nações indígenas fazem parte do presente brasileiro e as lutas em torno da demarcação e exploração das terras indígenas é a prova contundente dessa presença atual. Procurou a diferença de culturas: o olhar do branco sobre a alteridade, reduzindo-a, na maioria das vezes, à identidade (os índios como antepassados arcaicos dos brasileiros ocidentais); o olhar dos índios sobre os brancos, olhar de desconcerto, espanto, temor e cólera; os olhares dos índios entre si, isto é, a pluralidade de línguas, histórias, culturas. E deixou abertas as trilhas do futuro: diálogo ? destruição ? aprendizado recíproco ?

Talvez a resposta inicial a estas perguntas se encontre no abaixo-assinado de milhares de crianças, jovens e adultos, dirigidos à Presidência da República, exigindo a demarcação das terras indígenas, o respeito à autonomia político-cultural das nações indígenas e o convite para que as discussões e decisões sobre os problemas ecológicos passem pelo crivo da modernidade indígena que nos tem muito a ensinar.

As sociedades indígenas no Brasil através de uma exposição integrada

Luís Donisete Benzi Grupioni

Índios no Brasil: Alteridade, Diversidade e Diálogo Cultural é o título da exposição que ocupou, de 14 de junho a 27 de julho de 1992, todo o andar térreo do Pavilhão da Bienal, uma área de quase 5.000 m^2, no Parque do Ibirapuera em São Paulo. Uma das atividades centrais do projeto cultural "500 Anos: Caminhos da Memória - Trilhas do Futuro" desenvolvido pela Secretaria de Cultura paulistana para celebrar os 500 anos de descoberta da América, os 200 anos do esquartejamento de Tiradentes e os 70 anos da Semana de Arte Moderna, a exposição teve como objetivo principal oferecer à população da cidade de São Paulo um conjunto de informações corretas, contextualizadas e acessíveis sobre a realidade indígena brasileira, procurando-se combater as noções de selvageria, atraso cultural e humanidade incompleta que caracterizam a compreensão das sociedades indígenas pelo senso comum. Pretendeu-se com a realização desse evento contribuir para uma mudança qualitativa no tratamento da realidade indígena brasileira, entendendo que a apresentação desse conjunto confiável de informações é uma das condições básicas para que, de fato, ocorra mudanças nas formas de pensar e nas atitudes com relação as mais de 200 sociedades indígenas que habitam o território nacional.

O ponto de partida para a elaboração do projeto conceitual e museográfico dessa exposição[1] foi a avaliação de que o conhecimento produzido e acumulado sobre as sociedades indígenas brasileiras ainda não logrou ultrapassar os muros da academia e o círculo restrito dos especilistas. Nas escolas a questão das sociedades indígenas, frequentemente ignorada nos programas curriculares, tem sido sistematicamente mal trabalhada. Dentro da sala de aula, os professores revelam-se mal informados sobre o assunto e os livros didáticos, com poucas exceções, são deficientes no tratamento da diversidade étnica e cultural existente no Brasil de 1500 aos dias atuais. Os meios de comunicação continuam produzindo imagens distorcidas da realidade indígena. As organizações não-governamentais, que realizam campanhas de apoio aos índios e produzem material informativo de qualidade sobre eles, têm atingido uma parcela muito reduzida da sociedade. O Estado brasileiro, por sua vez, tem implementado políticas e programas de assistência aos índios sem levar em consideração o conhecimento disponível sobre estas populações e mesmo a opinião destes grupos. Preconceito, desinformação e intolerância têm, assim, cercado as populações indígenas no Brasil.

Procurou-se, então, com a realização deste evento, reverter tal quadro através da seleção e da apresentação de aspectos relevantes que definem e conformam as sociedades indígenas, bem como de temas que têm estruturado nossa reflexão sobre estas sociedades. Pretendeu-se apresentar a diversidade de soluções que os grupos indígenas lograram construir no que diz respeito a sua organização, sobrevivência e relações com o seu meio ambiente, enfatizando que as sociedades indígenas das baixas terras sul-americanas configuram um tipo de instituição social e de desdobramento da capacidade criativa e adaptativa da espécie humana.

Propunha-se, inicialmente, a exposição trabalhar, em perspectiva histórica, as imagens produzidas, de um lado e de outro, no contato das populações indígenas do Novo Mundo com os europeus, as manifestações sócio-culturais das sociedades indígenas hoje e sua inserção no mundo moderno e contemporâneo. Para tanto, foram definidos três eixos conceituais propostos como estruturadores dos diferentes módulos que comporiam a exposição. Estes eixos foram, então, traçados a partir de três conceitos distintos: a alteridade, a diversi-

Estandartes da entrada da exposição Índios no Brasil, Pavilhão da Bienal, Parque do Ibirapuera. Foto: Luís Grupioni.

dade e o diálogo cultural. O registro da ***alteridade*** nos serviria de guia para resgatar o imaginário investido na situação de contato e que nela se transforma. De suas várias perspectivas: brancos descobrindo índios e índios descobrindo brancos e outros índios. A noção da ***diversidade*** nos permitiria explorar a sua não-homogeneidade: os índios são diversos de nós, mas também diversos entre si. E, enfim, esta diversidade posta em causa apontaria para o ***diálogo*** com estas culturas que fazem parte de nosso presente e que estão também incluídas no horizonte e na definição de nosso futuro comum. Abdicando do viés histórico, mas mantendo sequências temporais significativas, a exposição foi dividida em mais de 30 módulos organizados a partir desses três eixos conceituais estruturadores.

Passo, agora, a demonstração de como articulamos cada um destes conceitos.

Eixos conceituais:

1. Alteridade: figurações do outro entre brancos e índios

A descoberta de um novo mundo habitado por povos até então desconhecidos foi, sem dúvida, o acontecimento mais extraordinário e decisivo da moderna história do Ocidente e desencadeou uma vasta elaboração de discursos e imagens sobre estes povos e lugares. O contato mantido com os povos do Oriente não se cercara do sentimento de perplexidade que, então, tomou conta dos europeus. Os padrões conhecidos das diferenças culturais dificilmente se aplicam a eles, multiplicando os conflitos de interpretação sobre sua identidade e as polêmicas sobre os procedimentos adequados para a colonização e o contato. De iníco, sabemos, de tão inverossímel -sem fé, sem lei e sem rei- esse Mundo vizinha o fantasmagórico e, depois, passa a oscilar na mente dos europeus entre a imagem de um inferno bestial e de um paraiso terrestre ao sabor dos interesses, elaborações e fantasias que presidem o tempo da conquista.

Dos descobridores aos nossos contemporâneos, as sociedades indígenas foram, quase sempre, projetadas do lado da natureza por uma cultura incapaz de acolher a alteridade. Figuras como a de bárbaros, bons selvagens, primitivos e arcaicos foram elaboradas nesse processo de contato, pacificação e convívio experimentado pelas populações nativas no Novo Mundo após a chegada e instalação dos europeus.

E se a alteridade se colocou como um problema para os europeus, ela também o foi para os povos indígenas, que tiveram de reelaborar seus esquemas conceituais para dar conta da irrupção destes novos personagens. De um lado e de outro do Atlântico o encontro destes povos se constituia num momento capital de suas histórias. O contato representou o fim da autonomia sócio-cultural de muitos povos indígenas do continente e não foram poucos os que sucumbiram perante a determinação dos colonizadores. A presença dos europeus foi se constituindo como algo permanente, que exigia respostas e estratégias de enfrentamento. A atitude de estranhamento e as múltiplas respostas dadas por estes povos à presença dos europeus revela que a alteridade foi enfrentada apesar da descontinuidade que impunha as diversas ordens sociais estabelecidas.

Prova disto é que muitos povos indígenas, no processo contínuo de reelaboração de suas tradições míticas, incluiram os brancos nos seus mitos de criação. Na mitologia dos índios Waiãpi do Amapá, por exemplo, a irrupção dos brancos acontece nos tempos remotos da criação do universo, quando o herói cultural Ianejar cria os Waiãpi, que integram a categoria dos humanos, juntamente com os brasileiros, os negros e os franceses, estando todos fadados a uma vida breve, que os distingue do criador da humanidade. Neste tempo mítico viviam todos juntos, mas o herói cultural foi obrigado a separá-los impingindo-lhes línguas não inteligíveis, locais de habitação diversos e instrumentos diferentes.[2] Para os índios Krahó, por sua vez, o herói cultural teria oferecido aos índios a possibilidade de escolha entre o arco e flecha e a espingarda e outros bens industrializados. Os índios, numa escolha considerada mais tarde como equivocada, ficaram com o arco e por isso os brancos tornaram-se civilizados e tecnologicamente superiores. Em outros sistemas culturais, os brancos foram incorporados de forma

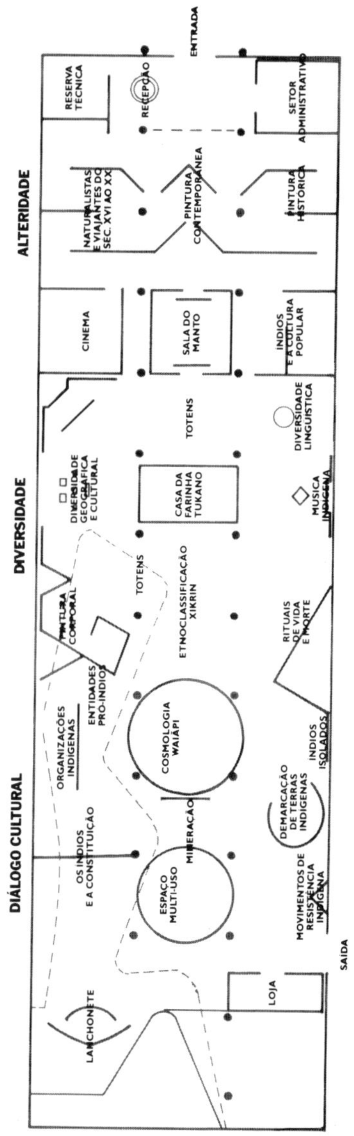

Mapa da exposição.

diversa. Os Bororo na sua classificação e apropriação dos elementos e seres que compõem o universo designaram o clã dos Bokodori Ecerae (um dos 8 clãs em que dividem sua sociedade e seus membros) como possuidores dos bens do branco e do próprio homem branco. Assim como o tatu-canastra, o colar com garras de onça, e certas constelações de estrelas, o homem branco foi descoberto, apropriado e integrado no universo metafísico bororo.

Não são passivas e nem uniformes, assim, as respostas dadas pelos grupos indígenas para a alteridade representada pelos brancos dado, de um lado, a diversidade socio-cultural existente e, de outro, os variados processos de contato nos quais es-

Solenidade de abertura da exposição Índios no Brasil com a presença da Prefeita de São Paulo, Luíza Erundina, da Secretária de Cultura, Marilena Chaui e de lideranças indígenas Guarani da aldeia do Morro da Saudade. Foto: K. Alcovér.

tas sociedades indígenas estiveram envolvidas.

A partir dessa conceituação da alteridade, passamos para a avaliação das possibilidades de apresentação museográfica. E aqui tivemos uma grande dificuldade: a de contrapor as representações sobre os índios realizadas pelos brancos, com aquelas representações sobre os brancos feita pelos índios, pois buscávamos um equilíbrio, tanto no aspecto da comparação formal, quanto na apresentação museográfica. A mitologia é, sem dúvida, o grande terreno para as elaborações sobre o homem branco e sobre o contato. Mas os mitos constituem uma elaboração filosófica de díficil entendimento e decifração, e muito mais ainda de apresentação museográfica. Há entretanto alguns artefatos produzidos pelos índios que ao incorporarem pedaços de bens industrializados, ou representarem de forma pictórica o homem branco, poderiam ser utilizados para a contraposição que estávamos nos propondo a apresentar. Há ainda algumas representações cerimoniais onde os índios representam os brancos, como por exemplo a festa realizada pelos Bororo, quando satirizam a figura do branco. Entretanto, os elementos de que dispúnhamos para apresentar o olhar indígena se mostrava muito reduzido e até mesmo empobrecido diante do que traríamos para apresentar as figurações elaboradas pelos brancos. Na avaliação final, decidimos desistir da contraposição e elegemos as representações sobre os índios e suas apropriações pela nossa sociedade como o foco de desenvolvimento do conceito da alteridade e como gancho para a apresentação na forma de uma introdução- para a segunda e terceira parte da exposição. A visão dos índios sobre os brancos -e o registro efetivo de sua presença- foi apresentada na segunda parte da exposição em diferentes módulos.

O registro da alteridade serviu de guia, então, para resgatar o imaginário investido na situação de contato e permitiu a organização de um conjunto extremamente rico de obras raras e originais. Aberta com uma reprodução da célebre carta de Pero Vaz de Caminha ao rei Dom Manuel, esta primeira parte da exposição abrigou um conjunto de obras nunca antes reunido. Das cópias das pinturas de Albert Eckhout, feitas por Neils Aagard Lutzen a pedido do imperador D. Pedro II, passando por originais de Debret, Rugendas, Florence e Wied-Neuwied; registrou-se a corrente indianista na pintura histórica através dos pin-

Indio Xavante fala - durante a inauguração da exposição - sobre o centro das aldeias Jês, lugar público por excelência, onde se desenvolvem os principais rituais e onde são tomadas as decisões políticas. Foto: Vilma Gonçalves/CIMI.

céis de Oscar Pereira da Silva, Benedito Calixto, Vitor Meirelles e Diogo da Silva Parreiras, na literatura através dos textos de Gonçalves Dias e José de Alencar e na música através de orginais da ópera de Carlos Gomes. Primeiras edições de cronistas, viajantes e naturalistas foram expostas em vitrines. A representação do índio na pintura e na escultura contemporânea (Volpi, Poty, Glauco Rodrigues, Portinari, Luis Rochet, Waldomiro de Deus,) foi precedida pelo registro da volta às origens empreendida pelo modernismo (Di Cavalcanti, Rego Monteiro e Brecheret). Deu-se um destaque especial para 23 desenhos inéditos de Cândido Portinari feitos nos anos 40 para ilustrar uma edição de "A Verdadeira História" de Hans Staden. A incorporação do índio pela sociedade envolvente foi apresentada pelo uso de nomes e referências indígenas em produtos comerciais, no carnaval, no cinema, na filatelia e na numismática, na literatura de cordel e no culto aos caboclos realizado pelas religiões afro-brasileiras. Esta primeira parte encerrou-se com uma vitrine vazia onde poderia ter figurado um dos seis últimos mantos de plumas dos índios Tupinambá, todos depositados em museus europeus, e que a curadoria da mostra tentou -sem sucesso- trazer para o Brasil. Entendia-se o manto como um objeto catalizador, que se impõe pela densidade de significados que, dentro do seu contexto de origem ou fora dele, podia sugerir, capaz de sintetizar o processo de expropriação e museificação ocorrido com o Novo Mundo após a chegada dos europeus no séc. XVI.

2. Diversidade: implosão do conceito genérico de índio

No segundo momento da exposição, nossa proposição foi desenvolver o conceito da diversidade. A apresentação da diversidade das manifestações sócio-culturais das sociedades indígenas no Brasil esbarrava na aparentemente homogeneizada e folclorizada categoria genérica de índio. Era, assim, preciso desconstruir tal noção, subtraindo-lhe sua força de unidade homogeneizadora para que se constatasse a rica diversidade existente entre as sociedades indígenas no Brasil contemporâneo.

Fruto de um erro histórico do século XVI e invenção da sociedade nacional, a categoria índio, perpetuada através dos anos, acaba adquirindo uma conotação política. Ela passa a ser incorporada pelos grupos indígenas no processo de construção de uma identidade coletiva, nomeando-os frente ao restante da sociedade. Estabelece um contínuo de semelhanças estruturais entre as diferentes sociedades indígenas e um marco em relação aos civilizados. A manutenção desta identidade social coletiva, por parte dos índios, passa pela manipulação de suas especificidades culturais e dos estereótipos da sociedade envolvente e não implica na anulação de suas marcas étnicas.

Se é recente, entretanto, a apropriação pelos grupos indígenas da categoria índios, é fato que ela tem nos servido há muito tempo. Tem possibilitado a criação de uma unidade genérica que permite, num primeiro momento, diferenciar nossa sociedade do conjunto das diferentes sociedades indígenas existentes no território brasileiro.

As sociedades indígenas compartilham de um conjunto de traços e elementos básicos, que são comuns a todas elas e as diferenciam de sociedades de outro tipo. A lógica e o modelo societal compartilhado pelos grupos indígenas são diferentes do nosso. Duas ordens de problemas estão colocados: o que faz com que uma sociedade seja indígena? e o que as diferencia uma das outras? É o modo de viver, de organizar as relações entre as pessoas e destas com o meio em que vivem e com o sobrenatural que faz com que uma sociedade seja indígena. Sociedades indígenas são sociedades igualitárias, não estratificadas em classes sociais e sem distinções entre possuidores dos meios de produção e possuidores de força de trabalho. São sociedades que se reproduzem a partir da posse coletiva da terra e dos recursos nela existentes e da socialização do conhecimento básico indispensável à sobrevivência física e ao equilíbrio sócio-cultural dos seus membros.[3]

Mais que a especialização, embora sempre haja exímios caçadores, cantadores e artesãos, é a divisão do trabalho por sexo e por idade que regula a produção nestas sociedades. As tarefas do dia-a-dia são repartidas entre homens e mulheres de acordo com suas idades e nenhuma classe ou grupo detém o monopólio sobre uma parte do processo produtivo ou sobre uma atividade específica. Despontam, todavia, o xamã, regulando e intermediando as relações com o mundo dos espíritos, e o chefe apaziguando as disputas políticas e buscando consenso e coesão. Regras, compromissos e obrigações estabelecidos pelas relações de parentesco, de amizade ou criadas em rituais e em contextos políticos definem a distribuição de bens e serviços. Generosidade, redistribuição e reciprocidade criam, recriam e intensificam relações nessas sociedades.[4]

Embora possamos tentar apreender estas sociedades isolando aspectos como o político, o religioso, o econômico, estes se entrelaçam num todo compacto e coerente. A coesão íntima de todos os elementos conforma a especificidade sócio-cultural de cada um destes grupos. Isto coloca o segundo problema que é identificar os mecanismos que permitem vislumbrar a diversidade destes grupos. Não só habitam áreas geográficas distintas e vivenciam processos históricos específicos estes grupos são em si diferenciados. Estudos monográficos têm revelado o nexo cultural de muitas sociedades indígenas. Trata-se de uma riqueza sócio-cultural adaptativa significativa em solucionar de forma original problemas colocados a todos os grupos humanos: como estabelecer relações entre seus pares, com os seus opositores e com o meio natural e sobre-natural que os circundam.

A língua é sem dúvida o primeiro critério lembrado em termos de diversificação cultural. São cerca 170 línguas indígenas conhecidas, classificadas e distribuídas. O contato histórico e o uso de mesmas áreas ecológicas resultando no compartilhar de traços culturais comuns deu ensejo a um outro critério de classificação cultural: as áreas culturais. Povos em contato acabam se influenciando mutuamente, difundindo e fazendo empréstimos de elementos culturais diversos. É possível, pois, conformar áreas onde grupos experimentam traços culturais uniformes.

Estes dois critérios falam da diversidade de dentro para fora, isto é, alicerçam-se em elementos constitutivos destas sociedades. Mas é possível ainda agrupá-las a partir das frentes de expansão capitalista da sociedade envolvente que chegaram até estas sociedades e então verificar a situação delas em termos do seus graus de contato.[5]

De todos esses critérios o que sobra é que cada sociedade indígena se pensa e se vê como um todo homogêneo e coerente e procura manter suas especificidades apesar dos efeitos destrutivos do contato. Um Guarani ou um Yanomami, apesar de índios, vão continuar se pensando como um Guarani e como um Yanomami.

Nessa segunda parte da exposição, estruturada em torno do conceito da diversidade sócio-cultural das sociedades indígenas, optamos por uma apresentação museográfica desdobrada em dois momentos: a diversidade, propriamente dita, e a exemplaridade. Trabalhou-se primeiro com a implosão do conceito genérico de índio, subtraindo-lhe sua força homogeneizadora. Os índios não são apenas diversos de nós, são também diversos entre si: 200 povos, 170 línguas e dialetos sendo falados, morando em dezenas de aldeias, habitando diferentes áreas ecológicas em todo o território nacional e submetidos a diferentes processos de contato com segmentos da sociedade envolvente.

Um conjunto de 20 tótens (ampliações fotográficas em tamanho natural de índios) introduziam o visitante nesse novo momento da exposição. Aí o visitante podia seguir por duas rotas distintas. De um lado ele encontraria dois mapas com a localização dos povos indígenas no Brasil e uma seleção de artefatos (plumária, trançado, cerâmica, tecelagem e máscaras rituais) de diferentes grupos indígenas, que se completavam com um longo painél com fotografias de casas e aldeias, que rodeavam algumas maquetes de estruturas de casas indígenas. Quatro calendários de atividades econômicas de grupos indígenas diferentes davam conta de encerrar essa apresentação da diversidade de ocupação e adaptação ao território. Se o visitante seguisse a outra rota se defrontaria com um longo painel com a classificação de todas as línguas indígenas conhecidas no Brasil. Ali dois "brinquedos" apresentavam 24 palavras em línguas indígenas diferentes: o visitante rodava um círculo e descobria como se falava a palavra mão, por exemplo, em Xavante, Minky, Yanomami, Kaxarari, Kulina, Aweti, Tupi antigo ... Uma bancada com diversos brinquedos infantis introduzia o tema da socialização nas sociedades indígenas. Esta era seguida por vitrines e painéis onde foram apresentados armas, instrumentos de guerra e diferentes instrumentos musicais.

Compartilhando uma série de traços

Durante uma visita monitorada, crianças recebem explicações sobre o processamento da mandioca feito pelos índios Tukano na reprodução de uma casa de Farinha ambientada com artefatos etnográficos. Foto: Luís Grupioni.

Filmes e vídeos etnográficos exibidos na exposição Índios no Brasil

Xingu/Terra
1981. 106min. Filme de Maureen Bisilliat.

Pemp
1988. 27min. Direção e fotografia: Vicent Carelli.

Primeiros Contatos com os Txukarramãe
1990. 14min. Direção: Maureen Bisilliat.

O Enigma Verde de Altamira (The Green Puzzle of Altamira)
1989. 52min. Filme de Lode Cafmeyer.

Fruto da Aliança dos Povos da Floresta
1990. 20min. Direção e fotografia: Siã Kaxináwa.

Yanomami: a Luta pela Demarcação
1989. 30 min. TV Cultura. Repórter Especial.

Entrevista com Verá Recové
1989. 19min. Programa A Voz da Floresta. Macsuara Kadiwel.

Funeral Bororo
1990. 47min. Baseado em documentário cinematográfico de Darcy Ribeiro e Heiz Forthman (1953. 34 min. Alemanha. Brasil).

Os Kaiapó Saindo da Floresta
1989. 58min. Direção: Terence Turner.

Povo da Lua, Povo do Sangue
1984. 27min. Marcello G. Tassara e Cláudia Andujar.

Mineração e Desenvolvimento em Área Indígena
1987. 15min. Celso Maldos e Ailton Krenak.

Vídeos nas Aldeias
1989. 9min. Direção: Vicente Carelli.

Kararaô: um Grito de Guerra
1989. 78min. Programa Repórter Especial TV Cultura de São Paulo/Roseli Galleti.

Funeral Mentuktire/Nascimento
s.d. - 27min. Yoshikuni Takahashi.

O Espírito da TV
1990. 18min. Fotografia e direção: Vicente Carelli.

Wai'A, O Segredo dos Homens
1988. 15min. Direção e pesquisa: Virginia Valadão.

Yanomami: Saúde
1990. 57min. Direção: Caco Mesquita. TV 2 Cultura -Repórter Especial.

Mato Eles?
1983. 33min. Direção : Sérgio Bianchi.

Festa da Moça
1987. 20 min. Direção: Vicente Carelli.

Na Trilha dos Uru-Eu-Wau-Wau
1984. 55min. Direção: Adrian Cowell.

Yanomami: Morte e Vida
1990. 30min. Direção: Mônica Teixeira. TV Manchete. Manchete Urgente.

O Caminho do Fogo
1984. 55min. Direção: Adrian Cowell.

Os Arara
1984. 134min. Direção: Andrea Tonacci.

Contato com uma Tribo Hostil: Txikão
1967. 26min. Direção: Jesco Von Puttmaker.

Reinado na Floresta
1973. 31 min. Direção: Adrian Cowell.

A Tribo que Fugiu do Homem
1973. 78min. Direção: Adrian Cowell.

Expedições Famosas
1953. 24min. Direção: James Marshall.

Ameríndia
1990 Direção: Conrado Berning.

Krahô: os Filhos da Terra
1990 - JBRACE Direção: Luiz Eduardo Jorge.

Contato com uma Tribo Hostil
30 min. Direção: Harry Hastings.

Aos Ventos do Futuro
45min. Direção: Hermano Penna.

CPI do Índio
9min. Direção: Hermano Penna.

Tribo que se Escondeu do Homem
90min. Direção: Adrian Cowell.

Esses e Outros Bichos
22min. Direção: Renato Neiva Moreira.

Guarani
10min. Direção: Regina Jeha.

Índios: Direitos Históricos
23min. Direção: Hermano Penna.

Xingu/Luta
9min. Direção: Maureen Bisilliat. Marcelo Tassara.

Tamarikuna
30min. Direção: Harry Hastings.

Missa da Terra sem Males
35min. Direção: Conrado.

República Guarani
100min. Direção: Sílvio Back.

Kaigang
19min. Direção: Inimá Simões.

A nominação, iniciação e morte de um indivíduo, importantes rituais dos índios Bororo, foram apresentados na exposição através de três cenários com bonecos ornamentados. Foto: Luís Grupioni.

comuns, as sociedades indígenas se diferenciam muito uma das outras. Trabalhou-se, então, com aspectos significativos do universo indígena a partir da eleição de algumas especificidades: a casa de farinha Tukano, os rituais de nominação, iniciação e morte dos Bororo, o etno-conhecimento dos Xikrin, a concepção do cosmo dos índios Waiãpi e a pintura dos Kayapó mereceram destaque.

3. Diálogo cultural: índios do presente e do futuro

O terceiro e último momento da exposição foi estruturado para combater uma série de equívocos que cercam a realidade indígena e para demonstrar uma realidade pouco conhecida.

Não obstante a crença generalizada de decréscimo das populações indígenas, bem como sobre sua degeneração e empobrecimento cultural, fato é que a partir dos anos 70, e mais ainda nos últimos anos, o contigente populacional indígena tem crescido de forma constante, como se mostram também revigoradas suas culturas, com o aumento de seu reconhecimento e auto-estima. Ao lado disto, consolidam-se instrumentos jurídicos que garantem a proteção e direitos específicos a estes grupos, e embora muitos ainda considerem que os índios se constituem como obstáculos para a expansão de atividades econômicas capitalistas em diversas regiões, não é mais concebível a admissão pública do extermínio destas populações, como tantas vezes ocorreu no passado. Por força constitucional hoje o próprio Ministério Público está preocupado com os índios e seus direitos, e o Estado, apesar de sua ineficiência, conta com condições materiais objetivas para atender as demandas formuladas pelas sociedades indígenas, a quem deve assistir.

É certo que o Estado continua mantendo uma posição ambígua nesta questão. Ele oscila entre um protecionismo genérico, marcado pela importância dos índios para a ideologia da nacionalidade e consusbstanciado numa legislação protetora que reconhece direitos formais, e uma prática sistemática de descaso e desrespeito para com estas populações, entendendo os índios como impecílho para o desenvolvimento e transformando-os em ícones da negação do progresso.[6]

Essa ambiguidade do Estado se reproduz na sociedade civil e permite, por exemplo, que a nação assista estarrecida ao massacre de 14 índios Tikuna no Igarapé do Capacete em março de 1988, ou que permaneça passiva -ainda que comiserada- diante da tragédia Yanomami no auge da atividade de predação dos garimpeiros. Distantes, mas não o suficiente para que os ignoremos, os índios e seus problemas insistem em nos incomodar. Eles nos colocam em contato com a face autoritária de um Estado prepotente e centralizador e com uma sociedade civil frequentemente apática que titubeia cada vez mais entre fechar os olhos ou apavorar-se diante dos menores nos semáforos, dos pais de família sem emprego, de grupos de extermínio ou de suicídios em massa como dos índios Kaiowá. Se para setores da sociedade civil os índios, não obstante sua presença efetiva, representam somente uma herança cultural a ser resgatada, para uma parcela cada vez mais significativa desta mesma sociedade os índios têm direitos e devem ser respeitos. Pesquisa recente realizada em São Paulo indica que mais de 80 % da população é a favor da demarcação das terras indígenas, mesmo com prejuizo de projetos de exploração econômica.

Do conjunto de publicações didáticas produzido para a exposição Índios no Brasil, destaca-se o Roteiro Bibliográfico com 25 indicações de livros.

Os índios e seus problemas nos incomodam ainda porque, ao afirmarem sua diversidade e especificidade cultural, reclamam a dívida secular de dominação etnocida que se seguiu ao descobrimento e, depois, ao esfacelamento do ideal libertário representado pelo índio "bom selvagem", sempre presente no imaginário coletivo do Ocidente.

Hoje, ao chamarem atenção para a viabilidade e a necessidade de respeito, aos seus tipos diferenciados de existência e organização, os índios estão nos questionando a fundo sobre o nosso modelo de sociedade. E não é propondo o seu modelo como plausível para nós, mas antes de tudo como referencial: "os índios são bons para pensar", poderia dizer um leitor engajado de Lévi-Strauss.

A violência cometida contra populações nativas e a preocupação com sua preservação têm levado, por sua vez, a mobilização na área científica. Alguns pesquisadores chamam a atenção para o potencial genético diferenciado representado por cada uma destas sociedades e para a importância de sua manutenção. Outros trataram de lembrar e registrar o conhecimento milenar desenvolvido por estes povos no conhecimento e no trato do meio que habitam. É, assim, que novas espécies animais, vegetais e minerais foram conhecidas e estão sendo investigadas. A medicina indígena, a utilização equilibrada do potencial energético da floresta amazônica - que sustenta populações nativas há séculos - reclamam o reconhecer dos saberes indígenas e seu legado para o restante da humanidade. Foram eles que domesticaram plantas que integram dietas e cardápios de grupos que hoje não se conceberiam sem elas: mandioca, milho, batata, tomate, feijão, borracha, castanha-do-pará, erva-mate, amendoim, guaraná, quinina, algodão e cacau, para ficar apenas em alguns.[7]

No bojo da vaga ecológica que varre o mundo, muitos passaram a nutrir simpatia pelos índios a partir da visão de que estes não só defendem a natureza, mas fazem parte dela, assim como a mata atlântica ou o mico-leão dourado. Vivendo integrados à natureza, são ecológicos em essência e, assim, devem ser protegidos e preservados. Evidentemente que os índios têm uma estreita relação com a natureza e sua sobrevivência depende do equilíbrio desta relação. Mas quando se tornam recorrentes notícias de que índios vendem madeira ou propiciam atividades de garimpo em suas terras, então essa imagem idílica do selvagem imerso na natureza precisa ser revisada. Simétrica a esta posição, é a do Estado que sempre tratou os índios como seres desprovidos de vontade política, naturalizados e vistos como variáveis passivas nos seus planos estratégicos de desenvolvimento e ocupação do território nacional. Para os planejadores governamentais, frequentemente os índios são apenas "um problema ambiental para as grandes obras de engenharia". Assim, a força adquirida no final dos anos 80 pelo par índio/natureza precisa ser reconsiderada, não só porque encobre muitos problemas, mas porque está assentada sobre um equívoco: o de que o reconhecimento dos direitos indígenas se faz em decorrência de seu valor ecológico. Ora, é preciso ficar claro que os direitos indígenas independem de vivência ecológica destes grupos, pois provêm do fato de se constituirem como grupos humanos, social e culturalmente diferenciados.[8]

Visitantes assistem um vídeo sobre a invasão de garimpeiros na área indígena Nambiquara no módulo sobre mineração, garimpo e terras indígenas. Foto: Luís Grupioni.

Folder com a programação dos eventos paralelos da exposição Índios no Brasil.

Oficina de trançado indígena

A partir das folhas da palmeira babaçu, buriti e inajá, os povos indígenas trançam cestos, peneiras, abanos, bolsas e outros utensílios domésticos. Os índios Krahó, em Goiás, conhecem 22 formas de começar o trançado de um mesmo tipo de cesto. Venha aprender mais sobre a arte do trançado com a antropóloga Ester de Castro.

05, 08, 09, 15, 22, 23 de julho - 15:00h.

Oficina de pintura facial

Pintando suas faces, seus corpos e seus objetos, os índios expressam momentos e sentimentos importantes em suas vidas. Jenipapo, urucum, carvão e barro são utilizados na arte de pintar-se. A antropóloga e artista Elsje Maria Lagrou ensina a fazer alguns motivos de pintura facial e explica seus significados.

27 de junho - 11:00 h.
28 de junho - 11:00 h.
05 de julho - 11:00 h.

Oficina de argila

São muitas as formas, os usos e as decorações dos potes de cerâmica feitos pelos índios. O ceramista Oey Eng Goan vai confeccionar algumas bonecas de barro, imitando a arte dos índios Karajá, que moram na ilha do Bananal. Venha modelar uma boneca de argila.

04 de julho
11:00 h. e 14:00 h.
12 de julho
11:00 h.

Oficina de línguas indígenas

"Tupi or not Tupi?". Falam-se hoje no Brasil mais de 170 línguas indígenas diferentes. Essa pluralidade lingüística, expressão e constituição da diversidade sócio-cultural indígena, será trabalhada pela lingüista Ruth Monserrat.

12 de julho - 15:00 h.
18 de julho - 11:00 h.

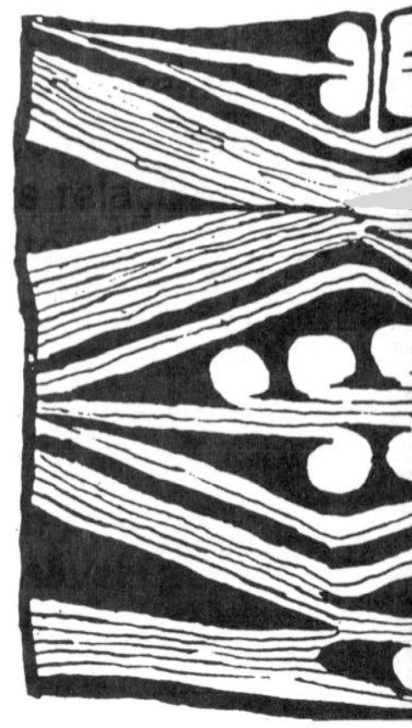

Apresentaç de repentis

No desafio característic te do repente, o artista p Jota Barros e seu amigo enfrentar para falar so índios do Brasil. Venha a essa manifestação da a pular brasileira.

20 e 27 de junhc
15:00 h.
11 de julho -
15:00 h.
18 de julho -
15:00 h.

Apresentaç de sons indígenas

Marlui Miranda é uma d cas cantoras brasileiras dedica ao estudo e à in tação dos sons indígen ela a música indígena co um exercício de liber criação, que envolve to munidade. Venha conf trabalho sobre a sonor indígena.

14 de junho - 18:0
25 de julho - 15:0

·presentação de dança e úsica Guarani

ndios Guarani que habi- milenarmente a Mata ıtica brasileira, apresen- ıspectos de seu universo ·o e cultural na encenação ɔ da criação do mundo e ıs lendas''. Resgatar a tra- ɔ indígena é um dos obje- do Núcleo de Arte Mile- ımbá Arandú, que coor- rá estas apresentações.

19 e 26 de julho - 11:00 h, 14:00 h. e 15:30 h.

ɔnversas com um chefe Waiãpi

ɛr Kassiripiná Waiãpi, que ı na aldeia do Mariry, no ɔá, conta estórias e fala ᵋ a cultura do seu povo. ambém sobre os proble- que os Waiãpi vêm ·ntando para garantir gridade de seu território.

, 24 e 28 de junho - 15:00 h.

Debate sobre a realidade indígena

A Comissão Índios no Brasil, criada pela Secretaria Municipal de Cultura de São Paulo, realiza duas reuniões de trabalho e discussão sobre temas atuais referentes à temática indígena.

26 de junho - 14:00 h
17 de julho - 14:00 h

Lançamento do livro "Grafismo Indígena"

A editora Nobel e a Universidade de São Paulo lançam o livro "Grafismo Indígena - Estudos de Antropologia Estética", organizado por Lux Vidal, e que reúne artigos de antropólogos e pesquisadores sobre a arte gráfica indígena brasileira.

26 de junho - 18:00 h.

Lançamento do livro "História dos índios no Brasil"

A Secretaria Municipal de Cultura, a Companhia das Letras e a FAPESP lançam o livro "História dos índios no Brasil", organizado por Manuela Carneiro da Cunha, reunindo diversos artigos de estudiosos sobre o tema.

24 de julho - 19:00 h.

Contadores de história

As tradições indígenas têm inspirado a literatura infanto-juvenil para criar belas histórias. Contadores de história ligados às bibliotecas municipais contam histórias sobre os índios para o público infantil. (Veja a programação das sessões de conto no hall de entrada da exposição.)

Ciclo de vídeos etnográficos

Diariamente são exibidos vídeos etnográficos produzidos por entidades de apoio aos índios e filmes relacionados à temática indígena. (Veja a programação diária no hall de entrada da exposição.)

Outros eventos:

Durante os meses de junho e julho, esses e outros eventos acontecem no espaço de multi-uso da exposição Índios no Brasil, no andar térreo do Pavilhão da Bienal, no Parque do Ibirapuera. (Acompanhe a programação pela imprensa.)

Crianças participam da conversa com o líder indígena Kassiripiná Waiãpi no espaço multi-uso da exposição. Foto: Fernando Conti.

São muitos os equívocos e as distorções que cercam a questão indígena, especialmente no Brasil. Assim, a proposição de que "os índios estão aí, e para ficar" implica em aceitar que um projeto de recuperação da cidadania brasileira ou um projeto de modernidade deve reservar um espaço para os índios e para suas demandas. A convivência com a diversidade pode representar uma rica experiência cultural para todos. E o diálogo só será possível se conhecermos mais e compreendermos melhor essas sociedades.

Neste sentido elegemos como soluções museográficas para trabalhar o tema do diálogo cultural, conceito organizador dos últimos módulos da exposição, o trabalho das entidades de apoio aos índios, a emergência plural das organizações e associações indígenas, os direitos indígenas no atual texto constitucional, a questão da demarcação e o problema do garimpo e da mineração em terras indígenas e a apropriação de instituições típicas do mundo ocidental, como o museu e o centro de cultura, por parte dos índios (como os Tikuna e o Guarani de São Paulo). Esses temas foram eleitos como sinais da vitalidade indígena no presente.

Exposição integrada: eventos paralelos

A exposição assim constituída compreendeu também uma mostra de vídeos e filmes selecionados, visitas monitoradas, conferências com índios e especialistas, apresentações musicais, oficinas de trançado, cerâmica, pintura facial e línguas indígenas, distribuição de materiais didáticos de referências sobre índios e uma lojinha para venda de publicações e artesanato. O serviço de monitoria da exposição possibilitou que mais de 11.000 estudantes da rede de ensino pública e particular de São Paulo tomassem parte em visitas guiadas.[9] Um abaixo-assinado solicitando a demarcação das terras indígenas, em cumprimento ao artigo 67 do Ato das Disposições Constitucionais transitórias da atual Constituição, esteve a disposição do público visitante: 8.458 adultos e 2.871 crianças assinaram o abaixo-assinado que foi encaminhado ao presidente da República Itamar Franco. Este conjunto de eventos e serviços buscou aumentar a possibilidade de reflexão, participação e aproveitamento da exposição por parte do público visitante.

Painéis com textos, fotografias ampliadas, obras de arte, livros raros, artefatos indígenas, ambientes culturais recriados e sonorizados, vídeos, maquetes e mapas preencheram o vasto espaço do andar térreo da Fundação Bienal convidando o público visitante a refletir sobre suas idéias e atitudes perante as sociedades indígenas. Uma exposição deste porte, talvez a maior já realizada no Brasil quer pela sua extensão ou pelo conjunto de questões abordadas, esteve sujeita a diferentes leituras e apropriações.

Pensando nisto, e no público heterogêneo que teríamos visitando a exposição, procuramos desde o início evitar que a exposição se realizasse como a ilustração de um sistema -ainda que lacunar- de conhecimentos estabelecidos pelas especialidades da etnologia, bem como cuidamos de contornar a falsa segurança que uma apresentação demasiadamente dirigida e estruturada poderia induzir no público, obstaculizando sua própria atividade de interrogação e compreensão. Deste modo, ao visitante foram oferecidos eixos organizadores, sugestões de conexão de blocos informativos e de segmentos de sentido, deixando espaço para sua própria intervenção na construção dos itinerários. Procurou-se, ainda, no projeto arquitetônico da exposição, interromper as sequências esboçadas por "intervalos", momentos mais reflexivos, constituídos por obras singulares -objetos catalizadores- que se impõem pela densidade de seu valor cultural, para além das conexões de significação sugeridas (itens de exceção ou raros por seu valor artístico, teórico ou histórico, seja das culturas indígenas ou de sua interpretação pela nossa, sempre restituídos, uns e outros, ao contexto da sua produção ou cercadas das informações necessárias para a compreensão de sua relevância e sentido). Assim fizemos com os desenhos de Portinari e com a sala do manto Tupinambá.

Procuramos, enfim, com o desenvolvimento dos conceitos da exposição, fazer uma crítica da forma como a questão indígena tem se apresentado no nosso cotidiano e um convite à reflexão sobre nossas idéias e posturas sobre o tema. Não se pretendeu com isto que o público saísse da exposição com a sensação de compreenção e domínio do objeto exposto. Pelo contrário, buscou-se uma aproximação do universo indígena, atráves da suscitação de dúvidas, de incompreensões e de limites de apreensão. Esperamos que ao sair, o público estivesse inquieto e incomodado diante do que viu, ouviu e experimentou enquanto percorria o espaço da exposição. Um início de diálogo com as culturas indígenas -um dos objetivos centrais desta exposição- exige de nós a rarefação de nossas certezas, o questionamento de uma série de idéias pré-concebidas, incompletas e muitas vezes equivocadas. Entendemos que a busca da compreensão do outro passa necessariamente pela interrogação sobre nós mesmos, ou, ao menos, sobre algumas de nossas idéias e opiniões.

Esta exposição, acreditamos, deu um passo neste sentido.

Notas

1. A curadoria da exposição Índios no Brasil entendeu, desde o início dos seus trabalhos, que a realização de um evento de tal envergadura devia se constituir num espaço de interação entre os diferentes personagens que formam o campo antropológico e indigenista brasileiro. Neste sentido foram convidados a tomar parte, em momentos distintos do processo de viabilização desta exposição e dos eventos paralelos, especialistas ligados a diferentes universidades, museus e organizações não-governamentais. Procurou-se, assim, fazer um reconhecimento legítimo e coletivo do conjunto dos trabalhos acumulados junto às sociedades indígenas no Brasil, não priorizando nenhuma linha política ou ideológica específica.

2. Cf. Gallois, Dominique — 1985 — "Índios e brancos na mitologia Waiãpi: da separação dos povos à recuperação das ferramentas" in **Revista do Museu Paulista**, N.S., vol. XXX, USP, São Paulo.

3. Silva, Aracy Lopes da — 1987 — "Nem Taba, nem Oca: uma coletânea de textos à disposição dos professores" in Aracy Lopes da Silva — **A questão indígena na Sala de Aula: subsídios para professores de 1º e 2º graus**, São Paulo, Ed. Brasiliense.

4. Grupioni, Luís Donisete Benzi — 1988 — **A**

questão indígena no Brasil, mimeo., São Paulo, Comissão Justiça e Paz.

5. Silva, Aracy Lopes da — 1988 — **Índios**, São Paulo, Ed. Ática.

6. Durham, Eunice — 1983 — "O lugar do índio" in Lux Vidal (org.) — **O Índio e a Cidadania**, São Paulo, Ed. Brasiliense.

7. Ribeiro, Berta G. — 1990 — **Amazônia Urgente: cinco séculos de história e ecologia**, Belo Horizonte, Ed. Itatiaia.

8. Andrade, Lúcia e Viveiros de Castro, Eduardo — 1988 — "Hidrelétricas do Xingu: o Estado contra as sociedades indígenas" in Santos, Leinad e Andrade, Lúcia — **As Hidrelétricas do Xingu e os Povos Indígenas**, São Paulo, Comissão Pró-Índio de São Paulo.

9. Os monitores da exposição Índios no Brasil participaram do curso de reciclagem "500 anos depois: os índios no Brasil Contemporâneo", que foi ministrado para os funcionários das bibliotecas municipais que, ano a ano, atendem uma avalanche de estudantes à procura de dados sobre os índios para suas pesquisas escolares.

Amigos dos índios: os trabalhos da Comissão Índios no Brasil

Laymert Garcia dos Santos

A Comissão Índios no Brasil nasceu na Secretaria Municipal de Cultura de São Paulo, como uma das facetas de um grande projeto comemorativo da descoberta da América intitulado "500 Anos: Caminhos da Memória, Trilhas do Futuro". Faceta que, entretanto, desde o início, trouxe a marca de um questionamento sobre o próprio sentido da comemoração.

Com efeito, o que poderia esta significar? A celebração de um encontro, de um desencontro ou de um mau-encontro entre europeus e índios, civilizados e primitivos? E celebração para quem? Indagado a respeito, quando se começou a pensar no assunto, ainda em 1990, o líder da União das Nações Indígenas, Ailton Krenak respondera que, em seu entender, os índios não tinham o que comemorar, nem o que contra-comemorar, porque essa era uma questão dos brancos e para os brancos, cabendo a estes, e só a eles, avaliar o que tinham sido suas relações com os povos da terra ao longo de cinco séculos. E completara: se os brancos concluírem que erraram, que comemorem os quinhentos anos de guerra contra as populações indígenas com um gesto de boa-vontade, de reconciliação.

Devolvida aos brancos por um índio, a questão da comemoração sofrera no entanto uma inflexão importante. Agora já não se tratava mais de perguntar o que os índios pensam sobre o descobrimento: se querem aproveitar a oportunidade para expressarem seu ponto de vista; o outro não queria falar, mas antes convidar o branco a rever sua mentalidade e conduta, a efetuar uma conversão e a traduzi-la em atos.

A Secretária Municipal de Cultura, Marilena Chauí, decidiu aceitar o convite, fazer o gesto de reconciliação. Surgiu então a idéia de se formar uma comissão de amigos dos índios que se reunisse mensalmente de outubro de 91 a outubro de 92 e, somando forças, sinalizasse a necessidade de se estabelecer uma relação positiva entre os brasileiros e os brasileiros natos por excelência. O ano parecia propício: além do aniversário da descoberta, havia a Eco-92 no Rio.

A disseminação e o aprofundamento da consciência ambiental, em decorrência das graves ameaças que pesam sobre o planeta, têm despertado em toda parte a atenção para o fato de que os povos primitivos cultivam um valor que o progresso descartou e que, no entanto, pode voltar a ser crucial para a sobrevivência de todos: o vínculo com a terra. Ao contrário do homem moderno, para quem a terra é dos homens, para o primitivo, os homens é que são da terra. No primeiro caso o homem se encontra fora do meio e o concebe apenas como fonte de recursos à sua disposição; no último, há uma implicação homem-meio, um comprometimento que leva o primitivo a "tomar conta do mundo". Ora, tudo indica que a crise ambiental está repondo, em novas bases, o vínculo antigo. Pois se até há pouco o compromisso com a terra nos aparecia como um traço de arcaísmo, logo um compromisso com a Terra nos parecerá a única possibilidade de futuro.

Em toda parte há vozes, cada vez mais numerosas, alertando para a importância que os povos primitivos estão assumindo, não tanto como resquícios de um passado que o progresso fatalmente eliminará, mas como portadores de um valor maior do qual depende nosso futuro. E o Brasil, que tem o privilégio de abrigar em seu território quase duzentos povos indígenas, com suas línguas, seus mitos, seus refinados conhecimentos da terra, se dá ao luxo, por ignorância, racismo e preconceito, de desprezar e dilapidar um patrimônio cultural rigorosamente inestimável.

Os brasileiros ainda não atinaram com o que está ocorrendo e, como seus antepassados, continuam tratando os índios como populações que devem desaparecer. Foi se impondo, portanto, a convicção de

Primeira reunião de trabalho da Comissão Índios no Brasil, em 11.10.91. Foto Fernando Conti.

que precisávamos favorecer uma mudança de mentalidade e mostrar que, por interesse deles e nosso, urgia preservar a sua integridade. As sondagens preliminares com eminentes amigos dos índios mostraram-nos que havia receptividade para nossa proposta. Ao que tudo indicava, estávamos no caminho certo; mas, ao mesmo tempo, a própria pertinência da iniciativa, e as respostas que ela suscitava em nossos interlecutores, intensificavam o sentimento de que a cultura brasileira rejeita o diálogo com as culturas nativas, segregando-as e sufocando-as, e levavam-nos a uma descoberta - a questão indígena é uma questão brasileira, nacional, que nos concerne intimamente e entretanto jamais emerge em sua amplitude e complexidade.

As conversas preliminares resultaram numa carta de intenções que procurava explicitar , para possíveis membros, a razão de nossa empresa. Escrita por Sérgio Cardoso, Dalmo Dallari e o autor destas linhas, ela também incorporava valiosas sugestões e comentários de Marilena Chauí, Severo Gomes, Manuela Carneiro da Cunha, Carlos Frederico Marés e Antonio Candido. Com o documento nas mãos, contactamos os amigos dos índios que queríamos reunir. Intitulado "1992 e a Questão Indígena", o texto dizia:

"A história...

Ao iniciar seus preparativos para a grande efeméride de 1992, a passagem do 5º Centenário da Descoberta da América, a Secretaria Municipal de Cultura da cidade de São Paulo teve em vista, desde o primeiro momento, que a signifição maior do evento deve ser buscada no seu registro propriamente antropológico, no impacto do encontro de humanidades diversas, a do ocidente europeu e das populações indígenas do Novo Mundo: o "Novo Mundo" é novo no sentido absoluto, não da geografia, da cartografia, da paisagem e do nunca antes visto, mas no sentido de descentrar os europeus, de colocar a eles a pergunta sobre sua alteridade radical.

Quem são esses homens, quase inverossímeis na sua originalidade? Se há homens tais - "sem fé, sem lei e sem rei" -, como definir os limites do humano? Quem é humano e o que é o humano?

Nestes cinco séculos o ocidente respondeu de vários modos a estas questões. Sucederam-se na imaginação européia bárbaros, bons selvagens, primitivos e arcaicos, redesenhando a cada passo a figura de seu etnocentrismo - constantemente etnocidário. Ora, como nós mesmos nos colocamos hoje face a estas interrogações nas nossas relações efetivas com as populações indígenas das terras do Brasil?

... A mudança ...

Até há bem pouco tempo os duzentos povos indígenas no Brasil continuavam sendo considerados primitivos, atrasados, folclóricos, um arcaísmo que o progresso da civilização acabaria superando, através da violência e da aculturação. Até há pouco, seu futuro era a ausência de futuro: a previsão de extinção que se prolonga desde o descobrimento.

Nos últimos anos, entretanto, a crise ambiental do planeta começou a exigir a reversão dessa tendência e a demonstrar a necessidade da questão indígena ser tratada em outra dimensão. A influência das florestas tropicais nas condições climáticas e, consequentemente, na qualidade de vida de todos os continentes; a importância da manutenção da diversidade biológica; a percepção de que a natureza também é tecnologia, tecnologia de produção, num momento em que a própria tecnologia se revela nossa segunda natureza; a riqueza de um saber tradicional que preserva o meio-ambiente porque tem como princípio cuidar do mundo e porque se percebe como parte integrante da natureza - tudo isso vem suscitando a reavaliação da existência do índio, a descoberta do alto valor de sua cultura para o mundo contemporâneo e uma articulação inédita desta com a cultura tecno-científica. Considerando-se ainda que cada vez mais nos tornamos capazes de apreciar a originalidade e a profundidade do saber que perpassa sua constituição sócio-política - sociedade sem Estado e contra o Estado -, a cultura dos povos indígenas do Brasil deixa, então, de ser uma herança negativa para tornar-se uma contribuição fértil e promissora para a sociedade brasileira e para toda a humanidade.

O índio, senhor da terra por ocasião da chegada dos europeus, sempre manteve, e mantém ainda hoje, uma convivência harmônica e íntima com a natureza. Reconhecendo e respeitando a terra, as matas, os rios e também a fauna como fontes de vida, o índio soube estabelecer com estas entidades um relacionamento respeitoso e inteligente, utilizando-as na medida estrita de suas necessidades, sem agredir ou destruir.

O europeu e, depois, também o norte-americano entraram nas terras dos índios e continuam a procurá-los como fontes de riqueza e de matérias primas. Derrubaram florestas, envenenaram rios, dizimaram ou afugentaram animais, revolveram as entranhas da terra à procura de riquezas. E muitos índios foram mortos, outros tiveram que abandonar o abrigo natural que lhes garantia a sobrevivência física e cultural.

Desde 1973 existe lei obrigando o governo federal a demarcar as terras indígenas e quase nada foi feito, embora todos saibam que a demarcação facilitaria a proteção da posse, que é direito assegurado aos índios pela Constituição.

Por que as terras não são demarcadas? Quem tem interesse na omissão do governo federal e que forças protegem os omissos? Por que nem o Exército, que controla a Amazônia, nem a Polícia Federal conseguem impedir que mineradores invadam as terras indígenas e nelas permaneçam? Como poderia ser feita a exploração das riquezas existentes nessas terras sem destruição da natureza e sem prejuízo para os índios?

Apresentação pública das atividades integrantes do Projeto 500 Anos e apresentação da proposta de trabalho da Comissão Índios no Brasil. Teatro Municipal, 11.10.91. Fotos Fernando Conti.

Evidentemente, a nova dimensão da questão indígena começa a provocar, dentro e fora do país, manifestações de toda ordem. O estado de espírito com relação aos índios está mudando. As diversas entidades e organizações que se ocupavam do problema vêem agora a entrada em cena de novos atores, novas abordagens, novos interesses, e sentem-se compelidas a se reformularem. O momento é, portanto, propício para tentarmos compreender o que ocorre e favorecer, em novas bases, o encontro dos brasileiros com os povos idígenas. Um reencontro com o outro que, afinal, é reconciliação consigo mesmo, uma vez que as culturas indígenas são antes de tudo, culturas da terra... e que reconhecemos que integram de maneira definitiva nosso futuro comum.

... O projeto

A Secretaria Municipal de Cultura pretende trazer estas novas ressonâncias da questão indígena à consideração e debate da população de São Paulo, de várias maneiras:

Em primeiro lugar mapeando e fornecendo ao público mais amplo, através de uma grande exposição intitulada "Índios no Brasil", as informações fundamentais concernentes às populações indígenas do país: Quem são? Quantos são? Como se agrupam? Que línguas falam? Que instituições produziram? Que costumes mantêm? O que pensam? Que arte criam? Enfim, buscar dar contornos concretos à imagem pouco definida e frequentemente distorcida da sociedade sobre as populações indígenas.

Em segundo lugar, tomando a iniciativa de sugerir e oferecer seu apoio aos universitários, cientistas e homens de cultura do país, através da Sociedade Brasileira para o Progresso da Ciência, para a realização de uma grande revisão do saber universitário nos seus aspectos concernentes às questões indígenas e ecológicas (antropologia, história, geografia, literatura, filosofia, ciências médicas e farmacêuticas, química e todas as demais disciplinas) e para propiciar, daí em diante, a colaboração dos homens de ciência num esforço permanente e sustentado de consideração interdisciplinar destas questões. Tal sugestão e colaboração - já apresentadas ao Conselho da SBPC - prevêem a realização em São Paulo da reunião anual da entidade, em julho de 1992, dando ensejo aos trabalhos indicados.

O presidente da FUNAI, Sidney Possuelo, e a advogada Eunice Paiva participam de uma das reuniões da Comissão. Ao lado, os membros Márcio Santilli e a antropóloga Lux Vidal. Foto Fernando Conti.

Em terceiro lugar, a Secretaria Municipal de Cultura propõe-se a criar, em colaboração com a Secretaria de Negócios Jurídicos do Município, uma comissão composta de personalidades comprometidas com os povos indígenas para repensar as questões fundamentais e os contenciosos envolvidos entre estes, o Estado e a sociedade brasileira, e para colaborar ativamente na busca da superação da incompreensão, dos clichês e preconceitos, que permitirá alçar a novas bases tais relações.

A cultura brasileira permanece praticamente impermeável aos saberes indígenas, sua sociabilidade, mitos, arte e técnicas. O país se representou muitas vezes, em vários planos, na figura do índio - e no entanto, sua presença se mantém obscura, apagada, silenciosa, e sua cultura, ignorada e desprezada. Assim, a comissão proposta buscará tomar como eixo e ponto de partida de seu trabalho a consideração desta ausência no âmago da cultura brasileira, a necessária sensibilização para ela e a abertura para a presença do índio no plano da cultura e naquele das questões sociais, econômicas e jurídicas. Buscar na legislação o enunciado dos direitos efetivamente reconhecidos aos povos indígenas, discutir-lhes o alcance e a legitimidade, talvez seja o caminho mais direto para iniciarmos o mapeamento das balizas culturais e obstáculos que se interpõem às mudanças de atitude necessárias.

Tal comissão, a ser instalada em outubro de 1991, ouvirá especialistas, personalidades, movimentos e instituições dedicadas à causa indígena, promoverá e manterá a reflexão e o debate público, e encetará o estudo e a elaboração de propostas de mudanças na legislação, que serão entregues à consideração da opinião pública e ao Congresso Nacional em outubro de 1992. O relatório final será ainda encaminhado a organizações internacionais concernidas pelos seus temas visando obter seu apoio e colaboração nas tarefas propostas.

Este projeto tem razões, contornos e objetivos nítidos. Cria-se a comissão não para que ela se constitua como pólo de poder ou grupo de pressão; não para se substituir às organizações governamentais e não-governamentais; não para acionar intervenções pontuais em questões urgentes, como o faz em seu belo trabalho a "Ação pela Cidadania"; não para estabelecer um fórum de debates, um grupo de estudos ou qualquer espécie de parlamento que viesse a refletir e propiciar o entendimento sobre divergências dos movimentos e organizações. Nem acadêmica, nem político-partidária, a comissão deve ser aquela instância cultural que visa considerar a mudança dos nossos referenciais ralativos à questão indígena, elaborar seu sentido e favorecer a transformação mediante o incentivo e a instrução do debate e a proposta de mudanças concretas no que diz respeito aos aspectos jurídicos envolvidos pela questão.

O momento parece-nos maduro para esta iniciativa. Sensíveis a ele a Secretaria Municipal de Cultura e a Secretaria de Negócios Jurídicos da Cidade de São Paulo não querem se esquivar a trazer sua colaboração nesta empresa que as celebrações de 1992 parecem tender a ignorar. E tais iniciativas tornam-se oportunas quando sabemos que neste momento a FUNAI prepara um novo Estatudo do Índio, que a ONU prepara a formulação de uma declaração universal dos Direitos dos Povos Indígenas, trabalhos que exigem nossa intervenção e colaboração".

No início de outubro de 91 já havíamos reunido juristas, parlamentares, antropólogos, jornalistas e personalidades diversas que de um ou outro modo haviam se tornado amigos dos índios. Com efeito, aceitaram nosso convite Alain Moreau, Bruce Albert, Carlos Frederico Marés, Darcy Ribeiro, Dalmo de Abreu Dallari, Eduardo M. Suplicy, Fábio Feldman, Gerôncio Albuquerque Rocha, José Genoíno, José Carlos Sabóia, José Roberto Santoro, Lux Vidal, Manuela Carneiro da Cunha, Márcio Santilli, Milton Nascimento, Marlui Miranda, D. Pedro Casaldáliga, Priscila Siqueira, Severo Gomes, Sérgio Adorno, Sílvio Coelho dos Santos e Washington Novaes. Marilena Chauí, também membro da comissão, a acolhia na Secretaria Municipal de Cultura de São Paulo. O prof. Dalmo Dallari, Secretário dos Negócios Jurídicos, foi escolhido seu Presidente, e Laymert Garcia dos Santos, além de membro, Secretário-Geral.

O procurador da República Wagner Gonçalves fala sobre as propostas de revisão do Estatuto do Índio do CIMI, NDI e FUNAI numa das audiências públicas promovidas pela Comissão. Foto Fernando Conti.

Através de sua Prefeitura, São Paulo tornava-se, assim, uma cidade que fazia um movimento de abertura em direção aos índios, movimento que aliás já se esboçara logo no início da gestão de Luiza Erundina, quando a Casa do Sertanista, que se encontrava abandonada e maltratada, passou a ser a Embaixada dos Povos da Floresta e, uma vez recuperada, sediou as atividades do Núcleo de Cultura Indígena, liderado por Ailton Krenak. Mas tal movimento, entretanto, não era um capricho dos governantes da cidade. Pouco antes da Comissão Índios no Brasil começar a funcionar, uma pesquisa encomendada ao DataFolha pela Professora Margareth E. Keck, para uma tese de doutoramento da Universidade de Yale, revelava que 85% da população da Grande São Paulo concordavam que as terras indígenas deviam ser preservadas "mesmo que sejam áreas importantes para o desenvolvimento econômico brasileiro".

Aos nossos olhos, a pesquisa fornecia duas indicações preciosas. Em primeiro lugar, mostrava que havia sintonia entre a Prefeitura e a população metropolitana quanto à abertura para a questão indígena. Por outro lado, os dados apontavam algo para nós surpreendente: a preservação das terras indígenas parecia expressar

Marcos Terena, Orlando Baré e Karai-Mirim da nação Guarani participam da apresentação pública do relatório de um ano de atividades da Comissão Índios no Brasil. Foto Fernando Conti.

um valor mais alto do que o puro interesse econômico. Tudo isso nos fez crer que havia, portanto, um terreno fértil para o trabalho da comissão e um potencial importante para alavancar a mudança de mentalidade e de atitude com relação aos índios. Queríamos fazer de São Paulo a caixa de ressonância da questão indígena, queríamos favorecer a reconciliação da sociedade com esses povos, favorecer o reconhecimento de seus direitos, fazer respeitar a sua cultura, incentivar a reavaliação de sua contribuição.

Talvez tenhamos sido ambiciosos demais. Apesar da evidência crescente que os povos indígenas passaram a ter em escala internacional, os tempos no Brasil estavam e estão muito difíceis para os índios, o que se reflete na atividade de quem se dispõe a colaborar com eles. A meu ver, pelo menos duas razões impedem que a abertura e o potencial de simpatia com que poderiam contar se transformem em interesse efetivo, solidariedade e reconhecimento. Em primeiro lugar, cinco séculos de ignorância e má-fé teceram uma trama de incompreensão e desentendimento que aprisiona tudo o que concerne a vida e a presença dos índios no Brasil. A cantora Marlui Miranda, que há anos se dedica ao delicado e importantíssimo trabalho de recolher e divulgar seus cantos, definiu certa vez com precisão os efeitos dessa trama, ao observar: "Trabalhar para os índios é, principalmente, procurar remover obstáculos". Uma outra razão porém, conjuntural, acrescentava-se a esta. Aos obstáculos que, "naturalmente", a trama faz proliferar soma-se agora a ação deliberada e sistemática das forças contrárias aos povos indígenas, que passaram a atuar de modo muito mais organizado e articulado, desde que a Constituição de 1988 garantiu os seus direitos sobre as terras e, com eles, a possibilidade de um futuro.

Que obstáculos a comissão procuraria remover do caminho dos índios? Logo em sua primeira reunião, foram lembradas as principais ameaças que pesam sobre as populações indígenas e apresentadas propostas de ação. Nas reuniões seguintes foram decididos os temas que seriam priorizados e a forma de organização dos trabalhos. A comissão considerou que a atenção deveria concentrar-se em quatro temas: Terra e Demarcação; Exploração de Recursos Naturais; Índios e Modernidade; Revisão do Estatuto do Índio.

As discussões haviam sugerido que os temas Terra e Demarcação e Exploração de Recursos Naturais continham implicações de natureza política, econômica, social, jurídica, militar e cultural que precisavam ser expostas e divulgadas. De certo modo, tais temas constituíam a face negra, negativa da questão indígena, uma vez que os abusos e violências graves cometidos contra os povos indígenas no Brasil sempre estão ligados a interesses que cobiçam seus territórios ou as riquezas que neles se encontram. O tema Índios e Modernidade, por sua vez, procuraria ressaltar os pontos de contacto entre as culturas primitiva e contemporânea, vale dizer a contribuição que os índios podem dar para um questionamento de nossas relações predatórias com o meio-ambiente; neste caso, o tema mostraria que a questão indígena tem uma face altamente positiva e atual, embora constantemente desconhecida. Finalmente, o tema da Revisão do Estatuto do Índio se impunha porque o Congresso Nacional deve votar ainda em 1992 uma nova legislação sobre o assunto, reacendendo portanto, em novas bases, a luta que durante a Constituinte se travou entre as forças indígenas e indigenistas de um lado, e anti-indigenistas, de outro. Na verdade, a discussão do novo Estatuto do Índio e a necessidade de se promover uma aliança que buscasse a integração, numa

Senador Severo Gomes - integrante da comitiva da Ação pela Cidadania em viagem ao norte do país - ao lado da pedra na qual Rondon reconheceu as terras Macuxi em 1927. Foto Carlos Ricardo/CEDI.

proposta comum, dos projetos de lei apresentados à Câmara pelo Núcleo de Direitos Indígenas, o Conselho Indigenista Missionário e a Fundação Nacional do Índio acabaram absorvendo todos os esforços da comissão desde a reunião de maio de 92.

O modo pelo qual a comissão decidiu atuar privilegiou a atividade em três frentes.

A primeira concentrou a realização das reuniões temáticas e de audiências públicas com lideranças indígenas que abordassem diversos enfoques e pontos de vista sobre o assunto em pauta; à exposição feita pelos convidados, seguia-se um debate com os membros da comissão e o público.

Acoplada a esta primeira frente de trabalho concebeu-se uma segunda, que congregava os esforços para amplificar a questão indígena na mídia e levantar vozes que se contrapusessem ao discurso anti-indígena das elites regionais, agora já articulado em nível nacional. Nesse sentido, os participantes escreveram artigos e deram entrevistas para jornais e revistas, compareceram a programas de rádio (Cultura, Eldorado, Bandeirantes, Rádio USP) e televisão (Gazeta, Cultura, Bandeirantes), foram à S.B.P.C.; atendendo sugestão nossa, Alexandre Machado dedicou um dos seus "Vamos sair da crise" à Comissão, transformando o programa numa autêntica reedição, no ar, da reunião sobre Exploração de Recursos Naturais. Cabe, entretanto, aqui, uma observação. O contacto frequente com a mídia durante todo o período nos fez ver que a questão indígena é considerada pela imprensa brasileira como uma questão marginal, muitas vezes folclórica, e sem grandes repercussões para a vida do país - mesmo o extermínio é tratado com indiferença e até com complacência, como se um filtro retirasse do genocídio toda a sua dimensão insuportável e monstruosa. As coberturas são frequentemente movidas por preconceitos que estigmatizam os índios, construindo a imagem contraditória de seres ora atrasados e primários, a provocar no civilizado vergonha e comiseração, ora selvagens e aproveitadores, dispostos a se renegarem para alcançar os benefícios do progresso, a provocar no civilizado a maior das indignações. Culpados por serem índios e culpados por não sê-lo mais, esses povos ficam literalmente sem lugar na sociedade brasileira. Talvez por isso mesmo índios e indigenistas sejam vistos pela mídia do país, na melhor das hipóteses, como representantes de uma causa perdida, e, na pior, como pobres coitados que nem merecem consideração.

Em sua terceira frente de trabalho, a comissão empenhou-se em tentar viabilizar um entendimento entre os diferentes parceiros do campo indigenista envolvidos com a revisão do Estatuto do Índios - N.D.I., CIMI e Funai. Os membros da Comissão sabiam há muito que, no âmbito jurídico-político, há dois momentos-chaves para a manutenção ou não dos direitos indígenas: a revisão do Estatuto e a reforma constitucional de 93. Sabiam ainda que as forças anti-indígenas, apanhadas de surpresa na Constituinte e sentindo-se derrotadas, partiriam agora para uma contra-ofensiva, tentando um retrocesso na legislação. Por esse motivo, parecia-nos fundamental intensificar o diálogo sobre os projetos para se superar as divergências e se elaborar uma proposta comum, a ser apresentada aos parlamentares da Comissão especial do Congresso responsável pela feitura do novo estatuto - tarefa que também passou a contar com a participação do Dr. Wagner Gonçalves, da Procuradoria Geral da República.

Resumindo. De outubro de 91 a outubro de 92 a Comissão Índios no Brasil realizou dez reuniões. Por elas passaram e nelas se pronunciaram importantes lideranças indígenas e indigenistas do Brasil, as principais entidades e especialistas, os parlamentares que defendem os interesses dos índios no Congresso, os simpatizantes que queriam simplesmente assistir aos trabalhos, se informar.

Vieram os índios Davi Yanomami; Ailton Krenak, da União das Nações Indígenas; Alvaro Tukano, da Federação das Organizações Indígenas do Rio Negro; Isaías Tupari, da área indígena do Rio Branco; Clóvis Ambrósio, do Conselho Indígena de Roraima; o tuxaua Melquíades Peres Neto, da área Macuxi de São Marcos; Olívio Guarani; Marcos Terena, do Comitê Intertribal; o cacique José Luis Xavante; o cacique Tabata Kuikuro; o pajé Sapaim Kamaiurá; Orlando Baré, da Coordenação das Organizações Indígenas da Amazônia Brasileira; o cacique Megaron Txukarramãe, diretor do Parque Indígena do Xingú.

Vieram os indigenistas Sidney Possuelo, presidente da Funai; Cláudia Andujar, presidente da Comissão pela Criação do Parque Yanomami; Wanderlino Teixeira de Carvalho, presidente da Coordenação Nacional dos Geólogos; Virgínia Valadão, coordenadora do Centro de Trabalho Indigenista; Betty Mindlin, diretora do Instituto de Antropologia e Meio-Ambiente; Isabelle Giannini, coordenadora do MARI - Grupo de Educação Indígena; Arthur Nobre Mendes, diretor do Departamento de Demarcação da Funai; Francisco Loebens, secretário-geral do CIMI; João Pacheco, chefe do Departamento de Antropologia da Universidade Federal do Rio de Janeiro e pesquisador do Museu Nacional; André Villasboas, assessor do Centro Ecumênico de Documentação e Informação; Maria Elisa Ladeira, coordenadora do Centro de Trabalho Indigenista; Memélia Moreira, assessora da Procuradoria Geral da República; Berta Ribeiro, antropóloga do Museu Nacional/U.F.R.J.; Paulo Guimarães e Felisberto Damasceno, advogados do CIMI; Wagner Gonçalves, procurador da Procuradoria Geral da República.

Vieram os deputados Lourival de Freitas e Tuga Angerami.

A cada reunião, com suas informações novas, seus problemas urgentes, seus enfoques tão diversificados e muitas vezes polêmicos, crescia a certeza de que a questão indígena precisa aflorar como questão nacional de interesse de todos os brasileiros. Mas crescia também a impressão de que é preciso fazer mais do que foi feito para se conseguir romper a indiferença e o silêncio, e permitir que o trabalho admirável das entidades ganhe a esfera pública e floresça na sociedade civil.

É preciso fazer mais. No entanto, foi feito o possível - e isso, em nosso entender, é muito. Ailton Krenak sugerira que os brancos comemorassem os 500 anos com um gesto de pacificação, de reconciliação. Dia 14 de junho de 1992, na tarde fria de São Paulo, ao abrir as portas da exposição "Índios no Brasil" no parque do Ibirapuera, a autoridade máxima da capital dos bandeirantes, da terra de Anchieta, a Prefeita Luiza Erundina fez o gesto da conversão necessária - pediu perdão aos índios pelos crimes praticados contra eles.

COMISSÃO ÍNDIOS NO BRASIL

Apresentação pública do Relatório de um ano de atividades

13 de outubro de 1992 das 14 às 19h

Local: Salão Nobre do Teatro Municipal

Praça Ramos de Azevedo, s/nº/SP

Informações: 288.9560

A DESCOBERTA DA AMÉRICA E O ENCONTRO COM O OUTRO

Cartas brasileiras: visão e revisão dos índios

Lucia Bettencourt

O Brasil foi descoberto no dia 22 de abril de 1500, pela frota comandada pelo navegador português Pedro Álvares Cabral. Na nau capitânea viajava um passageiro para Calicute, Pero Vaz de Caminha. Indicado para o posto de escrivão geral desta feitoria na Índia, ele aproveitou a oportunidade para escrever a "carta de achamento do Brasil".

Caminha era um letrado. Um homem de formação humanística, mais interessado em descrever o que via do que em calcular os lucros que o achado traria. Sua carta, portanto, é uma pequena obra prima dentro do gênero, tão rica de informações quanto singela em suas exposições. E, ademais, é o único documento coetâneo registrando a chegada dos portugueses ao Brasil. (Do ano de 1500 só chegaram até nós sete documentos: os oficiais, em número de quatro, são incompletos e frustrantemente omissos com relação à primeira parte da viagem; a carta de Mestre João, que foi escrita em praias brasileiras, mas contenta-se em esclarecer a medição das estrelas, sem se deter em nada sobre a nova terra e seus habitantes; o relatório do piloto anônimo, tal como dele temos notícia, se inicia com a partida do Brasil em direção às Índias, e, finalmente, a carta de Caminha).

Podemos ressaltar, de um modo geral, a qualidade literária deste documento. Com um estilo em que ecoam traços da Bíblia, da Ilíada e da Eneida, a carta nos cativa por sua originalidade. Dividindo a narrativa em nove dias, a simplicidade do estilo nos recorda a descrição da criação do mundo. Afinal, esse era um mundo novo que se criava a partir da escritura da carta. Caminha, ao descrever a "fundação" desta nova terra, se coloca em pé de igualdade com o cronista do Gênesis, ou mesmo o supera, já que ele tem a posição privilegiada de testemunha ocular. Sua posição é a do Verbo criador, a palavra que evoca e cria. No entanto, sua carta é simples, sua abordagem é despretenciosa.

Caminha não era um navegador. Como tal, evita relatar detalhes de "marinhagem e singraduras do caminho" (s/n) por constatar que não o sabe fazer. Em breves linhas, porém, nos revela o que se passou desde a partida até o "achamento" do Brasil. O termo "achar", preferido por Caminha, sugere que já se suspeitava da existência da terra[1], e que o desvio da rota ensinada por Vasco da Gama nas instruções de navegação dadas a Cabral por escrito, se deveu ao propósito de encontrar aquilo mesmo que já se esperava encontrar - terra. Contudo, a experiência de ver, pela primeira vez, uma região estranha, habitada por uma gente tão diferente dos povos conhecidos pelos europeus, fascina Caminha que descreve a terra e seus habitantes com detalhes de paisagista e retratista. São várias as descrições dessa gente. A novidade que os habitantes da terra representam para os olhos renascentistas do escrivão é tanta que ele não se cansa em descrevê-los. Um deles aparece "assetado como São Sebastião", cheio de penas pelo corpo. Outros desaparecem debaixo de suas "carapuças de penas" amarelas, vermelhas e verdes. A pintura corporal dos índios também é descrita com minúcias, e confirmada, anos mais tarde, por outros cronistas e artistas que ao Brasil vieram

O interesse no grupo humano é tão grande que a terra quase fica indistinta num cenário de praias e arvoredos e rios de muitas águas. Com o correr dos dias, porém, e o vagar para aproveitar da terra, as descrições começam a surgir. Primeiro um rio, depois a feição de um porto seguro onde todos se abrigaram. Logo depois se descreve o ilhéu, lugar de "folguedo" e de pescarias, onde será rezada a primeira missa no Brasil. Suas descrições vão se transformar, mais tarde, em paradigma para tex-

Reprodução de um trecho da carta de Pero Vaz de Caminha ao rei Dom Manuel dando notícia das terras então descobertas. "A Certidão de Nascimento do Brasil"/MP-USP, 1975.

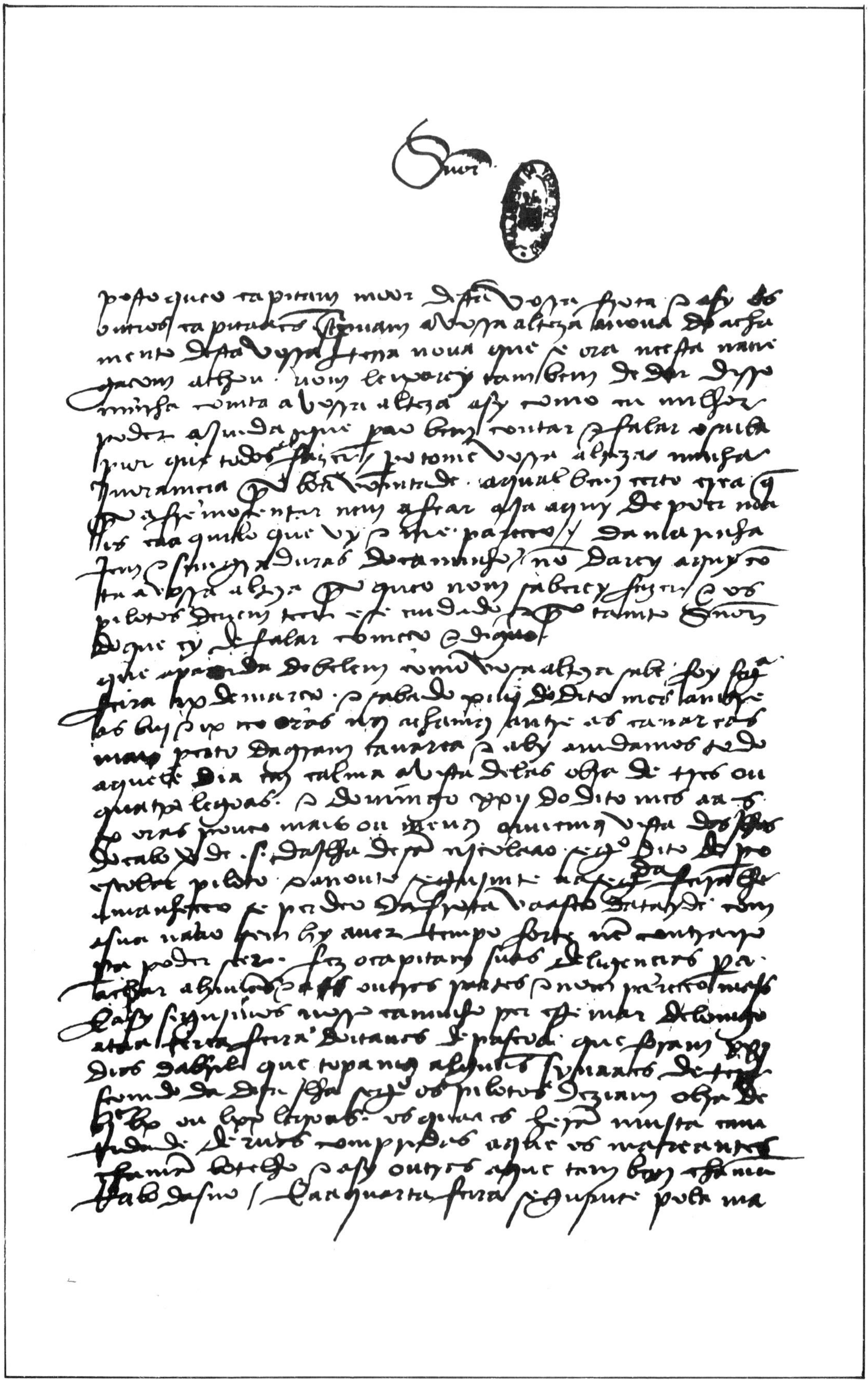

tos sobre a terra brasileira. Alguns comentaristas até mesmo pretendem explicar o sentimento de "ufania" - que se depreende em tantos autores brasileiros do período romântico - como uma consequência das descrições de Pero Vaz de Caminha. Se bem que seja possível que a publicação da carta, levada a efeito por primeira vez no início do século XIX (1817, como parte do livro **Corografia Brasílica** do Pe. Manuel Aires Casal), tenha representado papel importante no imaginário romântico, em verdade o ufanismo se encontra enraizado em toda a literatura colonial brasileira, como uma espécie de estratégia para a atração de colonos. A terra aparece sempre descrita como fértil, formosa, copiosa, de climas brandos, de águas fartas. Só o que muda é a opinião dos escritores quanto aos habitantes da região. Se Caminha os descreve sempre em termos altamente positivos, comparando-os, velada ou abertamente, aos habitantes do Jardim do Éden, outros autores, vivenciando um outro momento histórico, nos brindarão com descrições negativas ressaltando a crueldade e selvageria dos naturais da terra.

Quarenta e nove anos mais tarde, por exemplo, já no reinado de D.João III, veio ao Brasil a primeira missão catequista, chefiada pelo padre Manuel da Nóbrega. Por essa época já se conhecia mais acêrca dos costumes e crenças dos indígenas. A visão idílica já não era mais possível aos olhos escolásticos europeus que viam costumes inaceitáveis entre os pagãos - poligamia, canibalismo, idolatria. O homem renascentista, com seu desejo de conhecer e entender, dava lugar ao jesuíta desejoso de modificar e corrigir.

No dia 10 de agosto de 1549, escreve Manuel da Nóbrega a Martín de Azpilcueta Navarro, grande canonista que havia sido seu professor em Coimbra, dando-lhe um sumário de suas primeiras impressões da região e de seu povo. Elogiando a qualidade da terra e dos ares, descrevendo a abundância e qualidade dos mantimentos, padre Nóbrega se admira da gente que nela habita, formando um contraste negativo com as excelências da terra.

Com os costumes já melhor conhecidos, os cristãos se vêem convivendo com pessoas cuja "civilização" mais se aproxima do paradigma de "selvageria". Com um estilo de vida comunitário onde toda a propriedade é dividida igualmente, com casas onde habitam várias famílias compartilhando tudo, com costumes sem paralelo com a experiência européia, os indígenas vão merecer descrições que demonstram uma atitude atônita de quem não compreende bem o que descreve:

"E não têm guerra por cobiça que tenham, porque todos não têm nada além do que pescam e caçam e o fruto que toda terra dá, mas somente por ódio e vingança; em tanta maneira que se dão uma topada atiram-se com os dentes ao pau ou pedra onde a deram, e comem piolhos e pulgas e toda imundícia, apenas por se vingar do mal que lhes fizeram, como gente que ainda não aprendeu *non reddendum malum pro malo.*"

Sem dúvida, o quadro que se coloca frente aos olhos de Nóbrega, não é dos mais animadores. Procura ele, então, descobrir pontos positivos ou qualquer coisa que aproxime estes "gentios" dos portugueses, e fala do desejo dos indígenas de

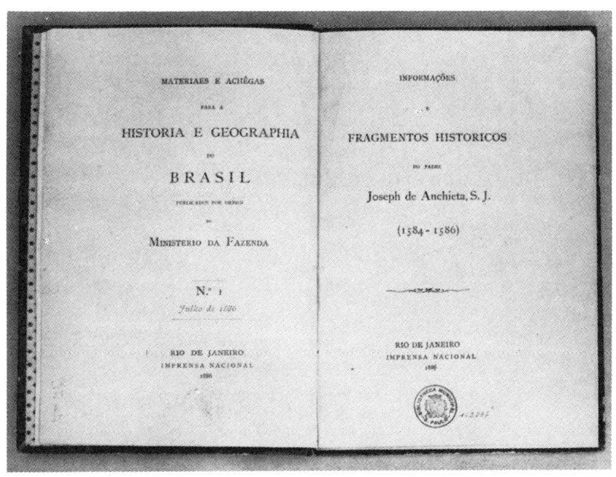

Capa do Livro "Informações e fragmentos históricos" de José de Anchieta, 1886. Biblioteca Mário de Andrade. Foto: Sosô Parma.

Capa do Livro "Cartas do Brasil" do Padre Manoel da Nóbrega (1549-1560). Biblioteca Mário de Andrade. Foto: Sosô Parma.

aprenderem a ler e escrever e de seus sucessos em ensinar orações e alguns outros elementos da doutrina.

Em 1557, em seu "Diálogo sobre a conversão do gentio", Padre Manuel da Nóbrega propõe-se a discutir se "eles (indígenas) têm alma como nós (europeus)". O mérito deste texto está nas conclusões a que chega o Irmão Mateus Nogueira, alter-ego de Nóbrega. Estas conclusões explicam a selvageria como fruto das diferenças sociais entre europeus e indígenas. Com uma organização política tão distinta dos sistemas de governo europeus, os índios brasileiros, apesar de sua condição humana, e, portanto, merecedora do esforço catequista, se apresentam como "bestas" - estado do homem depois do pecado original.

Estas reflexões teóricas de Nóbrega são contrabalançadas pelas vívidas narrativas do Padre José de Anchieta. Dele possuímos, por exemplo, uma descrição acurada dos tamoios, grupo indígena que habitava as costas do Rio de Janeiro. Tendo passado cinco meses entre os nativos, servindo, juntamente com o Padre Manuel da Nóbrega, como refém por ocasião das negociações de paz entre tamoios e portugueses, Anchieta escreve ao Geral Diogo de Lainez, em 8 de janeiro de 1565, uma extensa carta em que relata esse episódio e onde aproveita para relatar diversos incidentes que provam a selvageria dos tamoios.

Convencido de que só escapou da morte (e da devoração) por um grande favor de Jesus Cristo, ele nos relata desde os motivos que os levaram para entre os indígenas hostis, com queixadas ainda "cheias da carne dos portugueses", até seu retorno ao Colégio de São Vicente.

Esta carta não apenas revela os costumes e hábitos do grupo que os guarda como refém, mas ainda nos informa das tentativas, por parte dos indígenas, de conhecer melhor os hábitos e costumes dos padres.

Além disso, como estes tamoios fossem tradicionalmente aliados dos franceses, que há muito haviam invadido o Rio de Janeiro e lá formado a França Antártica, não é de espantar que Anchieta aproveite para comentar a vida dos invasores entre os indígenas reprovando a adoção de costumes bárbaros por parte dos adversários europeus. Diz ele: "não lhes falta mais que comer carne humana, que no mais sua vida é corruptíssima" (N&A, 89).

Contando da insegurança em que se sentiam, durante o cativeiro, frente a chegada de qualquer grupo diferente de indígenas, Anchieta nos brinda com uma patética, mas hilariante, descrição dos apuros em que se viram ao fugir para a aldeia do chefe Pindobuçu, que, embora inimigo, lhes inspirava mais confiança que um grupo desconhecido recém-chegado do Rio em uma canoa:

"E este foi um outro trabalho, o maior, ao menos dos maiores que o Padre Manuel da Nóbrega teve em sua vida, porque estando ele muito fraco, (...) se queria correr não podia, se não corria punha-se em perigo de vida: todavia correu quanto pôde, e mais do que pôde, até o fim da praia, onde antes da aldeia, que está posta em um monte mui alto, corre uma ribeira dágua mui larga e que dá pela cintura, o Padre ia com botas e calças (...): se se punha a descalçar chegava a canoa, que estava (...) mui próximo de nós outros, de maneira que o tomei às costa e o passei: mas em o meio do rio (...) foi forçado o padre a lançar-se na água, e assim que passou todo ensopado, de maneira que escassamente tivemos tempo para nos (...) meter pelo monte (...)"

"Pois pelo monte arriba foi coisa de ver. Retirou o padre suas botas, calças e roupeta, e todo molhado, com toda a sua roupa molhada às costas e ele em camisa, só com um bordão na mão, começamos a caminhar. Mas nem ele atrás nem adiante podia ir (...) os da canoa já estavam no ribeiro gritando (...) e bem creio que não chegaríamos à aldeia, à qual ainda chegamos, porque encontramos com um índio (...) do qual (...) alcancei que, agora às costas, agora puxando pelo bordão, levasse o padre, e assim, quase sem respiração, chegou às casas" (N&A, 92/93).

O episódio se resolve por bem, o "padre velho" consegue chegar à aldeia e eles se salvam da ameaça, mas, dias depois, Anchieta nos descreve o episódio da morte e devoramento de um "escravo", ou seja,

Ilustração do livro "Vida do apóstolo Padre Antonio Vieira da Companhia de Jesus, chamado por..." de André de Barros, Lisboa, Officina Sylmara, 1746. Foto: Antonio Rodrigues.

índio de aldeia inimiga, capturado pelos tamoios.

"Mas já sobre a tarde, estando já todos bem cheios de vinho, vieram à casa aonde pousávamos e quiseram tirar logo o escravo a matar. Nós outros não tínhamos mais que dois índios que nos ajudassem, e querendo eu defendê-lo de palavra, dizendo que não o matassem, disse-me um dos dois: "Calai-vos vós outros, não vos matem os índios, que andam mui irados, que nós outros falaremos por ele e o defenderemos". E assim o fizeram deitando a todos fora de casa; mas tornaram logo outros muitos com eles feito um magote, e grande multidão de mulheres, que faziam tal trisca e barafunda que não havia quem se ouvisse (...) Finalmente o levaram fora e lhe quebraram a cabeça e junto com ele mataram outro seu contrário, os quais logo despedaçaram com grandíssimo regozijo, maxime das mulheres, as quais andavam cantando e bailando: umas lhes espetavam com paus agudos os membros cortados, outras untavam as mãos com a gordura deles e andavam untando as caras e bocas às outras, e tal havia que colhia o sangue com as mãos e o lambia, espetáculo abominável, de maneira que tiveram uma boa carniçaria com que se fartar" (N&A,99).

O tom é macabro, numa descrição de requintes naturalistas que recuperam para a narração o horror do ato. As mulheres, sobretudo, aparecem como elementos especialmente odiosos, verdadeiras harpias.

Os espetáculos de matança continuam. O padre nos refere um que aconteceu em outra aldeia: ao saber que pretendiam matar e comer um inimigo, Anchieta apressa-se em ir vê-lo, a fim de tentar convertê-lo para a fé cristã. O guerreiro se recusa afirmando que os que eram batizados não morriam como valentes. A morte do homem, então, é descrita - sem os detalhes macabros da descrição anterior - mas mostrando a atitude da vítima que desafia seus captores ao fazer a lista de todos aqueles a quem ele mesmo já comera: "Matai-me, que bem tendes que vos vingar em mim, que eu comi a fulano vosso pai, a tal vosso irmão, e a tal vosso filho" (N&A, 108). E o padre só pode lastimar que o homem tenha preferido aquela valentia à salvação de sua alma.

Nestes três autores podemos notar o constante interesse europeu pelos habitantes das terras brasileiras. Caminha, ao escrever para seu rei está, mais do que narrando um descobrimento de terras, confirmando a existência dos "antípodas". A existência, milagrosa quase, de vida em regiões tidas como inabitáveis fascina esse nosso primeiro narrador que vai compartilhar, como a mais preciosa das dádivas, sua visão com o rei de Portugal. A imagem de um povo amigável, ingênuo, inocente como os habitantes do paraíso terrestre se desfaz nas próximas cartas, onde tomamos conhecimento da antropofagia, das lutas, do modo de vida agitado e estranho de um povo cujos padrões se afastavam tanto dos conhecidos pelos portugueses. Mas, ao invés de ser repudiada

Selos comemorativos ao IV Centenário da presença de Anchieta no Brasil e de sua beatificação pelo Papa João Paulo II. Coleção Nélson Di Francesco.

totalmente, esta gente vai estabelecer sua diferença e chegar até nós, principalmente através da Literatura, como padrão de nacionalidade e independência cultural.

O romantismo brasileiro elege o índio como herói. Modificados e "civilizados", Iracema e Peri, personagens criadas por José de Alencar, se impuseram como paradigmas da identidade nacional ao lado de Jatir e dos Tamoios retirados das páginas de Gonçalves Dias. A visão seletiva romântica elegeu o "índio nobre", idealizado pelo conceito do homem natural rousseauniano e lhe infundiu tanto vigor que essas personagens ainda vivem no imaginário brasileiro com a mesma intensidade que Cunhambebe, Poti e Araribóia se destacam das páginas da História do Brasil.

A literatura brasileira, entretanto, com seu apetite onívoro, assimilou também o índio irreverente e solto que zombava de prisioneiros europeus dizendo "Lá vem a nossa comida pulando" (Hans Staden). O antropófago, anti-hierárquico, de costumes estranhamente comunitários, sem as restrições da propriedade privada, foi perpetuado pelo Modernismo, sobretudo através do movimento Antropofágico. Não é possível, portanto, deixar de admirar a retomada dos cronistas da História do Brasil tal como foi feita por Oswald de Andrade: comendo-os - tomando as palavras do outro e usando-as como suas. Em seu livro de poesias **Pau Brasil** (1925), Oswald põe em relação dialógica seus títulos com os bocados saborosos escolhidos entre os pratos do banquete colonial. Desde o instante de "a descoberta" (Seguimos nosso caminho por este mar de longo/Até a oitava da Páscoa/Topamos aves/E houvemos vista de terra), passando pelo "primeiro chá" (Depois de dançarem/Diogo Dias/Fez o salto real) até o cáustico comentário "as meninas da gare" (Eram três ou quatro moças bem moças e bem gentis/ Com cabelos mui pretos pelas espáduas/ E suas vergonhas tão altas e tão saradinhas/ Que de nós as muito bem olharmos/ Não tínhamos nenhuma vergonha) e prosseguindo depois com textos retirados de Gandavo, Claude d'Abbeville, Frei Vicente do Salvador e outros mais, Oswald vai pacientemente montando um mosai-

ANNO I - NUMERO I | 500 rs. | MAIO - 1928

Revista de Antropofagia

Direção de ANTONIO DE ALCANTARA MACHADO — Gerencia de RAUL BOPP

ENDEREÇO: 13, RUA BENJAMIN CONSTANT — 3.° PAV. SALA 7 — CAIXA POSTAL N.° 1.269 — SÃO PAULO

ABRE-ALAS

Nós eramos xifópagos. Quási chegamos a ser deródimos. Hoje somos antropófagos. E foi assim que chegamos á perfeição.

Cada qual com o seu tronco mas ligados pelo figado (o que quer dizer pelo ódio) marchávamos numa só direcção. Depois houve uma revolta. E para fazer essa revolta nos unimos ainda mais. Então formamos um só tronco. Depois o estouro: cada um de seu lado. Viramos canibais.

Aí descobrimos que nunca haviamos sido outra cousa. A geração actual coçou-se: apareceu o antropófago. O antropófago: nosso pai, principio de tudo.

Não o indio. O indianismo é para nós um prato de muita sustância. Como qualquer outra escola ou movimento. De ontem, de hoje e de amanhã. Daqui e de fora. O antropófago come o indio e come o chamado civilizado: só êle fica lambendo os dedos. Pronto para engulir os irmãos.

Assim a experiência moderna (antes: contra os outros; depois: contra os outros e contra nós mesmos) acabou despertando em cada conviva o apetite de meter o garfo no vizinho. Já começou a cordeal mastigação.

Aqui se processará a mortandade (êsse carnaval). Todas as oposições se enfrentarão. Até 1923 havia aliados que eram inimigos. Hoje há inimigos que são aliados. A diferença é enorme. Milagres do canibalismo.

No fim sobrará um Hans Staden. Êsse Hans Staden contará aquillo de que escapou e com os dados dêle se fará a arte próxima futura.

E' pois aconselhando as maiores precauções que eu apresento ao gentio da terra e de todas as terras a libérrima REVISTA DE ANTROPOFAGIA.

E arreganho a dentuça.

Gente: pode ir pondo o cauim a ferver.

António de Alcântara Machado.

MANHÃ

O jardim estava em rosa, ao pé do Sol
E o ventinho de mato que viera do Jaraguá
Deixando por tudo uma presença de agua
Banzava gosado na manhã praceana.

Tudo limpo que nem toada de flauta.
A gente si quizesse beijava o chão sem formiga,
A bocca roçava mesmo na paisagem de cristal.

Um silêncio nortista, muito claro!
As sombras se agarrando no folhedo das árvores
Talqualmente preguiças pesadas.
O Sol sentava nos bancos, tomando banho-de-luz.

Tinha um sossêgo tão antigo no jardim,
Uma fresca tão de mão lavada com limão
Era tão marupiara e descansante
Que desejei... Mulher não desejei não, desejei...
Si eu tivesse a meu lado ali passeando
Suponhamos, Lenine, Carlos Prestes, Gandhi, um desses!...

Na doçura da manhã quasi acabada
Eu lhes falava cordialmente:--Se abanquem um bocadinho
E havia de contar pra êles os nomes dos nossos peixes
Ou descrevia Ouro Preto, a entrada de Vitoria, Marajó,
Coisa assim que puzesse um disfarce de festa
No pensamento dessas tempestades de homens.

MARIO DE ANDRADE

"Ali vem a nossa comida pulando"

Revista de Antropofagia 3

MANIFESTO ANTROPOFAGO

Só a antropofagia nos une. Socialmente. Economicamente. Philosophicamente.

Unica lei do mundo. Expressão mascarada de todos os individualismos, de todos os collectivismo. De todas as religiões. De todos os tratados de paz.

Tupy, or not tupy that is the question.

Contra toda as catecheses. E contra a mãe dos Gracchos.

Só me interessa o que não é meu. Lei do homem. Lei do antropofago.

Estamos fatigados de todos os maridos catholicos suspeitosos postos em drama. Freud acabou com o enigma mulher e com outros sustos da psychologia impressa.

O que atropelava a verdade era a roupa, o impermeavel entre o mundo interior e o mundo exterior. A reacção contra o homem vestido. O cinema americano informará.

Filhos do sol, mãe dos viventes. Encontrados e amados ferozmente, com toda a hypocrisia da saudade, pelos immigrados, pelos traficados e pelos touristes. No paiz da cobra grande.

Foi porque nunca tivemos grammaticas, nem collecções de velhos vegetaes. E nunca soubemos o que era urbano, suburbano, fronteiriço e continental. Preguiçosos no mappa mundi do Brasil.

Uma consciencia participante, uma rythmica religiosa.

Contra todos os importadores de consciencia enlatada. A existencia palpavel da vida. E a mentalidade prelogica para o Sr. Levy Bruhl estudar.

Queremos a revolução Carahiba. Maior que a revolução Francesa. A unificação de todas as revoltas efficazes na direcção do homem. Sem nós a Europa não teria siquer a sua pobre declaração dos direitos do homem.

A edade de ouro annunciada pela America. A edade de ouro. E todas as girls.

Filiação. O contacto com o Brasil Carahiba. **Oú Villeganhon print terre.** Montaigne. O homem natural. Rousseau. Da Revolução Franceza ao Romantismo, á Revolução Bolchevista, á Revolução surrealista e ao barbaro technizado de Keyserling. Caminhamos.

Nunca fomos cathechisados. Vivemos atravez de um direito sonambulo. Fizemos Christo nascer na Bahia. Ou em Belem do Pará.

Mas nunca admittimos o nascimento da logica entre nós.

Desenho de Tarsila 1928. De um quadro que figurará na sua proxima exposição de Junho na galeria Percier, em Paris.

Contra o Padre Vieira. Autor do nosso primeiro emprestimo, para ganhar commissão. O rei analphabeto dissera-lhe: ponha isso no papel mas sem muita labia. Fez-se o emprestimo. Gravou-se o assucar brasileiro. Vieira deixou o dinheiro em Portugal e nos trouxe a labia.

O espirito recusa-se a conceber o espirito sem corpo. O antropomorfismo. Necessidade da vaccina antropofagica. Para o equilibrio contra as religiões de meridiano. E as inquisições exteriores.

Só podemos attender ao mundo orecular.

Tinhamos a justiça codificação da vingança A sciencia codificação da Magia. Antropofagia. A transformação permanente do Tabú em totem.

Contra o mundo reversivel e as idéas objectivadas. Cadaverizadas. O stop do pensamento que é dynamico. O individuo victima do systema. Fonte das injustiças classicas. Das injustiças romanticas. E o esquecimento das conquistas interiores.

Roteiros. Roteiros. Roteiros. Roteiros. Roteiros. Roteiros. Roteiros.

O instincto Carahiba.

Morte e vida das hypotheses. Da equação **eu** parte do **Kosmos** ao axioma **Kosmos** parte do **eu.** Subsistencia. Conhecimento. Antropofagia.

Contra as elites vegetaes. Em communicação com o sólo.

Nunca fomos cathechisados. Fizemos foi Carnaval. O indio vestido de senador do Imperio. Fingindo de Pitt. Ou figurando nas operas de Alencar cheio de bons sentimentos portuguezes.

Já tinhamos o communismo. Já tinhamos a lingua surrealista. A edade de ouro.
Catiti Catiti
Imara Notiá
Notiá Imara
Ipejú

A magia e a vida. Tinhamos a relação e a distribuição dos bens physicos, dos bens moraes, dos bens dignarios. E sabiamos transpor o mysterio e a morte com o auxilio de algumas formas grammaticaes.

Perguntei a um homem o que era o Direito. Elle me respondeu que era a garantia do exercicio da possibilidade. Esse homem chamava-se Galli Mathias. Comi-o

Só não ha determinismo - onde ha misterio. Mas que temos nós com isso?

Continua na Pagina 7

O modernismo empreendeu uma volta às origens. Reprodução da Revista de Antropofagia e do Manifesto Antropófago. Biblioteca Mário de Andrade. Foto: Sosô Parma.

co revelador de um outro ancestral - um índio totêmico, inverso de "o índio de tocheiro. O índio filho de Maria, afilhado de Catarina de Médicis e genro de D. Antônio de Mariz" (Manifesto Antropófago).

Esse modelo romântico é repudiado porque não se pode ignorar que segundo o manifesto antropófago. "(s)ó a antropofagia nos une. Socialmente. Economicamente. Filosoficamente". É preciso reconhecer o fato de que, ainda segundo o manifesto, "(n)unca fomos catequizados. Fizemos foi Carnaval". Deste carnaval moderno participam todos: tupis, guaranis, astecas, incas, sioux, cheyennes, subvertendo a música dos colonizadores com seus instrumentos exóticos.

Se a História nos conta a derrota de um povo, de vários povos, vencidos pela tecnologia, pelas doenças, pela exploração; a Literatura nos devolve a todos eles como antepassados cheios de vitalidade e de potencial, e explora suas contradiçõs com as liberdades da releitura. Transforma-os, ou melhor, devora-os - alimento mágico das "crônicas" modernas.

Nota

1. Essa suspeita, no entanto, não era compartilhada por todos. Alguns estudiosos e navegadores acreditavam na existência de terras, ou ilhas, a oeste da Europa, enquanto que outros, entre estes Colombo, calculavam que a circunferência da Terra era menor do que se julgava e que as terras a oeste da Europa vinham a ser as tão cobiçadas Índias.

Bibliografia

Anchieta, Pe. José de - 1984 - "Cartas-Correspondência ativa e passiva" in **Obras Completas - 6o volume**.(Pesq., introd. e notas de Pe. Hélio Abranches Viotti , S. J.), São Paulo, Edições Loyola.

Andrade, Oswald de - 1928 - Manifesto Antropofágico - in **Revista de Antropofagia**, Ano I, no 1, São Paulo.

Caminha, Pero Vaz de - 1975 - **A certidão de nascimento do Brasil: a carta de Pero Vaz de Caminha** - (Org. José Augusto Vaz Valente), São Paulo, Universidade de São Paulo.

- 1963 - **Carta a El-Rei D. Manuel**, (Introd., Org., gloss., bibl. e índices de Leonardo Arroyo), São Paulo, Dominus.

Castello Branco, Carlos Heitor - 1974 - **Gloriosa e trágica viagem de Cabral ao Brasil e à Índia**, São Paulo, Ed. do escritor.

Costa, Jaime Raposo - 1985 - **A viagem de Pedro Alvares Cabral ao Brasil. Casualidade/Intencionalidade**, Brasília, Thesaurus.

Coutinho, Afrânio - 1986 - **A literatura no Brasil** - Rio de Janeiro/Niterói, José Olympio/Universidade Federal Fluminense, 6v. v. 1.

Fonseca, Branquinho da - s/d - **Grandes viagens portuguesas**, Sintra, Manus.

Hooykaas, R. - 1970 - **The Impact of the Voyages of Discovery on Portuguese Humanist Literature**, Coimbra, Junta de investigação do Ultramar.

Hower, A. et Preto-Rodas, R. (edit.) - 1985 - **Empire in transition: The Portuguese World in the Time of Camões**, Gianesville, University Presses.

- 1990 - **Portugal-Brazil: The age of Atlantic Discoveries,** Catálogo da exposição de mesmo nome realizada na New York Public Library, June 2 to September 1.

Nobrega, Manuel da e Anchieta, José de - 1978 - **Nobrega e Anchieta: Antologia**, (Coord. e seleção. Pe. Helio Abranches Viotti, S. J.), São Paulo, Melhoramentos.

Nobrega, Manuel da - 1954 - **Diálogo sobre a conversão do gentio**, (Preliminares e anotações históricas e críticas de Serafim Leite S.I.), Lisboa, Comissão do IV Centenário da Fundação de São Paulo.

Valente, José Augusto Vaz - 1975 - **A carta de Pero Vaz de Caminha: estudo crítico, paleográfico-diplomático**, São Paulo, Universidade de São Paulo.

A lógica das imagens e os habitantes do Novo Mundo

Ana Maria de M. Belluzzo

A presença de figuras de índios do Brasil em mostra organizada este ano em São Paulo constitui oportunidade para algum esclarecimento acerca da lógica que preside a elaboração das imagens dos habitantes do Novo Mundo. Em especial, daquelas que surgem a partir dos relatos dos primeiros viajantes europeus ao Brasil.

As transformações pelas quais se prepara a visualização das figuras indígenas - sejam as transcrições de texto em imagem, sejam as manipulações da imagem que recriam um repertório transformado - são aqui examinadas com base em três relatos do século XVI.

As **Viagens ao Brasil**, de Hans Staden, aparecem na Alemanha, em 1557 e inscrevem observações de interesse etnográfico em narrativa popular.

A História de uma Viagem feita à terra do Brasil, de Jean de Léry, publicada na França em 1578, situa exemplarmente o relato erudito do renascimento francês, que se utiliza de modelos da antiguidade clássica para estabelecer uma valorização positiva dos homens do Mundo Novo.

A edição gravada das **Grandes Viagens** de Theodore De Bry, que compõe ambicioso projeto gráfico publicado na Antuérpia, na terceira parte do qual são reeditadas com alterações as viagens de Staden e Léry, quando o argumento visual toma proeminência e conquista autonomia com relação ao texto do qual se desgarra.

A coleção de Viagens, dirigida inicialmente por Theodore De Bry, a seguir por seus filhos Jean-Theodore e Jean-Israel De Bry e depois por Mathieu Merian - todos editores e não viajantes - compreende duas séries publicadas entre 1590 e 1634. As Grandes Viagens aparecem sob o nome de Índias Ocidentais, comportam quatorze partes em que são registradas expedições à América e à Oceania. As Pequenas Viagens - onde pequeno é o formato da publicação - dizem respeito às Índias Orientais (Índia, Japão e China). Neste ensaio temos em vista especialmente as viagens de Staden e de Léry.

Admitimos, portanto, gravuras de **ilustração** feitas a partir do texto de Staden para seu livro e gravuras de **interpretação** baseadas em outros desenhos. Estas, já praticadas no livro de Léry, apoiado em motivos visuais da obra de Thevet, caracterizam a obra gráfica de De Bry, que se vale, como apontamos anteriormente, de ilustrações de Staden e Léry e de imagens de outras expedições a outros lugares da América.

Esse processo de sucessivas retomadas nos autoriza a falar em imagens e não em representações do novo mundo. Convém evitar a suposição de que as gravuras feitas a partir das informações dos viajantes tenham algum compromisso **d'apres nature**.

O conceito de imagem pode ainda ganhar uma necessária dimensão crítica se contraposto à noção de forma. A forma é qualidade universal, constante e única; as imagens são inumeráveis, intercambiáveis, incorpóreas, como sugere Argan. Em oposição à imagem, a forma admitiria uma estrutura e um conteúdo constante: a natureza.

O relato maravilhoso de Staden

Como ocorre com o texto mítico, o herói-viajante rompe os liames com o mundo conhecido e dominado e passa a oscilar ao sabor das incontroláveis forças do universo. Hans Staden é o aventureiro alemão, herói-viajante que ocupa lugar central na estrutura da narrativa mítica. Logo, a personagem haveria de ter o papel invertido. Tomado por português e inimigo, Staden seria preso pelos tupinambás, ameaçado de morte e devoração canibal. O conquistador torna-se prisioneiro. Do espaço aberto do mar, passa ao interior do cativeiro na aldeia indígena. O desfecho da história irá pressupor nova inversão de pa-

O naufrágio no litoral de Itanhaém, quando Hans Staden chega à costa brasileira. Região de Bertioga, Santo Amaro, São Vicente e Itanhaém. "Viagens ao Brasil", Hans Staden, 1557.

pel. A astúcia de Staden consistirá em controlar, ou melhor, simular controle sobre os fenômenos da natureza. Como a sobrevivência dos índios, baseada na pesca e na plantação, se mostrasse subordinada à influência do sol, da lua, dos ventos e das tempestades, a esperteza do herói estaria em simular controle sobre a natureza, pelo poder de sua mente ou pela força de seu Deus. O texto mítico vale-se ainda das inversões e reconversões de conteúdo, jogando com o que é com o que parece ser.

No curso circular da narrativa, o desenho da caravela figura a partida e o regresso do herói ao mundo real: o mundo europeu. Em sinal de graça por estar de volta e salvo, Staden faz publicar o livro, no qual inclui cinqüenta e três xilogravuras feitas sob sua orientação para tornar o relato verossímel.

Não há correspondência precisa entre as ilustrações do livro de Staden e as divisões do texto em capítulos. No primeiro livro, cinqüenta e três grupos de peripécias se sucedem no curso da viagem, merecendo trinta e uma ilustrações. No segundo livro, nos vinte e oito capítulos do "Pequeno relatório verídico sobre a vida e os costumes dos índios tupinambás" comparecem vinte e uma ilustrações.

Staden narra a viagem na primeira pessoa. Confessa medos, premonições, denota coragem, conta mentiras. Na configuração visual é apresentado na terceira pessoa, entre protagonistas e antagonistas, vendo seu destino observado por um olho que tudo vê, subordinado, portanto, a uma cosmovisão. Não se impõem de um mesmo ângulo, o discurso e a figura. O desenho gravado é também escritura e desdobra a narração. Vejamos a cartografia do conto, na qual se move o viajante perdido.

Os mapas são, a rigor, roteiros, cartas de percurso, registros do tempo vivido. O território, sem medida objetiva, vem assinalado por fatos imediatos e naturais, como a ilha dos pássaros de penas coloridas, que era procurada pelos índios que apreciavam ovos de guará; por ocorrências entre indígenas e europeus, experimentadas por Staden. A linha do litoral brasileiro, estabelecida pelo mapa de Staden, é no fundo, desenho de Deus, que, segundo a concepção religiosa da criação do mundo, separou as águas e as terras. Na mentalidade do século XVI, o mundo natural é escritura divina, passível de interpretação por princípios de semelhança e de acordo com um código de correspondências estabelecidas por proximidades, comparações etc.

A identidade de um lugar é o ponto de encontro entre a experiência do viajante e as coisas reveladas. Guarda a tensão das lutas travadas pelo europeu para não se perder em terra estranha. Lá estão ainda marcos da ocupação portuguesa registrados esquematicamente nas fortificações de Bertioga e Santo Amaro. Respondem também ao desejo de construir a realidade da paisagem, os nomes de origem indígena que aderem ao território como escritura dos homens. Indicam que as palavras também participam da construção da realidade do lugar.

Na narrativa e nas configurações visuais do livro de Staden, quase tudo se apresenta como índice ou sinal, propondo-se à adivinhação. Quase tudo é rastro, sinalização do Criador pressentida pelo herói. O sentido oscila entre significações de ordem terrena e providência divina.

Coabitam no mesmo quadro diversas ordens de questão. A configuração heteronômica assimila aspectos visuais e referências verbais; práticas mágicas e crenças cristãs. As palavras, ao se inscreverem no campo visual, seguem a mais variada orientação espacial. Da mesma maneira, as figuras atravessam direções da superfície planar do quadro. Sem dimensão física, não são mensuráveis, nem palpáveis. A linearidade essencial e esquemática esboça a imagem mental. No ritmo de figuras animadas, homens e plantas confundem-se com o gesto orgânico da gravação em madeira. A imagem é um amálgama. Uma ilustração dura a soma de seus momentos e rara é a oportunidade em que se estabelece uma sincronia entre o tempo e a ação representados no livro de Staden. Cada configuração contém ocorrências em justaposição, constituindo um microcosmo, só abrangível por uma cosmovisão. O olho que tudo vê certamente conhece o curso dos acontecimentos, que nessa ótica se apresentam predestinados, naturalizados.

As configurações que ilustram o texto de Staden absorvem, ademais, conteúdos da cosmologia e astronomia pagã, revestindo-o de uma visão religiosa cristã. Os poderes do sol e da lua, os efeitos do vento e os danos causados pela chuva são exemplos das influências do céu sobre a vida dos homens. Aparecem nos argumentos de Staden combinados com a idéia de um mundo superior, misturando-se sinais e emanações de Deus com adivinhação pagã. No quadro de percepção do europeu , o seu universo articula-se ao do índio americano. Perante índios que admitiam o poder do universo sobre os homens, Staden iria afirmar a existência de um Deus capaz de intervir nas forças naturais. A salvação do herói seria comemorada como vitória da sabedoria cristã sobre as práticas mágicas, mas não passa despercebido ao leitor que o herói opera por adivinhação e que, no centro da argumentação, a punição divina aparece como ameaça aos que comem carne humana.

No âmbito mitológico do conto ilustrado, inversões de conteúdo se realizam pelas transformações de posição no universo, mudando-se o comando do céu e da terra. Operam-se também por transformações biológicas, nos limites da vida e da morte, razão pela qual o corpo humano como motivo irá se mostrar uma unidade capaz de amplas ressonâncias. Talvez isso explique porque as imagens de canibalismo constituem o tema central da série de desenhos estudados.

Uma breve menção à contribuição de Jean de Léry poderá ampliar as referências, possibilitando finalmente observar esse motivo nas transposições de Staden e Léry por De Bry.

O nobre selvagem de Jean de Léry

A obra de Jean de Léry exemplifica o projeto enciclopédico do século XVI. Está referida à obra de Thevet em sua origem. **A história de uma viagem à terra do Brasil, também chamada América** é editada cerca de vinte anos depois da volta do missionário calvinista do Brasil, para onde teria se dirigido em 1556, por empresa de Coligny. Desejava revelar o desvio de Villegaignon do evangelho e refutar o que afirmara André Thevet, cosmógrafo do rei e representante da Igreja católica francis-

Índios Tupinambá guerreiros. "A história de uma viagem", Jean de Léry, 1580.

"Grandes Viagens", Theodore de Bry, 1592.

cana, em sua obra **Singularidade da França Antártica**, de 1557 e posteriormente em sua **Cosmografia Universal**, de 1575. Também os desenhos que contam com observações feitas por Léry não são realizados **d'après nature**; absorvem motivos das ilustrações de Thevet, reelaborando-os em nova sintaxe, baseada em modelos visuais dos antigos. A intertextualidade que une Léry a Thevet e ambos aos clássicos vem afirmar o valor da interpretação ou erudição, como modo de organizar o conhecimento, na época.

Léry entende que para figurar um índio pode-se imaginar o nu proporcionado, o corpo inteiramente depilado. Atento aos conteúdos de verdade etnológica, desejava revelar o corte dos cabelos, a ornamentação facial com pedras, as marcas das vitórias ostentadas pelos selvagens nos riscos de suco de genipapo nas pernas. Nada é gratuito. Afirmar que os índios se depilam é distanciá-los dos seres peludos que habitam a floresta. Expor marcas de guerra é mencionar a coragem e a bravura, aludidas pelos troféus de cabeças inimigas aos seus pés.

Destaco da obra de Léry algumas imagens do conjunto de cinco gravuras em madeira que não se subordinam ao texto, tendendo à auto-suficiência visual. Em grupo, parecem apontar o ciclo da vida e da morte, da guerra e da dança, dos rituais tupinambás com amigos viajantes estrangeiros.

Desse conjunto estará ausente o tema de teor mais conflitivo: a relação dos conhecidos índios canibais com os inimigos. As cenas de luta e devoração aparecem no mesmo livro sob autoria e tratamento diverso, calcadas em modelos visuais de Thevet. Essas imagens de teor mais trágico não correspondem à atitude contemplativa e à dimensão construtiva dos desenhos destacados.

Os sentidos das ilustrações de Léry decorrem das inter-relações estabelecidas entre as partes da figura e entre figuras indígenas. Isto é, Léry busca uma razão formal abstrata. Para tipificar as suas figuras, conforme preceitos clássicos, irá recortá-las de sua realidade e transportá-las para o mundo ideal das relações proporcionais. Desse modo, o índio passa a ser mostrado como universalidade humana. Evitando a combinação aditiva das figuras, Léry as superpõe para não justapor. O corpo frontal e o corpo de perfil sob o eixo de rotação é um recurso que equivale à variação de pontos de vista. Está, por outro lado, de acordo com o relativismo cultural de Léry, que seria capaz de reconsiderar Plínio e Ovídio diante dos fatos da América. Para ele, o mundo natural é um conjunto ordenado e o homem ocupa o seu centro. Destaca e isola as figuras humanas em sua gravura, rodeando-as por animais domésticos, que lhe são próximos ou lhe estão sujeitos. É curioso notar o nu atlético e apolíneo de constituição escultural, formado por volumes, quando se sabe que a escultura e o baixo-relevo dos antigos forneciam os modelos para a transgressão do espaço topográfico e segmentado das representações medievais. O movimento dos índios em dança estabelece a disposição regular das partes do corpo para diferentes direções, sendo fiel ao desejo de uma forma racional e à unidade geométrica espacial. Pode-se adivinhar que o discóbulo - um dos modelos da escultura grega antiga - empresta sugestões à rotação da figura indígena, vindo a movimentação apontar para o espaço ao redor. Afinal, não se teria isso em mente ao se relacionar as duas figuras, sugerindo uma seqüência de posições da primeira para a segunda, do frontal para o perfil, do dobrado para o ereto?

É possível que a noção de naturalidade da vida primitiva tenha ido ao encontro do ideal dos reformadores protestantes, contrários ao domínio do papado e capazes de uma visão crítica da artificialidade dos costumes na Europa. O bom selvagem ganhava contornos no âmbito da renovação do século XVI francês. A ruptura da mentalidade teria em Montaigne, autor dos **Canibais**, seu maior protagonista.

A ordem combinatória de Theodore De Bry

Nas **Grandes Viagens** de Theodore De Bry serão retomadas as contribuições de Staden e Léry, aproximando-se as ilustrações dos dois autores, sob uma ótica unitária. Sendo editadas na terceira parte da coleção, em 1592, são antecedidas de relato sobre a expedição inglesa na Vírginia dirigida por Grenville, que ocorreria em 1585, publicado em 1590, ilustrado por De Bry a partir dos desenhos originais de John White. São também precedidas de relato sobre a expedição huguenote na Flórida coordenada pelo Capitão Laudonnière, em 1565, publicada em 1591, ilustrada por De Bry a partir de desenhos originais de Jacques la Moyne de Morgues. Ambas menções são obrigatórias pois dão conta de modelos de sintaxe visual e de observações etnográficas que iriam marcar o projeto de De Bry e incidir sobre as ilustrações da **America-Terceira Parte**, que agora estudamos.

Na obra de De Bry, a fantasia dos relatos de memória pós-viagem, a livre manipulação das informações visuais de vários autores, o recorte e a montagem de

A aldeia de Ubatuba, onde Hans Staden está no meio da dança das mulheres. "Viagens ao Brasil", Hans Staden, 1557.

"Grandes Viagens", Theodore de Bry, 1592.

Índios Tupinambá choram seus mortos. "A história de uma viagem", Jean de Léry, 1580.

material de várias proveniências irão se organizar dentro de um quadro geral. Assiste-se à passagem das imagens à forma coesa instaurada pela unidade espacial.

As transposições realizadas por De Bry a partir dos registros de Staden mostram primeiramente o abandono da linearidade esquemática do desenho gravado em madeira e da orientação posicional das figuras humanas em movimento. Não só a xilogravura é substituída pelas possibilidades do talho doce, da gravura em metal. A nova concepção espacial de De Bry tece a geometria que inter-relaciona os corpos desenhados em traçado ordenado e regular. Na gravura de cobre, elabora-se o valor de claro-escuro, os valores intermediários. Por meio dos volumes modelados, as coisas se tornam tangíveis, as zonas de penumbra projetadas em espaço vazio participam como eco da presença dos corpos.

Podem-se observar versões das cenas no interior da aldeia em Ubatuba. Staden é conduzido pelas mulheres ao **poracé** (dança e divertimento), arrastado por uma

A preparação do prisioneiro. "Grandes Viagens", Theodore de Bry, 1592.

As mulheres pintando o ibirapema e o rosto do prisioneiro. "Viagens ao Brasil", Hans Staden, 1557.

corda, quando desejam lhe tirar a barba e as sobrancelhas. A dança e o tratamento dado ao prisioneiro reforçam a interpretação da existência de canibalismo ritual entre os tupinambás, afastando a suposição de antropofagia alimentar. Tanto em Staden como em De Bry aparecem relações matemáticas expressas pela divisão do todo ou pela multiplicação das partes, como veremos. Na visão mais detalhada de De Bry, a aldeia de cinco cabanas define um pentágono, no qual se inscreve um círculo de mulheres em dança. No centro da roda está Staden. A regularidade da disposição das quatorze mulheres não deixará dúvidas quanto aos preceitos adotados para a organização do conjunto. A versão gravada no livro de Staden não excluem completamente componentes clássicos, certa métrica aritmética.

Há entretanto grande diferença no tratamento dado à nudez em cada caso. No livro de Staden, o prisioneiro e algumas figuras aparecem cobertos pelo pudor. Tudo indica a condenação do estado natural. O nu é censurado conforme a teologia moral. O código de expressão das figuras também sugere diferenciações: as figuras indígenas animadas pelo movimento e a postura do prisioneiro europeu recatado, em repouso.

As interpretações do nu por Theodore De Bry apresentam algumas semelhanças com as ilustrações propostas por Jean de Léry, para quem o estado natural é tido como verdade essencial, diferente do artificialismo da sociedade européia, apreciando a simplicidade do nu como virtude. Nos dois autores, o corpo atlético, heróico, guerreiro, apresenta traços anatômicos. O corpo orgânico em movimento é definido por sua estrutura interna. A proporcionalidade das partes e postura das figuras permite associá-las aos motivos artísticos antigos. Predomina a figura humana em movimento de expressão da vontade e da emoção, ou seja, a figuração de sentimentos universais através da representação humana.

Longe de atenderem demandas anacrônicas da antropologia física, que reclama a representação de traços indígenas, as figuras impõem uma melhor compreensão da tipificação clássica. De acordo com códigos estéticos da época, as figuras humanas não se distinguem por traços faciais e raciais, mas pela ornamentação e pelas práticas. Também se impõe a noção de beleza, que se deseja nas proporções harmoniosas entre as partes e na relação proporcional de todas as partes entre si. A

Empalação do prisioneiro "Grandes Viagens", Theodore de Bry, 1592.

A divisão do corpo do prisioneiro. "Grandes Viagens", Theodore de Bry, 1592.

movimentação dos índios é enfim manifestação de subjetividade, manifesta na expressão do corpo e não da face, na postura e no movimento.

Nas cenas do interior da aldeia de Ubatuba, transpostas por De Bry, as figuras femininas em roda estabelecem relações proporcionais simétricas, por meio das quais o aspecto visível de uma figura completa outra figura feminina vista em posição espacial invertida, integrando o todo. O princípio da divisão do todo ou da multiplicação das partes é constante. A visão de um objeto sob diferentes ângulos leva à compreensão de sua totalidade. As quatro ou cinco cabanas ordenadas em correspondência, ao se espelharem, espelham o todo e contam a aldeia.

De Bry não descuida da proporcionalidade e da posição das figuras, que se mostram estudadas a partir de cânones e motivos clássicos e estão dominadas pelo movimento de expressão, ao qual se submete a medida e a postura. Entretanto, nota-se que a posição de cada uma das figuras é coordenada pelo nexo do conjunto. Colocada em relação de correspondência no conjunto geométrico e subordinada a um eixo de rotação, como parte do todo. Se a tipificação das figuras tupinambás leva a compará-las a Vênus, estas mostram-se também aspectos inseparáveis de uma configuração global.

É preciso ainda considerar a capacidade de De Bry de submeter a representação a um ajuste ótico, vindo assim definir a posição do observador. Ele se vale de correções espaciais no cenário, no caso a aldeia, mas busca também aplicar a perspectiva diretamente à figura humana.

Na opinião de Panofsky, as três qualidades preparadas pela arte do século XVI - a expressão das figuras representadas; a visão subjetiva do artista, manifesta nos aspectos da figura; a visão do espectador, que se expressa nos "aspectos" propriamente perspectivos - são concernentes à vitória do princípio subjetivo.

É provável que o modelo, pelo qual se tenta solucionar ao mesmo tempo a postura e o movimento, o contorno e a proporção, teria sido proposto na época por Durer.

Diante da consideração dessa unidade ideal das partes e do todo e frente ao sistema de correspondências, que assimila o corpo individual no corpo coletivo é conveniente lembrar que, tanto nos relatos de Léry, quanto nas ilustrações e nos relatos de Staden, são descritas relações entre partes do corpo e segmentos da sociedade tupinambá. Apresentam-se correspondências entre as práticas que efetivam o canibalismo e o próprio corpo canibalizado. Dizem respeito ao abate do prisioneiro de um só golpe, na cabeça, por bravo guerreiro; aos homens responsáveis por cortar as partes do corpo, à sua divisão em partes, às mulheres responsáveis por cozê-las (ou assá-las), por distribuí-las. A desti-

Mulheres e crianças tomando mingau. "Viagens ao Brasil", Hans Staden, 1557.

Assando e comendo pedaços do corpo do prisioneiro. "Grandes Viagens", Theodore de Bry, 1592.

nação da parte do corpo-alimento e sua ingestão em diferentes estados (cru, assado e cozido) sugere ainda outra teia de correspondências, como indica Bernadette Boucher em seu livro **Le sauvage au seins pendants**. Os autores viajantes contam que aos homens cabiam as pernas e os braços, que eram assados, o interior do corpo se destinava às mulheres e crianças, que se alimentavam de um mingau de tripas; mãos e cabeças também eram manipuladas pelas crianças.

Há enfim um certo interesse em reconhecer possíveis significados que, no século XVI, aderem ao desmembramento do corpo, ao seu parcelamento e sacrifício, a sua ingestão e digestão. O forte impacto das imagens de canibalismo no inconsciente europeu e mesmo na nossa contemporaneidade deve-se em grande medida à transgressão do tabu de não comer carne humana. As imagens de sacrifício, nos livros dos viajantes, deixam-se contaminar por sugestões do martírio, da via crucis de Cristo. O sofrimento do corpo associa-se às imagens do purgatório e à ação demoníaca, no âmbito do imaginário religioso. O procedimento simbólico de comer o corpo para adquirir poderes encontra também paralelo na comunhão do corpo de Cristo, na cerimônia católica.

Afinal, o imaginário da época não pode ser excluído dos sentidos que aderem às imagens de Staden, Léry ou De Bry.

Léry e Staden enfatizam a bravura da prática guerreira, estando de acordo em termos gerais e possibilitando a De Bry a combinatória de suas ilustrações. Particularmente, no **Relatório Verídico** de Staden estão os desenhos arranjados em unidade de ação (unidade de espaço e tempo), apresentados em série seqüencial, que irão marcar a maior parte das ilustrações que serão feitas sobre o tema, inclusive por Léry e De Bry.

Do outro lado da forma controlada de De Bry, irá se revelar o teor dramático da narrativa visual sobre o canibalismo, sendo acentuado o caráter demoníaco da mutilação, carregados os aspectos aterrorizantes. No desenrolar das práticas canibais, as figuras ideais dos índios tupinambás sofrem transformações biológicas, assinalando-se uma degeneração de seus corpos. A condenação e a punição manifestadas por De Bry também se apresentam como expressão do corpo.

Bibliografia

Staden, Hans - 1557 - **Warhftige Historia und Beschreibung Eyner Landtschafft der Wilden Nackten**, Marburg, Andres Koeben. (Sobre a obra de Hans Staden, existem duas edições que aparecem em Marburg datadas de 1557 e outras duas que aparecem em Frankfurt, sem data, sendo atribuídas ao mesmo ano por especialistas. A edição de Frankfurt é editada por Weygandt Hand.)

Alexander, Michael - 1976- **Discovering the New World based on the works of Theodore De Bry**, New York/London, Harper & Row.

Argan, Giulio Carlo - 1957 - **Botticelli**, Geneve, Skira, pág.26.

Belluzzo, Ana Maria de M. - 1992 -"A imaginação do desconhecido" in **Guia das Artes**, São Paulo, nº 30.

Boucher, Bernadette - 1977 - **Le sauvage au seins pendants**, Paris, Herman.

De Bry, Theodore - 1592 - **America Tertia Pars Memorabile Provincias brasiliae hisitoriam contines**, Frankfurt.

Greimas, A.J. - 1966 - "Élements pour une theorie de l'interpretation du recit mythic" in **Communications**, Paris (8), págs. 28-59.

Léry, Jean de - 1580 - **Histoire d'une voyage fait a la terre du Brèsil autrement dit Amerique**, La Rochelle, Antoine Chuppin.

Panofsky, E. - 1976 -"A história da teoria das proporções humanas como reflexo da história dos estilos". in Panofsky, E. **Significado nas Artes Visuais**, São Paulo, Perspectiva, págs. 89-148.

Saxl, Fritz - 1989 - "Macrocosmos y microcosmos en las pinturas medievales" in Saxl, Fritz **La vida de las imágines**, Madrid, Alianza, págs. 59-71.

Sommer, F. - 1943 - "Quem foi o impressor e quem o ilustrador da edição primitiva do livro de Hans Staden?" in **Revista do Arquivo Municipal**, São Paulo, 8 (88), jan/fev.

Thevet, André - 1557 - **Les singularitez de la France Antarticque, autrement nomée Amerique**, Paris, Maurice de la Porte.
- 1575 - **La Cosmographie Universelle**, Paris, Pierre L'Huillier. 2v.

Caminha relata em sua carta ao rei Dom Manuel o momento em que dois índios são levados ao encontro do Capitão: "..um deles viu o colar do Capitão e começou a acenar com a mão para terra e depois para o colar, como a dizer-nos que havia ouro em terra". "Na Capitânia de Cabral ou Índios à bordo da Capitânia", óleo s/tela. Museu Paulista/USP. Foto Aparecida Gomes da Silva.

Martim Afonso de Souza, a serviço do rei Dom João III fundou em 22 de janeiro de 1532 a primeira vila do Brasil: São Vicente. Alí foram plantados os primeiros canaviais e iniciada a criação de gado. "Fundação de São Vicente", Benedito Calixto de Jesus, óleo s/tela, 1900. Museu Paulista/USP. Foto Rômulo Fialdini/Banco SAFRA.

O índios Tupinambá habitavam toda a costa brasileira na época da conquista. Estavam todos extintos no século XVII. Seus mantos de penas são célebres: vestiam os homens do mais alto grau na hierarquia social Tupinambá e eram utilizados por ocasião dos grandes rituais de passagem masculinos.

Atualmente existem apenas 6 exemplares destes mantos, todos conservados em museus europeus. Manto do Museu Nacional de Copenhague (Dinamarca) e do Museu do Homem de Paris (França).

Os intelectuais do século XIX, preocupados em forjar uma identidade para o império brasileiro, buscaram imagens originárias do próprio país. Encontraram os índios, primeiros brasileiros, testemunhas da grandeza do passado e os rios, atestando a exuberância da nossa natureza. Nesta escultura, idealizada por João Maximiano Mafra e executada em Paris por Louís Rochet, o rio Madeira é representado por um índio. "Rio Madeira", Louis Rochet, gesso, século XIX. Museu Histórico Nacional. Foto Rômulo Fialdini/Banco SAFRA.

O índios Tupinambá habitavam toda a costa brasileira na época da conquista. Estavam todos extintos no século XVII. Seus mantos de penas são célebres: vestiam os homens do mais alto grau na hierarquia social Tupinambá e eram utilizados por ocasião dos grandes rituais de passagem masculinos.

Atualmente existem apenas 6 exemplares destes mantos, todos conservados em museus europeus. Manto do Museu Nacional de Copenhague (Dinamarca) e do Museu do Homem de Paris (França).

Hercules Florence integrou como segundo desenhista a expedição organizada por Gregory Ivanovitch Langsdorf. Partindo do Rio de Janeiro, passa por São Paulo chegando à Amazônia, por via fluvial. "Chefe Mundurukú em Santarém", Hercules Florence.

Era hábito no reinado de Dom João VI, intensificado no período de governo de Dom Pedro I, comemorar fatos historicamente significativos, através de pinturas e leques geralmente fabricados na China. No leque, Dom Pedro recebe de um índio a coroa imperial, comemorando a independência do Brasil. "Leque em marfim e papel", século XIX, provavelmente chinês. Museu Histórico Nacional.

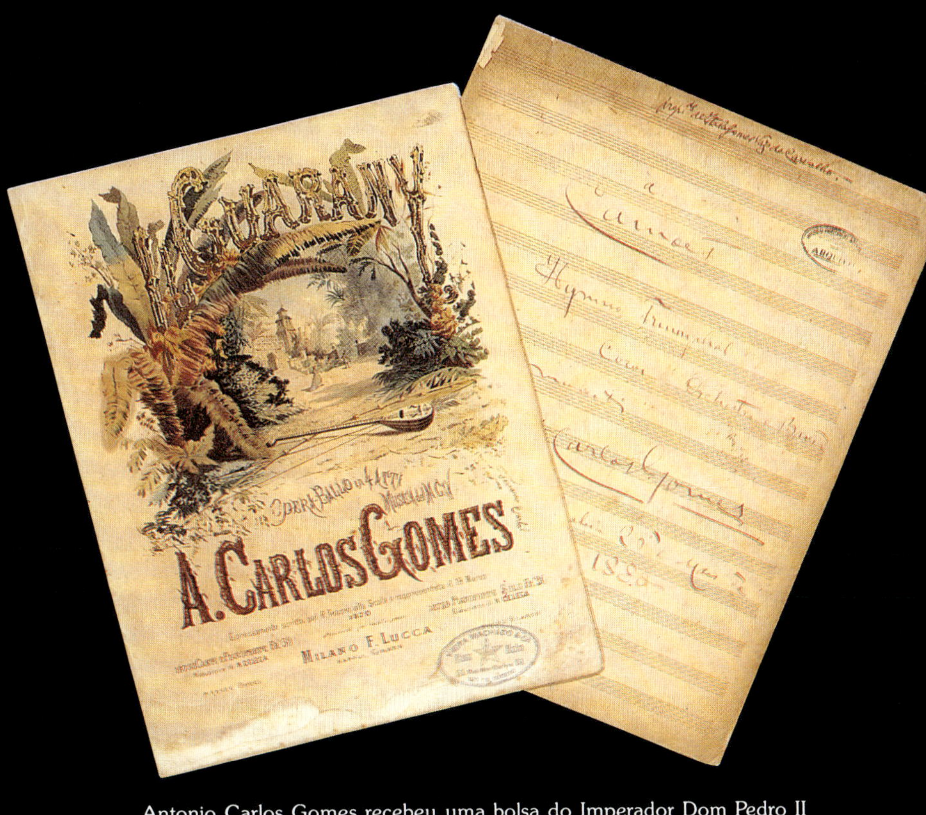

Antonio Carlos Gomes recebeu uma bolsa do Imperador Dom Pedro II para estudar na Itália. Estreou em março de 1870, no Teatro Scala de Milão, sua obra de maior sucesso: Il Guarany. Esta foi encenada em vários países, atingindo grande sucesso na cidade do Rio de Janeiro. Folha de rosto da partitura da ópera "Il Guarany". Museu Histórico Nacional. Fotos Rômulo Fialdini/Banco SAFRA.

Os intelectuais do século XIX, preocupados em forjar uma identidade para o império brasileiro, buscaram imagens originárias do próprio país. Encontraram os índios, primeiros brasileiros, testemunhas da grandeza do passado e os rios, atestando a exuberância da nossa natureza. Nesta escultura, idealizada por João Maximiano Mafra e executada em Paris por Louís Rochet, o rio Madeira é representado por um índio. "Rio Madeira", Louis Rochet, gesso, século XIX. Museu Histórico Nacional. Foto Rômulo Fialdini/Banco SAFRA.

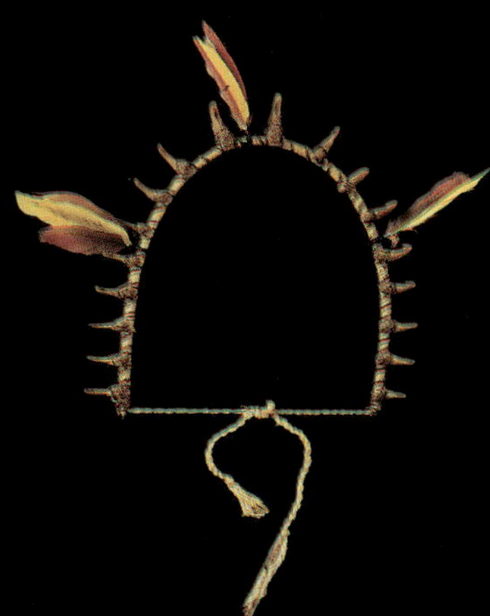

Mais de 3.000 artefatos dos índios Bororo (Mato Grosso) encontram-se depositados em museus brasileiros. Os Bororo constituem um dos grupos indígenas das baixas terras sul-americanas mais estudados pela etnologia. Adornos de cabeça, goivos, colar de unhas de tatú canastra. Museu de Arqueologia e Etnografia/USP. Fotos Nelson Kon.

Grandes momentos da vida política e histórica do Brasil têm servido de tema para artistas e escritores. O descobrimento do Brasil, consagrado nos pincéis de Oscar Pereira da Silva, tem inspirado também artistas contemporâneos. "Descobrimento do Brasil", Waldomiro de Deus, óleo s/tela, 1977. Pinacoteca do Estado.

Imagem e representação do índio no século XIX

Maria Sylvia Porto Alegre

Este estudo pretende retomar o tema do olhar do branco sobre o índio, desta vez a partir da iconografia, onde a representação é permeada pela estética e expressa pela imagem gráfica.

Proponho-me a entender as conexões entre imagem e representação do índio brasileiro na primeira metade do século XIX, através da forma pela qual ele foi visto, registrado, classificado e nomeado, a partir da iconografia, pelas missões científicas européias que percorreram o Brasil, dispostas a fazer dos trópicos seu laboratório de pesquisa[1].

As expedições eram conduzidas por naturalistas, médicos, botânicos e zoólogos, que se faziam acompanhar por pintores e desenhistas, encarregados de registrar a natureza e os tipos humanos da forma mais fidedigna e minuciosa possível, numa antecipação da fotografia.

A idéia de tomar a imagem do índio como objeto de estudo surgiu da observação do trabalho dos chamados "pintores-viajantes", ou "pintores-etnógrafos" (Kate 1910), no decorrer de uma pesquisa sobre iconografia indígena feita na Alemanha, no ano de 1989[2]. Trata-se de uma coleção de centenas de pinturas, desenhos e gravuras, dispersas em museus, bibliotecas, arquivos e coleções públicas e privadas, a maior parte publicada como ilustração dos livros de viagem, gênero literário muito apreciado em toda a Europa na primeira metade do século XIX.

Selecionei alguns autores apenas, aqueles que percorreram grandes extensões do nosso território, entrando em contato direto com a diversidade das sociedades tribais, algumas isoladas outras em contato com as populações regionais, e produziram uma iconografia de reconhecido valor, dos pontos de vista estético, histórico e etnográfico (Baldus 1954, Hartmann 1978).

O exame da incontável variedade de imagens capturadas pelo olhar desses "pintores-viajantes", levanta várias indagações sobre a relação entre arte e ciência em um momento de enorme expansão das fronteiras do saber, e sobre as possibilidades de uso da imagem como documento e objeto de pesquisa.

As missões científicas, instrumento através do qual a antropologia moderna começou a construir seu objeto tendo como paradigma a história natural, utilizaram largamente a pintura, o desenho e a gravura, para documentar e ilustrar suas observações e conferir-lhes legitimidade, através de uma teoria da arte baseada no "realismo criativo".

O conceito de "realismo criativo" foi desenvolvido e aplicado, primeiramente, por Alexander von Humboldt ao estudo do espaço geográfico e humano em suas viagens à América do Sul por volta de 1810 (Loschner 1978, Beck 1978). Concebendo "a representação científica da natureza numa imagem artisticamente conformada", o uso de ilustrações acompanhando o texto científico era visto por Humboldt não só como objeto de interesse do estudioso e do cientista, mas como meio de popularizar a ciência, conquistando um público leitor sempre ávido por satisfazer o antigo fascínio pelo "mundo selvagem", através da literatura de viagem.

De imediato, constata-se que a união entre esses elementos transformou os relatos sobre o Brasil de tal forma que a ilustração penetrou a narrativa e o artista se sobrepôs ao pesquisador, como testemunha dos dramas da expedição. O resultado é uma profusão de imagens,nas quais abundam os detalhes no uso da cor e do traço e de onde emergem a revelação da diversidade e a ênfase na diferença entre as culturas observadas, numa representação das sociedades indígenas em sua multiplicidade, que caminha no sentido inverso ao do discurso idealizado do romantismo de meados do século XIX, sobre um "índio genérico" em vias de extin-

I- Idealizações do bom e do mau selvagem.

Bom e mau selvagem. "Busto de Botocudo Quack". Friedrich T. Kloss, aquarela, Bibl. Brasiliana Robert Bosch, Sttutgart. Foto: Antonio Rodrigues.

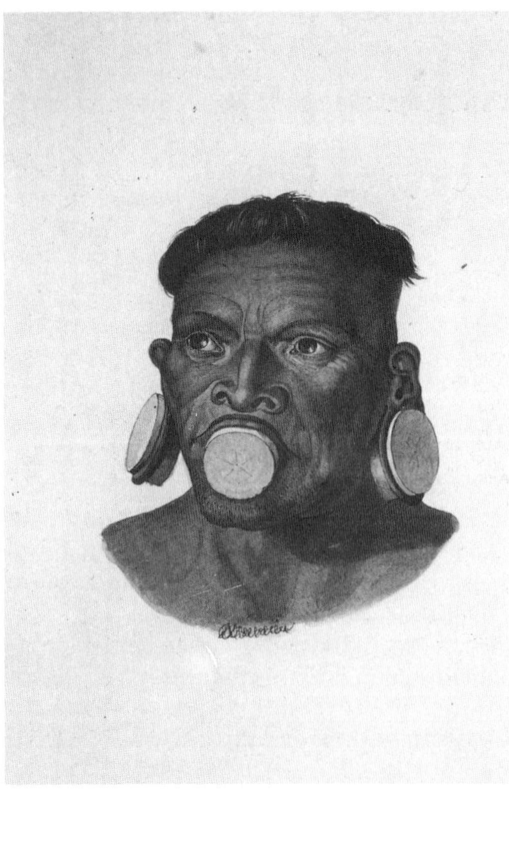

Bom e mau selvagem. "Capitão Jeparaque do Rio Grande de Belmonte". Heinrich Keller. Aquarela a bico de pena. Bibl. Brasiliana Robert Bosch, Sttutgart. Foto: Antonio Rodrigues.

ção.

Como sabemos, as teorias raciais e o evolucionismo, que impregnaram as ideologias sobre o índio no século passado, deitam raízes de longa duração em nossa memória social, que tanto remetem para a busca de um passado "original" como para questões atuais sobre o lugar da identidade étnica na cultura brasileira. Trazer a imagem e a arte para esse debate, significa, no limite, buscar novos caminhos para a reconstituição de antigos dilemas do "discurso do confronto". Significa também indagar sobre os processos diferenciados entre duas linguagens, que recolocam em discussão a interdisciplinaridade, as fronteiras do conhecimento e as articulações entre estética e ciência.

O exame da iconografia indígena do passado permite identificar, através da imagem, um movimento inicial de ruptura na representação dominante sobre o índio, enquanto categoria indiferenciada contraposta ao branco, em direção ao reconhecimento da existência das sociedades tribais concretas e suas diferenças.

A linguagem do desenho, com seus códigos próprios e seus significantes, revela-se então como documento visual de uma temporalidade, como "arquivo de identidades", poderíamos dizer, que abre inúmeras possibilidades de estudo para a história indígena e para a etnologia na atualidade, principalmente no que se refere à noção de **pessoa**, questão que examinaremos na parte final deste trabalho.

O desenho como linguagem

Tomar a imagem icônica como objeto de análise implica ter em mente que se trata de um registro realizado em determinadas condições, dentro das quais uma "leitura antropológica" pressupõe problemas teóricos e metodológicos não inteiramente claros para o pesquisador.

Antes de mais nada torna-se necessário indagar o que diferencia a imagem de outras formas de linguagem.

Para Barthes, além da substância linguística ("uma imagem vale mais que mil palavras"), toda imagem é portadora de uma dupla mensagem: uma mensagem codificada **(conotação)** que remete para um determinado saber cultural e seus significados globais, e uma mensagem sem código **(denotação)**, cujo caráter analógico pressupõe sua capacidade de reprodutibilidade do real (Barthes 1990).

A "cadeia flutuante" de significados, que levam a uma interrogação sobre a linguagem literal **denotada** e a linguagem simbólica **conotada**, mantém uma relação com o tipo de imagem com que estamos tratando: pintura, desenho, fotografia, cinema, etc. Assim, diz Barthes, enquanto linguagem o desenho se aproxima da fotografia, porém seu valor de denotação é menos puro, uma vez que não há desenho sem estilo, enquanto que na fotografia o "ter estado aqui" inocenta a mensagem simbólica, produzindo um mascaramento do sentido construído, sob a aparência do registro natural (1990:35-37).

A leitura de Barthes nos conduz à descoberta do sentido de "descontinuidade" do desenho, enquanto expressão de um determindo código cultural que permite várias interpretações de uma mesma imagem, dependendo da contextualização e do saber investido no olhar. Penetramos aqui no terreno da ideologia, onde o conjunto dos significantes (conotadores) expressam uma **retórica**, na qual os símbolos mais fortes de uma cultura são reificados em um discurso icônico que os "naturaliza" (p.39-40).

O desenho enquanto objeto de estudo aponta as mesmas questões que se colocam para a fotografia, referentes às condições de percepção, memória, subjetividade do observador e relação que este estabelece com a imagem. Sua análise pressupõe, portanto, a necessidade de contextualizar a representação temática à temporalidade retratada e às peculiaridades estéticas de produção do trabalho do autor (Leite 1988).

Por outro lado, o desenho distancia-se da fotografia no sentido apontado por Bourdieu (1985) dos seus usos sociais, na medida em que o desenho requer um aprendizado, uma prática criativa especializada e um grau de legitimação e reconhe-

Encantamento. "Recueil de la diversité des habits, qui sont de present en usage tant en pays d'Europe, Asie, Affique & Isles sauvage. Le tout fait aprés de naturel." Paris, Richard Breton, 1564. Foto: Antonio Rodrigues.

cimento conferido à obra de arte, não sendo acessível a qualquer amador, como a fotografia e situando-se claramente no "campo artístico".

Os avanços da técnica representam um elemento chave para a compreensão da modernidade e das transformações históricas no campo das artes rumo à modernidade. Com as novas funções adquiridas pela imagem a partir da descoberta da litografia, no início do século XIX, a reprodutibilidade transformou as artes gráficas em verdadeiros "documentos do cotidiano", distanciando seu antigo "valor de culto" de um novo valor em que a arte se constitui como "realidade exibível" (Benjamin 1975).

Seria engano supor, entretanto, que as bases ritualísticas da obra de arte tendem a desaparecer com o avanço da técnica, mesmo quando esta coloca em primeiro plano o valor de exibição. Lançando seu olhar às imagens anônimas dos homens e mulheres retratados por Daguerre, Benjamin observa "algo estranho e novo" que não pode ser reduzido ao trabalho do fotógrafo:

"Depois de mergulharmos suficientemente fundo em imagens assim, percebemos que também aqui os extremos se tocam: a técnica mais exata pode dar às suas criações um valor mágico que um quadro nunca mais terá para nós" (Benjamin 1985:94).

Padrões estéticos ocidentais. "A Amazona". Theodor de Bry. "América. Terceira Parte". Frankfurt, 1593. Foto: Antonio Rodrigues.

A dimensão mágica do "inconsciente ótico", de que fala Benjamin, guarda uma relação com o que Barthes chama de "terceiro sentido" contido na imagem (1990:45-61). Um sentido **obtuso**, que encerra o paradoxo de confundir o discurso narrativo ao mesmo tempo em que forja um campo de permanência e permutação. Nesse sentido, a imagem torna-se uma "companheira de caminhada" que nos permite ver até que ponto a linguagem articulada é apenas aproximativa e perceber a passagem da linguagem à significância.

Tal passagem, que se apresenta como um dilema e um enigma para a ciência, coloca-se, a nosso ver, como o principal desafio a uma "leitura antropológica" que leve em consideração o caráter de irredutibilidade da mensagem icônica.

A leitura de Barthes, Benjamin e Bourdieu, além de abrir novos caminhos, esclarece os limites deste exercício de aproximação com o tema das representações. Representações contidas na imagem, em que procuro lançar meu próprio olhar sobre o índio do passado, tentando desvendar alguns sentidos e deixando para o leitor a possibilidade, sempre aberta, da descoberta de outros sentidos.

O olhar colecionador

Durante todo o século XIX, grande número de viajantes estrangeiros percorreu o Brasil, produzindo uma variedade de relatos, que vão de diários impressionistas de viagem a relatórios comerciais e estudos científicos, passando por memórias descritivas, tratados filosóficos, informes econômicos, etc. É uma produção bastante heterogênea, onde predominam os viajantes ingleses, franceses, americanos e alemães, entre os quais, além de curiosos diletantes, incluem-se representantes diplomáticos, comerciantes, religiosos, artistas e cientistas.

Nessa última categoria, destacam-se os estudiosos da história natural, geralmente vinculados a instituições de pesquisa e museus europeus, que vinham para realizar expedições científicas e não apenas viagens de contato e reconhecimento.

A maior parte das missões científicas era financiada por governantes da França, Inglaterra e Alemanha e seus integrantes faziam parte do movimento de expansão das ciências naturais, onde os avanços do conhecimento, tomavam por base do método a **observação**. Os viajantes, ansiosos por estudar a natureza e o homem, procuravam mover-se pelo território munidos dos mais recentes equipamentos e procedimentos de pesquisa, para descobrir e registrar a diversidade e o exotismo do universo tropical e estabelecer futuras comparações, à luz das novas teorias, modelos e tipologias.

As exigências do método impunham que a observação fosse cuidadosamente descrita, registrada, documentada e reproduzida através do desenho ou da pintura, completando-se o trabalho de campo com a coleta dos espécimes, destinados a compor as imensas coleções armazenadas nos recém-criados museus de história natural.

Observar e colecionar era mais que um objetivo científico. Era quase uma missão, especialmente para a etnografia. No largo período que se situa entre a criação da Sociedade dos Observadores do Homem (1799-1805) e o estabelecimento da antropologia moderna, como Tylor, Morgan e Frazer, o evolucionismo social corre paralelo ao evolucionismo biológico. Domina-o um desvelo "salvacionista", que torna urgente recolher todos os documentos vivos da cultura de povos considerados em via de extinção.

Um "espírito da última hora", para usar uma expressão de Baldus (1954), que olhava para trás e via no indígena americano o remanescente em decadência da infância da humanidade. "Falso evolucionismo" ou "pseudo-evolucionismo" diria Lévi-Strauss, para quem o evolucionismo social, ao contrário do evolucionismo biológico, teoria científica, não é mais do que "a maquilagem falsamente científica de um velho problema filosófico para o qual não existe qualquer certeza de que a observação e a indução possam um dia fornecer a chave" (1985:56).

Delírios do imaginário. Ulrich Schmidel, "Vera história". Nuremberg, Levinus Hulsius, 1599. Foto: Antonio Rodrigues.

A etnografia das primeiras décadas do século XIX não estava interessada em aprofundar o conhecimento de uma determinada cultura mas sim em compreender extensivamente as práticas sociais de povos distantes no espaço e no tempo, para compará-las e demostrar a universalidade das técnicas, das instituições, dos comportamentos e das crenças (Laplantine 1988). Para afinal realizar o paradoxo de "suprimir a diversidade das culturas, fingindo conhecê-la completamente" (Lévi-Strauss 1985:55).

No contexto do pensamento social em que se movem os cientistas-viajantes, a perspectiva comparativa, classificatória e colecionista é depositária também do romantismo que domina a estética e a literatura da primeira metade do século passado. Mais para o final do século, românticos e folcloristas recorrem à antropologia nascente, pelas vias abertas por Tylor, produzindo uma analogia entre a cultura do camponês europeu e as culturas ditas primitivas, que aproximam o "selvagem" do "popular" (Ortiz 1985). Tal ana-

Puri-Indianer beim Erklettern von Baumen

II - A ordem do Mundo Natural

Humanidade com a extensão da natureza. "Índios Puri subindo nas árvores". Maximilian Wied-Newied. 1816. Aquarela e bico-de-pena. Biblioteca Brasiliana Robert Bosch. Foto: Antonio Rodrigues.

logia, como mostram estudos históricos sobre o folclore no Brasil, repercute e reforça o zelo preservacionista e colecionador, na medida em que a cultura popular aparece também como produto originário de um passado ameaçado de extinção (Cavalcanti 1988).

O propósito de "salvar" as culturas do desaparecimento dá aos museus um lugar particularmente relevante nesse contexto, com repercussões internas que levam as elites intelectuais brasileiras a tentar inserir-se no espírito cosmopolita e nos padrões de universalidade da ciência, com a criação de três museus: Nacional, Paulista e Paraense Emílio Goeldi (Schwarcz 1988). Mas é nos museus da Europa que se reunem as grandes coleções arqueológicas e etnográficas sul-americanas, sendo o museu etnográfico de Berlim o que abriga o mais importante acervo sobre a cultura material dos povos indígenas do Brasil no século XIX, notadamente os do Xingu.

Em outro estudo (Porto Alegre 1989) enfocamos as ações nacionalistas dos intelectuais brasileiros de meados do século XIX, que se voltam para regiões longínquas do país, organizando internamente expedições semelhantes às européias, na pretensão de produzir uma "fala" científica nacional, assumir o lugar do "outro" e romper o auto-silenciamento imposto pelo discurso dominante do "velho" sobre o "novo" mundo. Como os processos de construção de identidade nunca são desinteressados, esse movimento acaba por assumir uma forte conotação política, onde o interesse pelo conhecimento do índio e do "povo" encobre um antigo projeto das classes dominantes e do Estado, de controlar a força de trabalho, projeto esse que se oculta sob o manto da incorporação desses elementos à sociedade nacional.

O tema do "outro", presente na questão da identidade nacional é também o núcleo da visão do colonizador, nas viagens exploratórias. Tão antigo quanto a descoberta da América, a descoberta do "outro" chega até nós, inicialmente, pela voz dos **cronistas** dos séculos XVI e XVII, espantados diante da natureza e dos habitantes da terra. No século XVIII são engenheiros, cartógrafos e os primeiros naturalistas que surgem, nas trilhas do iluminismo, escrevendo **memórias** onde procuram inventariar as riquezas econômicas do país. Mas é com a passagem da corte portuguesa para o Rio de Janeiro, no começo do século XIX, que o movimento de viajantes estrangeiros torna-se mais intenso e as expedições se multiplicam, cruzando o país de ponta a ponta, pelo litoral e pelos sertões, acolhidas e estimuladas pelo primeiro e segundo impérios.

Enquanto processo discursivo, esse desfile de relatos se apresenta como um "lugar de significação, de confrontos de sentidos, de estabelecimento de identidades, de argumentação, etc" (Orlandi 1990), onde podemos perceber a prática de uma violência simbólica, no confronto de relações de força que acompanham o que se conta e o que não se conta, ao longo da história com a qual nos identificamos enquanto brasileiros. Como bem coloca Eni Orlandi, trazendo mais uma reflexão ao recorrente tema das "descobertas", procuramos nos conhecer fazendo falar as outras vozes que nos dão uma identidade, que nos definem, a brasilidade produzida pela fala do europeu, instaurando um espaço de diferença, de separação, um lugar vazio de onde tentamos construir nosso lugar mais "próprio" (idem: 20).

As representações vão se forjando e penetrando a cultura brasileira, num processo de tensão entre o universal e o particular. As missões científicas estrangeiras deixaram sua marca também entre os contemporâneos literatos locais. O diálogo do romance brasileiro dos anos 30 e 40 do século XIX com a forma literária pictórica do relato de viagem, seus desenhos e pranchas, mostra a obsessão pela origem, a busca interminável de raízes, a tentativa de produzir obras "brasileiras" e "originais". O romance nutre-se abundantemente das descrições dos viajantes, dos desenhos às vezes paradisíacos e que, no entanto se chocam com a dura realidade do Brasil cotidiano, parecendo dar aos personagens e seus narradores uma "sensação de não estar de todo presente" (Sussekind 1990).

Relato e desenho se combinam nessas experiências para reivindicar a fórmula que a antropologia viria a transformar no fundamento da autoridade etnográfica: eu estive lá, observei e registrei e portanto eu posso ser um intérprete legítimo do outro.

A credibilidade do relato é reforçada pelo trabalho do desenhista, que tudo registra pormenorizadamente. O naturalista é um colecionador, ao contrário do romântico, um contemplativo. Observação, classificação, coleta. O homem selvagem como prolongamento da natureza. Uma imagem do índio criada através da fusão de elementos contraditórios. De um lado o misterioso, o irracional, o mítico, como dimensão projetada de uma outra temporalidade, ancestral. De outro, uma nova realidade, a do tempo presente, progresso e racionalidade. A projeção do mundo interior no exterior, onde as imagens são como reflexos de um espelho. A importância da linguagem pictórica nesse processo, criando padrões profundos e impondo-se ao conhecimento do outro e ao auto--conhecimento.

Urwaldlandschaft mit Papageien und einem Indianer

Paraíso Natural, inocência, prazer idílico. "Caçada das araras no Rio Grande de Belmonte". "Banho dos Botocudos no Rio Grande de Belmonte". Maximilian Wied-Newied. 1816. Aquarela e bico-de-pena. Bib. Brasiliana Robert. Bosch, Stuttgart. Foto: Antonio Rodrigues.

O longo percurso temporal e espacial realizado pelos viajantes do século XIX produziu novas representações sobre o Brasil, descrevendo a natureza, os tipos humanos, costumes, ritos, festas, a vida cotidiana, cenas de família, e tantos outros aspectos da cultura. Essa produção tem sido usada como documento por historiadores e cientistas sociais, muitas vezes sem o devido questionamento de sua credibilidade e fidedignidade, não obstante a visão distorcida de alguns textos, seja pelas ideologias dominantes, pela observação pouco criteriosa ou mesmo pelo fato de alguns autores terem sido tolhidos de uma forma ou de outra no seu trabalho (Queiroz 1988).

Os desenhos que ilustram os livros de viagem também são reproduzidos exaustivamente, nos livros didáticos, na imprensa, nos trabalhos científicos, igualmente sem questionamentos. A fascinação do "registro natural", o caráter testemunhal da ilustração opera, nesse caso, na constru-

III - Imagens da diversidade

ção da autoridade da mensagem discursiva, conferindo legitimidade ao texto. O desenho como denotação do real aproxima-se da fotografia e antecipa-se a ela no relato etnográfico, submetendo o texto ao olhar de quem "esteve lá" e reconstituiu através da imagem a cultura distanciada.

Os pintores-etnógrafos

Nos cantos e nas margens dos primeiros mapas do século XVI apareciam símbolos, elementos isolados da cultura material e seres humanos. As xilogravuras dos livros de André Thévet (1556), Hans Staden (1557) e Jean de Léry (1558) forneceram os primeiros modelos dos homens que habitavam as terras descobertas, mas foi a partir do trabalho do gravador Theodore de Bry, editor de um grande livro de viagens, em seis volumes, repleto de gravuras estilizadas e fantasiosas (1593 - 1620), que a imagem do nativo americano passou a povoar a imaginação do leitor europeu.

No século XVII, os artistas que acompanharam Maurício de Nassau ao Brasil (1637-1644): Frans Post, Albert van der Eckhout e Zacharias Wagener, inauguraram uma representação mais exata do homem e da terra, que serviria de novo modelo visual, até fins do século XVIII, quando surgem os primeiros "pintores-viajantes".

Alguns desses novos viajantes são predominantemente artistas, outros homens de ciência ou escritores. Alguns desenham de preferência paisagens e a vegetação; outros animais ou seres humanos. Um é sobretudo naturalista; outro geólogo ou botânico, um terceiro arqueólogo e etnógrafo. Aqueles que por sua obra artística contribuíram para o estudo da etnografia e da arqueologia sul-americana no século XIX, formam uma categoria denominada "pintores-etnógrafos" (Kate 1910).

Thekla Hartmann (1975) analisa minuciosamente as obras deixadas pelos pintores-viajantes, chegando à conclusão de que numerosos fatores interferem no seu valor documental e histórico. Verifica, por exemplo, que os desenhos nem sempre foram feitos a partir da observação direta, podendo ser fruto da descrição de terceiros ou mesmo da imaginação, registrando-se, inclusive, o uso de um único "manequim", marcado e adornado de diferentes maneiras, de acordo com a origem tribal. Destaca, também, as alterações e distorções nos desenhos originais feitos "in loco", provocadas pela reprodução litográfica produzidas nas casas editoras européias, que visavam embelezar e romantizar a paisagem e os seres humanos retratados.

Seguindo as pistas abertas por Thekla Hartmann, comprovamos ser extremamente importante que o pesquisador tenha acesso aos originais das obras, pois muitas vezes o registro objetivo apresenta-se inteiramente deformado nas edições ilustradas das obras de viagem, constituin-

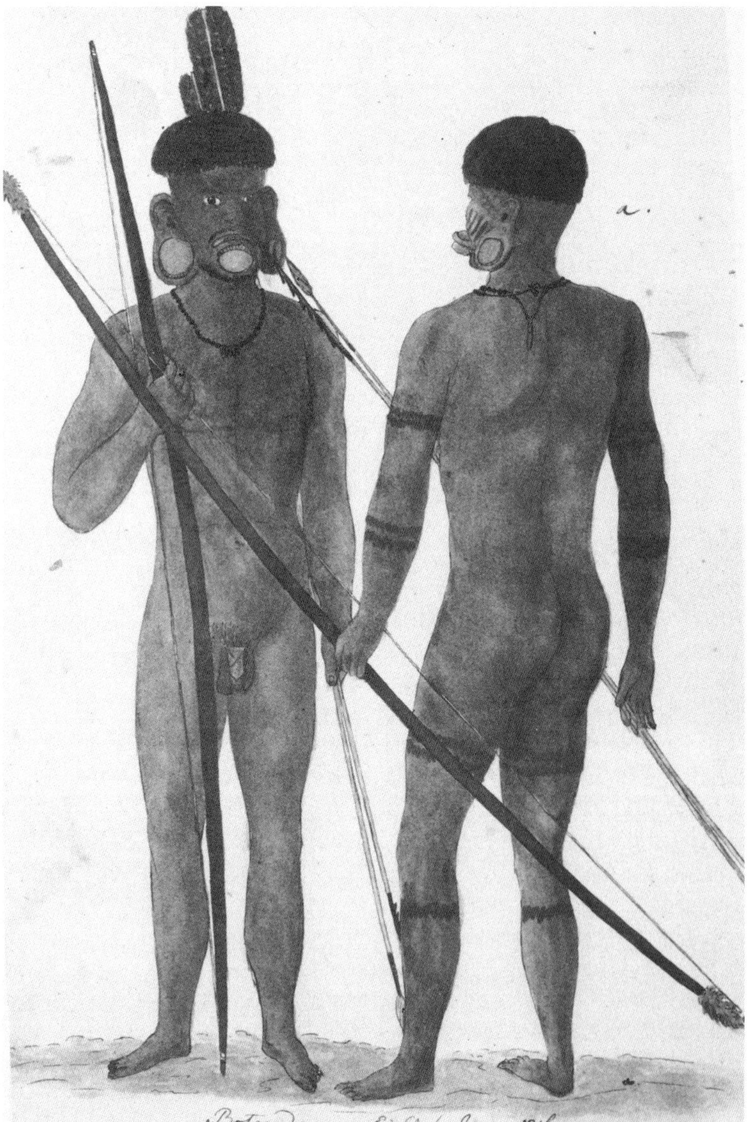

Guerreiros. "Dois botocudos com arco e flecha". Maximilian Wied-Neuwid. 1816. Aquarela e bico-de-pena. Bibl. Brasiliana Robert Bosch, Stuttgart. Foto: Antonio Rodrigues.

do versões mais distanciadas da realidade, criando inverdades, adulterando os tipos físicos para causar impacto entre o público europeu, problema que se agravava com a utilização de diferentes especialistas na gravação das estampas publicadas, cada um com seu próprio estilo (Hartmann 1975: 109).

Selecionamos para análise, principalmente, as obras deixadas pelas expedições de Maximilian zu Wied-Neuwied (1815-1817), Spix e Martius (1817-1820) e Hércules Florence (1825-1829), este último participante da expedição Langsdorff, que produziram uma iconografia de valor documental, histórico e etnográfico indiscutivelmente maior do que artistas mais conhecidos como Debret (1816-1831) ou Rugendas (1821-1825).

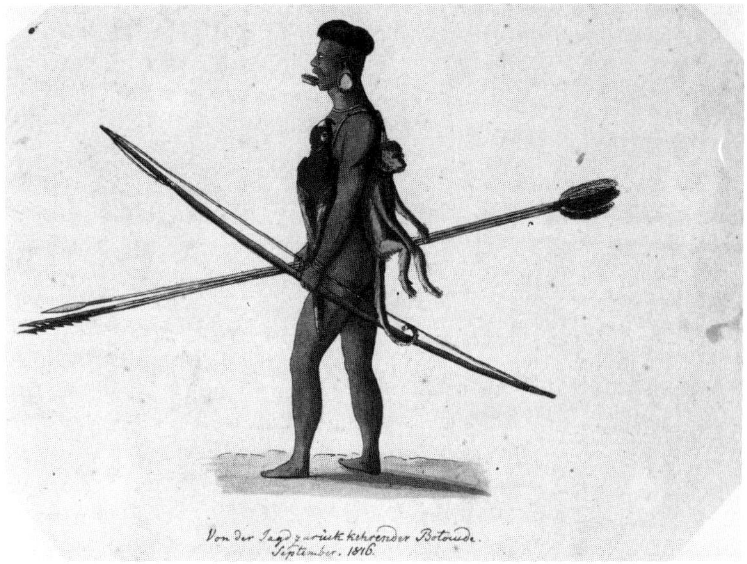

Caçadores. "Botocudo com caça: arara e macaco." Maximilian Wied-Newied. 1816. Aquarela e bico-de-pena. Bib. Brasiliana Robert Bosch. Foto: Antonio Rodrigues.

Em busca dos signos de alteridade

Discípulo das teorias raciais de Blumembarch, da estética de Humboldt, da frenologia de Gall, da fisiognomonia de Lavater, o pintor-etnográfico do século XIX é um observador que classifica indivíduos a partir da morfologia do crânio, desenha corpos, sistematiza traços, investiga e constrói a representação da identidade através da aparência do corpo humano, buscando na sua superfície o sentido da interioridade invisível.

Trabalha sob a influência da paixão da anatomia, de uma história natural que observa e detalha os homens em sua morfologia e se esforça por decifrar, sob os signos exteriores, as formações psíquicas, as relações entre corpo e alma, definindo alteridades e imaginando disparidades que lançam um novo olhar e uma nova historicidade sobre o corpo humano, tomando a forma de um distanciamento que destina o homem moderno ao paradoxo de "um olhar sobre si, constituído fora de si" (Courtine e Haroche 1988).

O surgimento das "massas" e da desordem social fundamenta o antagonismo entre um "físico popular" e um "físico burguês" expresso pelo retrato pintado, pela caricatura da imprensa e pela fotografia, que tornam-se as testemunhas da violência, da feiúra e da periculosidade das classes subalternas, construíndo graficamente as idéias concebidas por Lavater e Gall de alcançar o caráter do "homem degenerado" a partir da fisiologia e da anatomia, cujo marco definitivo é dado por Lombroso (idem: 44-45).

A transferência das concepções sobre as classes perigosas para a representação do selvagem americano não constitui mais do que um deslizamento. Esboços, croquis e desenhos se conjugam para compor o mosaico vivo e ilustrado da extinção eminente desses seres ora "decadentes" e "grotescos", ora "belos" e "inocentes".

As interrogações de Martius são elucidativas a esse respeito:

"... muito há que faz supor que a humanidade americana não está mais no primeiro passo do simples desenvolvimento que eu denominaria o da sua história natural... o que são, pois, estes homens vermelhos que habitam as densas matas brasileiras, desde o Amazonas ao Prata, ou que em bandos desordenados vagueiam pelas campinas solitárias do território interior? Formam eles um povo, são eles partes dispersas de um todo primitivo, são povos diversos, vizinhos um do outro, ou são finalmente, tribos fragmentadas, hordas e famílias de vários povos diferenciados pelos costumes, pela moral e pelas línguas? (Martius 1982: 11-12).

Martius passou longos anos a sistematizar estudos sobre os índios do Brasil e suas

Os rituais "Dança dos Tapuias". Albert Echout. 1637-1644. Pintura sobre tela. Museu Nacional da Dinamarca. Foto: Antonio Rodrigues.

indagações não diferiam das preocupações dos contemporâneos, empenhados em encontrar respostas científicas para as especulações acêrca da diversidade das culturas e elaborar uma imagem do outro onde melhor situassem a imagem de si mesmos.

Ciência e arte caminharam juntas para construir a representação do homem na modernidade, em que pese a "autonomia" do campo das artes no mundo contemporâneo, no sentido empregado por Bourdieu (1982), de um campo de produção, circulação e consumo que tem sua lógica própria. Nesse processo, tempo e espaço atuaram na descoberta da multiplicidade e fragmentação da vida social, "quando a história da arte resgata múltiplos mundos soterrados, quando os viajantes e os etnógrafos colocam em contato com o Ocidente milhares de culturas e expressões artísticas distintas" (Gomes 1992:45).

Agrupamos o material iconográfico coletado em quatro temas analíticos:

a) idealizações do bom e do mau selvagem

b) a ordem do mundo natural

c) imagens da diversidade

d) corporalidade: arquivos de identidade?

No primeiro, vamos desfilar, através das imagens, uma galeria de idealizações produzidas desde os primeiros séculos da descoberta do "novo mundo", que traduzem o espanto, o encantamento com o estado de natureza, visões do paraíso perdido, dúvidas sobre a existência da alma, fantasias sobre o canibalismo e a ferocida-

"Festa dos Jurí", Spix e Martius, 1817-1820. "Atlas de viagem." Foto: Antonio Rodrigues.

de dos habitantes da terra, cenas grotescas de degradação e estupidez. Essas são categorias classificatórias, através das quais o pensamento ocidental constrói o mundo, a noção de tempo, as ideologias de naturalização, do bem e do mau: imagens do bom e do mau selvagem, idéias de civilização e barbárie, que perpassam a representação do índio até nossos dias.

No segundo, percebemos que no bojo dessa construção emergem novas imagens, que buscam a ordem do mundo natural e entendem a humanidade que vive nas florestas tropicais como extensão da própria natureza, retratada pela estética do romantismo novecentista como pródiga e harmoniosa, plena de vida, cheia de cor e de luz. Através do olhar observador e da pena minuciosa do paisagista renova-se a idéia de um paraíso natural, repleto de inocência e prazer.

No terceiro, procuramos captar como, em meio à profusão de imagens, o retrato do homem revela, pela primeira vez, a diversidade das culturas observadas. Os desenhos agora fogem aos estereótipos deformados do "índio genérico". As cenas dramáticas da expedição mostram os corpos nus adornados e pintados, as armas e objetos de uso cotidiano, as caçadas e a guerra, a vida em família, a dura sobrevivência nas selvas, o nomadismo constante, os rituais, as máscaras e as festas. A coleta é sistematizada nos museus e os objetos expostos mostram os traços distintivos de vários povos indígenas: Botocudos, Pataxó, Borôro, Purí, Mundurukú, Jurí, Tukuna, Kamakã, Coeruna, Mawé, Apiaká, entre outros.

Finalmente, no quarto grupo, é a superfície do corpo que se revela como objeto central desse olhar, projeção gráfica de uma realidade de outra ordem, distintivo cultural da identidade indígena retratada. O corpo e seu lugar na construção da pessoa. O corpo e a arte plumária como expressão estética de rara beleza. O artista ocidental diante do artista nativo, do chefe, do guerreiro, da mulher, da criança. O artista desejoso de fixar para a história do homem, através de seu talento, esses documentos, arquivos vivos de uma outra identidade.

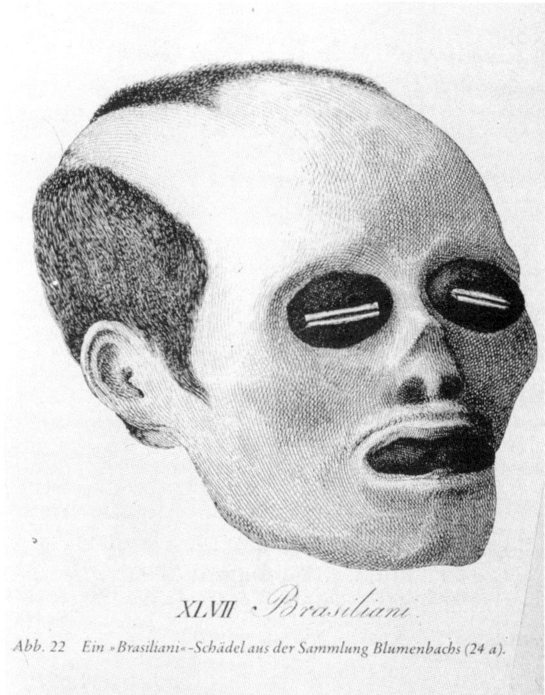

Diferenças Somáticas. "Decas collectionis suae craniorum diversarum gentium illustratas." Johann F. Blumenbach. 1790-1828,. Gottingen. Foto: Antonio Rodrigues.

"Adornos plumários Mawé." Spix e Martius. "Atlas de viagem." Foto: Antonio Rodrigues.

As imagens do passado como arquivos de identidade

IV - Corporalidade: arquivos de identidade?

"Guerreiros Apiaka". Hércules Florence. 1828. "Revista Globus." Foto: Antonio Rodrigues.

Não por acaso, o exame da iconografia indígena remete a indagações que implicam em deslocar o foco de análise, das questões abrangentes sobre o lugar do índio na sociedade nacional, para a compreensão das organizações tribais enquanto totalidades.

Nessa perspectiva, e para finalizar, procurei verificar como o material selecionado permite perceber indícios que apontam para a noção de **pessoa**, através da corporalidade, que constitui um elemento central da construção da identidade nas sociedades indígenas brasileiras.

Uma instigante análise sobre a construção da pessoa nas sociedades indígenas brasileiras inicia-se com a observação de que só muito recentemente, após a Segunda Guerra, o estudo das sociedades tribais deslocou-se de categorias abrangentes, referidas à sociedade nacional de um lado e ao índio enquanto categoria genérica de outro, para trabalhos descritivos específicos, "quando o foco não é mais a discussão do lugar do índio (junto com o negro e com o branco, na hierarquia do universo nacional), mas - isso sim - a posição daquela sociedade tribal como uma realidade dotada de unidade " (Seeger, da Matta, Castro 1987).

Salientando as contribuições da etnologia dos grupos tribais brasileiros para o campo da antropologia como um todo, os autores desenvolvem a tese de que "a originalidade das sociedades tribais brasileiras (de modo mais amplo, sul - americanas) reside numa elaboração particularmente rica da noção de pessoa, com referência especial à corporalidade enquanto idioma simbólico focal" (p. 12).

As formulações de Seeger, da Matta e Viveiros de Castro são esclarecedoras nesse sentido:

"Ele, o corpo, afirmado ou negado, pintado e perfurado, resguardado ou devorado, tende sempre a ocupar uma posição central na visão que as sociedades indígenas têm da natureza do ser humano. Perguntar-se, assim, sobre o lugar do corpo é iniciar uma indgação sobre as formas

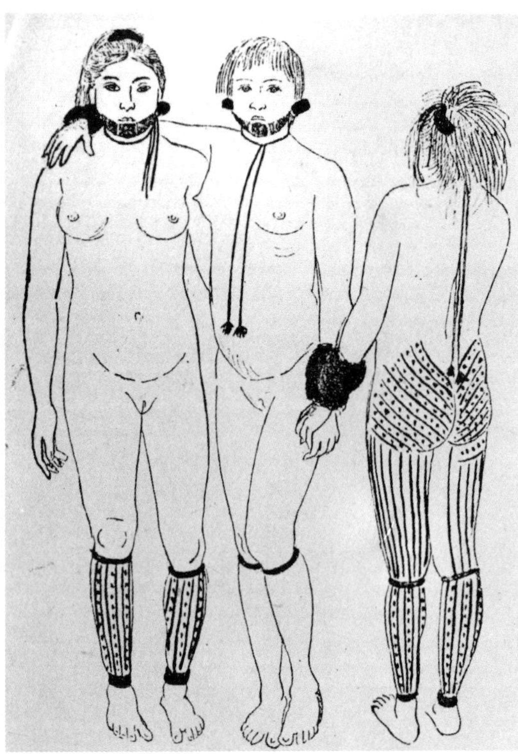

"Três mulheres Apiaka". Hércules Florence. 1828. "Revista Globus." Foto: Antonio Rodrigues.

de construção da pessoa" (p.13).

Como mostram vários estudos (Vidal e Muller 1987, Seeger 1980, Turner 1980) os significados da pintura corporal são simultaneamente sociais e simbólicos. Indicam padrões específicos de grupos de idade e sexo, diferenças de status e de atividades, que permitem comunicar estados de espírito e posições na comunidade, além de ser um elemento chave para a apreensão do universo, para a comunicação entre os aspectos sociais e biológicos da personalidade e para a compreensão dos mitos.

A linguagem simbólica da ornamentação corporal exprime, principalmente, a concepção tribal da pessoa humana, na ordem social e cósmica (Vidal e Muller 1987:120). A dualidade do corpo e da pintura atua, portanto, como mostrou Lévi-Strauss (1975), para expressar uma realidade da qual o indivíduo participa, projetando-se graficamente na sociedade através da pintura, que o reveste como uma "pele social" (Turner 1980).

Não só a pintura, mas também os adornos e as máscaras, são formas plásticas de expressão de uma experiência ao mesmo tempo de ordem estética, social e mítica. A via da arte pode ser bastante fecunda para investigar as afirmações conscientes ou inconscientes das diferenças culturais, no sentido apontado por Roberto Cardoso de Oliveira, de considerá-las enquanto elementos de contrastividade, essencial à elaboração da identidade étnica e das representações que nela se configuram (Oliveira 1983).

Como enfatiza o estudo de Seeger, da Matta e Castro, sendo o corpo o **locus** estruturador da experiência e organização das sociedades tribais sul-americanas, ele representa a arena central onde se definem relações e posições sociais, a partir de um "idioma de substância" : "mais importante que o grupo, como entidade simbólica, aqui, é a pessoa; mais importante que o acesso à terra ou às pastagens, é aqui a relação com o corpo e com os nomes" (p. 24).

Os caminhos abertos pela antropologia para alcançar dimensões mais profundas da realidade reatam, na atualidade, os laços entre ciência e arte, através da tentativa de compreender a própria criação dos símbolos e sua expressão estética.

Difícil tarefa, que nos deixa como conclusão provisória a possibilidade de pensar as imagens do passado como "arquivos de identidade". Arquivos de identidade construídos tanto na busca de registros como nas projeções de natureza simbólica, que definem um lugar para o outro. A imagem especular do paraíso perdido, ou do mal domesticado, que nos remete a novas indagações sobre os limites entre ciência e arte, entre expressão estética e significado, entre função social e função simbólica.

Notas

1. Entre os pintores-viajantes que estiveram no Brasil, no século XIX, destacam-se os alemães Wied (1815-17), Ender (1817), Spix e Martius (1817-20), Rugendas (1821-25), Poeppig (1827-32), Planitz (1831-44), Adalberto da Prussia (1842), Burmeister (1850-52), Hagedorn (1852), Appun (1860-68), Keller-Leuzinger (1874) e W. von den Steinen (1886); os franceses Debret (1816-31), Adrian Taunay (1616-1824), Florence (1825-29) e Biard (1858-60); os ingleses Koster (1789-1845), Mawe (1807-11), Chamberlain (1815-20), Graham (1821-23) e Bates (1848-59) e os italianos Raddi(1816-18), Osculati (1847-48) e Boggiani (1898).

2. Agradeço à Profa. Dra. Renate Rott e ao Lateinamerika-Institut da Universidade Livre de Berlim, o convite que tornou possível a realização deste trabalho. Meus agradecimentos se estendem também ao DAAD e a Capes, cujo apoio financeiro permitiu o estágio como bolsista na Alemanha, e às seguintes instituições, que me ofereceram todo o auxílio necessário para o desenvolvimento da pesquisa: Ibero-Amerikanisches Institut, Museum Fur Volkerkunde, KupferstichKabit, Staatsbibliothek e Baessler Archiv, pertencentes ao Preussischer Kulturbesitz de Berlim; Universitatsbibliothek de Heidelberg; Robert Bosch GmbH de Stuttgart, Staatlisches Museum Fur Volkerkunde e Alte Pinakothek de Munique.

Bibliografia

Baldus, Herbert (1954). **Bibliografia crítica da etnologia brasileira**. São Paulo.

Barthes, Roland (1980). **La chambre claire - note sur la photographie**. Paris, Gallimard.

(1990). **O óbvio e o obtuso**. Rio de Janeiro, Nova Fronteira.

Beck, Hanno. (1978). "A arte descobre um continente". **Artistas alemães na América Latina**. Berlim, Instituto Ibero-Americano.

Benjamin, Walter (1975). "**A obra de arte na época de suas técnicas de reprodução" Textos escolhidos**. Coleção Os Pensadores, São Paulo, Abril Cultural.

(1985). "Pequena história da fotografia". Obras escolhidas Magia e Técnica. Arte e Política, 4º edição, São Paulo, Brasiliense.

Bourdieu, Pierre et alli (1985). **Un art moyen Essai sur les usages sociaux de la photographie**. Paris, Minuit.

Cavalcanti, M. Laura (coord.) (1988). "Os estudos de folclore no Brasil", XII Encontro Anual da ANPOCS, Águas de São Pedro.

Courtine, J.J. e Haroche, Claudine (1988). "O homem perscrutado - semiologia e antropologia política da expressão e da fisionomia do século XVII ao século XIX". **Sujeito e Texto**. Série Cadernos PUC-31, São Paulo, Educ.

Gomes Jr., Guilherme Simões (1992). "A Hermenêutica cultural de Clifford Geertz". **Revista Margem**. PUC/São Paulo, n.1, março, Educ, págs. 37-46.

Hartmann, Thekla (1975). **A contribuição da iconografia para o conhecimento dos índios brasileiros do século XIX**. Coleção Museu Paulista, Série de Etnologia, v.1, São Paulo, USP.

Kate, Herman Ten (1910). "Sur quesques peintres-etnographes dans l'Amérique du Sud". **L'Antropologie**. T. XXII 1911.

Laplantine, François. (1988). **Aprender Antropologia**. São Paulo, Brasiliense.

Leite, Miriam Moreira. (1988). "A fotografia e as ciências humanas". BIB, Rio de Janeiro, n.25, págs. 83-90.

Lévi-Strauss. (1985). **Raça e História**. Coleção Os Pensadores, 2a. edição, São Paulo, Abril Cultural.

(1975). **Antropologia estrutural**, v.1., Rio de Janeiro, Tempo Brasileiro.

Loschner, Renate. (1978). "A representação artística da América Latina no século XIX sob a influência de Alexander von Humboldt". **Artistas Alemães na América Latina**. Berlim, Instituto Ibero-Americano.

Ortiz, Renato. (1985). **Cultura popular: românticos e folcloristas**. São Paulo, PUC.

Martius, Carl F.P. (1867). **O Estado do direito entre os autóctones do Brasil**. São Paulo, EDUSP, 1982.

Oliveira, Roberto Cardoso. (1983). **Enigmas e soluções. Exercícios de etnologia e de crítica**. Rio de Janeiro, Tempo Brasileiro.

Orlandi, Eni P. (1990). **Terra à vista. Discurso do confronto: velho e novo mundo**. São Paulo, Cortez.

Porto Alegre, Maria Sylvia. (1989). "O Brasil descobre os sertões. A expedição científica de 1859 ao Ceará", **Ciências Sociais Hoje**. Vértice/ANPOCS.

Queiroz, M.Isaura Pereira de (1988). "Viajantes, século XIX: negras, escravas e livres no Rio de Janeiro". **Revista do IEB** n.28.

Ribeiro, Darcy (editor) (1987). **Suma etnológica brasileira. Arte Índia**. v.3, Rio de Janeiro.

Schwarcz, Lilia K.M. (1988). **A Era dos museus no Brasil: 1870 - 1930**. Série História e Ciências Sociais, n.6, IDESP, São Paulo.

Seeger, A., Matta,Roberto da e Castro, Eduardo V. (1987) "A construção da pessoa nas sociedades indígenas brasileiras".**Sociedades indígenas e indigenismo no Brasil**. Rio de Janeiro, UFRJ.

Sussekind, Flora. (1990). **O Brasil não é longe daqui**. São Paulo, Companhia das Letras.

Turner, Terence. The social skin. in: Chefas, J.& Lewin, R. (ed.) **Not work alone. Survey of activities superfluous to survival**. London, Temple Smith, págs. 112-42.

Vidal, Lux e Muller, Regina A.P. "Pintura e adornos corporais", in **Suma etnológica brasileira**. op. cit.

DIVERSIDADE CULTURAL DAS SOCIEDADES INDÍGENAS

Mitos e cosmologias indígenas no Brasil: breve introdução

Aracy Lopes da Silva

Indiferenciação entre humanos e animais, que se relacionam como iguais; céu e terra tão próximos, que quase se tocam; viagens cósmicas, homens que voam, gêmeos primevos, incestos criadores; origens subterrâneas; dilúvios; humanidades subaquáticas; caos, conquistas, transformações... É o mundo tomando forma, definindo lugares e características de personagens hoje conhecidos. São os temas míticos, que narram aventuras e seres primordiais, em linguagem fabulosa mas construída com imagens concretas, captáveis pelos sentidos; situadas em um tempo das origens mas referidas ao presente, encerrando perspectivas de futuro e carregando experiências do passado. Assim, complexos, são os mitos.

São, também, incomensuravelmente variados, já que criação original de cada grupo com identidade cultural própria, referidos às suas condições de existência e à cosmovisão aí elaborada. Mas é igualmente inegável a sua condição de variações sobre temas comuns, compartilhados não apenas localmente mas, em alguns casos, em escala universal. Particulares e locais, universais e essencialmente humanos... talvez resida aí uma parte do fascínio e do mistério dos mitos.

Em universos sócio-culturais específicos, como aqueles constituídos por cada sociedade indígena no Brasil, os mitos se articulam à vida social, aos rituais, à história, à filosofia própria do grupo, com categorias de pensamento localmente elaboradas que resultam em maneiras peculiares de conceber a pessoa humana, o tempo, o espaço, o cosmos. Neste plano, definem-se os atributos da identidade pessoal e do grupo, distintiva e exclusiva, construída pelo contraste com aquilo que é definido como o "outro": a natureza, os mortos, os inimigos, os espíritos...

Central é a definição do que seja a humanidade e de seu lugar na ordem cósmica, por contraposição a outros domínios, habitados e controlados por seres de outra natureza, vistos, às vezes, como momentos diversos no processo contínuo da produção da vida e do mundo. No cosmos concebido, há ordem, há classificação, há oposição lógica, há hierarquia, categorias inclusivas e exclusivas. Mas há também movimento e um jogo constante com o tempo, seja para suprimi-lo, permitindo aos viventes humanos um reencontro possível com o passado, os ancestrais, as origens, seja para torná-lo eixo da própria existência, destinada a completar-se e a constituir-se plenamente após a morte, na superação eterna das limitações da condição humana.

Cosmologias são teorias do mundo. Da ordem do mundo, do movimento no mundo, no espaço e no tempo, no qual a humanidade é apenas um dos muitos personagens em cena. Definem o lugar que ela ocupa no cenário total e expressam concepções que revelam a interdependência permanente e a reciprocidade constante nas trocas de energias e forças vitais, de conhecimentos, habilidades e capacidades que dão aos personagens a fonte de sua renovação, perpetuação e criatividade.

Na vivência cotidiana, essas concepções orientam, dão sentido, permitem interpretar acontecimentos e ponderar decisões. São, de modo sintético, expressas com clareza exemplar através da linguagem altamente simbólica da dramaturgia dos rituais. Música, gestualidade estereotipada mas sempre criadora, ornamentos corporais mais ou menos exuberantes, entre outros recursos, permitem o contato com outras dimensões cósmicas que aquela habitualmente ocupada pelos humanos e com momentos outros do mundo e do processo da vida (e da morte). Nos rituais, as coisas efetivamente acontecem. "É apenas um ritual", diz-se, hoje, nas cidades, quando se quer enfatizar o vazio das ações ou das situações ritualizadas, prescritas, formalizadas. Ledo engano. O ritual permite a experiência e, nela, a transformação e, ainda, a ação. Sai-se dele renovado, em outra condição. Em muitas sociedades indígenas, o ritual é o momento mesmo da inserção da humanidade no universo mais amplo; é o lugar mesmo da confluência e da presença concomitante do sobrenatural, da natureza e da humanidade. E, por outro lado, da reafirmação dos laços de solidariedade interna, da troca recíproca, da expressão concreta da dimensão econômica dos ritos, através de redistribuição e partilha de alimentos.

É assim que símbolos, sentimentos, concepções e matérias se encontram e se mesclam no universo do mito e da cosmologia, permeando vida e pensamento, sociedade e natureza, dando sentido à experiência humana no mundo. Não como ideologia que aliena, distorce e distancia, mas como consciência do valor das coisas, esquema interpretativo à disposição do sujeito que conhece o mundo e age sobre ele.

Conhecimento e ação são movimentos constantes, processos que se acumulam e se desenvolvem, seguindo o correr do tempo: reafirmações, ajustes, transformações, inovações. Cosmologias e seus mitos associados são produtos e são meios da reflexão de um povo sobre sua vida, sua sociedade e sua história. Expressam concepções e experiências. Constróem-se e reconstróem-se ao longo do tempo, dialogando com as alterações trazidas pelo fluir do tempo, pelo circular em novos espaços, pelo contracenar com novos atores.

A inserção inexorável dos povos indígenas à sociedade nacional traz à vivência e à reflexão novos desafios. Algumas

Na mitologia dos índios Desana, a avó do Universo Yebá Beló constrói-se a si mesma a partir de seis coisas invisíveis: Sé-Kali (bancos), salipu (suportes de panelas), Kuásulu pu (cuias), Kuásulu verá (cuias/ipadu), deneke iuhku verá pogá kuá (pés de maniua, ipadu, tapioca, cuia), muhlun iuhku (cigarros). Desenho de Luiz Lana coletado por Berta Ribeiro, publicado em "Antes o mundo não existia".

das novidades são acomodadas na visão já construída: o novo é traduzido no já conhecido. Domesticado, torna-se familiar; ganha um sentido instituído pela tradição; perde o ineditismo, graças à sua localização no passado experimentado. Ganha, enfim, ares de reencontro.

Outras novidades não têm eco na experiência consagrada e na interpretação possível. Abrem caminho à força, fazem-se sentido, acomodam-se impositivamente no cenário e nos modos de conhecimento já constituídos, exigindo ampliações, transformações e originando inovações.

São processos próprios à vida social e à cultura, em qualquer momento histórico. São mecanismos de produção de variação e de criação culturais. Mas, no contexto da Conquista, ganham força nova, nascida da desigualdade e da dominação típicas desse momento. Mitos da origem do homem branco, reflexões sobre sua humanidade, reavaliações do lugar dos índios no mundo, registro de experiências do contato na memória a ser legada, exemplarmente, às gerações futuras...Os mitos se reafirmam e se transformam, dialogando com a história.

Talvez seja chegada a hora de ilustrar tudo isto com referências mais concretas a modos indígenas específicos de conceber o cosmos e de se situar nele. A tarefa é quase impossível e demasiadamente perigosa: é grande a complexidade das teorias indígenas; grande, a variedade de concepções e estilos. O perigo é o da generalização infundada, da simplificação grosseira, da comparação ilegítima.

Dado o alerta, segue a ilustração, temerária, mas feita aqui apenas como ponto de partida, exageradamente conciso, parcial e insuficiente. Por isso, cada caso mencionado vem seguido da indicação bibliográfica que dará a ele o seu sentido pleno.

Assim, entre povos da família linguística Jê [1], o cosmos é concebido como habitado por diferentes humanidades: a subterrânea, a terrestre, a subaquática, a celeste existem desde sempre. O tempo das origens é o da indiferenciação e da desordem, da convivência e da interpenetração daqueles domínios. Astros, como o Sol e a Lua, são gêmeos primordiais que vivem

Desenho de máscaras representando dois entes sobrenaturais de importância na mitologia e nos rituais de iniciação dos índios Ticuna. O sobrenatural O'ma ou "mãe do vento" (à direita) costuma ser representado com um pênis enorme, com o qual derruba as árvores na floresta provocando tempestades. Seu acompanhante, o Mawu, possui um escudo circular de grandes dimensões, que usa para movimentar o ar e produzir o vento. Desenho coletado na aldeia de Belém do Solimões, em 1979, por Jussara Gruber.

aventuras na terra e aqui deixam o seu legado, antes de partirem para sua morada eterna. "Sua ação no mundo o transforma. Também a atuação dos humanos o altera e vai, aos poucos, dando-lhe a forma com que hoje se apresenta, através de um processo contínuo de ordenação, classificação, alocação dos diversos seres que existem em seus respectivos domínios. Separação, oposição e regulamentação dos modos de convivência; descobertas, ousadias e dissabores são experiências humanas que moldam o mundo. Xamãs transitam entre as muitas dimensões cósmicas, trazendo ensinamentos, reordenando as relações entre a humanidade terrestre, as demais e a natureza, com suas espécies e seus espíritos." Doenças, aqui como em quase todo lugar, são resultado de transgressões e desequilíbrios nos modos adequados de relacionamento, de quebras de limites, de interpenetração indesejada ou descontrolada de dimensões do universo definidas reciprocamente como diversas. É a alma da criança que lhe escapa durante o choro convulsivo; é o feitiço que penetra a pele, envólucro da pessoa; é a força vital do indivíduo que se esvai, quando sua imagem é aprisionada ao vagar, dissociada do corpo que dorme ou agoniza, por paragens de "outros".

Nos mitos Jê, há referências explícitas às atividades de subsistência e às práticas sociais de modo geral. Instituições sociais - a nomeação dos indivíduos, a guerra, o xamanismo... - têm no mito descritas as suas origens e exposta a sua essência.

Em vida, a pessoa se constrói por relações de identidade e alteridade, que estabelece com outras pessoas, em um movimento típico do dualismo que constitui essas sociedades e suas cosmologias, vivenciado aqui no plano mínimo de existência individual. Neste plano, vê-se a presença dos mecanismos lógicos e sociológicos que dão a essas sociedades uma grande complexidade do ponto de vista de suas instituições e dos modos de relacionamento que estabelecem entre seus membros. "Cada aldeia, de planta circular ou semicircular, delimita e contém simbolicamente o próprio universo e nele, vive-se. Na morte, a ruptura quase total com os que sobrevivem, o inaugurar de uma nova existência, em um novo espaço marcado por festas e relações de consanguinidade. Vivem, então, afinal, a negação da alteridade que constituíra suas vidas: encontram-se, agora, na aldeia dos mortos, o mundo dos antepassados, o reino da identidade mais absoluta.

Por contraste, caberia mencionar, talvez, a região do Alto Rio Negro, o noroeste amazônico, morada de povos de língua Tukano[2]. No início dos tempos, antepassados míticos criaram o mundo que, antes, não existia. Das entranhas de uma anaconda ancestral, que fazia o percurso do rio, saíram, em pontos precisos daquele percurso, os antepassados primeiros de cada um dos vários povos da região, determinando, assim, seus respectivos territórios, as atribuições específicas de cada um e um padrão hierarquizado de relacionamento entre eles.

Cosmos, território e maloca — a casa comunal que abriga os moradores de um grupo local — organizam-se espacialmente reproduzindo, naquele mesmo padrão, um modelo próprio de relacionamento social baseado principalmente no parentesco e na sucessão das gerações ao longo do tempo. No ritual de Jurupari, faz-se a iniciação dos jovens à vida adulta e, neste contexto, reafirma-se o novo por sua aproximação com as origens. No momento ritual, suprime-se o tempo transcorrido entre os primórdios e o presente histórico: jovens e ancestrais estão simbolicamente colocados lado a lado; o futuro se faz através de um reencontro intenso e regenerador com o passado mais longínquo. Suprime-se, no rito, o tempo para impulsioná-lo adiante; recria-se o espaço; bebe-se nas fontes originais a força da vida.

Em muitas cosmologias, as relações entre os humanos e os demais seres são pensadas através da idéia da predação, numa metáfora que simbólica e logicamente aproxima caça, guerra, sexo e comensalidade. Ainda no Alto do Rio Negro [3], o xamã parece estar encarregado de garantir que fluxos e volumes de energia vital compartilhada por humanos e animais mantenham-se em níveis adequados. Exageros na matança de animais deflagrariam, como contrapartida, epidemias e malefícios entre os homens, provocados por espíritos protetores dos animais. Um equilíbrio vital nas relações entre diversos domínios cósmicos exige uma atenção que, de outra perspectiva, chamaríamos de "consciência ecológica". Uma concepção cosmológica que situa a humanidade co-

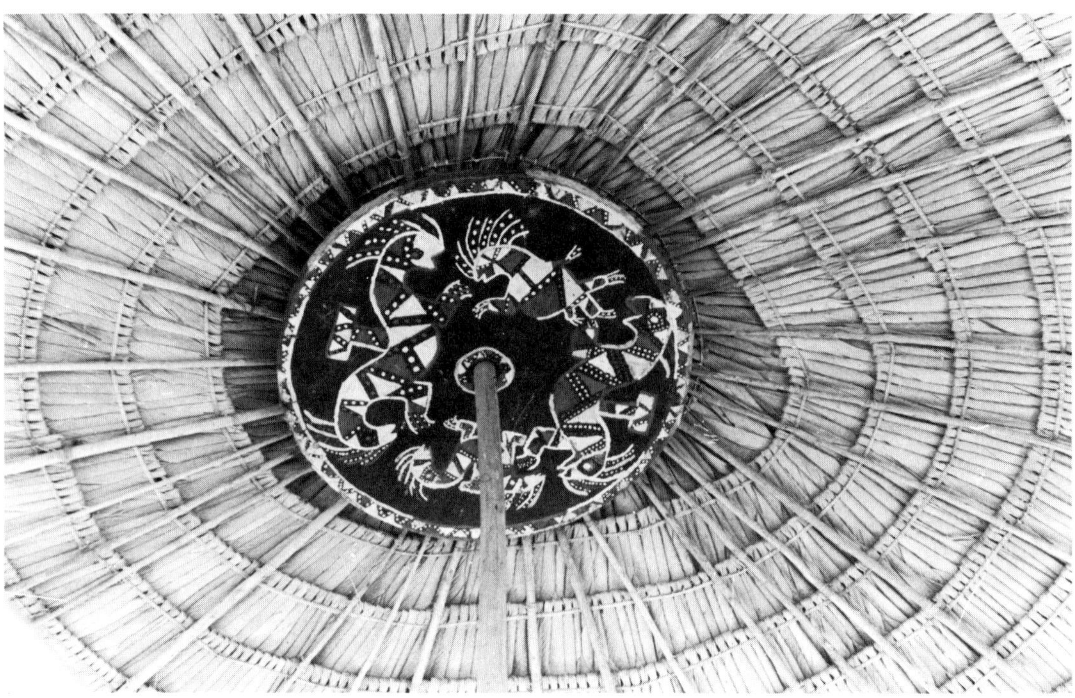

Detalhe do teto da casa de recepções e festividades dos índios Wayana. Na língua indígena, a roda do teto é designada Maruana e nela estão representados seres sobrenaturais que constituem o cosmos Wayana. Foto Lúcia Van Velthem.

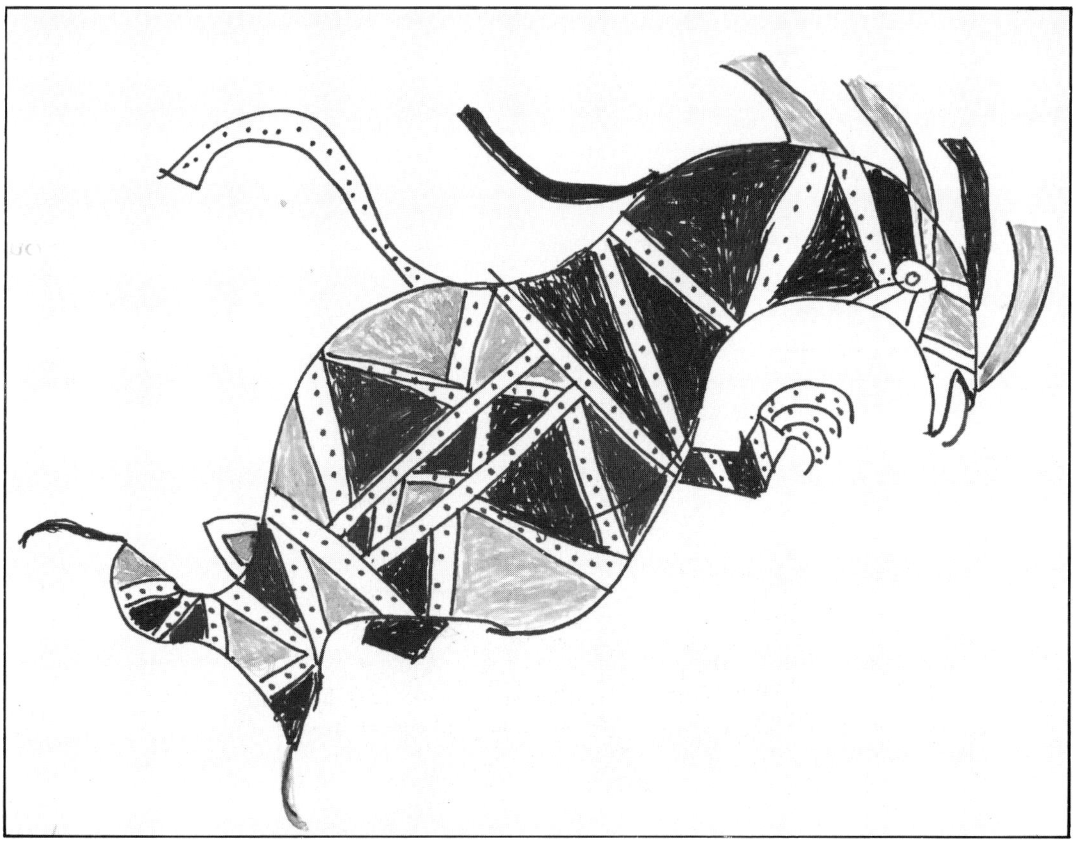

Nurokot, ser sobrenatural aquático, representado na roda de teto Maruana. Kaukuxi, ser sobrenatural terrestre. Desenhos de Sapotori coletados por Lúcia Van Velthem em 1985.

mo apenas um dos atores no mundo, e não como seu senhor, exige dela contenção e participação na manutenção da ordem cósmica.

Em outro extremo do país, junto ao povo Karib mais setentrional da América do Sul, a mesma noção básica de um cosmos compartilhado, de co-presença cotidiana de dimensões diversas que se opõem e se complementam contracenando num eterno diálogo. Penso nos Bakairi [4].

Uma mesma força vital, *ekuru*, anima

seres humanos, plantas e animais, circulando entre eles. Na forma possuída, carregada da identidade daquele que se utilizou dela, a força polui e é fonte de perigo para outrem. Caída na terra, é lavada pelas águas das chuvas e rios, purificada. Absorvida pelos vegetais, é neles reprocessada, tornada então apta para vitalizar novamente os humanos e os animais. As águas trazem o viço e o vigor às plantas, abundância à mata, alegria aos grupos locais que, reunidos em festas, celebram sua unidade e seu universo comum.

O corpo e as várias almas humanas são abastecidos pela dieta baseada em vegetais e animais estritamente vegetarianos. A morte, quando chega, traz a fragmentação da pessoa: destinos diversos são reservados aos seus muitos componentes. Para o fundo dos rios dirige-se um deles, a perpetuar-se na sociedade de seus iguais. Mas a saudade dos vivos e da vida é grande: um outro componente da pessoa tende a rondar as casas da aldeia e as moradias das roças, à procura do que sacie sua fome e sua sede e, nesta busca, acabando por expor os parentes aos perigos do contágio e da doença. A lembrança e o convívio com a idéia da morte são experiênias diárias na apreciação e na condução da vida.

Todo o cuidado é pouco: apesar da alma central localizar-se no peito, almas secundárias situam-se nas extremidades dos membros de cada indivíduo. Gestos bruscos, choros prolongados e altos, irritação ou zanga demasiada, falar alto demais... tudo pode favorecer a fuga da alma, a perda da vitalidade, do sangue, da saúde. Ecologia, dieta, conduta individual e social, atividades rituais, tudo se enfeixa e se articula em torno de uma teoria que regula as relações entre vivos, sejam eles humanos, animais ou vegetais, e entre vivos e mortos, definindo o lugar e a contribuição de cada um na constituição deste universo integrado, global e uno.

Desde há 500 anos, não-índios produzem registros, descrições e análises na tentativa de interpretação e compreensão das práticas sociais (incluídas, aí, as rituais) e das concepções cosmológicas dos Tupi-Guarani. Do espanto inicial à sistematização das informações dos cronistas realizada no final da década de 40 e primeiros anos da de 50[5], passando pela catequese jesuítica e pelos episódios dramáticos da Conquista, é constante a referência central a temas como a guerra, o canibalismo, a vingança da morte através de novas guerras e novas mortes e novas vinganças.

Em tempos recentes, o amadurecimento teórico e metodológico da antropologia como disciplina, o acúmulo de dados etnográficos relativos a sociedades indígenas sul-americanas e o reencontro com grupos Tupi atuais, contatados na década de 70, quando da abertura da Transamazônica, possibilitaram novas perspectivas[6].

Uma compreensão, agora adequada, destes povos, suas sociedades e suas cosmologias revela — apesar da grande diversidade existente entre elas, principalmente no plano sociológico mas também nas variações entre suas cosmovisões respectivas — a centralidade da noção de temporalidade como eixo sobre o qual constróem-se noções fundamentais como a de pessoa e de cosmos, aliada às relações de alteridade que os Tupi-Guarani buscam sistematicamente situar fora do domínio da sociedade propriamente dita, encarnadas nos inimigos, nos espíritos, nos animais, nos mortos, nas divindades.

Não há apenas oposição entre o mesmo e o diverso: antes, há a possibilidade da superação da oposição e da síntese dos contrários como destino possível e desejado da pessoa, que se completa no tempo e, mais do que isto, no devir[7]. Dentre os Tupi atuais, os Waiãpi[8] ilustram, na Exposição "Índios no Brasil", o tema da cosmologia indígena.

Os exemplos, ainda que simplificados e empobrecidos pela síntese parcial, apesar de tudo, talvez possam sugerir o que um exame mais detalhado certamente revelaria: contrastes, variedade de concepções, soluções originais, únicas. Mas, ainda, é possível concebê-las - às mito-cosmologias indígenas no Brasil (e na América do Sul tropical) - como produtoras de variações sobre certos temas, eleitos por essas populações como centrais na construção de suas sociedades, de seus mundos e de suas maneiras próprias de se relacionarem com a natureza e com o sobrenatural.

O cosmos Waiãpi é composto por diferentes patamares superpostos, cuja diferenciação representa as transformações cíclicas que vêm ocorrendo desde a criação. No patamar terrestre vive a humanidade atual. O 3º patamar deste é a morada do herói criador e a aldeia dos mortos. O desenho mostra o caminho que o espírito vital deve percorrer até o céu com a possibilidade de dispersão dos monstros. Desenho de Kumai Waiãpi coletado por Dominique Gallois.

A recorrência de assuntos, noções, figuras e imagens nas mitologias indígenas sul-americanas foram objeto da obra consagrada de C. Lévi-Strauss[9], que revelou, por debaixo e através das variações locais, problemáticas comuns a cuja reflexão dedicam-se os povos cujos mitos são analisados. Prolífico o simbolismo, ricas e diversificadas as imagens que dão concretude às noções abstratas, filosóficas, que expressam a avaliação indígena do mundo. Simetrias, inversões, valorações antagônicas que se alternam, homologias, alteração de ênfases... são mecanismos da lógica do mito e, nesta medida, da lógica do pensamento humano, postos em movimento para propiciar a reflexão sobre oposições como Natureza/Cultura, como Vida/Morte, como Homem/Mulher, o Particular e o Geral, a Identidade e a Alteridade...

Tratam, as mitocosmologias indígenas, portanto, de temas com que se preocupam todos os homens, em maior ou menor escala, com menor ou maior grau de elaboração, expressão ou consciência. São temas, como se vê, que remetem à essência mesma do que significa ser humano e estar no mundo. Por isto mesmo, apesar do estranhamento inicial trazido por signos desconhecidos, que carregam concepções inesperadas, articuladas em teorias cuja tradução escapa à primeira aproximação, a comunicação é possível e não só se dá, na pesquisa e na divulgação, como também fascina e desafia. Idéias, imagens e símbolos podem ser desconhecidos. Mas as questões de que falam são essencialmente humanas e, nesta medida, instigantes porque eternas e universais.

Notas

1. São falantes de línguas Jê os Xavante e Xerente do Brasil Central, os vários subgrupos Kayapó (Xikrin, Gorotire, Mekrãnoti, etc.), do Pará e do Mato Grosso, e os Timbira (Krahó, Apinagé, Apaniekra, Ramkokamekra, Pykobiê, Parakatejê etc.), dos estados do Tocantins, Maranhão e Pará. Alguns títulos de interesse para saber mais sobre mito e cosmologia Jê são, entre outros, os seguintes: Wilbert, J. e Simoneau, K. (orgs.) **Folk Literature of the Gê Indians**, UCLA Latin American Studies, vol. 44, 1978 e vol. 58, 1984, Los Angeles; Matta, Roberto da - 1970 - "Mito e Anti-Mito entre os Timbira" in **Mito e Linguagem Social**, Tempo Brasileiro, Rio de Janeiro; Vidal, Lux - 1977 - **Morte e Vida de uma Sociedade Indígena Brasileira**, Edusp/Hucitec, São Paulo; Giannini, Isabelle - 1991 - **A Ave Resgatada**, Dissertação de Mestrado, São Paulo, USP.

2. Kumu, U.P. e Kenhíri, T. - 1980 - **Antes o Mundo não Existia. A Mitologia Heróica dos Índios Desâna**, Cultura, São Paulo; Ribeiro, Berta - 1992 - "A Mitologia Pictórica dos Desâna", in Vidal, Lux (org.) - **Grafismo Indígena, Ensaios de Antropologia Estética**, Studio Nobel/Edusp/Fapesp, São Paulo; Hugh-Jones, S. - 1976 - "Como as folhas no chão da floresta:Espaço e Tempo no Ritual Barasana", Mimeo.

3. Reichel-Dolmatoff, G. - 1976 - "Cosmology as ecological analysis: a view from the rain forest" in **Man** n.s. vol. II, number 3, Sept.

4. Pina de Barros, E. - 1992 - **História, Sociedade e Cosmologia de um Grupo Karíb: os Bakairí**, Tese de Doutoramento, São Paulo, USP.

5. Fernandes, Florestan - 1963 - **A Organização Social dos Tupinambá**, Difusão Européia do Livro, São Paulo; Fernandes, Florestan - 1975 - **Investigação Etnológica no Brasil e Outros Ensaios**, Vozes, Petrópolis; Métraux, Alfred - 1979 - **A Religião dos Tupinambás e suas Relações com as das Demais Tribos Tupi-Guaranis**, Cia. Editora Nacional/Edusp, São Paulo.

6. Viveiros de Castro, Eduardo - 1986 - **Araweté, os Deuses Canibais**, Jorge Zahar Editores/ANPOCS, Rio de Janeiro; Carneiro da Cunha, M. e Viveiros de Castro, E. - 1985 - "Vingança e Temporalidade: Os Tupinambá" in **Journal de la Societé des Americanistes**, n. 71.

7. Depois dos estudos de Viveiros de Castro, vieram a público outros trabalhos, também resultantes de pesquisas inéditas entre grupos Tupi atuais que dialogam com aquele autor a partir de etnografias inéditas. Entre eles estão:
Muller, Regina - 1990 - **Os Asuriní do Xingu, História e Arte**, Ed. da Unicamp, Campinas; Gallois, Dominique - 1988 - **O Movimento na Cosmologia Waiãpi: Criação, Expansão e Transformação do Universo,** Tese de Doutoramento, São Paulo, USP; Andrade, Lúcia - 1992 -. **O Corpo e o Cosmos. Relações de Gênero e o Sobrenatural entre os Asuriní do Tocantins**. Dissertação de Mestrado, São Paulo, USP.

8. Ver também sobre os Waiãpi Gallois, Dominique - 1986 - **Migração, Guerra e Comércio: os Waiãpi na Guiana**, FFLCH/USP, Coleção Antropologia, São Paulo.

9. Lévi-Strauss, Claude - 1964, 1967, 1968, 1971 - **Mythologiques**, 4 volumes, Plon, Paris.

Arte indígena: referentes sociais e cosmológicos

Lucia Hussak van Velthem

A Natureza é um templo onde vivos pilares
Deixam filtrar não raro insólitos enredos;
O homem os cruza em meio a um bosque de segredos
Que ali o espreitam com seus olhos familiares.

Como ecos longos que à distância se matizam
Numa vertiginosa e lúgubre unidade,
Tão vasta quanto a noite e a claridade,
Os sons, as cores e os perfumes se harmonizam.

Há aromas frescos como a carne dos infantes,
Doces como o oboé, verdes como a campina,
E os outros, já dissolutos, ricos e triunfantes,

Com a fluidez daquilo que jamais termina,
Como o almíscar, o incenso e as resinas do Oriente
Que a glória exaltam dos sentidos e da mente.

(Baudelaire, As Flores do Mal)

Neste soneto, o poeta francês proporia, segundo Schiwmmer (1989:8), o equivalente a um discurso antropológico sobre arte. A primeira quadra introduziria aos "signos convencionais" retirados da natureza, mas que integram a cultura, um mundo familiar onde o homem evolui. Na segunda, Baudelaire ultrapassaria este mundo de aparências porque procuraria uma unidade mais profunda na qual os sentidos (cores, perfumes, sons) se comunicariam. No detalhamento das fragrâncias, compreendemos, enfim, que o poeta acredita nas "correspondências" dos sistemas simbólicos, o "bosque dos segredos", que sugerem a sua compreensão sobre estética e arte: a "exaltação dos sentidos e da mente"...

Sobre a definição de arte se debruçaram não apenas poetas, mas também filósofos, sociólogos, artistas, historiadores, antropólogos, visto que a compreensão de sua natureza representa um dos problemas mais tradicionais da cultura humana.

A estética filosófica enfatiza que a arte representa uma função universal, essencial ao gênero humano. Essa opinião é compartilhada por diversos antropólogos ao sustentarem que a "arte é um fenômeno universal que afeta todas as pessoas, todas as sociedades e todas as culturas" (Alcina 1982:15). Entretanto, como a arte é, na realidade, muito mais um conceito do que um fenômeno, ela não é homogeneamente compreendida pelas diferentes culturas.

A arte que é encarada como repositório de sensações estéticas desligadas do contexto, a utopia da "arte pela arte" representa um item da taxonomia intelectual do ocidente e assim corresponde a uma criação cultural e de classe, historicamente determinada, que se submete a modificações a partir das avaliações da sociedade que as engendra (Cf. Lauer, 1983). Entretanto, nas sociedades indígenas, a arte não é compreendida sob uma perspectiva completamente intraestética, pois pertence ao mesmo contexto de outras expressões dos objetivos humanos (Cf. Geertz, 1986). Como evocaram Baudelaire e também Levi-Strauss, o objeto estético é inteligível justamente pelas correspondências, pelas analogias entre seus diferentes domínios[1].

O estudo antropológico da arte indígena busca o significado e a significância desta para os membros da sociedade estudada, uma vez que o objeto artístico não possui significado se fracionado, mas apenas como totalidade, como enfatizou Mukarovsky na década de 30 (Cf. Schwimmer, 1986). O discurso antropológico sobre arte não é portanto somente técnico, mas está orientado para se situar no contexto

Índio Wayana trança um cesto poraxi. Foto Lúcia Van Velthen.

de outras expressões humanas, compartilhando de um modelo de experiência coletiva. Ademais, a capacidade de contextualizar a arte, de lhe conferir significação cultural é sempre um assunto pertinente à cultura onde está inserida. Em outros termos, os métodos de uma arte e o sentimento que a anima são inseparáveis, não se podendo compreender os objetos estéticos como um encadeamento de formas, mas sim como mecanismo cognitivo que reflete a visão e o sentido conferido pelos membros de uma sociedade específica (Cf. Geertz, 1986).

A abordagem desse tema nas culturas indígenas não se restringe, portanto, às estruturas, mas engloba os processos sócio-culturais que moldam a produção, o uso, o significado e a categorização das produções artísticas considerando sempre que, nestas sociedades, a arte serve sobretudo para ordenar e definir o universo, uma vez que é parte integrante da função cognitiva global como escreveu Geertz (1986:124).

Muito embora essas idéias sejam agora moeda corrente entre os acadêmicos, assim como se constata que a opinião pública reconhece na arte indígena um poderoso veículo de expressão de identidade e afirmação étnica, é forçoso lembrar que nem sempre foi assim. Regressemos ao passado para delinearmos sumariamente essa trajetória.

Recolhendo troféus: o ocidente e os artefatos indígenas

O recolhimento de objetos manufaturados das culturas ameríndias teve início com a descoberta do Novo Mundo, tornando-se conhecidos na Europa também por meio das crônicas orais e escritas, gravuras e desenhos. Eram apreciados, na época, muito mais por seu exotismo e pela raridade dos materiais constituintes do que por suas qualidades artísticas. Integravam os "gabinetes de curiosidades", precursores dos atuais museus nos quais eram ladeados por materiais heterogêneos: animais empalhados, pedras, conchas, madeiras (Cf. Ribeiro e van Velthem, 1992).

Da segunda metade do século XVIII até fins do século XIX, viajantes e naturalistas europeus percorreram as Américas recolhendo elementos da fauna, flora, minerais, objetivando sobretudo o estabelecimento de sua taxonomia. Paralelamente coletavam artefatos indígenas, posteriormente conduzidos para a Europa e depositados em instituições públicas onde eram inseridos no universo intelectual do ocidente.

O colecionismo do século XIX tinha como objetivos principais evitar a perda, não apenas das culturas indígenas, compreendidas na época como fadadas à extinção, como também do que esses artefatos poderiam testemunhar a respeito da origem e da evolução do homem. O valor atribuído aos objetos era essencialmente ligado à sua capacidade de informar a respeito de estágios primitivos da cultura humana, assim como de um passado comum que confirmasse a superioridade européia (Cf. Clifford, 1988). Neste sentido, esse colecionismo, que se estendeu até princípios do século XX, reproduziu em sua dinâmica tanto a história do contato entre índios e brancos como a história da ciência antropológica e, em parte, a história do gosto estético vigente (Cf. Dominguez, 1986). Ademais, esse sistemático despojo do patrimônio cultural de povos não europeus, configurava uma captura de herança alheia a qual, nas palavras de Foot Hardman (1988:61) poderia ser classificada como "presas de conquista" denunciando a voracidade hegemônica do ocidente.

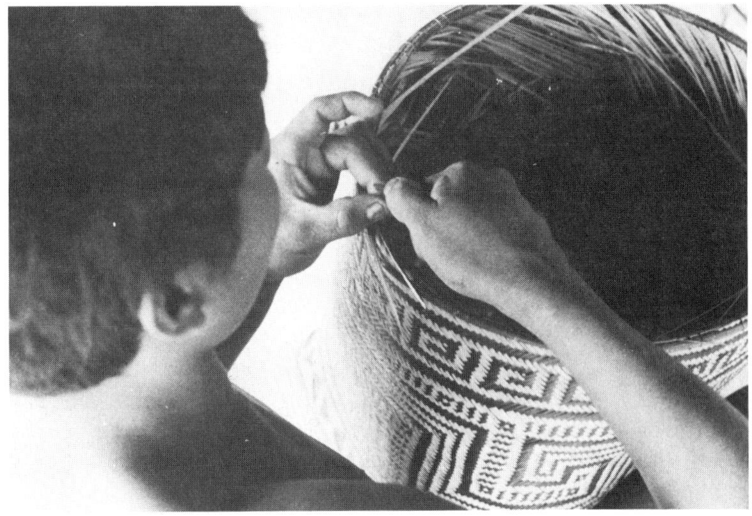

Índio Wayana costura as bordas de um cesto poraxi. Foto Lúcia Van Velthen.

A diversidade e a importância das produções artísticas fascina a comunidade científica desde o surgimento da antropologia, caminhando paralela ao seu desenvolvimento. Nos primeiros estudos dedicados a esse assunto, os esforços interpretativos e classificatórios eram centralizados em objetos encontrados em museus ou retirados de escavações arqueológicas. O principal interesse acadêmico ligava-se ao campo dos inanimados. Contos, trechos de música ou descrições de danças eram também coletados e trazidos por viajantes e etnólogos e acumulados sob categorias que consideravam sobretudo a técnica e a forma, relegando a segundo plano as manifestações estéticas enquanto meio de informação sobre as sociedades criadoras (Cf. d'Azevedo, 1983).

Anos depois o antropólogo Franz Boas conectou os objetos inanimados ao mundo dos viventes, a partir de sua inserção no contexto cultural. Representando uma posição revitalizadora, Boas descreve co-

Conjunto de cestos prontos e em confecção depositados num canto de uma casa Wayana. Foto Lúcia Van Velthen.

Motivos ukuktop:
a) Kotkotoró uputpe - a cabeça da cigarra primordial
b) Walamú ietpe - o espinhaço do mussum primordial.

mo a arte dos povos da costa noroeste dos Estados Unidos representam "emoções que não são estimuladas unicamente pela forma, mas resultam também de estreitas associações que existem entre esta e as idéias possuídas pelos artistas nativos" (Boas, 1955:88). Estabelecia assim as bases dos modernos estudos de antropologia da estética.

A "antropologia da estética"[2] é o ramo da ciência antropológica que estuda as produções artísticas dos povos indígenas. Muitos termos foram cunhados para designar estas e outras produções artísticas não-ocidentais: "arte primitiva", "arte tribal", "arte tradicional", "arte nativa", "arte índia". Representam definições insatisfatórias pois pressupõem julgamentos de valores que estabelecem distinções entre produções sofisticadas e toscas; são igualmente restritivas pois sugerem tradições plásticas subalternas, oriundas de minorias que operam à margem das culturas dominantes, uma tese de difícil sustentação no confronto com a realidade que estas vivenciam. A expressão "etnoarte" seria, de acordo com Silver (1979:268) a mais apropriada, pois faz referência tanto a uma tradição plástica específica como pressupõe a contextualização sócio-cultural da arte ao considerar os verdadeiros propósitos de seus produtores.

Procurando mostrar a grande importância da função estética nestas sociedades, as principais contribuições da antropologia da estética versaram sobre as chamadas artes visuais. Esses estudos revelaram que a etnoarte materializa um modo de experiência que se manifesta visualmente, sobretudo através da decoração corporal e do sistema dos objetos, os quais permitem aos membros da sociedade criadora olhá-los e se olharem (Cf. Geertz, 1986). Neste enfoque, a arte serve de meio para o armazenamento e a transmissão de informações, no que se compararia aos livros (Otten 1971: XIV) e conclui, majoritariamente, que a estética permite, conco-

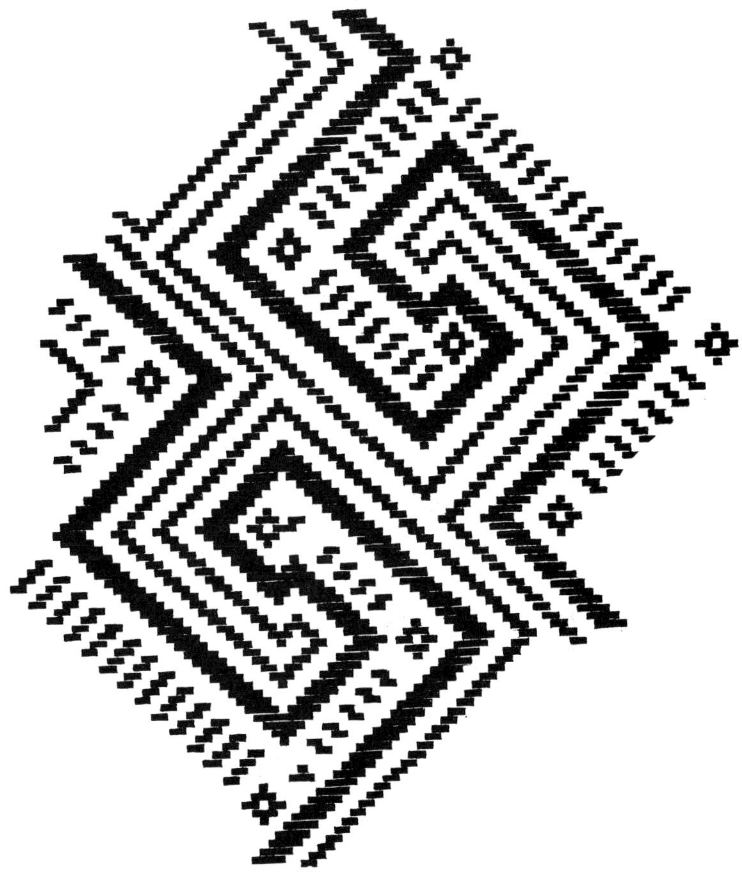

Motivos mirikut:
a) Pakirá etukukpe as marcas do porco caitetu primordial, fuçando a terra, atrás de raízes de arumã.
b) Wama mit - a raiz do arumã primordial

mitantemente, refletir e reforçar a estrutura social. Sobre este aspecto, uma acurada e sensível análise foi feita por Vidal (1992) a respeito da arte e da vida dos Xikrin do sul do Pará.

Os estudos sobre a estética corporal (pintura e decoração, máscaras) compreendem a temática mais estudada até o presente, uma vez que é neste domínio estético que mais facilmente sobressaem aspectos cognitivos importantes, como a noção de pessoa. Outro item específico envolve os objetos e a estética. Enfatizando sobretudo as representações simbólicas que buscam conectar diferentes categorias artesanais (notadamente plumária, cestaria e cerâmica) aos sistemas de cognição indígena. A maioria desses estudos elabora suas análises a partir da iconografia decorativa dos artefatos, a qual se revela um campo privilegiado para a visualização de sistemas representativos, notadamente de identidade étnica, de construção de mundo e das relações sociais. Estes aspectos foram analisados brilhantemente por Guss (1989), a partir da arte e da tradição oral Yekuana.

A antropologia da estética ocupa-se ainda da criatividade individual, ou seja, o estudo do indivíduo através da sua elaboração cognitiva e inventividade pessoal, inserido em seu contexto sócio-cultural. A criação estética é analisada como uma performance, reveladora de aspectos individuais e sociais. Outro ponto importante é o estudo da estética no contexto de transformação social, acarretado pelos contatos inter-étnicos. A assim chamada "estética da mudança" (Cf. Graburn, 1976) deve ser enfocada como uma forma de retórica, um legítimo mecanismo de atuação através do qual os grupos indígenas podem redefinir a sua própria cultura e resistir social e politicamente aos impactos sofridos.

As representações visuais compreendem invariavelmente um exercício contemplativo. No caso das sociedades indígenas, esse exercício representa igualmente uma forma de conhecimento (Maquet, 1979:93), pois através da arte são transmitidas referências sobre a vida em sociedade: o sexo, a idade, o grau de parentesco, a filiação clânica, a metade exogâmica de seus membros e também noções acerca do mundo não social: a natureza e a sobrenatureza. Entretanto, como salienta Baxandall (1981:10) cada indivíduo traduz as informações transmitidas pelo olhar com um "equipamento" diferente. Esta percepção depende de vários aspectos, em particular do contexto da configuração, assim como das capacidades interpretativas, de categorias, de modelos e de hábitos de dedução e de analogia, enfim do estilo cognitivo individual que possui raízes sociais e que fazem com que cada grupo indígena tenha desenvolvido o que se poderia chamar de estilo próprio.

Para a produção artística indígena, Vidal e Silva (1992:286-7) informam que é possível detectar dois enfoques principais. Diversas culturas privilegiam conceitos e representações mais especificamente ligadas às relações estabelecidas entre indivíduos e grupos em sociedade, ao passo que outras optam por representar entidades sobrenaturais e conceitos cosmológicos mais amplos.

Nas sociedades indígenas a arte é um elemento que perpassa todas as suas esferas. O artista é antes de tudo um artesão e seu conhecimento está ao alcance de todos assim como o resultado de seu ofício, pois confecciona coisas que desempenham um papel pragmático na vida comunitária. Entretanto, sobretudo através da decoração, esses mesmos objetos podem clarificar para os membros desta comunidade, as intrincadas e abstratas noções do código social, como se procurará delinear a respeito da decoração dos trançados Mundurukú.

Na estreita vinculação da arte com a cosmologia, as representações iconográficas se tornam não apenas um meio de comunicação privilegiado como um mundo sobrenatural, mas instrumentalizam igualmente essa realidade que é diversa da vida cotidiana, tornando a arte um elemento fundamental para a valorização e identidade das sociedades indígenas, como se constatará quando enfocarmos a decoração da cestaria Wayana.

Tecendo tramas sociais e cosmológicas: cestaria Mundurukú e Wayana

A arte do trançado é uma das mais antigas manufaturas que a humanidade conhece e representa a mais diversificada das categorias artesanais indígenas ao revelar adaptações ecológicas e expressões culturais distintas. Em sua elaboração, emprega grande variedade de matérias-primas de origem vegetal que resulta em múltiplas formas e técnicas de entrançamento. São igualmente variados os padrões decorativos que ornamentam os trançados dos Tukano, dos Baniwa, dos Timbira, dos Kayabi, dos Mundurukú, dos Apalai, dos Yekuana e dos Wayana, as quais atuam como veículo para a transmissão de mensagens de ordem cosmológica ou social.

Os Mundurukú, povo de língua Tupi do sul do Pará, são renomados pela atividade guerreira e pela plumária, esta ostentada num passado recente. Na

Motivos da metade "vermelha"
1 - Clã Kabá, uma espécie de passarinho não identificado.
2 - Clã Krepú, o pássaro japú.
3 - Clã Kurú, o pássaro coroca.
4 - Clã Pãnhú, o pássaro "mãe da Lua".
5 - Clã Saú, a formiga saúva.
6 - Clã Warú, a arvoré ucuuba.

atualidade[3], os homens continuam exercendo sua maestria em outras esferas artesanais entre as quais a cestaria. Empregam em sua confecção cipós, arumã e folhas fechadas de palmeiras sobretudo do tucumã (Astrocarium sp), confeccionando objetos cotidianos, utilizados no processamento da mandioca, no transporte e armazenamento dos mais diversos elementos.

Um dos mais importantes trançados é o cesto cargueiro itiú. Confeccionado com palha de tucumã, recebe reforço de cordéis de caroá e alça de envira. Confeccionado pelo homem e oferecido à esposa ou filha solteira, é usado no transporte de produtos da roça, de lenha, de frutos silvestres, dos apetrechos familiares em viagem. É um elemento imprescindível na vida cotidiana Mundurukú na qual preenche outra função, pois veicula, esteticamente, mensagens sobre a organização social.

Todos os itiú são semelhantes, o que os diferencia são os motivos decorativos e a alça de sustentação. Esses dois elementos se complementam e informam sobre o lugar que ocupa, na sociedade Mundurukú, o confeccionador e a usuária do cesto. O itiú converte-se num painel que permite visualizar e identificar a estrutura da família nuclear no seio da sociedade indígena, assim como particularizar a posse feminina desse cesto cargueiro.

O motivos decorativos são aplicados pelos homens na face externa do cesto pronto. Utilizam atualmente pigmentos vermelhos à base de urucú e tracejam o motivo com a ponta dos dedos. Esses motivos são genericamente designados como kuráp, "desenho, pintura" e informam sobre a clã patrilinear[4] ao qual pertence o artista. A alça é feita pelas mulheres, de entrecasca branca ou vermelha. Essa cor indica a metade exogâmica à qual a mulher pertence: ipakpökánye, "vermelhos" ou iritiánye, "brancos". Essas metades regulam os casamentos e compartilham características de reciprocidade, rivalidade e outros aspectos antitéticos (Murphy, 1960:72). O itiú de alça vermelha informa, portanto, que a dona pertence à metade "vermelha" e concomitantemente esclarece que seu marido pertence à metade "branca", confirmada pela pintura do cesto.

Sugerimos que a organização social Mundurukú reflete-se através desse trançado, pois este representa a recapitulação do todo, a síntese da organização social. Entre os componentes do itiú, matérias-primas, decoração, coloração da alça, ocorre um contínuo e perfeito entrosamento que expressa essa realidade.

Algo semelhante pode ser afirmado para a cestaria Wayana pois em cada elemento do seu repertório há igualmente uma vontade de síntese, não tanto da organização social mas sim da ordenação cosmológica. Os trançados representam um prisma através do qual as concepções Wayana a respeito da formação e constituição do universo podem ser refletidas e compreendidas pelos membros dessa sociedade.

Os Wayana, povo de língua Carib do norte do Pará, são conhecidos, assim como outros grupos de língua Carib, pela re-

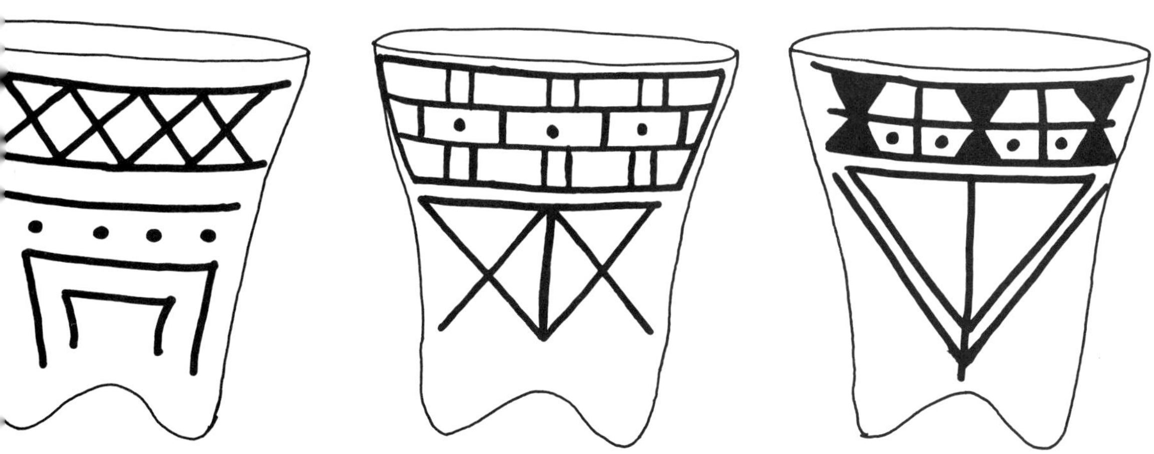

quintada cestaria. Os homens Wayana utilizam principalmente talas de arumã (Ischnosiphon sp), mas igualmente folhas fechadas de palmeiras e tiras de cipó com as quais confeccionam, para uso doméstico e venda, dezenas de artefatos diferentes [5]. Em seu acervo encontram-se instrumentos para o processamento da mandioca brava, recipientes para armazenamento, sobretudo do algodão e da plumária, cestos cargueiros para transporte, suportes para adornos plumários (Cf. van Velthem, 1984).

Um dos mais requintados objetos de cestaria é o katari anon, o "cesto cargueiro pintado". Feito de arumã, cipó, varetas e amarrações de caroá e algodão é usado pela esposa do artesão para o transporte, em viagens, de redes e outras alfaias, mas na aldeia acondiciona os beijús. Esse artefato é considerado como a mais laboriosa peça de cestaria do repertório Wayana, tanto pela complexidade da decoração como devido a multiplicidade dos arremates. Constitui-se assim em um indicador de virtuosismo artesanal masculino que se evidencia nas visitas realizadas a outras aldeias.

Um artefato trançado é sobretudo valorizado pela sua decoração. No katari anon a decoração é sobremodo elaborada, congregando múltiplos meios de expressão que operam em conjunto. A nível plástico encontram-se diferentes técnicas decorativas que instrumentalizam diferentes formas de reintrodução dos tempos primevos na vida Wayana atual: a reprodução da decoração ou dos seres destes tempos.

No cesto cargueiro os elementos decorativos se apresentam em vulto, ukuktop, "imagem" ou em uma dimensão, os mirikut, "pintura, motivo". A primeira forma decorativa reproduz elementos anatômicos de alguns seres primordiais, identificando-os e a segunda, as pinturas corporais da anaconda sobrenatural, de cuja pele os motivos foram extraídos nos tempos primevos. Em contraposição às "imagens", as "pinturas" possuem duplo referencial, pois além de reproduzir a pele da anaconda e assim identificá-la, concretizam outros seres sobrenaturais e primordiais, igualmente importantes na construção da cosmologia Wayana. Nesta perspectiva, o poder do sistema decorativo adviria não tanto do seu significado, mas sobretudo da sua capacidade em expressá-lo visualmente no que complementaria as descrições orais e tornando-se um elemento fundamental para os Wayana.

Entre muitas artes, a arte do trançado oculta combates cósmicos dos quais o benefício, os humanos recolhem ao final: os objetos insdispensáveis à sua vida cotidiana, à sua identidade individual e grupal.

Entretanto, recolher não é o mesmo que receber e os bens não são adquiridos sem esforço pessoal e coletivo. A posse não significa tampouco a manutenção e, para que esta seja garantida e o produto final resulte perfeito e eficiente, é necessário que o artista lute diariamente com o processo de confecção através dos quais transmite

Motivos da metade "branco"
7- Clã Burun, o algodoeiro.
8 - Clã Datié, a ave gavião real
9 - Clã Hakai, o taperebazeiro.
10 - Clã Ikupí, a vespa tapiú.
11 - Clã Iutú, uma árvore não identificada.
12 - Clã Krixí, a seringueira.
13 - Clã Kurap, o peixe piaba.

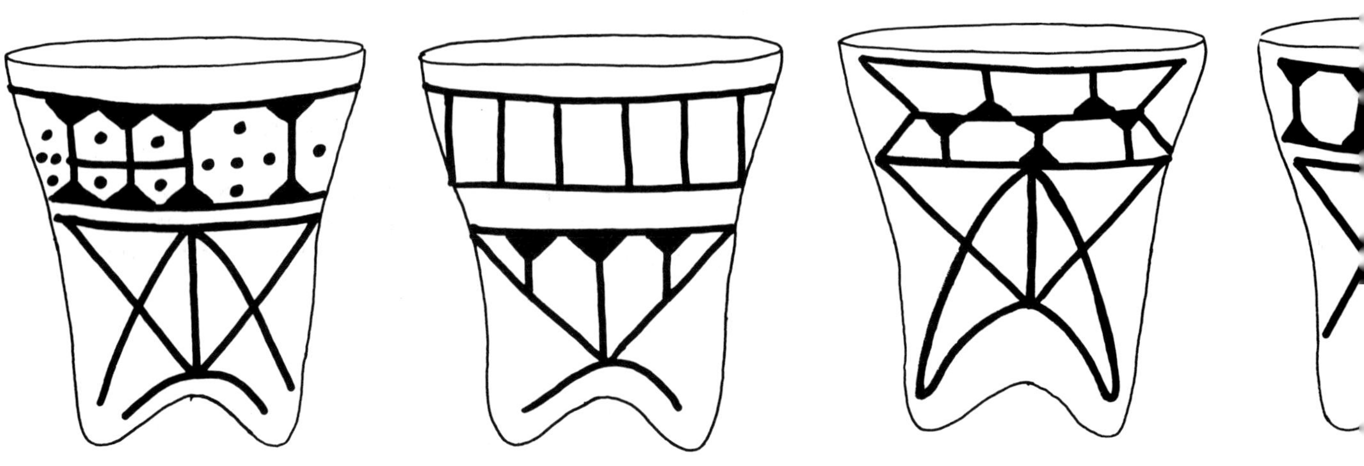

Cesto cargueiro Katari Anon de confecção masculina e utilização exclusivamente feminina. É a mais difícil peça de cestaria a ser confeccionada devido a multiplicidade de arremates necessários. Foto: Rômulo Fialdini/Banco SAFRA.

Cesto Cargueiro itiu de confecção exclusiva masculina e atualmente usado por ambos os sexos. Foto: Rômulo Fialdini/Banco Safra.

os seus conhecimentos, sua condição social, as representações matafísicas. Através dos objetos revela a dinâmica de um processo que envolve a cultura, a natureza e a sobrenatureza e os elementos associados à estas esferas: técnicas, matérias-primas e decoração. Neste processo, a decoração se destaca, pois é por seu intermédio que os artefatos recebem tanto o reconhecimento social como a significação cosmológica. Ademais, como intérprete fiel, a decoração expressa, visualmente, a identidade dos povos que a criaram.

Assim, os objetos, até mesmo depois de arrancados de seu meio e colocados sob o reflexo das vitrines emitem ecos de sua origem. Ecos que podem se tornar uma via que nos conduza a uma reflexão a respeito de nossas próprias relações para com as comunidades indígenas.

Notas

1. Charbonnier, 1961:72

2. Pode ser igualmente referida como antropologia estética ou antropologia da arte (Cf. Silver, 1979; Flores, 1985; Vidal, 1992).

3. A pesquisa de campo entre os Mundurukú foi realizada em 1973-1974, no rio Cururú, Estado do Pará.

4. Os Mundurukú possuíam, na década de 70, trinta e nove clãs. Cf. Murphy, 1960 para outros detalhes sobre esses aspectos.

5. A pesquisa entre os Wayana se desenvolve desde 1975 e até 1984 tinham sido levantados 42 tipos de trançados.

Bibliografia

Alcina Franch, J. - 1982 - **Arte y antropologia**, Madrid, Alianza Editorial.

Baxandall, M. - 1981 - "L'Oeil du Quattrocento" in **Actes de la Recherche en Sciences Sociales**, n.40, págs. 9-48.

Baudelaire, Ch. - 1985 - **As flores do mal**, Tradução e notas de Ivan Junqueira, Rio de Janeiro, Nova Fronteira.

Boas, F. - 1955 - **Primitive Art**, New York, Dover Publications.

Charbonnier, G.- 1961 - **Entretiens avec Lévi-Strauss**, Paris, Union Generale d'Editions.

Clifford, J. - 1988 - "On collecting art and culture" in **The predicament of culture: twentieth-century ethnography, literature and art**, Cambridge, Harvard Univ. Press.

D'Azevedo, W. - 1958 - "A structural approach to a esthetics: toward a definition of art in anthropology" in **American Anthropologist**, 60:702-714.

Dominguez, V. - 1986 - "The marketing of heritage" in **American Ethnologist**, Washington, 13 (3): 543-55.

Geertz, C. - 1986 - "L'art en tant que système culturel" in **Savoir local, savoir global. Les lieux du savoir**, Paris, PUF.

Graburn, Nelson (Ed) - 1976 - **Ethnic and tourist arts. Cultural expressions from the fourth world,** Berkeley, Univ. of California Press.

Guss, D. - 1989 - **To weave and sing. Art, symbol, and narrative in the South American rain forest**, Berkeley, Univ. California Press.

Hardman, F. - 1988 - **Trem fantasma. A modernidade na selva**, São Paulo, Companhia das Letras.

Lauer, M. - 1983 - **Crítica do artesanato. Plástica e sociedade nos Andes Peruanos**, São Paulo, Ed. Nobel.

Maquet, J. - 1979 - **Introduction to aesthetic anthropology**, Malibu, Undena Publications.

Murphy, R. - 1960 - **Headhunter's heritage. Social and economic change among the Mundurukú indians**, Berkeley, Univ. California Press.

Otten, Charlotte - 1971 - **Anthropology and art. Readings in cross-cultural aesthetics**, Austin, Univ. Texas Press.

Ribeiro, B. & Van Velthem - 1992 - "Coleções etnográficas: documentos materiais para a história indígena e a etnologia" in Carneiro da Cunha, Manuela (coord) - **História dos Índios no Brasil**, Cia. das Letras/Fapesp/SMC.

Schwimmer, E. (Ed.) - 1986 - "Correspondences: la construction politique de l'object esthétique" in **Anthropologie et societés**, 10 (3): 1-10.

Silver, H. - 1979 - "Ethnoart" in **Ann. Rev. of Anthropology**, 8:267-307.

Van Velthem, L.H. - 1984 - "A pele de tulupere: estudo dos trançados dos índios Wayana-Apalai", Dissertação de mestrado, USP.

Vidal, L. - 1992 - "A pintura corporal e a arte gráfica entre os Kaiapó-Xikrin do Cateté" in Vidal, Lux (coord.) - **Grafismo indígena: estudos de antropologia estética**, São Paulo, Studio Nobel/EDUSP/Fapesp.

Vidal, L. & Silva, A. L. - 1992 - "Antropologia estética: enfoques teóricos e contribuições metodológicas" in Vidal, Lux (coord.) - **Grafismo indígena: estudos de estética**, São Paulo, Studio Nobel/EDUSP/Fapesp.

Línguas indígenas no Brasil contemporâneo

Ruth Maria Fonini Montserrat

Virou lugar comum se dizer que hoje no Brasil são faladas mais ou menos 170 línguas por mais ou menos 200 povos que formam uma população indígena minoritária de mais ou menos 250 mil pessoas.

Cifras corretas? Mais ou menos. Obter cálculos mais exatos sobre a população total, embora sempre provisórios, é coisa relativamente fácil de se fazer. Não ocorre o mesmo com as duas primeiras variáveis: é complexo e polêmico decidir se as expressões lingüísticas utilizadas por duas comunidades humanas geograficamente separadas integram duas línguas diferentes, de dois povos idem, ou dois dialetos de uma mesma língua e, portanto (?), de um mesmo povo.

Para que isso possa ser feito de forma mais segura, é necessário árduo trabalho prévio de levantamento, registro e análise das manifestações lingüísticas das distintas comunidades indígenas, ora presentes em território brasileiro.

É imprescindível também o concurso de outras fontes de informação sobre tais populações, oriundas da antropologia, da geografia, do estudo das migrações, da história, etc.

É fundamental, enfim, que haja gente interessada em fazer isso, com recursos suficientes para fazê-lo, o que implica a existência de centros de pesquisa e de uma política institucional de valorização das características multi-étnicas e multi-culturais do país. De qualquer forma, "o conhecimento que pouco a pouco vamos tendo das línguas indígenas e de suas caraterísticas resulta da contribuição de muita gente. Lingüistas, antropólogos, naturalistas, missionários têm contribuído para esse conhecimento, e sobretudo índios que falam as diversas línguas, os quais têm sido os colaboradores essenciais de todos os lingüistas e antropólogos e de quem quer que, bem ou mal, faça as vezes do lingüista" (Rodrigues, 1986, p. 10).

Se um maior conhecimento científico sobre as línguas indígenas no Brasil é indispensável para se poder dizer quantas e quais são elas e quantos e quais são os povos que as falam, seu valor não se esgota com tal "utilidade", e muito menos seu significado. Em primeiro lugar, há uma atração irresistível da espécie humana em direção ao conhecimento e à criação de sistemas simbólicos e teorias explicativas para tudo quanto esteja à sua volta, no espaço e no tempo. E depois, porque o conhecimento cada vez maior do presente, em todas suas manifestações, permite fazer inferências sobre o passado e planejar ações visando melhorar a vida e tornar mais felizes as pessoas que habitam o atual "presente".

O que se pode aprender sobre o passado e o presente do território brasileiro e de suas populações por meio de um maior conhecimento das línguas indígenas atualmente existentes? Nas palavras de Urban (1992: 87-90), "podemos formular hipóteses sobre a localização dos povos indígenas em diversos momentos do passado ... Podemos testar modelos de seqüenciamento cultural histórico que situam a linguagem e a comunicação em relação às forças materiais, econômicas e políticas ... Os métodos lingüísticos também nos fornecem alguns dados quanto à distribuição espacial. Situando-se as línguas historicamente relacionadas num mapa, pode-se desenvolver hipóteses quanto à localização das línguas no passado remoto e às migrações que levaram à sua atual distribuição ... O método comparativo permite reconstruir muitas das palavras que faziam parte do vocabulário de línguas faladas há 2 mil anos, ou até antes ... Com trabalho suficiente, poderíamos reconstruir as palavras para plantas e animais, o que nos permitiria saber algo sobre o meio ambiente em que a protolíngua floresceu. Poderíamos reconstruir aspectos do parentesco, organização social e vida política, como foi feito em relação às línguas indo-européias".

Dispondo-se, então, de dados suficientes e confiáveis sobre as línguas atuais, e aplicando-se técnicas lingüísticas adequadas de descrição, comparação e reconstrução, pode-se estabelecer com relativa segurança se há ou houve relações históricas, e de que natureza, entre os povos que as utilizam. Diz-se, de línguas estabelecidas como tendo origem comum numa comunidade humana única, que elas são geneticamente relacionadas, ou simplesmente parentes. Fala-se de línguas-mães e de línguas-filhas, de famílias, de troncos e de filos, com recuo cada vez maior no tempo para a fase comum. Há limites nesse recuo temporal, no entanto, uma vez que línguas são realidades dinâmicas, em constante mutação, e os elementos necessários para se estabelecer uma origem comum vão-se tornando cada vez mais opacos e impermeáveis à análise, à medida que elas vão se afastando no tempo.

Os falantes das línguas do tronco Macro-Jê estão concentrados principalmente na parte oriental e central do planalto brasileiro. Mulher Xerente falante de uma língua da família Akwén. Foto Cristina Ávila/CIMI.

Quando se dispõe de documentação escrita sobre alguma língua, crescem as possibilidades de se estabelecer relações entre ela e outras línguas atuais. A situação mais favorável é aquela em que não só se dispõe de documentação histórica sobre línguas que se revelam parentes como se dispõe de seus "descendentes" contemporâneos. A mais desfavorável, ao contrário, é aquela em que não há documentação escrita para épocas mais recuadas. É o caso das línguas indígenas brasileiras. Somente sobre três línguas, o Tupinambá ou Tupi Antigo (falado em toda a costa do Brasil quando da chegada dos portugueses aqui), o Guarani Antigo e o Kiriri, dispomos de documentos dos séculos XVI e XVII. O descendente direto do Tupinambá - Nheengatú ou Língua Geral do Amazonas - ainda existe, embora de forma muito alterada. O Guarani atual inclui três dialetos (línguas?) distintos: Mbyá, Kaiwá e Nhandéva. O Kiriri é língua extinta e seus últimos descendentes, no norte da Bahia, só falam português.

No mundo, o grupo de línguas mais intensamente documentado e conhecido é o assim chamado tronco Indo-europeu, subdividido em várias famílias ou ramos, que se estendem por quase toda a Europa, parte da Ásia - particularmente o Irã e parte da Índia, além, desde a idade moderna, das Américas, Austrália e parte da África. O Indo-europeu é integrado pelas línguas índicas, irânicas, bálticas, eslavas, celtas, itálicas, anatólicas, germânicas,e inclui também línguas como o grego, o albanês, o armênio, o tocário. Aí está o nosso português atual, como descendente do latim (família itálica ou românica). Para algumas das línguas que o integram dispõe-se de documentação antiga de dois, três, até cinco mil anos, época provável da existência da língua ancestral, o proto-indo-europeu.

Os estudos e conclusões sobre o Indo--europeu podem constituir, então, por comparação, fonte indireta para o estabelecimento de relações entre línguas que não dispõem de registros históricos recuados, como as brasileiras. Assim, "se as línguas de uma família apresentam, mais ou menos, a semelhança que existe entre as línguas da família românica da Europa (francês, espanhol, português, italiano, romeno, etc), pode-se supor que tenham começado a se diferenciar há uns dois ou três mil anos. É o caso, por exemplo, do núcleo da família Tupi-Guarani (Guarani, Kokama, Oiampi, Tapirapé, Tenetehara, etc)"(Urban, 1992:89).De qualquer forma, um horizonte mais recuado não pode ser visualizado claramente muito além de 4 a 6 mil anos, para qualquer grupo de línguas.

Com os dados disponíveis até agora, já se podem fazer algumas afirmações seguras sobre as línguas indígenas brasileiras e suas relações de parentesco. Mas é tanto o que ainda se necessita saber, que seria "mais adequado falar em graus relativos de incerteza do que de certeza" (Urban, 1992:87).

Quatro são os grupos maiores de línguas no Brasil, com distribuição geográfica extensa e com vários membros: Tupi, Macro-Jê, Aruak e Karib. Há depois várias famílias menores, com menor número de línguas, distribuídas mais compactamente. E finalmente, há as chamadas línguas isoladas, que não revelam parentesco com nenhuma das outras e que poderiam alternativamente ser consideradas famílias de um só membro.

O Tronco Tupi é integrado por uma numerosa família, a Tupi-Guarani, com representantes em grande extensão da América do Sul (além do Brasil, ainda a Guiana Francesa, Venezuela, Colômbia, Peru, Bolívia, Paraguai e Argentina), e, só no Brasil, com 21 línguas vivas atualmente. Outras seis famílias menores e algumas línguas isoladas (ou famílias de um só membro), todas faladas somente no Brasil, se relacionam geneticamente com a família Tupi--Guarani. Quatro dessas famílias se concentram exclusivamente em Rondônia: Arikém, Mondé, Ramaráma e Tuparí. A família Mundurukú está hoje restrita a alguns

Falantes de línguas da família Tupi--Guarani se distribuem por vários países da América do Sul como Colômbia, Peru, Bolivia, Paraguai e outros. No Brasil são faladas atualmente 21 línguas desta família. Índios Waiãpi falantes de uma língua da família Tupi--Guarani. Foto Dominique Gallois.

A familia Tukano divide-se em dois ramos principais: oriental e ocidental. No Brasil só há representantes do lado oriental, sendo atualmente faladas 12 línguas dessa família. Índios Tukano. Foto Aloisio Cabalzar.

A família Pano tem representantes no Brasil, na Bolivia e no Peru. Inclui entre outras a língua Matis(Matsés), falada pela mulher e pelo menino. Foto Isacc Amorim Filho/CIMI.

afluentes do Tapajós e do Madeira, e a família Juruna, hoje limitada a uma única língua, é falada no alto Xingu. A língua Aweti, no alto Xingu, a língua Sateré (ou Mawé), entre o baixo Tapajós, o baixo Madeira e o Amazonas, e o Puruborá, em Rondônia, não se relacionam diretamente com nenhuma delas, mas são inequivocamente membros do tronco Tupi. Segundo Urban, "a área geral de dispersão dos povos Macro-Tupi, que teria ocorrido entre 3 e 5 mil anos atrás, situa-se provavelmente entre o Madeira e o Xingu, ao que tudo indica mais próximo das áreas de cabeceira do que das várzeas dos grandes rios" (1992:92).

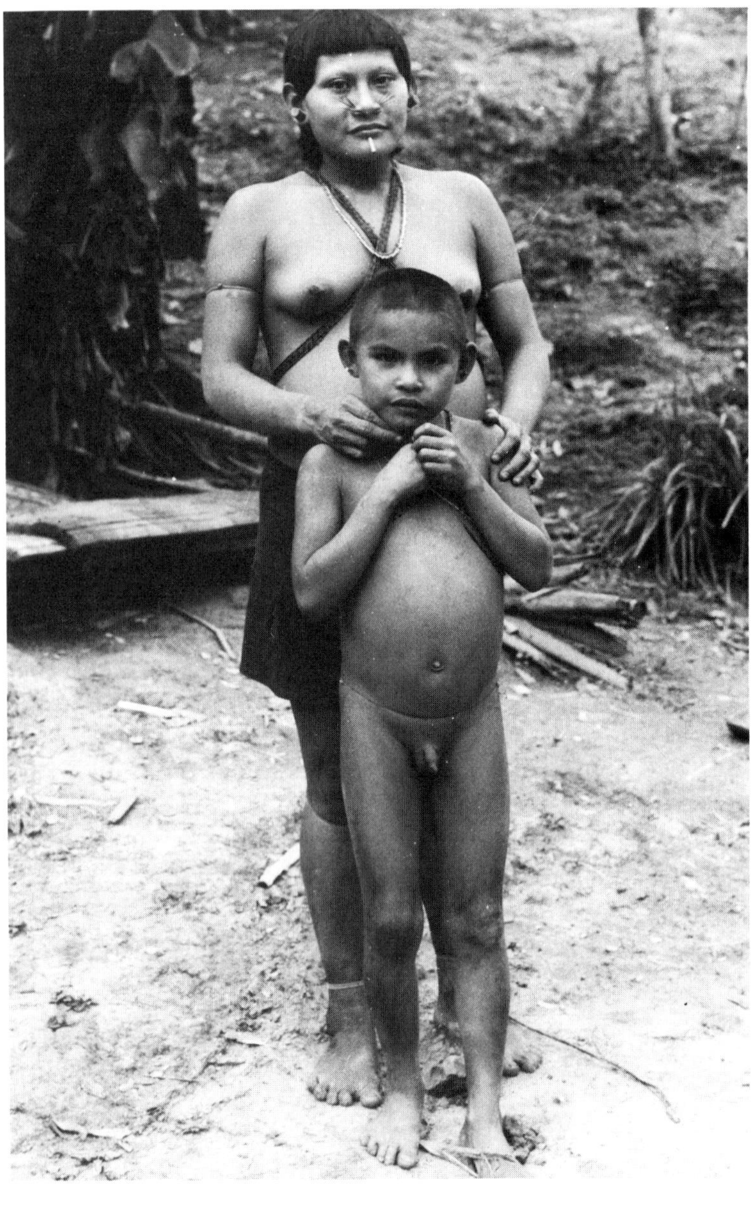

Para as línguas do tronco Macro-Jê, são muito menos seguras as evidências de que se dispõe para o estabelecimento de relações de parentesco. Pode-se destacar dentro dele, como grupo mais importante e coeso, a família Jê, que inclui línguas faladas desde o sul do Maranhão e do Pará passando pelos estados de Goiás e Mato Grosso, até o Mato Grosso do Sul, São Paulo, Paraná, Santa Catarina e Rio Grande do Sul. A família Jê se subdivide em quatro grupos(com várias línguas em cada um): Timbira, Kayapó, Akwén e Kaingáng. Sobre a filiação de outras famílias ao tronco Macro-Jê, seria mais adequado falar em indícios que em evidências, já que "a própria constituição do tronco Macro-Jê é altamente hipotética ainda" (Rodrigues, 1986:49). Se algumas das línguas que as integram ainda são faladas, outras muitas deixaram de sê-lo, e só se dispõe sobre elas de dados históricos em geral precários, como é o caso de todas as línguas da família Kamakã, que eram faladas na Bahia e no Espírito Santo até o final do século passado. Feitas essas ressalvas, pode-se falar num grupo de famílias a leste da família Jê - Famílias Puri ou Coroado, Botocudo, Maxakalí, Kamakã e Kariri, mais as línguas Masakará e Yatê ou Fulniô - e num outro grupo a oeste dela, formado pela família Bororo e pelas línguas Ofayé, Guató e Rikbaktsa. Há ainda a família Karajá, no Araguaia, com três línguas.

Rodrigues (1985) avança indícios para a hipótese de ligação genética mais distante entre o Macro-Tupi e o Macro-Jê, mas Urban considera que "atribuir à conexão uma profundidade cronológica mínima (digamos de 5 a 7 mil anos) acrescenta pouco à nossa compreensão, e apenas indica nossa incerteza" (1992:93).

O terceiro grande grupo de línguas brasileiras apresenta afinidades tão grandes entre seus membros que Rodrigues considera mais adequado chamá-lo de família, em vez de tronco. Trata-se da família Karib, cujas línguas integrantes se distribuem mais concentradamente na grande região guianesa (Guiana Francesa, Suriname e Guiana, além da Guiana Venezuelana e da Guiana Brasileira no norte do Amazonas e em Roraima). No Brasil, onde são faladas 21 línguas Karib, o maior número delas se encontra ao norte do rio Amazonas, no Amapá, norte do Pará, Roraima e Amazonas, mas há algumas também mais ao sul, principalmente ao longo do rio Xingu, no Pará e no Mato Grosso. Integram a família Karib, ao norte do Amazonas, nos estados de Roraima, Amapá, Pará e Amazonas,as línguas Apalaí, Waimiri (Atroari), Galibi, Hixkaryána, Ingarikó, Kaxuyána, Makuxí, Jayongóng (Makiritáre), Taulipáng, Tirió, Waiwái, Warikyána, Wayána. Ao sul do Amazonas, temos o Arára, no Pará, e todas as demais no Mato Grosso: Bakairí (Kúra), Kalapálo, Kuikúru, Matipú, Nahukwá e Txicão.

Também para as línguas Karib, Rodrigues (1985) apresenta algumas evidências de ligação genética com o Tupi. Isso poderia então significar que houve um ancestral remoto comum para os três maiores grupos de línguas do Brasil: Karib, Tupi e Jê.

Até pouco tempo atrás, considerava-se como certa a existência de um tronco Aruák ou Arawák, integrado pelas famílias Aruák e Arawá, com várias línguas como membros. Rodrigues (1986) fala prudentemente, à luz de dados mais recentes, em família Aruák e em família Arawá, sem relacioná-las geneticamente, pelo menos por ora.

As línguas da família Aruák, que são faladas no Brasil e também na Bolívia, Peru, Equador e Venezuela, se distribuem, no Brasil, desde a região guianesa até o oeste do Mato Grosso e Mato Grosso do Sul. Entre essas línguas contam-se o Baníwa do Içana (um dos principais afluentes do Rio Negro, no extremo norte do Amazonas), com um grande número de dialetos; o Warekéna; o Tariána; o Baré; o Wapixána (em Roraima); o Palikúr (no Amapá); o Apurinã, o Píro e o Kámpa (no Acre); o Paresi e o Salumã, na região dos formadores do Juruena (Mato Grosso); o Mehináku, o Waurá e o Yawalapíti (no alto Xingu); e o Teréna, que é a língua aruák localizada mais ao sul (Mato Grosso do Sul). Segundo Urban, a família Aruák (ou Maipure, como ele prefere chamar) teria uma profundidade cronológica de cerca de 3 mil anos. Não há consenso na literatura sobre sua origem geográfica, embora esteja claro que em geral seus membros se distribuem mais a oeste que os Tupi, Jê e Karib. Por outro lado, "partindo da regra de que a área geográfica que contém a maior diversidade lingüística é provavelemente a zona de origem, a área peruana (centro-norte) se apresenta como o possível local de dispersão" da família Aruák (Maipure) (Urban, 1992:95).

A família Arawá conta hoje com apenas quatro representantes, muito semelhantes entre si, nos estados do Amazonas e do Acre, pelos rios Juruá, Jutaí e Purus e seus afluentes: as línguas Kulína, Dení, Yamamadí e Paumarí.

As famílias lingüísticas menores, referidas anteriormente, em geral apresentam distribuição geográfica mais homogênea, e têm provavelmente menor profundidade cronológica, com menos de 3 mil anos de separação.

A família Guaikurú tem um único representante no Brasil, o Kadiwéu, na Serra da Bodoquena, Mato Grosso do Sul. As outras línguas dessa família são faladas por povos do Chaco argentino e paraguaio.

A família Nambikwára, falada unicamente em território brasileiro, no noroeste do Mato Grosso e no sudeste de Rondônia, é integrada por três línguas com vários dialetos: o Sabanê, o Nambikwára do Norte e o Nambikwára do Sul.

A família Txapakúra, pouco conhecida, é integrada pelas línguas faladas pelos Pakaanóva, Urupá e Torá, no oeste de Rondônia e sul do Amazonas (e também pela língua dos Moré na Bolívia).

A família Pano, maior que as demais, tem representantes também na Bolívia e no Peru. No Brasil apresenta concentração maior no sul e oeste do Acre, mas também se estende por Rondônia e pelo Amazonas. Inclui as línguas Karipúna, Kaxarari, Yamináwa, Kaxinawá, Amawáka, Poyanáwa, Shanindáwa(Arára), Katukína, Nukuini, Marúbo, Mayorúna, Matis (Matsés).

A família Múra apresenta apenas duas línguas remanescentes, faladas pelos Múra e pelos Pirahã, na margem direita do rio Madeira, entre o Manicoré e o Maici, no Amazonas.

A família Katukína é integrada pelas

TRONCO	FAMÍLIA	LÍNGUA	DIALETO
Tupi	Tupi Guarani	Akwáwa	Asuriní do Tocantins (A. do Trocará, Akwáwa)
			Suruí do Tocantins (Mudjetíre)
			Parakanã
		Amanayé	
		Anambé (Turiwára?)	
		Apiaká	
		Araweté	
		Asuriní do Xingu (A. do Coatinema, Awaeté)	
		Avá (Canoeiro)	
		Guajá	
		Guarani	Kaiwá (Kayová)
			Mbiá (Mbüá; Mbyá, Guarani)
			Nhandéva (Txiripá, Guarani)
		Kamayurá	
		Kayabi	
		Kokáma	
		Língua Geral Amazônica (Nheengatú, Tupí Moderno)	
		Omágua (Kambéba)	
		Parintintín	Diahói
			Júma
			Parintintín (Kagwahív)
			Tenharín
		Tapirapé	
		Tenetehára	Guajajára
			Tembé
		Uruewauwáu	
		Urubú (Urubú-Kaapór)	
		Wayampí (Oyampí)	
		Xetá	
	Arikém	Karitiána	
	Jurúna	Juruna (Yuruna)	
	Mondé	Aruá	
		Cinta-Larga	
		Gavião (Ikãrã, Digüt)	
		Mekém	
		Mondé (Sanamaikã, Salamãi)	
		Surui (Paitér)	
		Zoró	
	Mundurukú	Kuruáya	
		Mundurukú	
	Ramaráma	Arára (Urukú, Karo)	
		Itogapúk (Ntogapid)	
	Tupari	Makuráp	
		Tuparí	
		Wayoró (Ajurú)	
		Aweti	
		Puruborá	
		Mawé (Sateré)	

TRONCO	FAMÍLIA	LÍNGUA	DIALETO
Macro-Jê	Jê	Akwén	Xakriabá
			Xavante
			Xerente
		Apinayé	
		Kaingang	
		Kayapó	Gorotire
			Kararaô
			Kokraimôro
			Kubenkrangnotí
			Kubenkrankêgn
			Menkrangnotí
			Tapayúna (?)
			Txukahamãe (Mentuktíre)
			Xikrín (Xikri)
		Kren-akarôre	
		Suyá	
		Timbira	Canela Apâniekra
			Canela Rramkókamekra
			Gavião do Pará (Parakáteye)
			Gavião do Maranhão (Pukubyé)
			Krahô
			Kreyé (Krenjé)
			Krikatí (Krinkati)
		Xakléng (Aweikoma)	
	Bororo	Bororo	
		Umutina	
	Botocudo	Krenak	
	Karajá	Javaé	
		Karajá	
		Xambioá	
	Maxakalí	Maxakalí	
		Pataxó	
		Pataxó Hãhãhãe	
		Guató	
		Ofayé	
		Rikbaktsa	
		Yatê	

TRONCO	FAMÍLIA	LÍNGUA	DIALETO
	Karib	Apalaí	
		Atroarí	
		Galibí do Oiapoque	
		Hixkaryána	
		Ingarikó	
		Kaxuyána	
		Makuxí	
		Mayongóng	
		Taulipáng	
		Tiriyó	
		Waimirí	
		Waiwái	
		Warikyána	
		Wayána	
		Arára do Pará	
		Bakairí	
		Kalapálo	
		Kuikúru	
		Matipú	
		Nahukwá	
		Txikão	
	Aruák	Apurinã	
		Baníwa do Içana	
		Baré	
		Kámpa	
		Mandawáka	
		Mehináku	
		Palikúr	
		Paresí	
		Píro	Maniteneri Maxinéri
		Salumã (Enawenê-nawê)	
		Tariána	Yuruparí-tapúya
		Teréna	
		Wapixána	
		Warakéna	
		Waurá	
		Yabaána	
		Yawalapití	
	Arawá	Banavá-Jafí	
		Dení	
		Jarawára	
		Kanamantí	
		Kulína	
		Paumarí	
		Yamamadí	
	Katukina	Kanamarí	
		Txunhuã-djapá	
		Katukína do Biá/Jutaí	
		Katawixí (?)	
	Múra	Múra	
		Pirahã	
	Guaikuru	Kadiwéu	

TRONCO	FAMÍLIA	LÍNGUA	DIALETO
	Pano	Amawáka	
		Karipúna	
		Katukína do Acre	
		Kaxararí	
		Kaxináwa	
		Marúbo	
		Matís (Matsés)	
		Mayá	
		Mayoruna	
		Nukuíni	
		Poyanáwa	
		Yamináwa	
		Yawanáwa	
	Txapakúra	Pakaanóva	
		Torá	
		Urupá	
	Nambikwara	Nambikwára do Norte	Tawandê
			Lakondê
			Latundê
			Mamaindê
			Nagarotú
		Nambikwára do Sul	Munduka
			Galera
			Kabixi
			Nambikwára do Campo
		Sabanê	
	Tukano	Barasána	
		Desana	
		Juriti	
		Karapanã	
		Kubéwa	
		Pirá-tapúya	
		Suriána	
		Tukáno	
		Tuyúka	
		Wanána	
		Yebá-masã	
	Yanomami	Ninám	
		Sanumá	
		Yanomám	
		Yanomámi	
	Maku	Bará	
		Guaríba	
		Húpda	
		Kamã	
		Nadeb	
		Yahúp	
		Aikanã	
		Arikapú	
		Awakê	
		Irántxe	
		Jabuti	
		Kanoê	
		Koaiá	
		Máku	
		Trumái	
		Tukúna	

línguas faladas - no sudoeste do Amazonas, nos altos rios Juruá, Jutaí e Javari - pelos Katukina do rio Biá, pelos Txunhuã-djapá e pelos Kanamarí.

A família Tukáno apresenta dois ramos principais, ambos ao norte do rio Amazonas: o Tukáno Ocidental, com línguas faladas no Peru, Equador e Colômbia, sem representantes no Brasil; e o Tukáno Oriental, com ramificações que vão desde a Colômbia até o Brasil. No Brasil, há pelo menos doze línguas dessa família, no Uaupés e em seus afluentes Tiquié e Papuri. Elas são todas muito próximas entre si, e incluem: Tukáno, Barasána, Yebamasã, Wanána, Desána e Kubéba, entre outras.

A família Makú (ou Puinave) inclui línguas faladas entre os rios Uaupés, Negro e Japurá, chegando até a Colômbia. Foram identificados pelo menos seis grupos de índios Makú no Brasil: Bará, Húpda, Yahúp, Nadêb, Káma e Guaríba (Wariva).

A família Yanomámi (antigamente chamada de Xirianá ou de Waiká) é composta por quatro línguas faladas no Brasil e na Venezuela, mutuamente ininteligíveis mas muito próximas entre si, todas com vários dialetos: Ninám ou Yanám, Sanumá, Yamomámi (a maior das quatro) e Yanomám ou Yainomá.

Como se pode ver, todas as famílias menores tendem a se localizar na periferia da bacia amazônica, e não em seu curso principal. Mas são necessários estudos mais aprofundados para se poder estabelecer mais seguramente há quanto tempo estariam em suas regiões atuais.

As línguas isoladas, todas com reduzido número de falantes, à exceção do Tikuna, falado por mais de 20 mil pessoas, "são muito importantes para se compreenderem as fases mais antigas da história da cultura - datas além do alcance da técnica comparativa, ou seja, anteriores a 4000-5000 a.C. (Urban, 1992:99). Isso é possível se se estender para as línguas isoladas o princípio básico utilizado para determinar o ponto de dispersão de uma família lingüística, que seria a área geográfica onde estão concentrados os seus membros mais divergentes. Então, no caso das línguas isoladas, as áreas em que se encontrassem suas maiores concentrações seriam provavelmente focos de dispersões muito antigas. Analisando a distribuição das línguas isoladas e famílias muito pequenas na América do Sul, Urban considera que se podem propor três focos prováveis de antiga dispersão: "1) a área do Nordeste brasileiro onde, infelizmente, todas as línguas em questão estão extintas; 2) o planalto a oeste do Brasil e na vizinha Bolívia, em torno da chapada dos Parecis e da serra dos Pacás-Novas; e 3) norte do Peru e Equador" (1992:99).

Quantas e quais são as línguas isoladas ainda faladas no Brasil?

Em número de dez, são as seguintes: Aikaná (conhecida também como Tubarão, Huarí, Masaká, Kasupá, Mundé, Corumbiara), falada por menos de 100 pessoas no sudeste de Rondônia; Koaiá (Arara), cujos últimos falantes vivem entre os Aikaná; Kanoê (Kapixaná), com seus últimos falantes espalhados em diversas partes de Rondônia;Jabuti, cujos poucos falantes vivem com os Makuráp (Tupi) no Guaporé (RO); Arikapú, com 14 falantes (em 1968, quando foram encontrados), provavelmente uma variedade do Jabuti; Mky, com cerca de 200 falantes e duas formas dialetais em duas aldeias distintas, Iránxe (Aldeia Cravari) e Mky (Aldeia Escondido), no noroeste do Mato Grosso; Trumái, no alto Xingu, com cerca de 50 falantes; Awakê, menos de 20 falantes, no alto Uaricaá, em Roraima; Máku, também em Roraima, não se sabendo ao certo se ainda existem falantes dela; finalmente o Tikúna, paradoxalmente o mais numeroso povo indígena no Brasil, falado no Solimões (Amazonas) por mais de 20.000 pessoas. Infelizmente, poucas dessas línguas têm sido objeto de pesquisa até agora.

Segundo Rodrigues (1986:95), "a mesma importância crítica das línguas isoladas como exemplares únicos de organização lingüística e cognitiva têm também as línguas que, embora mostrem indícios de filiarem-se a um grande tronco, como o Tupi e o Macro-Jê, não se relacionam diretamente a nenhuma das famílias constituintes do tronco". Estão nessa situação o Guató (Macro-Jê), com pouquíssimos falantes (a maioria fala só o português), no alto Uruguai; o Rikbaktsa e o Karajá, no

Mato Grosso, também isoladas dentro do Macro-Jê, assim como o Krenák (ou Botocudo de Minas Gerais e Espírito Santo). Em relação ao Tronco Tupi, a situação mais isolada é a da língua Puruborá, da qual não se sabe se ainda existe algum remanescente, na Rondônia. Tem-se, além disso, as línguas que se tornaram únicas representantes de famílias historicamente conhecidas, como é o caso do Juruna (Família Juruna) no Xingu, e do Karitiána (Família Arikém), em Rondônia.

Relações que estabelecem uma origem comum para duas ou mais línguas são chamadas, como apontamos no começo do trabalho, de relações genéticas ou de parentesco. Mas há outras formas de relacionamento histórico entre línguas não parentes, expressas claramente no seu léxico, através do que é convencionalmente chamado de empréstimos lingüísticos. Assim, o estudo dos empréstimos entre línguas indígenas, que ainda precisa ser mais intensamente desenvolvido no Brasil, pode constituir fonte importante para o conhecimento da história e pré-história do território brasileiro. De qualquer forma, os dados existentes atualmente já permitem verificar, segundo Urban (1992:102), "situações de intenso contato, multilingüismo, línguas de comércio etc., para uma região que vai do extremo oeste da bacia Amazônica para o norte e em seguida para o leste, cruzando toda a América do Sul ao norte do Amazonas", ao contrário do centro e do oeste do Brasil, onde parece mais provável ter correspondido a cada povo uma língua e cultura distintas.

Em forma muito resumida e simplificada isso é o que se pode dizer sobre o passado e sobre a distribuição atual das línguas indígenas brasileiras contemporâneas, a partir do que sobre elas se conhece hoje. Mas dissemos, no início, que o conhecimento do presente também permitiria "planejar ações visando melhorar a vida e tornar mais felizes as pessoas que habitam o atual presente". Em que, pois, o conhecimento das línguas indígenas, hoje, pode contribuir para melhorar a vida de brasileiros? E em primeiro lugar, de quais brasileiros? Dos índios e dos não índios?

É indubitável, à primeira vista, que dois grupos de pessoas são diretamente afetados, embora de maneiras diferentes, por tal questão: os povos indígenas falantes dessas línguas e os pesquisadores (lingüistas e antropólogos, basicamente) que as investigam. A estes, a questão interessa de uma forma indireta e de outra mais direta: indireta na medida em que lhes garante espaço de trabalho e lhes permite contribuir com seus estudos para o conhecimento científico da realidade; é direta na medida em que eles estejam inseridos solidariamente nas lutas sociais das minorias étnicas. Quanto aos povos indígenas, o maior conhecimento sobre a própria história e sobre o presente, propiciado pelo conhecimento sistemático de suas línguas, pode contribuir poderosamente para a afirmação e valorização de sua identidade étnica, num Estado prurilíngüe e pluricultural como o Brasil.

E o que começa a ocorrer, de forma ainda incipiente, por impulso das iniciativas indígenas e das organizações que os apóiam (que congregam, como assessores e consultores, pesquisadores e professores das universidades e centros de pesquisa) e pela exigência cada vez mais insistente das nações indígenas no sentido de que sejam criados e implementados processos de educação escolarizada em suas áreas, em escolas "indígenas" e não "para indígenas".

Nesse contexto, o conhecimento sistemático de suas línguas, por parte dos índios, é crucial, pois para haver escolas ver-

Dois brinquedos com 24 palavras nas diferentes línguas indígenas foram apresentados na exposição Índios no Brasil. Foto Luís Grupioni.

dadeiramente indígenas é necessário que haja professores indígenas bilíngues em número suficiente, e que sua formação seja especializada, na medida em que eles têm de ser, necessariamente, os intermediários entre duas culturas e duas línguas - a materna, vernacular, e a mais abrangente, veicular, oficial, do Estado brasileiro.

Mas isso, por sua vez, requer que as línguas indígenas se tornem línguas escritas plenas (nenhuma língua brasileira tem tradição escrita), para o que é necessário ter, além de alfabeto e ortografia próprios propiciados pela análise fonológica, também estudos morfológicos, sintáticos, semânticos, e ainda a normalização e normatização das línguas e dialetos de um mesmo grupo, bem como a atualização léxico-semântica dos sistemas lexicais envolvidos. Ou seja, necessita-se, urgentemente, de pesquisadores indígenas. A experiência de outros países com forte presença de populações indígenas aponta para a possibilidade real de formação, em número cada vez maior, de lingüistas e antropológos indígenas. É o que se espera possa acontecer em breve também no Brasil.

Bibliografia

Rodrigues, Aryon Dall'Igna - 1985 - "Evidence for Tupi-Karib relationships" in Klein, H.E.M. e Stark, L.R. (orgs.) - **South American Indian Languages: retrospect and prospect**, Austin, University of Texas Press, págs. 371-404.

1986 - **Línguas brasileiras: para o conhecimento das línguas indígenas**, São Paulo, Loyola.

Urban, Greg - 1992 - "A história da cultura brasileira segundo as línguas nativas" in Cunha, Manuela Carneiro da(org.) - **História dos Índios no Brasil**, São Paulo, Cia. das LetrasFapespSMC, págs. 87-102.

O escravo índio, esse desconhecido

John Monteiro

Dentre os diversos mitos sobre a formação da nacionalidade brasileira, o bandeirante certamente ocupa um lugar de destaque. Desbravador dos sertões incultos, temível conquistador de povos selvagens, esta figura heróica marca presença tanto nos manuais de história quanto nos monumentos e nos nomes de ruas, estradas e escolas no Brasil inteiro. Por outro lado, uma tendência recente na bibliografia tem construído um antimito, o do bandeirante exterminador de índios. Imagens contrastantes e polêmicas, tanto uma quanto a outra pecam por ignorarem a presença e o papel do índio na história do Brasil. Na primeira versão, o índio é omitido ou, na melhor das hipóteses, exerce um papel auxiliar no processo de expansão territorial dos portugueses. Na segunda, ele é relegado ao papel passivo de vítima.

Herói ou bandido, na verdade o bandeirante é emblemático de todo um processo mais amplo de deslocamento de populações indígenas e da constituição de sociedades escravistas, processo esse que não se circunscrevia tão-somente a São Paulo. Com certeza, atrás das peripécias dos sertanistas jaz, praticamente desconhecido, o envolvente drama de inúmeros povos nativos que não foram simplesmente apagados e sim passaram por complexas transformações, entre as quais o desenvolvimento da escravidão foi talvez a mais significativa.

De fato, apesar de pouco abordada na historiografia, a escravidão indígena desempenhou um papel de grande impacto não apenas sobre as populações nativas como também na constituição da sociedade e economia coloniais. Em sua dimensão mais negativa, aliando-se às doenças contagiosas, a escravização dos índios concorreu para o despovoamento de vastas regiões do litoral e dos sertões mais acessíveis aos europeus. Ao mesmo passo, porém, os cativos, deslocados de suas aldeias e terras para as unidades de produção e aldeamentos coloniais, viam-se obrigados a recompor suas vidas e sua identidade dentro deste novo contexto.

Colonização e escravidão no século XVI

As origens da escravidão indígena no Brasil remontam aos meados do século XVI, quando os colonizadores portugueses começaram a intensificar suas atividades econômicas ao longo do litoral. Neste período inicial, o cativeiro dos índios visava solucionar, de uma só vez, dois imperativos da colonização: a questão militar e o suprimento de mão-de-obra para a incipiente economia açucareira. Os grupos que se mostravam resistentes às pretensões dos europeus eram sujeitos a guerras movidas pelos portugueses e seus aliados indígenas e os prisioneiros eram distribuídos ou vendidos como escravos.

De certo modo, pelo menos nos anos iniciais da colonização, as relações luso-indígenas permaneciam subordinadas a uma lógica pré-colonial. Para os portugueses, a presença de cativos nas sociedades indígenas traduzia-se na perspectiva de serem adquiridos cada vez mais escravos através das guerras entre grupos nativos. No entanto, nas sociedades indígenas, o cativo não possuía a conotação de escravo, pois servia para fins rituais e não produtivos. Nesse sentido, não é de se estranhar a resistência à venda de escravos, inclusive entre os próprios cativos. O jesuíta Azpilcueta Navarro, ao propor a compra de um cativo Tupinambá nas vésperas de seu sacrifício ritual, surpreendeu-se com a recusa do índio, que "disse que não o vendessem, porque cumpria à sua honra passar por tal morte como valente capitão".[1]

Diante da dificuldade em transformar o cativo de guerra em escravo através do escambo com os índios, os portugueses começaram a lançar mão de outros métodos de captação de mão-de-obra. A apropriação direta de cativos, através de expedi-

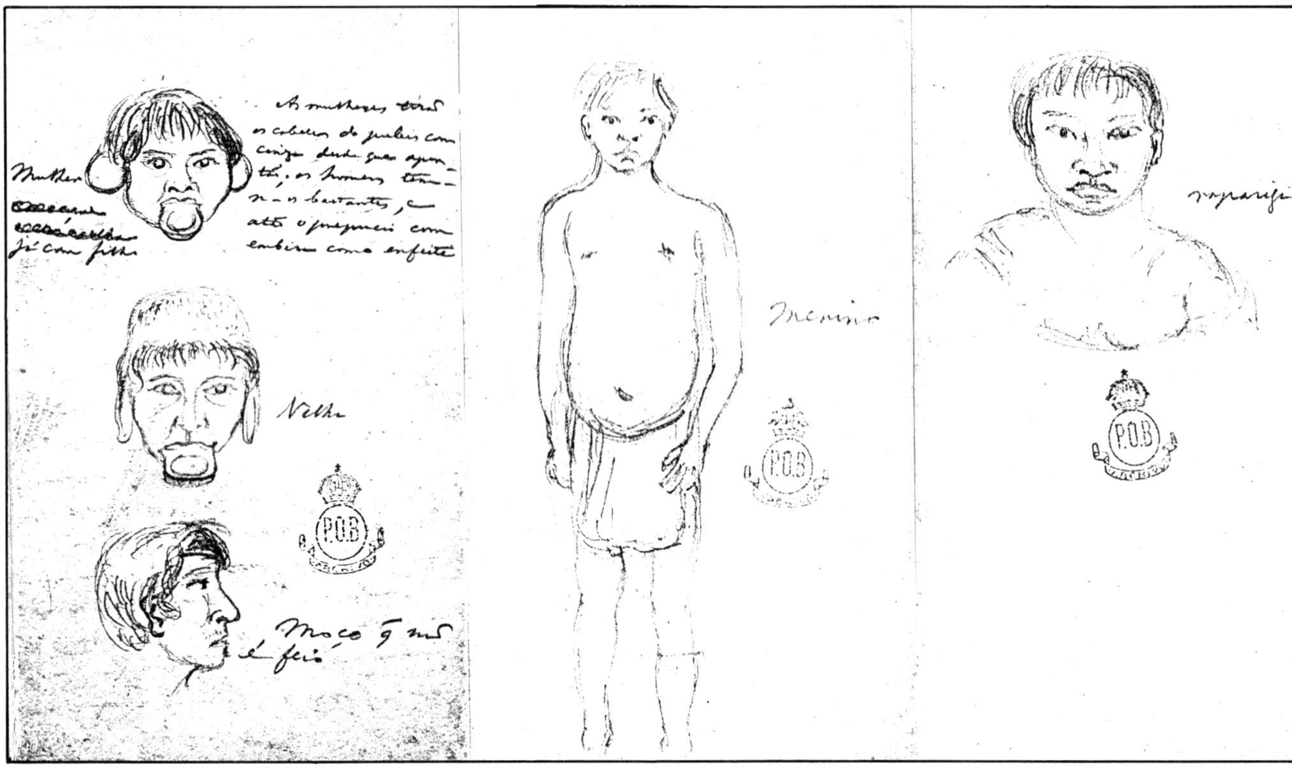

Caderneta do Imperador D.Pedro II: desenhos de índios Botocudos e outros de autoria do Imperador realizados durante sua viagem ao nordeste. Museu Imperial.

ções de apresamento, tornava-se o meio mais eficaz de aumentar as reservas de mão-de-obra nativa, porém esbarrava em questões de ordem moral e jurídica.

De fato, devido aos abusos cometidos pelos colonizadores ibéricos na conquista de terras e povos indígenas, foi justamente neste período que se elevavam as primeiras vozes em defesa da liberdade dos índios, ou, talvez mais precisamente, contra o cativeiro injusto. Em termos concretos, esse debate teve ressonância tanto no campo da colonização — onde surgiram experiências com outras formas de organização de trabalho, tais como o aldeamento missionário — quanto no campo da legislação, redundando numa longa sucessão de leis e decretos que, apesar de reiterarem o princípio da liberdade indígena, também regulamentavam as condições nas quais os índios pudessem ser legítimos cativos. Dentre estas condições, destacava-se a Guerra Justa que, em princípio, havia de ser autorizada pela coroa ou seus representantes.

À primeira vista restritivo, o recurso da Guerra Justa na verdade tornou-se um importante mecanismo para a ampliação do número de escravos. Pouco satisfeitos com a experiência dos aldeamentos jesuíticos, que não forneciam trabalhadores à altura das expectativas, tanto os colonos particulares quanto alguns administradores coloniais — tais como Mem de Sá e Jerônimo Leitão — passaram a organizar poderosas expedições militares que, por um lado, buscavam derrotar os focos de resistência Tupi ao longo do litoral de São Vicente a Paraíba e, por outro, visavam produzir vultuosos números de escravos, destinados a trabalhar na economia açucareira. Não se pode subestimar a importância deste processo articulado de conquista, escravização e desenvolvimento dos engenhos, uma vez que foi justamente neste período — fase ainda incipiente do tráfico de escravos africanos — que houve a mais acentuada expansão açucareira.

O caso da guerra contra os Caetés permite entrever a articulação dinâmica entre a conquista territorial e a constituição de uma força de trabalho durante o século XVI. Em 1562, no bojo de uma grave crise epidemiológica que assolava as populações do litoral, o governador Mem de Sá decretou uma guerra contra os Caeté, sob a acusação que este grupo teria trucidado e devorado o bispo Sardinha — incidente aliás ocorrido seis anos antes. Sedentos de mão-de-obra cativa, os colonos da Bahia organizaram seus aliados em poderosas colunas de guerra e investiram contra os Caeté, além de outros grupos que se encontravam no caminho. De acordo com o jesuíta Anchieta, em poucos meses foram capturados mais de 50.000 cativos de guerra, entre homens, mulheres e crianças, sendo que apenas 10.000 destes chegaram a compor a força de trabalho nos engenhos do Recôncavo, os demais sucumbindo-se à varíola ou aos maus tratos dos conquistadores.

De fato, este e muitos outros episódios semelhantes, envolvendo o deslocamento forçado de grupos nativos, contribuiu para o despovoamento de vastas áreas tanto do litoral quanto do sertão. Estes movimentos também agravavam a situação epidemiológica das zonas de ocupação européia, uma vez que a introdução de elevados números de cativos, praticamente sem imunidade contra os contágios, aprofundava as taxas de mortalidade. As epidemias, por seu turno, suscitavam novas investidas ao sertão, criando-se um ciclo devastador que só se esgotaria na medida em que a escravidão indígena deixasse de ser uma proposta economicamente viável.

Uma parte da demanda por cativos era suprida pela sucessão de Guerras Justas que marcou a história do litoral no século XVI: o conflito movido por Antonio Salema contra os Tamoios do Rio de Janeiro (1575), a primeira conquista do Sergipe (1575-75), o assalto aos Guarani sob o comando do capitão-mor vicentino Jerônimo Leitão, as campanhas contra os Tobajara e Potiguar na Paraíba durante a década de 1580, entre outros. Entretanto, a maioria dos cativos conhecia o cativeiro através das inúmeras expedições de caráter informal e privado que começaram a penetrar o sertão com bastante insistência nos anos finais do século XVI. Precursores das "bandeiras" e das "tropas de resgate" do século seguinte, as primeiras expedições de apresamento claramente ofendiam os preceitos da legislação vigente, que coibia este tipo de assalto à liberdade indígena, embora muitas vezes contassem com a descarada anuência das autoridades locais.

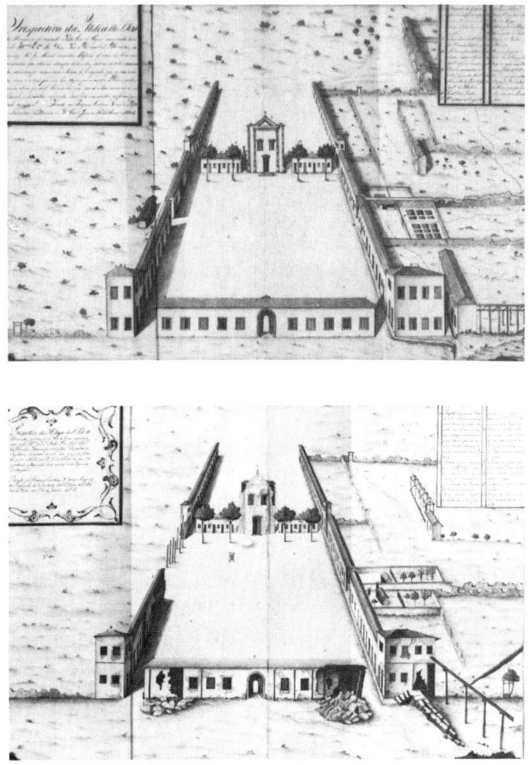

Perspectiva da Aldeia de São José de Mossamedes pertencente à Vila Boa de Goyas (1801). As duas figuras indicam a deterioração ocorrida com o conjunto arquitetônico: já não existiam mais o açude nem a Casa do Engenho. Biblioteca Mário de Andrade. Foto in "História dos índios no Brasil".

Além dos efeitos demográficos, o crescente assalto às populações do litoral provocou outras conseqüências de grande alcance. Enfrentando uma política indigenista cada vez mais ameaçadora, crises epidemiológicas cada vez mais intensas e ùma demanda cada vez maior por escravos índios, as sociedades nativas desenvolveram diversas estratégias na tentativa de reverter este quadro opressivo. Estas estratégias baseavam-se não apenas nas tradições e práticas pré-coloniais, como também na própria experiência histórica do contato e da dominação. Alguns grupos locais, ao colaborarem com os interesses dos portugueses, buscaram preservar sua autonomia através do fornecimento de escravos tomados a outros grupos inimigos. Outros, já submetidos ao jugo dos senhores de engenho ou dos jesuítas, procuravam resgatar sua liberdade através de violentas revoltas. Havia ainda outros que, demonstrando a intricada relação entre o passado indígena e a situação colonial, articulavam complexos movimentos de protesto e resistência, tais como as chamadas santidades.

No entanto, a estratégia mais eficaz certamente residia na fuga coletiva e na reconstituição da sociedade em regiões além do alcance dos sertanistas brancos e mestiços. Ao longo do século XVI, diversos grupos Tupi abandonaram o litoral, restabelecendo sua autonomia política em terras longínquas. Dentre os motivos, a escravidão figurava como o mais eloqüente, conforme relatava um chefe do Rio Real na década de 1580, ao preparar seus seguidores para uma longa migração: "Vamo-nos, vamo-nos antes que venham estes portugueses ... Não fugimos da Igreja nem de tua companhia porque, se tu quiseres ir conosco, viveremos contigo no meio desse mato ou sertão ... mas estes portugueses não nos deixam estar quietos, e se tu vês que tão poucos que aqui andam entre nós tomam nossos irmãos, que podemos esperar, quando os mais vierem, senão que a nós, e as mulheres e filhos farão escravos?"[2]

O sertanismo de apresamento no século XVII

Se, no século XVI, a escravidão indígena encontrava-se estreitamente articulada à expansão açucareira, esta instituição estendeu-se para outras regiões, no segundo século da colonização, sob uma outra lógica. Nas capitanias do sul, sobretudo a de São Vicente, e no recém-constituído Estado do Maranhão (1621), as atividades econômicas dos colonos eram movidas por numerosos plantéis de escravos índios, aprisionados em frequentes expedições para o sertão. Embora às vezes vinculadas ao comércio externo, estas atividades geralmente se limitavam à circulação regional ou inter-regional. Próximo a São Paulo, ponto inicial de repetidas incursões em demanda de cativos, constituíram-se inúmeros sítios e fazendas, contando com dezenas e mesmo centenas de trabalhadores nativos. Já no outro extremo da América Portuguesa, nas proximidades de São Luís do Maranhão e Belém do Pará, brotaram igualmente um grande número de unidades de produção agrícola, com consideráveis plantéis de índios.

Como estratégia para a reprodução da força de trabalho, as expedições de apresamento mostravam-se eficazes, uma vez que distanciavam o índio de suas origens, geográfica e socialmente. De fato, ao longo dos séculos XVII e XVIII, o apresamento representava a principal forma de criar, manter e até aumentar a população cativa, esboçando-se um forte paralelo com o papel exercido pelo tráfico de escravos africanos no mesmo período.

No sul, particularmente em São Paulo, os colonos desenvolveram formas específicas de apresamento, inicialmente pri-

No século XIX continuou-se a política de concentração dos índios em aldeamentos. "Aldeia de Tapuias" de Joahan Moritz Rugendas, s/d. Secretaria Municipal de Cultura/SP. Foto in "História dos índios no Brasil".

A escravidão dos índios, embora respaldada em base legal até 1833, continuou até o século XX. "Índios atravessando um riacho (caçador de escravos)", óleo s/tela de Jean-Baptiste Debret. Museu de Arte de São Paulo Assis Chateaubriand. Foto Luiz Hossaka.

vilegiando a composição de expedições de grande porte, com organização e disciplina militares. Foram estas as expedições que assolaram as missões jesuíticas do Guiará (atual estado do Paraná) e Tape (atual Rio Grande do Sul), transferindo dezenas de milhares de índios Guarani para os sítios e fazendas dos paulistas. Porém, a partir de 1640, em reação às derrotas militares sofridas nas missões, os colonos de São Paulo começaram a imprimir novas características ao sertanismo, buscando uma nova orientação geográfica, o que também implicou numa nova forma de organizá-las. Antes empreendimentos coletivos, as expedições se tornaram negócios particulares, regidos pela relação contratual entre armadores financeiros e sertanistas.

Qualquer que fosse a forma preferencial do apresamento, o mesmo resultou num considerável fluxo de índios para a economia colonial. Nas capitanias do sul, este fluxo marcava presença em todas as etapas da cadeia produtiva que ligava os produtores a seus mercados. O índio roçava os terrenos, plantava as sementes, cuidava das plantações e fazia a colheita. Porém, sua principal função, atividade essa que no final das contas possibilitou qualquer atividade comercial por parte dos paulistas, foi no transporte.

Em São Paulo, a Serra do Mar, íngreme e inóspita, explicaria — para muitos historiadores — a pobreza e o isolamento dos produtores paulistas durante o período colonial. Para o carregador índio, no entanto, este obstáculo era vencido a pé, quase diariamente, mesmo com uma carga que beirava os trinta quilos. De acordo com o padre Antonio Vieira, que condenava a exploração desumana imposta aos índios de São Paulo, "nas cáfilas de São Paulo a Santos não só iam carregados como homens mas sobrecarregados como azêmolas, quase todos nus ou cingidos com um trapo e com uma espiga de milho pela ração de cada dia".[3]

Outra função importante desempenha-

Descrição de todo o Estado do Brasil - cópia do mapa de João Teixeira, cosmógrafo de sua majestade (Lisboa,1612), integrante do "Livro que dá razão do Estado do Brasil", executado pelo agrimensor Juvenal Martins em 1917. Museu Paulista/USP. Foto: Rômulo Fialdini/Banco SAFRA.

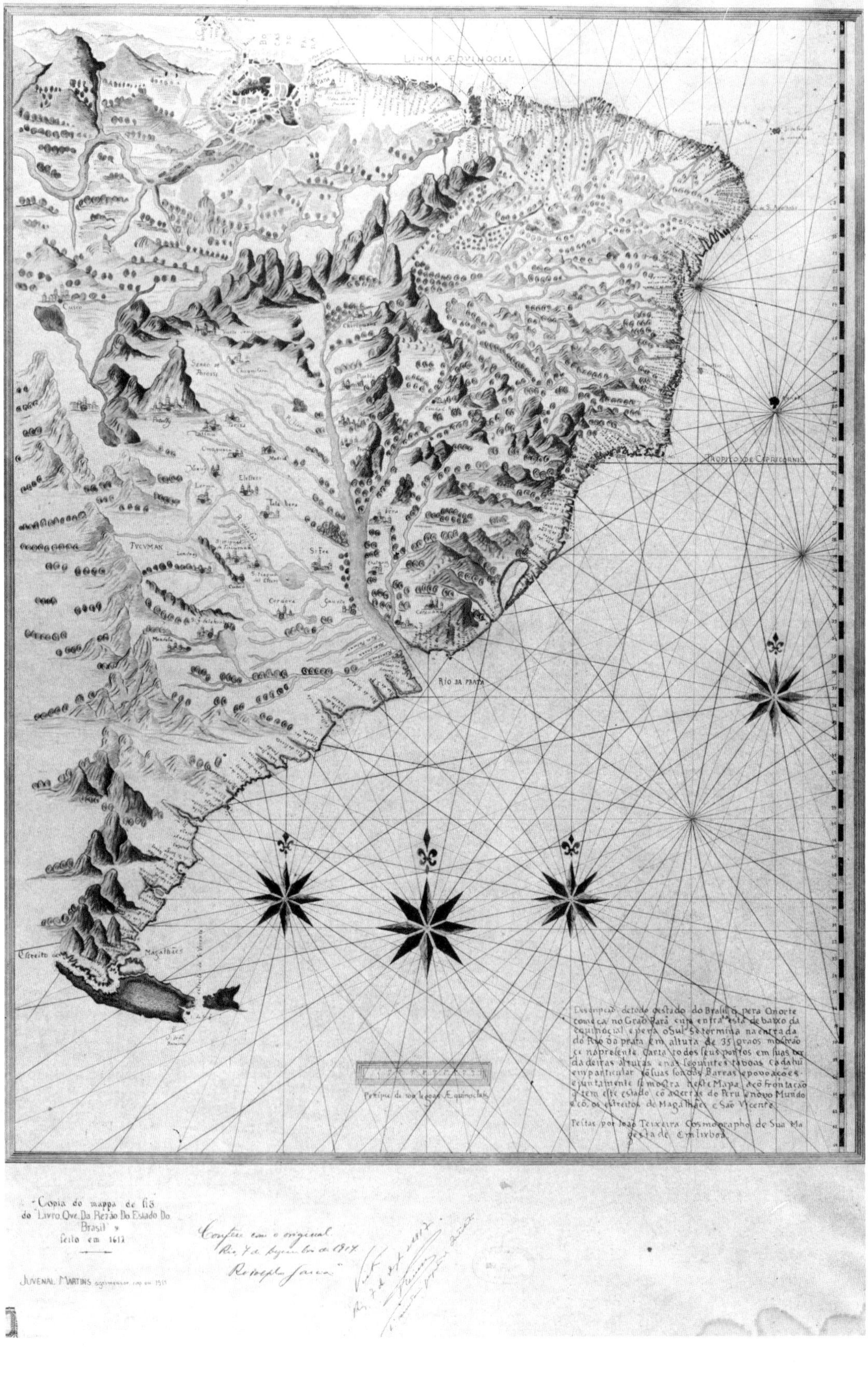

da pelo índio no esquema produtivo dos paulistas foi no próprio sertanismo. No decorrer do século, a participação ativa de índios nas expedições tornava-se cada vez mais essencial, à medida que se buscava cativos em locais desconhecidos pelos brancos. Para os colonos, expostos a febres, feras e índios desconhecidos, a mera sobrevivência dependia do conhecimento sertanejo dos índios.

À medida que chegavam aos povoados coloniais cada vez mais índios, os colonos buscavam maneiras de consolidar seu controle sobre os cativos. Conforme vimos, a escravidão dos índios era proibida, formalmente, pelas leis de Portugal, salvo em casos específicos. Devido ao caráter particular das expedições paulistas, que raramente eram sancionadas pelas autoridades, os colonos de São Paulo conviviam com o permanente paradoxo entre a condição jurídica e a situação real dos índios introduzidos do sertão. Com certeza, ao longo do período em que vigorava o trabalho indígena na região, a presença de escravos legalmente capturados em Guerras Justas permanecia quase nula.

Mesmo assim, os colonos de São Paulo apropriaram-se dos direitos sobre a pessoa e o trabalho dos índios. Se a lei declarava a liberdade dos nativos, o "uso e costume da terra" ditava a servidão dos mesmos. Assim, ao redigir seu testamento em 1684, o casal paulista Antonio Domingues e Isabel Fernandes expressaram uma opinião de consenso quando declararam que os dez índios sob seu domínio "são livres pelas leis do Reino e só pelo uso e costume da terra são de serviços obrigatórios." Ademais, os colonos alegavam que esse "serviço obrigatório" fazia-se em troca da doutrina cristã, do abrigo, do agasalho e dos bons tratos. O conhecido sertanista Domingos Jorge Velho, em carta ao Rei D. Pedro II, justificou este "direito" da seguinte maneira: "se depois [de reduzir os índios] nos servimos deles para as nossas lavouras, nenhuma injustiça lhes fazemos, pois tanto é para os sustentarmos a eles e a seus filhos como a nós e aos nossos; e isto bem longe de os cativar, antes se lhes faz um irremunerável serviço em os ensinar a saberem lavrar, plantar, colher, e trabalhar para seu sustento, coisa que antes que os brancos lho ensinem, eles não sabem fazer."

Na Amazônia portuguesa, o sertanismo de apresamento também ganhou vulto no século XVII, embora exibisse carac-

"Tribo Guaicuru em busca de novas pastagens", aquarela s/papel, Jean Baptiste Debret 1823. Museus Castro Maya. Foto Eduardo Mello.

"Chefe dos Bororenos partindo para um ataque", aquarela s/papel, Jean Baptiste Debret s/d. Museus Castro Maya. Foto Eduardo Mello.

terísticas próprias à região. Se, nas capitanias do sul, as expedições foram empreendidas à revelia das autoridades, a presença e ingerência do estado no abastecimento e distribuição da mão-de-obra nativa eram notáveis no Estado do Maranhão.

Durante a primeira metade do século XVII, a tropa de resgate representava a principal forma de recrutamento de mão-de-obra indígena. As tropas, devidamente licenciadas pelas autoridades régias, em teoria visavam resgatar índios destinados a serem devorados por seus inimigos. Porém, poucas tropas observavam pontualmente a lei, tornando-se pretextos para a escravização e destruição de inúmeras tribos ao longo dos principais rios da Amazônia. Com o financiamento de comerciantes de Belém ou São Luís, que também se interessavam pelas "drogas do sertão", sertanistas especializados organizavam flotilhas de canoas para penetrar os caudalosos rios da Amazônia. Os armadores dessas expedições geralmente arcavam com o seu custeio, fornecendo armas, correntes, ferramentas e alimentos. Tanto sertanista quanto armador contavam, ainda, com a conivência de autoridades corruptas, que permitiam abusos em troca de escravos e outros favores. O Governador Francisco Coelho de Carvalho, por exemplo, ganhou notoriedade enquanto próspero negociante de "tapuias", enviados para as capitanias do nordeste e até para as colônias espanholas.[4]

Não existem muitos registros destas primeiras expedições; contudo, deixavam sua indelével marca no despovoamento do Baixo Amazonas. Quando chegou em São Luís, na década de 1650, o padre Antonio Vieira denunciou a magnitude do movimento, declarando que, nos 40 anos anteriores, cerca de dois milhões de índios teriam sido extinguidos pelos colonos do Estado do Maranhão. Estes, por seu turno, pouco se importavam com a sobrevivência de seus cativos, uma vez que a Amazônia parecia proporcionar-lhes uma inexaurível fonte de trabalhadores. O próprio Vieira verificava o processo de despovoamento em sua primeira grande aventura para o sertão quando, em 1654, acompanhava uma tropa para o rio Tocantins. Habitada outrora por populosa tribo da língua geral, a região guardava apenas no nome do rio a memória dos índios Tocantins, segundo Vieira, dizimados pelos portugueses em poucos anos.

A exemplo das capitanias brasileiras no século XVI, o fluxo cada vez maior de es-

"Índia Guarani civilizada a caminho da igreja em trajes domingueiros".

"Índio Guarani civilizado". Aquarela s/papel, Jean Baptiste Debret, s/d. Museus Castro Maya. Foto Eduardo Mello.

cravos do interior para os povoados e as unidades de produção dos portugueses suscitava, também no Estado do Maranhão, um tumultuado confronto entre colonos e jesuítas. A chegada do padre Antonio Vieira em 1653 mudou de modo fulminante o rumo da história do Estado do Maranhão, em particular no que dizia respeito à questão indígena. Com o apoio da corte, Vieira introduziu uma política que visava transferir para os jesuítas o controle absoluto da população indígena introduzida do sertão. Em eloqüentes sermões e longas correspondências, Vieira atacava, sob todos os aspectos, o injusto cativeiro praticado pelos colonos. Ecoando as questões surgidas no litoral anos antes, Vieira buscava definições para as seguintes polêmicas: Quem podia descer índios do sertão? Os índios descidos seriam escravos ou forros? Quem administraria os índios já descidos? Os colonos ou os padres?

Apesar da ferrenha oposição dos colonos, que reivindicavam o direito de continuar suas práticas de escravização através das "guerras justas" e dos "resgates", o agitado esforço do padre Vieira fez com que o pêndulo legislativo voltasse a favorecer a postura dos jesuítas: a lei de 1655, fruto dos apelos do padre junto ao rei D. João IV, passou a fornecer rígidas diretrizes para o sertanismo no Estado do Maranhão. Além de garantir o monopólio espiritual e temporal dos jesuítas sobre os índios dos aldeamentos, também conferia aos mesmos padres a responsabilidade de acompanhar as tropas de resgate para o sertão e o poder de julgar a legitimidade do eventual cativeiro de índios. Contudo, a lei de 1655 não eliminava a escravidão e, como tantos outros decretos anteriores, na verdade buscava estabelecer com maior clareza as condições para o cativeiro legítimo.

Apesar das novas restrições impostas, os anos 1650 presenciaram um sensível aumento no apresamento de índios, tanto pelas tropas de resgate oficiais quanto pelas numerosas expedições particulares que penetravam o sertão ilegalmente. Junto com os "descimentos" feitos pelos missionários, as expedições de apresamento proporcionaram um movimento de índios do interior para o litoral que atingia novas proporções nestes anos. De acordo com o padre Bettendorf, uma única entrada em 1655 teria descido 2.000 nativos do Rio Amazonas, sendo outros 600 introduzidos, em 1658, "pela porta lícita do cativeiro."[5]

Conforme a política prevalecente, cada ano era organizada uma expedição que contava com a participação do Estado e da

"Índios Guanás, feitos em São Paulo, junho 1830", nanquim aguado. Coleção Cyrillo Hércules Florence. Foto in "História dos Índios no Brasil".

iniciativa privada, além da presença dos jesuítas. De caráter misto, portanto, estes empreendimentos serviam tanto para "descer" índios considerados mansos para os aldeamentos, quanto para "resgatar" escravos. Em diversas ocasiões, as tropas assumiram a característica de expedições punitivas, as vezes atingindo proporções semelhantes às grandes bandeiras paulistas.

O estatuto jurídico dos índios egressos do sertão provinha, neste sentido, das condições de apresamento. A diferença entre "forros" e "escravos" não deixava de suscitar dúvidas e mesmo provocar situações bastante contraditórias, conforme o padre Vieira não cansava de destacar. O caso de um grupo Tupi do Tocantins chamava a atenção do padre, pois, chegados em Belém em 1654 na condição de forros, encontravam parentes próximos que haviam chegado em 1647 como escravos numa outra tropa. Apesar de perfeitamente "legal" segundo a legislação vigente, a convivência dos "forros" com seus irmãos considerados cativos causava constrangimento para o relator inaciano.[6]

Embora não conseguisse evitar a escravização ilegal de centenas de cativos, a presença militante de Vieira e de outros jesuítas pelo menos foi suficientemente desconcertante para aquecer o conflito entre missionários e colonos. Os padres acompanhando as tropas de resgate não deixavam de perceber que raras foram as guerras justas e poucos eram os legítimos resgates. Mas os colonos desejavam o controle absoluto sobre os trabalhadores egressos do sertão, pois a mediação dos padres tanto no julgamento dos cativos quanto na distribuição da mão-de-obra "forra" das missões tornava-se cada vez mais inconveniente. Seguindo o exemplo de seus semelhantes paulistas de vinte anos antes, os colonos do Estado do Maranhão resolveram radicalizar o conflito e partiram, em 1661, para a expulsão dos padres.

Assim, durante os anos 1660 e 1670, sem maior interferência dos jesuítas, inúmeras tropas penetravam os rios da Amazônia em busca de escravos. No entanto, a evidente devastação das populações e a impunidade dos colonos suscitaram uma nova reviravolta na política indigenista, com a lei de 1680, que mais uma vez enfaticamente proibiu o cativeiro dos índios. A reação dos colonos de São Luís foi forte e imediata, pois defendiam até a morte o direito de descer índios do sertão e de explorar o trabalho nativo. O resultado foi o violento levante liderado por Manuel Beckmann em 1684, depondo o governador e expulsando novamente os jesuítas.

A revolta de Beckmann, apesar de duramente reprimida, forçou a coroa a se posicionar mais claramente diante da questão indígena no Estado do Maranhão. A partir da consulta com autoridades régias, missionários e colonos, o Conselho Ultramarino lançou o Regimento das Missões em 1686. Este código restituía novamente aos jesuítas o controle sobre os aldeamentos, porém, com ressalvas. Por um lado, os padres tinham a obrigação de estabelecer novos aldeamentos em locais próximos aos povoados portugueses, assim oferecendo uma força de trabalho para a economia colonial. Por outro, agora cabia às autoridades leigas a repartição da mão-de-obra indígena. Contudo, como era de se esperar, este sistema jamais atenderia à elevada demanda dos colonos particulares, acostumados com o livre acesso a índios do sertão. Mediante a insistência do Governador Gomes Freire de Andrade, a coroa recuou em 1688, autorizando a retomada de tropas de resgate anuais, obedecendo o mesmo esquema dos anos 1650. Porém, desta vez foi o próprio estado que assumia os encargos financeiros das expedições, assim tornando-se aviador, com a correspondente expectativa de um retorno em impostos sobre cada "peça" resgatada no sertão. No ano seguinte, recuava mais ainda, permitindo a organização de expedições particulares, assim abrindo mais uma brecha para o descimento e escravização indiscriminada e não fiscalizada de índios.

Portanto, ao invés de controlar a escravidão indígena e de amenizar as relações luso-indígenas na Amazônia, a nova política na verdade preservava aquilo que os colonos percebiam como sendo o seu direito já tradicional. Assim, com a usual conivência das autoridades coloniais, as tropas oficiais, semi-oficiais e particulares continuavam a penetrar o sertão com bastante insistência. Embora os jesuítas insistissem, até sua expulsão definitiva em 1759, em questionar e combater o cativeiro injusto, as tropas de resgate não apenas persistiam como ganhavam novo fôlego no século XVIII, acoplando-se a um crescente número de expedições de coleta das "drogas do sertão".

Palco de luta, espaço de sobrevivência

Os elaborados esquemas de apresamento desenvolvidos pelos colonos no sul e no norte da América Portuguesa determinavam, em larga medida, os contornos demográficos da escravidão indígena. Contudo, a articulação de um sistema escravista passava igualmente pela convivência entre dominadores e dominados.

Em São Paulo, à medida que a camada senhorial apurava seus mecanismos de controle e opressão, os índios desenvolveram contra-estratégias que visavam forjar um espaço para uma sobrevivência um pouco mais digna e humana. Resistindo à opressão dos senhores os índios resistiam à ordem a que estavam submetidos de todas as maneiras possíveis. E se, dada a escassez de meios que dispunham os índios, as revoltas organizadas, embora tenham existido, não foram tão freqüentes, os cativos mostravam sua rebeldia de todas as maneiras que dispunham. Fugindo do cativeiro, furtando de seus senhores e vizinhos, invadindo propriedades, negociando produtos livremente, os índios buscavam estabelecer alguma independência de ação frente à estrutura escravista. Nesse sentido, os contornos da escravidão indígena também foram definidos pelas ações concretas e as vivências cotidianas dos índios.

Um primeiro espaço importante foi encontrado na elaboração de um comércio paralelo, atendendo sobretudo o modesto mercado proporcionado pelos pequenos núcleos semi-urbanos. Na década de 1650, a competição indígena já chegava a ameaçar as atividades de mascates portugueses, especialmente no comércio de produtos locais, tais como farinha e couros. Diversas vezes ao longo do século XVII, as autoridades da colônia lançaram ofensivas contra esta economia informal movimentada pelos índios. Em 1647, a Câmara registrou uma queixa referente aos "roubos e outras desordens e excessos", decorrentes do comércio com os "negros da terra de serviços obrigatórios." Em seguida, recomendou aos colonos que negociassem apenas com os índios munidos da autorização de seus senhores para vender produtos da terra. Em 1660, a Câmara endureceu de vez, proibindo qualquer comércio com os índios, "sob pena de se lhe ser demandado de furto." Pouco depois, entretanto, qualificou a interdição ao restringir o comércio com os "negros da terra" a valores inferiores a 200 réis, o que excluía quase tudo menos pequenas quantidades da produção local.[7]

Apesar da insistência das autoridades, a Câmara Municipal foi incapaz de coibir as atividades informais e independentes dos índios. A consternação permanente da Câmara manifestava-se, basicamente, por dois motivos. Em primeiro lugar, o desenvolvimento de um mercado paralelo de couros e de carnes violava os privilégios monopolistas de comerciantes portugueses, cujos contratos municipais lhes proporcionavam direitos exclusivos sobre a comercialização do gado, origem de todo tipo de abuso. Em segundo, grande parte da carne e dos couros vendidos pelos índios nas vilas provinha do furto de gado, o que apresentava sérios problemas no que diz respeito ao controle social.

Na segunda metade do século, tais atividades viraram corriqueiras, chegando a ocupar um lugar na pauta da justiça colonial com regularidade. Por exemplo, Grácia de Abreu referiu-se no seu testamento a uma ação movida por Salvador Bicudo contra ela porque sua "gente" tinha furtado duas cargas de farinha de trigo e matado diversos porcos pertencentes a Bicudo. Parece provável que ambos estes itens, com valor significativo dentro do contexto da economia local, chegaram a ser vendidos no mercado. Em caso semelhante, porém com enredo mais violento, Francisco Cubas abriu uma ação contra os herdeiros de José Ortiz de Camargo, sustentando que os índios do falecido Camargo tinham invadido repetidamente sua fazenda de gado no bairro de N. S. do O, matando gado e saqueando a lavoura. Certa altura, os índios atacaram o filho de Cubas, que administrava a fazenda, "com armas ofensivas e defensivas... com vozes dizendo mata, mata a João Cubas", que escapou "milagrosamente em uma camarinha" da fúria dos invasores, embora o índio Agostinho tenha perecido "com muitas frechadas que lhe deram e lhe quebraram a cabeça e despiram e roubaram a casa e sítio".[8]

Cenas iguais a essa não foram raras em São Paulo colonial, pois em diversas ocasiões os índios apelavam para a violência para combater a injustiça do seu cativeiro. Com certeza, os colonos tinham razões de sobra para recear revoltas de escravos índios. Tal receio começou a se confirmar em 1652, quando explodiu a primeira grande revolta na propriedade de Antonio Pedroso de Barros, no bairro de Juqueri. Pedroso de Barros, um dos principais produtores de trigo, possuía entre 500 e 600 índios, divididos entre Carijó e Guaianá, a maior parte recém-chegada do sertão. Além de trucidarem Pedroso de Barros e outros brancos que se achavam na fazenda, os índios também destruíram as plantações e as criações. Coube a Pedro Vaz de Barros, irmão da vítima, descrever a devastação: "Foi tanto o número de gentio que naquela ocasião acudiu à morte do seu amo e outros alheios que não deixaram coisa viva que não destruíssem, matassem e comessem."[9]

Esta revolta foi seguida por diversos outros levantes que chegaram a balançar as bases da escravidão indígena. Tornava-se cada vez mais claro que a simples preponderância de cativos no conjunto da população — chegando, no seu auge, a uma média de 40 índios para cada proprietário —, representava uma ameaça constante. Contando com uma esmagadora vantagem numérica, os índios colocaram em dúvida, de maneira frontal, a dominação absoluta exercida pelos colonos.

Embora representasse uma estratégia importante, a luta dos índios não se esgotou no confronto violento. Em prol de maior autonomia e até da liberdade, muitos índios lançaram mão de meios tanto ilegais quanto legais. Acompanhando o declínio da escravidão indígena — provocado pela queda no apresamento e pelo descobrimento do ouro das Minas Gerais no final do século XVII — nota-se um aumento sensível nas fugas individuais e nos litígios movidos por índios.

De fato, no início do século XVIII, os índios começavam a conscientizar-se das vantagens do acesso à justiça colonial, sobretudo com respeito à questão da liberdade. Buscando a liberdade a partir de argumentos fundamentados num conhecimento da legislação em vigor, os próprios índios passaram a ser frequentes autores de petições e litígios. Afinal de contas, como todo mundo sabia, o cativeiro dos índios era notoriamente ilegal. Foi nesse sentido que Rosa Dias Moreira moveu processo contra seu senhor, Francisco Xavier de Almeida, alegando que, por ser descendente de "Carijós", seu cativeiro era ilícito. Em caso semelhante, dois "descendentes de Carijós" abriram litígio contra José Pais pelo mesmo motivo.[10] Assim, ao constatar sua descendência indígena, o índio litigioso buscava garantir sua condição de livre, juridicamente determinada pelas leis de Portugal. Em alguns casos, procurava reforçar o pleito alegando maus tratos ou cativeiro injusto, na tentativa de caracterizar sua condição como equivalente à do escravo.

Ao buscar a liberdade através da justiça colonial, instituição essa que também os oprimia, os índios de São Paulo contribuíram ativamente para a desagregação da escravidão indígena. Recompensados com a liberdade, contudo, os remanescentes dos milhares de índios escravizados pelos paulistas ao longo dos anos não conseguiram recuperar sua identidade indígena, antes passando a engrossar as legiões de brancos e mestiços pobres que constituíam a maioria da população rural.

Como em São Paulo, os índios cativos do Maranhão e Pará igualmente não assistiram passivamente a injustiça de seu cativeiro. A resistência à escravização muitas vezes começava ainda no sertão. Tal seria o caso de um grupo Juruna do Rio Xingú que, sofrendo repetidos assaltos dos colonos do Maranhão e mesmo de algumas tropas paulistas que alcançaram este sertão, "se tinham fortificado em uma ilha de pau a pique", segundo relatava Bettendorf.[11] Outras informações interessantes podem ser acrescentadas a partir do relatório inédito do sertanista João Velho do Valle, escrito na década de 1680, onde se registrava o discurso de um líder Juruna (no relatório, Charuna), que recebeu a tropa. Mediado pelo seu compadre Maragu, chefe dos índios Caicaizes que acompanhavam a expedição, o chefe Juruna indagava: "Que é isto? Tu trazes brancos contigo?" O chefe Caicai buscava assegurar seu compadre Juruna que o Capitão do Valle apenas intentava firmar a paz, por ordem do governador do Maranhão. Inconformado, o chefe Juruna disparava: "Tu mentes que vôs Caicaizes trazeis tropas de brancos para nos matarem e cativarem filhos

A construção da figura do bandeirante, considerado ora herói ora bandido, apagou o papel históricc do índio, omitido ou relegado a vitíma no processo de espansão territorial dos portugueses. Selos comemorativos. Coleção Nelson Di Francesco.

"Botocudo e seu prisioneiro Pataxó" - Maximiliam Wied--Neuwid, aquarela e bico-de-pena. Biblioteca Brasiliana Robert Bosch. Foto: Antonio Rodrigues.

e Mulheres." Não foi mera paranóia o receio do chefe dos Jurunas: afinal de contas, seu povo não era estranho aos objetivos dos brancos. Além das relações com os índios da Serra da Ibiapaba, havia entre eles alguns escravos africanos fugidos, que certamente reforçavam a estratégia de refúgio como alternativa ao confronto e à submissão. Contudo, apesar das intenções do capitão João Velho do Valle serem amistosas, a profecia acabou por se completar poucos anos depois, quando estes Juruna foram escravizados e dizimados pela tropa do Sargento Mór Domingos Matos Leitão e Silva.[12]

Semelhante destino tiveram os chamados Caicaizes, fiéis auxiliares do Capitão do Valle, mostrando como, em curto tempo, um grupo podia passar de aliado a inimigo. Junto com os Juruna, os Caicaizes também tornaram-se objetos de uma guerra movida pelo sargento-mor Leitão e Silva na década de 1690. No processo de devassa contra eles, contrariando a imagem favorável esboçada no relato do Valle, agora eram descritos como "gentio do corso", merecedores do castigo do cativeiro. Examinado o caso, o Conselho Ultramarino determinou que não se tratava de Guerra Justa, e que os índios haviam de ser postos em liberdade e deslocados para a Ilha do Marajó. Porém, a resolução veio tarde demais: com a conivência das autoridades locais, os índios foram vendidos aos colonos, submetidos a trabalhos forçados e, por fim, vitimados pela terrível epidemia de varíola de 1695.[13]

Além do recuo ou do confronto direto no sertão, os índios escravos e forros, uma vez transferidos de seus locais de origem, também desenvolveram estratégias próprias para enfrentarem a dominação portuguesa. O processo de adaptação ao novo regime certamente não era fácil. De acordo com o padre João de Sousa Ferreira, "os índios novamente descidos parecia razão se não entendesse os primeiros dois ou três anos."[14] Somado à dificuldade de adaptação era o descaso dos senhores com seus índios, submetendo-os a um duro regime de trabalho e a igualmente severos castigos. Mesmo no contexto rude do Maranhão colonial, o tratamento dos índios era assunto notório durante o século XVII. Já em 1648, o Provedor da Fazenda do Maranhão escrevia ao Conselho Ultramarino denunciando a exploração de forros nas lavouras de tabaco, em prejuízo a suas próprias plantações nos aldeamentos. Na ocasião, o Provedor pedia providências no sentido de liberar os mesmos índios nos meses de dezembro, janeiro, maio e junho, assim permitindo que trabalhassem para seu sustento, pedido que foi atendido por um Alvará do João IV.[15]

Os freqüentes surtos de doenças contagiosas prejudicavam mais ainda o bem-estar do índio colonial. Criava-se o ciclo vicioso comum a toda a América Portuguesa ao longo do período colonial: a alta mortalidade suscitava repetidas investidas ao sertão em busca de novos cativos que, sem qualquer resistência biológica, agravavam as mesmas crises epidemiológicas. À medida em que os colonos podiam repor seus estoques de escravos com facilidade através do sertanismo, existia pouco estímulo — além da voz estridente de alguns jesuítas e as inconstantes manifestações da coroa — para modificar o esquema de exploração através de melhorias nas condições de trabalho. Em 1673, o padre Bettendorf resumia a condição dos escravos da terra: "O Estado [do Maranhão] é paupérrimo, sem possuir nada de seu; os que têm hoje cem escravos, dentro de poucos dias não chegam a ter seis. Os índios, de frágil condição, estão sujeitos a incrível mortalidade, qualquer disenteria os mata, e por qualquer leve desgosto se dão a comer terra ou sal e morrer." Pouco depois, o padre João de Sousa Ferreira ilustrava bem a situação demográfica e sua relação com o cativeiro: "Metendo dez escravos em casa, daí a dez anos não havia um; mas fugindo um casal para o mato, achava-se daí a dez anos com dez filhos."[16]

O abuso da mão-de-obra indígena, tanto pelos colonos quanto pelos próprios missionários, dava ocasião a atos rebeldes dos índios. O jesuíta Bettendorf, o principal cronista do Maranhão seiscentista, narrava o caso da morte de quatro jesuítas no engenho administrado por estes no Rio Itapicuru. O Padre Francisco Pires havia mandado açoitar uma escrava "por seus desmandos em matéria do sexto [mandamento]," o que ocasionou a fuga da mesma para seu povo de origem, os tapuias Uruatis, que, por sua vez, invadiram a fazenda e quebraram as cabeças dos padres e irmão jesuítas. O mesmo jesuíta igualmente relatava uma série de sublevações de escravos índios nas fazendas dos colonos, incidentes que ele atribuía ao castigo divino pela expulsão dos padres em 1661.[17]

Mas tais atos de violência praticados pelos índios mostravam-se pequenos e relativamente ineficazes diante da violência maior do apresamento. As frequentes expedições, com ou sem autorização, com ou sem a fiscalização dos jesuítas, concorreram para o despovoamento das margens e várzeas dos grandes rios da Amazônia em curto espaço de tempo. Escrevendo na última década do século XVII, o padre João de Sousa Ferreira declarava que no Rio Amazonas encontrava-se "tudo despejado", sendo necessário viajar pelo menos dois meses até o Solimões "para alcançar alguns escravos."[18] Porém o processo não terminou por aí: as tropas de resgate, os descimentos e as expedições punitivas - práticas essas criadas e consagradas no século XVII — perduravam até meados do XVIII, estendendo-se a destruição para novos campos de ação, tais como o Rio Negro, o Branco e o Madeira, entre outros.

Comentários finais

Ao longo deste texto, sublinhamos a importância da presença indígena nos primeiros séculos da história do Brasil. Não se trata de um simples "resgate" do homem esquecido, nem de uma exaltação dos oprimidos ou vencidos da história. Antes procuramos demonstrar que a história, embora escrita e distorcida por uma pequena minoria com interesses próprios, foi feita e vivida por agentes muitas vezes desconhecidos. De fato, a história dos índios apresenta um claro exemplo da omissão de um ator significativo nos livros de história mais convencionais, pois com a construção da figura do bandeirante, entre outros mitos da colonização, o papel histórico do índio foi completamente apagado.

Ao mesmo tempo, é possível identificar no índio colonial algumas características constantes do tratamento estendido à população trabalhadora ao longo de toda a história do Brasil. Na verdade, trata-se do primeiro exemplo de como os grupos dominantes têm lidado com a maioria da população, tratando-a como um povo conquistado ou colonizado, digno de ser explorado economicamente e, finalmente, excluído da história. No contraponto aqui esboçado, ressalta-se a importância das vivências e embates desta maioria ausente da história oficial mas que, antes de mais nada, lutou, através dos meios que dispunha, contra uma minoria privilegiada e um modelo econômico brutalmente injusto, que os mantinham cativos.

Notas

1. João de Azpilcueta Navarro ao Colégio de Coimbra, agosto de 1551, **Cartas dos Primeiros Jesuítas** (São Paulo, Comissão do IV Centenário, 1956, vol. 1:279).

2. Citado em Florestan Fernandes - 1949 - **A Organização Social dos Tupinambá**, São Paulo, Progresso, pág. 36.

3. "Voto do Padre Antonio Vieira sobre as dúvidas dos moradores da Cidade (sic) de São Paulo," 12 de julho de 1692, Instituto de Estudos Brasileiros, Coleção Lamego 42.3.

4. Citado em David Sweet - 1974 - **A Rich Realm of Nature Destroyed: The Middle Amazon Valley, 1640-1750**, Tese de Doutorado, Univ. Wisconsin, p. 122.

5. Bettendorf S.J., João Felipe - [1699] - **Crônica dos Padres da Companhia de Jesus no Estado do Maranhão**, ed. fac-similar, Belém, Secretaria da Cultura, 1990.

6. Hemming, John - 1978 - **Red Gold: The Conquest of the Brazilian Indians, 1500-1760**, Cambridge, Harvard University Press, pág. 325.

7. **Atas da Câmara Municipal de São Paulo**, diversos volumes, São Paulo, Prefeitura Municipal, 1914, 5: 261, 295; 6 bis: 216, 382.

8. Ação Cível inédita de Francisco Cubas contra os herdeiros José Ortiz de Camargo, 1664, Arquivo do Estado de São Paulo caixa 6033-1.

9. **Inventários e Testamentos**, 44 vols., São Paulo, Imprensa Oficial, 1921-77, vol. 20:55-56.

10. Registro inédito de Petições Criminais, diversas datas (século XVIII), Arquivo do Estado de São Paulo cx. 437-79.

11. Bettendorf, **Crônica**, p. 116.

12. Arquivo Histórico Ultramarino, Maranhão cx. 8 doc. 10. Trechos deste documento foram publicados em João Renôr, "Documentos Raros da História do Maranhão", série de artigos no jornal **Estado do Maranhão**, 1989-90.

13. Renôr, "Documentos raros." Sobre a epidemia de 1695, ligada a chegada de escravos africanos, ver Dauril Alden e Joseph Miller, "Out of Africa: The Slave Trade and the Transmission of Smallpox to Brazil," **Journal of Interdisciplinary History**, 18, no. 1, 1987, pp. 195-224.

14. João de Sousa Ferreira, "América Abreviada ...", **Revista do Instituto Histórico e Geográfico Brasileiro**, 57, pt. 1, 1894, p. 85.

15. Boletim **CEDEAM**, 1987, p. 151.

16. Serafim Leite, **História da Companhia de Jesus no Brasil**, 10 vols., Rio de Janeiro, Civilização Brasileira, 1938-50, vol. 7:295; Sousa Ferreira, "América Abreviada," p. 117.

17. Bettendorf, **Crônica**, pp. 69-70, 239 e seq.

18. Sousa Ferreira, "América Abreviada," p. 117.

Bibliografia

Beozzo, José Oscar - 1983 - **Leis e Regimentos das Missões: Política Indigenista no Brasil**, São Paulo, Loyola.

Carneiro da Cunha, Manuela, et alii. - 1987 - **Os direitos do índio, ensaios e documentos**, São Paulo, Brasiliense/Comissão Pró-Índio de São Paulo.

Carneiro da Cunha, Manuela, (org.) - 1992 - **História dos índios no Brasil**, São Paulo, FAPESP/SMC-SP/Cia. das Letras, (sobre o assunto, vejam-se os artigos de Beatriz Perrone-Moisés, Antonio Porro, Marta Amoroso, Beatriz G. Dantas et alii, Maria Hilda Paraíso e John Monteiro).

Davidoff, Carlos Henrique - 1982 - **Bandeirantismo, verso e reverso**, São Paulo, Brasiliense, (coleção Tudo é História).

Farage, Nádia - 1991 - **As muralhas dos sertões: os povos indígenas no Rio Branco e a colonização**, Rio de Janeiro, Paz e Terra/Anpocs.

Hemming, John.- 1978 - **Red Gold: The Conquest of the Brazilian Indians, 1500-1760**, Cambridge, Harvard University Press.

Holanda, Sérgio Buarque de - 1975 - **Caminhos e Fronteiras**, 2a ed, Rio de Janeiro, José Olympio.

Holanda, Sérgio Buarque de - 1990 - **Monções** - 3a ed. ampliada, São Paulo, Brasiliense.

Malheiro, A. M. Perdigão - [1866] - **A escravidão no Brasil, ensaio histórico-jurídico-social**, 3 vols., Petrópolis, Vozes.

Marchant, Alexander - 1980 - **Do escambo à escravidão: as relações econômicas de portugueses e índios na colonização do Brasil, 1500-1580**, 2a ed., São Paulo, Companhia Editora Nacional.

Moreira Neto, Carlos - 1988 - **Índios da Amazônia 1750 a 1850: de maioria a minoria**, Petrópolis, Vozes.

Ribeiro, Berta - 1983 - **O índio na história do Brasil**, São Paulo, Global, (série História Popular 13).

Schwartz, Stuart B. - 1988 - **Segredos Internos: engenhos, escravos na sociedade colonial**, São Paulo, Companhia das Letras.

Thomas, Georg - 1982 - **Política Indigenista dos Portugueses no Brasil, 1500-1640**, São Paulo, Loyola.

Volpato, Luiza - 1986 - **Entradas e Bandeiras**, São Paulo, Global, (série História Popular 2).

Zenha, Edmundo - 1970 - **Mamelucos**, São Paulo, Revista dos Tribunais.

De arredio a isolado: perspectivas de autonomia para os povos indígenas recém-contactados

Dominique Tilkin Gallois

Mais de 50 grupos indígenas distribuídos em várias regiões da Amazônia continuam vivendo, hoje, praticamente sem contato com a sociedade nacional. Ainda vão descobrir, ou redescobrir, o Brasil. É preciso garantir-lhes espaço e tempo necessários para que a opção do contato dependa deles e não da decisão dos sertanistas do orgão indigenista oficial. Enquanto não estiverem ameaçados diretamente, o Estado não promove o contato, apenas protege, à distância, seu habitat. Esta nova política "para os isolados", implantada pelo Departamento de Índios Isolados da Funai, representa, enquanto construção teórica, uma alternativa significativa à forma com que esses grupos vinham sendo tratados nas últimas décadas.

Não se pretende levantar, aqui, as dificuldades enfrentadas ao nível prático das intervenções, devidas principalmente à resistência de setores governamentais em subscrever à política protecionista e decorrentes dos interesses econômicos que pesam sobre os redutos territoriais dos índios isolados. Entretanto, parece-me relevante questionar alguns impasses com que se defronta esta política, ao nível conceitual. A primeira ambiguidade relaciona-se com a própria construção da categoria de *isolado*. Quais fronteiras cercam os isolados e quando deixam de sê-lo?

A permanência de representações ambíguas sobre as noções de *isolamento*, de *autenticidade e pureza*, articuladas à de *fragilidade*, de *inocência* e de *marginalidade* condicionam as relações que historicamente nossa sociedade mantêm com esses grupos. Ampliar o debate em torno desses conceitos, além do círculo restrito de especialistas, é um desafio permanente para a antropologia, e especialmente para a etnologia.

Como mostram os estudos sobre a história indígena nas Américas, o etnocídio resulta tanto dos efeitos da introdução de doenças, de tecnologias e de valores alienígenas quanto da intenção de dominação que preside à esta introdução. Intenção simbolicamente desempenhada, historicamente, no próprio evento da *pacificação*, quando distribuiam-se roupas, cruzes e instrumentos de trabalho. A dominação concretizava-se através da política de sedentarização visando a liberação dos territórios tradicionais, ou através da transferência para áreas distantes, ou através do engajamento dos índios em trabalhos considerados produtivos. Hoje, a intenção mudou: procura-se efetivamente proteger, preservar e controlar relações de contato destrutivas, em prol da sobrevivência física e cultural dos grupos isolados. A prática do contato também mudou: mesmo que se continue oferecendo ferramentas - símbolo da superioridade tecnológica que nossa sociedade se atribui - distribuem-se também vacinas e remédios.

Para abordar a relação do Estado com os índios, é interessante observar uma fase particularmente difícil na experiência de contato de grupos indígenas recém-contactados: o momento em que deixam de receber proteção especial do Estado, porque saem da *condição de isolados*. A passagem para a situação de *contactados* manifesta-se pela simplificação e banalização dos serviços assistenciais, dispensando-se ações que se relacionam tradicionalmente com a estratégia da pacificação: diminuição do número de agentes, menor sistematização e menor especificidade dos serviços de saúde e, sobretudo, interrupção da distribuição de bens para fins de sedução. Também diminui o controle do orgão estatal sobre a presença de agentes externos nas áreas indígenas. Mas essa passagem é especialmente marcada por uma mudança de natureza nas intervenções: aos índios em contato, oferece-se projetos econômicos, programas escolares, etc... Voltarei a esta transfiguração, adiante.

Até quando e até onde se exerce a proteção especial ? Se olharmos através deste prisma, torna-se evidente que a emancipação da condição de isolados não é definida pelo grupo, mas pela política indigenista oficial, que num certo momento deixa de exercer tal proteção, a que só uma nova leva de povos em transição têm direito. Inversamente, se olharmos para o início do processo, veremos que muitos grupos considerados isolados mantêm, de longa data, relações com segmentos da sociedade nacional e só estão incluídos na categoria de isolados por serem considerados ameaçados ou frágeis, ainda que provisoriamente. Vista desta perspectiva, a construção desta categoria continua fundamentalmente delineada pela relação de dominação que nossa sociedade impõe às sociedades indígenas. A condição de isolado resulta de uma classificação operada, em via única, pela sociedade nacional[1].

Em períodos anteriores, a fase de proteção especial era curta, senão ausente. Partia-se imediatamente para intervenções visando a sedentarização e a integração dos índios ao Brasil produtivo. Hoje, a prática de uma fase de transição se mantém[2], mesmo que os critérios considerados para mudar a relação sejam mais abrangentes. Como se procura abolir, no atual discurso indigenista, a sequência de etapas que levam do índio *tribal ao integrado* (delimitadas no tempo da colônia e detalhadas pelo SPI), os critérios que definem a condição de *isolado* em oposição à de *grupo em contato* são hoje particularmente confusos. Mas a idéia de passagem de um estágio para o outro constitui uma baliza fundamental, a partir da qual se constrói, em cada época e até agora, o conceito de isolado. Fora desta trajetória não haveria isolados, nem justificativas para uma política de proteção.

Antes de discutir, à luz de alguns exemplos, a ambiguidade das delimitações que cercam os grupos indígenas em seu caminho para o convívio interétnico, é necessária uma rápida revisão do conceito de isolamento.

O isolamento enquanto opção

Praticamente todos os grupos indígenas que vivem hoje independentes da relação de dominação que nossa sociedade lhes reserva, não apenas mantêm, mas reconstroem continuamente sua posição de isolamento. Posição esta que, quase sempre, resulta de experiências anteriores de contato, direto ou indireto: a atitude *arredia* é reativa ao contato. Essas situações devem, por conseguinte, ser analisadas à luz de múltiplos fatores - internos e externos - que podem explicar a *opção* pelo isolamento: a história própria do grupo e de suas relações com outros povos indígenas, a história das frentes de ocupação e os condicionantes geográficos que, de modo articulado ou não, garantiram a continuidade desta situação.

É difícil sustentar, em termos etno-históricos ou etnológicos, que os índios isolados "se mantiveram isolados da sociedade nacional desde a época do descobrimento até os nossos dias" e que representam as "últimas sociedades humanas que ficaram à margem de todas as transformações ocorridas na face da terra". Este argumento só se justifica em termos políticos, pela necessidade de uma intervenção protecionista sobre a sua condição de "marginalizados da sociedade, inclusive da assistência governamental"[3].

A ambiguidade dos preconceitos associados à situação de isolamento e sua perenidade no discurso protecionista - oficial ou não - merece alguns comentários. Se "a idéia de isolamento deve ser usada com cautela em qualquer hipótese" (Carneiro da Cunha, 1992) sua relativização pode ser abordada de vários ângulos, que dizem respeito a diferentes níveis de isolamento: histórico, cultural e sócio-político.

O isolamento enquanto dinâmica histórica e cultural

Os relatos de índios recém-contactados sobre mortes decorrentes de doenças epidémicas, antes desconhecidas, assim como suas estratégias para obter utensílios, que os levam, efetivamente, a se aproximar dos brancos, confirmam quanto é fa-

Grupo de índios isolados Auá, com contato recente. Foto Nancy Flowers.

laciosa a idéia do isolamento. Sabemos que "objetos manufaturados e microorganismos invadiram o novo mundo a uma velocidade muito maior que a dos homens que os trouxeram" (idem). Sabemos também que a história de contatos interétnicos remotos é necessária para entender a atual conformação étnica e a posição geográfica de muitos grupos arredios. A maior parte desses grupos descende de segmentos indígenas que recusaram a situação colonial, ou recompostos por foragidos que se reagruparam em zonas de refúgio. A história dos contatos intertribais, igualmente influenciada pela pressão colonial[4], também é fundamental para compreender a posição dos isolados contemporâneos.

Se a história guia os grupos fugitivos para redutos territoriais e fabrica as unidades étnicas, ela também vem remodelando permanentemente suas especificidades culturais. Definitivamente, os povos isolados não são nem sociedades virgens, nem a imagem do que foi o Brasil pre-cabralino. A etnologia vem demostrando - particularmente no Brasil, à luz dos complexos processos de resistência cultural indígena - quanto é inútil perseguir a busca de critérios de autenticidade cultural, na medida em que a cultura não é nada mais que uma dinâmica em constante reelaboração. A antropologia abandonou há muito tempo as teorias baseadas na contabilidade das perdas (ditas deculturativas) e de acréscimos (ditos aculturativos), formando supostamente um acervo de elementos culturais cujo ponto de equilíbrio deve pender pelo peso dos traços "tradicionais" para que a cultura seja considerada "intacta". Quando se afirma que os grupos isolados "conservam" sua integridade sócio-cultural, entende-se que eles mantêm atuantes mecanismos cognitivos e organizacionais através dos quais são capazes de interpretar e de se adaptar às situações das mais diversas e constantemente renovadas. O que é conservado intacto - ou, o que é abalado pela situação de dominação - é a dinâmica própria à cada cultura e não necessariamente um acervo de traços originais (Carneiro da Cunha, 1986). Aliás, como e onde procurar a cultura original?

O isolamento enquanto dependência e marginalização

A ilusão do primitivismo que vigora em nosso imaginário condena essas sociedades a uma eterna mas frágil "infância" (Carneiro da Cunha, 1992). É através de um embasamento em noções evolucionistas como estas que se constrói, historicamente e até hoje, a intervenção protecionista. A noção de fragilidade que resulta das pré-concepções de isolamento acima mencionadas redundam na definição da categoria de isolados em termos de marginalidade. Esses grupos são, efetivamente, alheios às diretrizes que orientam as relações sociais, econômicas e políticas da sociedade nacional. Sua *autonomia*, transfigurada em *marginalidade*, é o argumento mestre da política de proteção, e sua manutenção necessária à sustentação de intervenções autoritárias, realizadas "em nome da proteção e segurança" dos povos isolados[5].

A maioria dos setores que lidam com a questão indígena, e o lema de todas as campanhas pro-índio, continuam enfatizando que o "problema indígena é fundamentalmente político e econômico". Problema para quem? Os índios sempre foram e continuam sendo vistos como um estorvo para a integração econômica e política do país. Mas admite-se hoje a perspectiva inversa: o problema é o desenvolvimento desenfreado que atinge os redutos territoriais indígenas através de frentes de contato não controladas e que esses grupos minoritários não têm capacidade para enfrentar sozinhos.

É importante ressaltar, neste ponto, a dificuldade de se pensar uma política para os povos indígenas isolados sem medidas autoritárias de protecionismo - especialmente no que diz respeito aos seus direitos territoriais - uma vez que esta forma de atuação se coloca como o principal anteparo à destruição, experimentada por inúmeros grupos indígenas que desapare-

Grupo de mulheres e crianças no páteo da aldeia Enawenê-Nawê, no Rio Iquê. Foto Egon Heck/CIMI.

ceram do mapa. Mas é preciso ter claro que tal anteparo pressupõe relações de dominação que se fundamentam em concepções de história e evolução cultural unilinear, antropologicamente equivocadas, mesmo que preeminentes na forma como nossa sociedade trata o índio[6].

Hoje, a política indigenista oficial opta pela segunda definição do "problema", colocando-se ao lado dos índios para defendê-los dos abusos da política desenvolvimentista - que por sua vez, também se apoia na fragilidade da cultura indígena para propor sua rápida assimilação. Mesmo que tenha mudado a perspectiva de onde se aborda o "problema", a questão indígena continua apoiada num conceito de marginalidade diretamente relacionado às miragens do isolamento histórico e cultural acima mencionadas. Se existe, de fato, uma mudança na construção teórica do ideário indigenista, a persistência de conceitos como estes gera impasses na condução e nos limites da proteção, especialmente quando voltada para os grupos isolados.

Ambiguidades do protecionismo

A intenção de "proteger e conservar" a *autonomia* dos grupos isolados surge no bojo das reivindicações de autodeterminação expressadas pelo movimento indígena e passa, recentemente, a ser adotada enquanto obrigação do estado. A contradição básica desta formulação - que condiciona a autonomia à proteção - reitera a persistência instrumental de conceitos evolucionistas. A autonomia dos isolados acaba reduzida conceitualmente à marginalidade, que exige proteção (pois os isolados são posicionados num gradiente evolutivo) e conservação (dada a fragilidade de sua cultura).

O descompasso entre a origem desta ideologia - construída a partir da crítica às ações integracionistas implementadas pelo Estado - e sua aplicação - monopolizada por setores governamentais ou por instituições autorizadas, especialmente as missões religiosas -, importante de ser considerada e foi amplamente estudada[8]. Por outro lado, os etnólogos têm analisado - na introdução de suas etnografias e em alguns trabalhos específicos - os impasses da prática protecionista em casos particulares[9].

Sem pretender abordar a questão de modo exaustivo, é significativo ilustrar o impasse através de alguns exemplos. Retomo aqui o fio proposto no início do texto, segundo o qual as contradições do protecionismo seriam melhor esclarecidas no prisma da "passagem" da condição de *isolado* à de povo *em contato*, que na perspectiva do primeiro contato (ou da *pacificação*), dificilmente identificável. O que se costuma considerar como o ponto zero da história das relações interétnicas - a *pacificação* realizada por uma agência oficial - é, na perspectiva indígena, apenas uma etapa numa trajetória muito mais complexa e constantemente reelaborada em suas representações sobre o contato[10].

Conteúdo pragmático da proteção

Um primeiro aspecto diz respeito ao conteúdo específico dos programas voltados para a proteção dos índios isolados e sua transfiguração quando se tornam medidas assistenciais para povos em contato. Há algum tempo, costuma-se planejar a preservação da autonomia indígena em torno de três polos: garantir a sobrevivência territorial, física e socio-cultural. São concebidas como medidas preventivas: interditar a área territorial, controlar epidemias de malária e gripe, campanhas de vacinação, são prioridades absolutas no planejamento da assistência aos grupos recém-contactados. No que diz respeito à terra, procura-se intervir imediatamente após o contato ou, idealmente, antes, tão logo o grupo isolado tenha sido localizado. É inquestionável que a sobrevivência sócio-cultural dos grupos isolados e recém-contactados depende essencialmente da manutenção equilibrada dos dois níveis anteriores. Razão pela qual, a proteção territorial e física são programadas a partir de princípios a priori, que dispensam a participação dos índios. Em função desta prioridade, e do caráter emergencial da atuação, não se planifica a proteção da autonomia sócio-cultural propriamente dita, a não ser através de recomendações genéricas, relativas ao "respeito" à cultura.

A interpretação do que se deve respeitar, ou não, fica a critério dos agentes, dependendo portanto de sua sensibilidade, experiência e capacidade de resistência ao assédio dos índios. Assim, atualmente, nos postos de atração, aceita-se a distribuição de machados, terçados, anzóis e linhas, mas não de lanternas, isqueiros ou lonas; panela de alumínio ou miçanga de vidro podem ser distribuídos, mas com ressalvas, pois se admite que, ao adquirir esses artefatos, os índios deixarão de confeccionar seus artefatos tradicionais. Os critérios adotados como medidas preventivas para evitar o choque cultural relacionam-se basicamente ao cálculo das dependências e das perdas culturais. Podem mudar: a distribuição de roupas, antes tão simbólica quanto a de ferramentas, foi hoje totalmente abolida. São pequenas mudanças que não alteram o conteúdo da relação protecionista. Na prática, a seleção de traços a serem preservados se apoia em critérios vagos e aleatórios. Não leva em conta a sequência de impactos que - inevitavelmente - a introdução de qualquer informação ou técnica nova irá provocar. Assim, para citar apenas um elemento, passar da pesca com timbó nas cabeceiras dos igarapés à técnica da linha com anzól, exige readaptações profundas não apenas no gestual, na divisão de trabalho, etc... mas sobretudo na seleção de áreas propícias para esta forma de pesca: altera portanto a relação do grupo com seu território[11]. Mas anzol "pode", já que se acredita que a difusão desta técnica representa uma melhoria imediata na aquisição de proteínas. Aplicação de terapias químicas pesadas também "pode", apesar dos impactos não apenas biofísicos mas sociológicos e sobretudo simbólicos que nossa prática médica provoca[12]. Para salvar os que são, na visão comum, sub-nutridos e doentios, não há tempo para avaliar os choques culturais.

Confronto de estratégias: a política do contato

Um segundo aspecto a ser considerado diz respeito ao confronto não apenas cultural mas político entre atuação protecionista e estratégia indígena. As medidas de proteção à inocência e fragilidade dos isolados escamoteiam o importante nível da política do contato, levada à frente tanto pelos agentes de contato quanto pelos índios recém-contactados. No cotidiano de sua atuação, a maior parte dos agentes de contato não toma consciência de estar promovendo relações de dominação. Os índios, quanto a eles, tem plena consciência destas relações e se prestam, através de estratégias diversas, ao jogo da submissão. Sua insistência em pedir, ou tomar, os bens que lhes são oferecidos à conta-gotas - atitude sovina expressamente desprezada - não significa que incorporem as relações de subordinação implícitas nessas distribuições. Razão pela qual não aceitam os critérios que presidem à escolha dos objetos ofertados. Na região do Cuminapanema, norte do Pará, os índios Zo'e consideram os brancos como "doadores de algodão", uma categoria construída em função de suas primeiras experiências de contato. Há várias décadas, eles obtêm episodicamente peças de roupa que são desfiadas para reutilização no trançado de tipoias, de redes e nas amarrações de flechas. Encontrados em 1987 pela Missão Novas Tribos, foram agraciados durante algum tempo por farta distribuição de roupas, utilizadas como vestes ou desfiadas. Bruscamente, os missionários deixaram de distribuí-las, por estarem preocupados com as críticas que a Funai faria à sua atuação "aculturativa". Efetivamente, os agentes da Funai que substituiram os missionários recolheram o máximo de roupas que puderam encontrar nas casas. Os Zo'e têm, como única alternativa, furtar panos que usam como veste ou para as amarrações de suas flechas. Sua lógica não é apenas utilitária, mas política: usar roupa é se parecer com os brancos e estabelecer, através da aparência, uma relação mais igualitária com eles.

Nosso imaginário cristalizou nesses últimos anos um composto genérico de traços que nos parecem genuinamente "indígenas". Em sua passagem do isolamento para o contato, o índio deve continuar correspondendo à imagem daquilo que se quer preservar: protegem-se os elementos da indianidade idealizada por nossa sociedade, mesmo ao preço de relações autoritárias e, sempre, reducionistas[13]. Razão pela qual recomenda-se, quando necessário, defender os índios contra eles mesmos. São considerados inocentes, mas também perversos. Há inúmeros exemplos de atitudes tomadas nesse contexto. Assim, recomendava-se às frentes do SPI deixar os índios isolados "em paz" sem, no entanto, deixar de fiscalizar suas relações com

As missões-de-fé e os povos isolados

Ao mesmo tempo em que a Funai mantém um cadastro de grupos isolados, com informações que devem permitir ao Estado uma fiscalização mais ágil de seus territórios, as missões fundamentalistas têm levantamentos detalhados dos povos "sem fé" espalhados em todos os cantos do planeta. Ali estão registrados dados significativos para as intervenções que essas agências priorizam. Seus cadastros descrevem os numerosos "povos perdidos do Brasil", que incluem todos os que não foram atingidos pela "revelação do evangelho". Investigam cuidadosamente a presença de grupos isolados que são seu alvo privilegiado.

As agências fundamentalistas preferem iniciar trabalhos entre povos onde nenhum outro trabalho missionário tenha sido iniciado e, de preferência, nenhuma outra instituição esteja atuando. A inexistência de alternativas e/ou de comparações garantiria maior eficácia de seu trabalho. De acordo com esta estratégia, o fato dos isolados não terem tido uma história de confronto interétnico através da qual poderiam ter consolidado sua auto-identidade, tornariam esses grupos mais permeáveis às novas idéias. O cartaz de propaganda da Missão Novas Tribos (ao lado) evidencia que os isolados não são vistos exatamente como povos "virgens": praticam atos "selvagens", levados por impulsos que denotam serem apenas "corpos físicos". Segundo esta lógica, por não terem tido ainda experiência espiritual, representam o campo ideal para a concretização de todas as etapas (especialmente as iniciais, que as missões-de-fé almejam monopolizar) da engenharia cultural a que elas se propõem. Grupos isolados não oporiam defesas às inovações materiais e espirituais, que exigem a substituição dos traços considerados "negativos" por eliminação e adaptação aos que são compatíveis com a civilização, tida como única, universal.

O caráter coercitivo dessa estratégia está evidente no instrumento técnico que as missões evangélicas privilegiam: a língua. Todos os valores alienígenas a serem introduzidos são traduzidos na língua nativa, para serem expressos e transmitidos nos termos e nos modos de concepção indígena e, desta forma, apropriados. O aparente respeito à língua e à cultura é, na verdade, apenas uma instrumentalização que visa a assimilação completa dos índios ao mundo cristão/civilizado.

O cartaz ao lado pergunta: "São os selvagens realmente felizes? Medo, superstição, feitiçaria, infanticídio... Algumas tribos enterram vivos seus bebês acreditando serem um mau presságio. Ide em todo o mundo e pregai o evangelho para cada criatura" (Revista Brown Gold - MNTB).

outros grupos indígenas, para "evitar lutas intertribais"[14]. Atualmente, continuam de praxe interferências que pretendem evitar o surgimento de conflitos internos, mesmo quando se sabe que as tensões tradicionais entre facções políticas são avivadas pela interferência da política assistencial. Entre os Waiãpi do Amapá, por exemplo, uma série de episódios dramáticos ilustram o caráter muitas vezes autoritário da atuação preservacionista. Em 1980, após ter forçado a convivência de dois sub-grupos que haviam declarado repetidamente suas dissenções históricas e suas intenções de vingança, ocorreu a morte do líder de uma facção pelas mãos dos que haviam sido obrigados à hospedá-lo; a medida protetiva foi de evacuar - para Belém - duas crianças ligadas à facção atingida, por medo de novos revides e apesar da insistência dos Waiãpi em declarar que não iriam prosseguir a vingança sobre crianças que consideravam suas. Anos depois, solucionou-se outra dissensão interna desarmando os índios e dificultando-se, por vários meses, a distribuição de munição. Em 1992, um novo episódio de morte leva agentes do posto a promover arbitrariamente - isto é, adiantando-se a decisões que seriam tomadas internamente - a separação de membros da aldeia, para evitar o aumento de tensões. Essas atitudes decorrem principalmente da incompreensão da lógica da política indígena, mas também de uma suspeição permanente quanto à natureza da violência nessas sociedades. O medo, concomitante às acusações de irracionalidade, é habitual não apenas na relação com grupos isolados e recém-contactados, mas prossegue-se na rotina dos postos, onde os chefes de posto se comportam como guardiães da integridade moral e cultural indígena. Uma integridade que é - na fase da convivência - posta como inevitavelmente degradada e que, na lógica protecionista, só os de fora, chefes de posto, indigenistas e, em último caso, antropólogos, seriam capazes de identificar e, eventualmente, recuperar através de intervenções preservacionistas. O que nos leva a questionar, em outra perspectiva, o gradiente de programas destinados incialmente à preservação e posteriormente à recuperação da cultura indígena.

Proteger, por um "tempo": o quê?

No contexto desse gradiente, é relevante avaliar o tempo durante o qual é aplicada a proteção especial aos povos isolados[15]. Além de não considerarem a lógica da integração cultural e de operarem recortes arbitrários no que se pretende conservar - como se mencionou acima - as experiências demostram que os cuidados tomados para não ferir a cultura dos grupos isolados têm curta duração. As intervenções passam da lógica da proteção à interferência, patente na tranformação de um "posto de atração" em um "posto indígena". Entre os dois tipos de atuação, a passagem é habitualmente brusca. Os índios emancipados da condição de isolados passam, conceitualmente, do estado de inocência ao de povos inferiorizados pelo contato; a situação de dominação manifesta-se nas múltiplas formas dirigidas de auxílio, que pretendem a recuperação de sua autonomia.

Esta transfiguração pode ser ilustrada, mais uma vez, pelas implicações subjacentes à distribuição de bens. Na fase de primeiros encontros, a oferta de bens desejados pelos índios visa apaziguar a eventual agressividade dos isolados. A aceitação e a troca de artefatos por parte dos índios, representou, historicamente, um marco da *conquista*. No passado, não muito remoto, os "pacificadores" recolhiam sobretudo armas (ou seja, desarmavam os índios) que eram encaminhadas aos museus, cujos acervos evidenciam hoje a desproporção desse tipo de artefatos em relação a outros objetos da cultura material indígena. Atualmente, os propósitos da distribuição de bens mudaram, mas a manipulação de presentes para atração continua um elemento central nas técnicas dos "primeiros contatos". Admitindo-se que a maioria dos grupos isolados não só tem conhecimento da tecnologia dos brancos, como se aproximam deles para obter tais objetos, sua distribuição se transforma rapidamente numa relação de poder. O gesto se transforma num meio de obter não apenas docilidade, mas sobretudo criar relações privilegiadas com determinados segmentos ou indivíduos do grupo. A competição entre agências de contato exerce-se habitualmente através dessas relações. Quando o gesto, de momentâneo ou ocasional, se transforma numa política de relacionamento - operando seleções definidas pelos agentes de contato - ele acaba por afetar diretamente o sistema de relações sociais e políticas internas da sociedade indígena[16].

Na rotina dos postos, as cautelas incialmente observadas no que se refere à preservação cultural tornam-se rapidamente obsoletas. Uma vez instaurada a dependência dos índios em relação aos bens que os atrairam para os postos, passa-se a justificar a necessidade da introdução de utensílios, de cultivares agrícolas, etc... como meio de suprir a pobreza da tecnologia indígena. Visão esta que ressurge com toda força, logo terminada a fase de encantamento do recém-contato. Esse desencantamento seria, afinal, o marco a partir do qual os isolados são promovidos, passando da infância à idade adulta, do paraíso à pobreza, que precisa ser aliviada.

Os exemplos acima - que representam apenas alguns aspectos mais evidentes de um conjunto de relações muito mais complexas - nos trazem de volta à questão inicial: por que um marco entre a situação de isolamento e de contato? Quais as implicações desta passagem se a posição de *isolado* é, por definição, transitória? Qual o objetivo da proteção se, na prática, as relações políticas implantadas *no contato* cristalizam a dependência dos povos que se apresentam, inicialmente a nossos olhos, como povos autônomos?

Um bom exemplo para refletir sobre as contradições do protecionismo é a prática - persistente inclusive na atual política indigenista - de repassar as obrigações assistenciais do Estado às missões evangélicas, que atualmente são pletora[17] e continuam manipulando seu objetivo fundamentalista com uma face científica (linguistas, ecólogos e etnólogos) ou assistencial (dispõem

Nas idas e vindas entre as aldeias e os postos de assistência, obtêm-se objetos como os que a índia Terã conseguiu: terçados, espelho, latas usadas como recipientes. Base Cuminapanema, 1990. Foto Dominique Gallois.

de recursos e de quadros com quem a Funai não consegue competir). Houve uma mudança nas últimas gestões da Funai, que proibiu a atuação de missões-de-fé em áreas de índios isolados. O órgão indigenista oficial as considera agora "desqualificadas" para garantir a esses grupos condições de manterem sua autonomia: repudia-se oficialmente as interferências deculturativas que os fundamentalistas promovem, não apenas através do proselitismo religioso, mas em todos os níveis da vida social, econômica e política dos grupos indígenas.

Ora, se as missões-de-fé são desqualificadas nesta fase, porque não o seriam numa fase posterior ao contato? Observa-se, porém, que nesta altura, sua atuação não só é permitida, como referenciada pelos próprios agentes do órgão protecionista: conta-se com sua dedicação para tomar conta de índios marginalizados, em casos espinhosos (por exemplo: dois índios Tupi isolados em difícil situação de convivência com outros povos foram entregues aos cuidados de um missionário da MNTB); conta-se com eles enquanto microscopistas ou enfermeiros (porque a Funai não consegue contratar ou formar especialistas em seus quadros), ou como mecânicos, ou motoristas, ou professores. Os técnicos regionais de educação da Funai - quando não produzem métodos ou materiais alternativos ao modelo de alfabetização "bicultural" implantado pelas missões-de-fé - não só permitem como divulgam o método das missões, que consideram adequado ao ensino nas escolas de aldeia, por comodismo ou ignorância, sem ter as condições de avaliar os pressupostos e os efeitos deste método. Tudo isto, é claro, tem seu preço, pago pelos índios.

Voltamos, enfim, ao ponto de partida: não existe, no quadro da política indigenista oficial, uma programação capaz de dar conteúdo à proposta de "preservar a autonomia" indígena, em termos sócio-políticos e culturais. Razão pela qual, em última instância, política governamental e fundamentalista se apoiam mutuamente, ao sabor das conveniências. Terminada a fase de isolamento, o índio é apenas um marginalizado que deve rapidamente ser reconduzido à aparência do "índio" que nossa sociedade idealiza. E para isso, as missões evangélicas são altamente qualificadas.

De *arredios a isolados, de puros a aculturados*, os índios são submetidos a atitudes protecionistas que se transfiguram rapidamente em intervenções reeducativas. As concepções relativas a fragilidade de sua cultura e à sua marginalidade política orientam uma sequência de intervenções cujo objetivo, antes, era abertamente "civilizador" e visava eliminar por completo as características do ser indígena. Agora, as intervenções almejam a manutenção de características idealizadas do ser *índio*[18]. Quando necessário, pretende-se inclusive reensinar-lhes suas tradições perdidas. Mesmo que o conteúdo do ensinamento tenha mudado, esse relacionamento continua embasado no pressuposto da "capacidade de perfectibilidade e civilização das populações indígenas" (Lima, 1992:81).

Hoje, como ontem, o Estado arroga-se o monopólio (mesmo que não consiga mantê-lo) na condução da passagem do isolamento ao convívio interétnico. Uma vez concluída a transição - num momento que também cabe ao Estado definir - outras agências são autorizadas a prosseguir o trabalho. Mas, na maioria das vezes, terminada a *pacificação*, larga-se esses grupos à própria sorte, deixando-os no esquecimento. Poderão ressurgir na figura de grupos que *lutam* por sua sobrevivência, por suas terras. A estes, oferece-se intervenções totalmente contraditórias com a orientação da fase anterior, de preservação cultural. A garantia do território, "interditado" no momento do contato, leva anos para sair desta precária situação jurídica; os projetos econômicos, genéricos e inadequados tanto à realidade sócio-política quanto às características ecológicas das diferentes áreas ocupadas pelos povos indígenas, visam apenas aliviar as limitações da subsistência comprometida pela sedentarização e pelas perdas territoriais; os programas de educação e saúde perdem especificidade quando repassados ao controle de agências municipais ou estaduais, ou aos cuidados de missões religiosas. O que, então, se protege "por um tempo"?

Sair do isolamento: uma política de informação

Ao questionar o conteúdo da atuação protecionista destinada aos grupos isolados, procurou-se evidenciar a necessidade de transformações consistentes que permitam concretizar os objetivos recentemente determinados pela atual política indigenista em favor dos povos isolados. O intúito foi essencialmente esboçar a complexidade da questão, mencionando alguns aspectos de uma problemática que deve ser ampliada, num debate que acreditamos ser urgente, e para o qual diversos setores devem contribuir.

O respeito à autodeterminação vem sendo reivindicado há muito tempo por representantes indígenas, em nível internacional ou nacional, mas também local. Esse direito fundamental à autonomia, que grupos em contato há séculos reconquistam a duras penas, deve ser garantido - como propõem as diretrizes da Departamento de Indios Isolados/Funai - já no momento da instalação do relacionamento, mesmo que limitado, com agentes protecionistas. Mas não diz respeito exclusivamente à política "para os isolados": deve ter continuidade nas etapas subsequentes do convívio inter-étnico.

Os exemplos acima citados evidenciam que, tradicionalmente, o protecionismo não só *não* garante autonomia, como cria condições para seu esfacelamento. Esta forma de controle monopoliza um intervalo de tempo durante o qual, na maioria dos casos, apenas se consolidam relações de dependência em relação às agências oficiais. O fortalecimento da autonomia dos povos indígenas - recém-contactados ou em contato - não brotará do intervalo preservacionista que, na prática, elimina a possibilidade de conhecer, e comparar, outras formas de convívio.

A garantia da autonomia indígena dependeria, portanto, da capacidade da política protecionista em abrir, aos grupos isolados, a realidade diversificada do mundo de fora. Neste processo, obviamente gradativo e controlado, é mais importante garantir um espaço de relacionamento que um tempo de resguardo. Como vimos, este é pura máscara. Controlar não quer dizer fechar. Para sair do isolamento, e da situação de marginalização, é importante ter acesso ao diálogo com múltiplos agentes, múltiplas situações, que favoreçam a reflexão indígena sobre sua posição no jogo de poder das relações interétnicas[19]. A condução autônoma dessas relações exigindo compreensão, por parte dos grupos isolados, de alternativas disponíveis, o que depende, enfim, de uma política de informação.

Jurusi "escreve" no caderno da antropóloga, para lhe explicar diferentes tipos de plantas cultivadas, numa forma que considera compreensível e significativa para os brancos. Base Cuminapanema, 1990. Foto Dominique Gallois.

A condução autônoma da relação interétnica seria favorecida através de um repasse mais eficaz de informações abrangentes sobre a existência e a situação de outros povos indígenas, sobre segmentos diferenciados da sociedade nacional, etc... Não seria inviável controlar os impactos decorrentes da absorção de tais informações pelo grupo isolado, se fossem introduzidas em acordo com suas características culturais, situacionais e sobretudo, em consonância com suas expectativas. O planejamento de informações a serem repassadas aos grupos recém-contactados exige formas didáticas específicas à cada situação, antecipando e revendo os programas mais genéricos que são implantados em fases posteriores. É importante ressaltar, entretanto, que a seleção e adaptação de tais informações só pode ser realizada plenamente pelo próprio grupo indígena, que as utilizará de acordo com suas necessidades, que evoluem em função das alterações da situação de contato. Aos agentes de contato, cabe apenas promover esta abertura[20].

Esta forma de atuação implica, aparentemente, numa imersão no mundo dos brancos, na medida em que promove a adaptação e a instrumentalização dos índios com técnicas e saberes novos. Em função disto, tal orientação confronta-se habitualmente com o ideário preservacionista, cujos critérios de "respeito" à cultura questionamos acima. Assim, os programas de educação que o senso-comum considera "adaptados" são normalmente os que enfatizam o uso exclusivo da língua materna, considerada a única capaz de preservar a cultura indígena. Na área de saúde, programas preservacionistas preconizam o uso de plantas medicinais ou a integração dos pajés nas curas. As comunidades indígenas, quanto a elas, reivindicam melhorias na qualidade dos serviços de saúde e de ensino. Os índios não esperam dos brancos que lhes reensinem suas tradições, mas querem dominar o português, a matemática e outras técnicas habitualmente monopolizadas pelos brancos. Não se iludem com as concessões feitas a seus saberes tradicionais quando são relegados à condição de enfeites culturais e quando se acompanham de evidente ineficácia no combate às epidemias.

Para sair do isolamento, é necessário criar condições para que o grupo recém-contactado possa refletir e reelaborar os parâmetros de sua própria identidade. Ou seja, permitir ao grupo construir, através de arranjos conceituais e organizacionais próprios à sua cultura, formas de relacionamento com diversos segmentos da sociedade nacional, através do qual ele não só poderá resguardar, mas reforçar uma estratégia de convívio que garanta a preservação - por ele controlada - de sua diferença étnica e cultural.

A antropologia dos movimentos étnicos evidenciou que a forma mais eficiente de fortalecer a autonomia de um grupo é permitir que se reconheça - demarcando-se dos outros - numa identidade coletiva. Fortalecimento este que consiste num processo dinâmico, num trabalho de adaptação constante, que não é nem contagioso nem hereditário. Razão pela qual constata-se em várias partes do mundo que a identidade cultural não desaparece ao contato com modos de ser e pensar diferenciados. Ao contrário. A identidade morre nos espaços fechados, que limitam a reflexão comparativa, que não propiciam a práxis contrastiva, ou que refletem apenas um espelhamento com agentes transfigurados em protetores de uma cultura dita tradicional, idealizada e imobilizada no tempo. A cultura - que não é feita apenas de tradições - só se mantém enquanto movimento, devendo ser constantemente reconfirmada.

Notas

1. Como mostra Souza Lima, esta categoria relacional é construída a partir de três critérios básicos, de distância social, forma de integração com o civilizado e relação com o espaço, operados na perspectiva da sociedade nacional. Nesta perspectiva, a categoria de isolado pode assim ser aproximada conceitulmente do contraste histórico entre manso (ou domesticado) e bravio (ou hóstil) (1992: 83-85).

2. cfr. Programa Artíndia, que se propõe instrumentalizar esta mediação (grifos nossos): "Os trabalhos de atração de grupos indígenas arredios e isolados encontram na "troca de objetos" o recurso que formaliza o contato pacifico entre índios e membros de nossa sociedade. Há mais de 20 anos, as equipes de atração da Funai encaminhavam ao Museu do Índio os artesanatos **oferecidos** pelos indígenas. Do acúmulo de peças que ali chegavam surgiu a idéia de criar um mecanismo que servisse, ao mesmo tempo, para promover, resgatar, fortalecer, divulgar as manifestações artísticas das sociedades indígenas brasileiras e garantir-lhes alternativa de renda" (Folheto Artíndia / Funai, s/d).

3. cfr. Documento CII/Funai, 09/89.

4. Ver o estudo de Farage sobre a imbricação das relações intertribais e interétnicas no rio Branco (1991).

5. Intervenções estas que o Estado tem o monopólio de exercer, desde a época do SPI: "a pacificação não é o primeiro contato... é o momento do desempenho de atos heróicos, da legitimação do SPI, que só ele poderia realizar , tornando seus possíveis concorrentes incapacitados para o trabalho com populações indígenas" (Lima, 1992:115).

6. Em manchete no Jornal do Brasil no Dia do Índio de 1986, Memelia Moreira escreve: "Indio quer ser respeitado" e pergunta: "o que esperam os arredios?" Como indica a jornalista, "os arredios não ocupam as manchetes, desconhecemos as denominações dos grupos e só sabemos da existência deles quando acontece o encontro casual com seringueiros, caçadores de pele e outros exploradores. Eles desconhecem os caminhos de Brasilia, jamais ouviram falar da Funai e não podem vir reivindicar seus direitos ou pedir dinheiro". Hoje, por força da política de proteção que setores governamentais e pro-índio assumiram, a situação mudou: os arredios são, sim, manchete de jornais. Na maioria dos casos, porém, só aparecem como pano de fundo nas notícias que anunciam seu "contato" por parte de uma frente da Funai. Tornam-se notícia porque entram, pelas mãos da Funai, na história. Depois, desaparecem do noticário. Só voltarão ao cenário quando forem noticiadas consequências de epidemias, invasão de suas terras, ou mais tarde, quando tiverem, como fizeram os Kaiapó, encontrado caminhos próprios para "pedir dinheiro", através de acordos construídos, sem a mediação protecionista, com seus vizinhos regionais. O caminho de sua entrada na história seria, como afirma o cliché da revista Manchete a respeito do contato com os isolados do Cuminapanema, "o crepúsculo de uma raça"?.

7. cfr. o atual programa da Funai para os isolados (grifos nossos): "A Funai, respaldada na Constituição Federal de 1988, está seguindo uma política orientada para a **autonomia** desses povos, rejeitando qualquer tipo de iniciativa **integracionista**. Assim, ao contrário da visão difundida até pouco tempo, os grupos isolados não são aqueles que obrigatoriamente devam ser "atraídos" ou "contatados" para pacificamente serem incorporados à sociedade brasileira" (Brasil Indígena, 1992).

8. Ver, entre outros: D.Ribeiro (1970), Carneiro da Cunha (1992), Lima (1992).

9. Ver, entre outros: Oliveira (1988) e Baines (1991).

10. Ver a análise dos discursos políticos e de narrativas mítico-históricas através das quais os Waiãpi reelaboram suas experiências de convivência com os brancos, construindo uma nova auto-representação (Gallois, 1992).

11. Ver a análise de Métraux (1959) sobre os impactos da introdução de ferramentas entre os Xokleng, construída na perspectiva funcionalista, particularmente adequada à leitura que os agentes de assistência fazem da aquisição de dependências decorrentes da introdução de técnicas novas.

12. Ver análise de Buchillet (1991) sobre os impactos e as adaptações simbólicas e sócio-políticas resultantes da introdução de novas técnicas de saúde.

13. Ver análise de Andrade e Viveiros de Castro sobre a concepção de "povos naturais" que assimila as sociedades indígenas ao seu ambiente, despolitizando a relação de contato (1988).

14. cfr.D.Ribeiro: "os grupos isolados ou arredios, que não estão em contato com civilizados e que não correm o risco de ser alcançados pela expansão de nossa sociedade, nos próximos anos, devem ser deixados em paz, apenas assistidos por turmas de vigilância, **com o objetivo de evitar lutas intertribais** (1962: 161 - grifos nossos).

15. cfr. Documento CII/Funai: "Não se pretende mantê-los em redomas para o deleite de quem quer que seja, mas propiciar ao índio **tempo**, fator fundamental no processo de aculturação" (09/89 - grifos nossos).

16. Ver análise de Lizot (1984) sobre os impactos da introdução de nova tecnologia entre os Yanomami e a instauração de novas relações econômicas que acabam transformando o sistema de relações sociais internas àquela sociedade.

17. A atual gestão da Funai pretende efetuar uma revisão dos convênios existentes com missões-de-fé, entre as quais as mais ativas são: o Summer Institute of Linguistics (SIL), a Associação Linguística Evangélica Misssionária (ALEM), a Missão Novas Tribos do Brasil (MNTB), a Missão Evangélica da Amazônia (MEVA), a Missão Cristã Evangélica do Brasil (MICEB), a Convenção Batista Nacional, que atuam em cerca de 100 aldeias indígenas (APL/Funai, Convênios, 1988).

18. Esta transfiguração foi durante muito tempo característica das intervenções da Igreja: é o caso da atuação dos Salesianos, no rio Rio Negro ou entre os Bororo (ver a análise de Novaes sobre essas relações, no início do século e hoje, 1990). Atualmente, é muito nítida também nos programas estatais de proteção, educação e recuperação da cultura indígena promovidos pela Funai.

19. cfr. Documento final do "Encontro sobre índios isolados e de contato recente" promovido pelo CIMI/OPAN em 1986: "Precisa criar condições para que o grupo indígena (isolado) conheça a realidade regional em que está inscrito, ajudando a divisar os aspectos mais amplos da realidade nacional, considerando estes conhecimentos como subsídios indispensáveis para um projeto de autonomia frente à sociedade nacional. Tal postura supõe a promoção de acesso e intercâmbio do grupo indígena com outros agentes regionais, de maneira a estimular no-

vos e diferentes graus de identidade étnica. No mesmo sentido, seria válido promover contatos com outros grupos indígenas vizinhos, possibilitando sua articulação e organização própria".

20. Uma opção interessante consiste em possibilitar o repasse de informações aos índios recém-contactados através do diálogo com outros grupos indígenas. As visitas de representantes de outros povos, ou a apresentação de imagens em vídeo (cfr. Programa Vídeo nas Aldeias / CTI, Carelli, 1986) permitem introduzir informações culturalmente significativas, relativas à diversidade dos brancos, ampliando as experiências restritas e localizadas de cada grupo. Note-se, porém, que estas alternativas são radicalmente diferentes das soluções tradicionalmente adotadas pela Funai, que engaja índios intérpretes nas equipes de contato, onde atuam ao lado dos sertanistas, numa posição dependente frente a esses, e de dominação frente aos isolados (cfr. Baines, 1991).

Bibliografia

Andrade, L. & Viveiros de Castro, E. - 1988 - Hidrelétricas do Xingu: o Estado contra as Sociedades Indígenas - in **As Hidrelétricas do Xingu e os povos indígenas**, São Paulo, Comissão Pró-Índio de São Paulo.

Baines, S. - 1991 - "**É a Funai que sabe": a frente de atração Waimiri-Atroari** - Belém, Col.Eduardo Galvão, Museu Pareanse E.Goeldi.

Buchillet, D. - 1991 - "Impacto do contato sobre as representações tradicionais da doença e seu tratamento: uma introdução" - in **Medicinas Tradicionais e Medicina Ocidental na Amazônia**, Belém, Ed.Cejup.

Carelli, V. - 1986 - "Vídeo e reafirmação étnica" in **Antropologia Visual**, Rio de Janeiro, Museu do Índio/Funai.

Carneiro da Cunha, M.L. - 1986 - "Etnicidade: da cultura residual mas irredutível" in **Antropologia do Brasil: mito, história, etnicidade** - São Paulo, Brasiliense/EDUSP.
- 1992 - "Introdução à uma história indígena" in **História dos Índios no Brasil** - São Paulo, FAPESP/SMC-SP/Cia. das Letras.

CIMI/OPAN - 1986 - **Documento Final: Encontro sobre índios isolados e de contato recente**, Cuiabá.

Farage, N. - 1991 - **As muralhas dos sertões: os povos indígenas no rio Branco e a colonização**, São Paulo, Anpocs/Paz e Terra.

FUNAI/CII - 1989 - **Sistema de Proteção ao Índio Isolado** (3 parte: indicações gerais), Brasília.
- 1989 - **Índios isolados: por que protegê-los ?**, Brasília.
- 1992 - **Brasil Indígena**, Presidência, Brasília.

Gallois, D.T. - 1992 (no prelo) - "*Jane ayvu kasi*: discurso político e auto-representação Waiãpi" in A.Ramos e B.Albert (org.) **Imagens do Branco**, Brasília, UNB/ORSTOM.
- 1992 - **Mairi revisitada: a reintegração da fortaleza de Macapá na tradição oral dos Waiãpi**, NHII/USP, dat.

Gallois, D.T. & Grupioni, L.D. - 1991 - "A redescoberta dos amáveis selvagens" - **Aconteceu Especial Povos Indígenas**, 1987/90, São Paulo, PIB/CEDI.

Lima, A.C.de Souza - 1992 - **Um grande cerco de paz: poder tutelar e indianidade no Brasil** - Tese de doutorado, Rio de Janeiro, UFRJ/PPGAS.

Lizot, J. - 1984 - "Aspects économiques et sociaux du changement culturel" in **Les Yanomami Centraux**, Paris, Cahiers de l'Homme, EHESS.

Métraux, A. - 1959 - "La révolution de la hache" - **Diogene** n.25, jan.-mar.

Novaes, S.C. - 1990 - **Jogo de Espelhos: imagens da representação de si através dos outros**, Tese dout., FFLCA/USP, São Paulo.

Moreira, M. - 19.04.1986 - "Índio quer ser respeitado" - **Jornal do Brasil**, Brasília.

Oliveira F.,J.P. - 1988 - **O nosso governo: os Ticuna e o regime tutelar** - São Paulo, Marco Zero/CNPq.

Ribeiro, D. - 1962 - **A política indigenista brasileira** - Ministério da Agricultura, Rio de Janeiro.

1970 - **Os índios e a civilização: a integração das populações indígenas no Brasil moderno**, Rio de Janeiro, Civilização Brasileira.

As artes da vida do indígena brasileiro

Berta G. Ribeiro

Lewis Henry Morgan, um dos "founding fathers" da Antropologia, chamava "Artes da Vida" as técnicas que implicam no desenvolvimento de implementos para o manejo de recursos naturais. E considerou a tríade - cerâmica, trançado, fiação e tecelagem - como técnicas básicas das artes da vida.

Os estudos de cultura material de populações indígenas, que marcaram época quando a antropologia estava sediada principalmente em museus etnográficos ou de história natural, perderam força na medida em que essa disciplina transportou-se para as universidades. Entre as décadas de 50 e 80 registrou-se um vazio bibliográfico no que tange a esses estudos. Contudo, a temática ligada à cultura material não desapareceu de todo. Entre outras razões porque, como documentos materiais, inclusive iconográficos, exprimem a identidade de uma cultura. Como objetos úteis eles são consumidos. E como bens simbólicos são dotados de significado. Os dois aspectos, embora possam coexistir, colocam-se, na maioria dos casos, em polos opostos (Pomian 1985:71).

No presente artigo trataremos dos objetos necessários ao provimento da subsistência, isto é, dos utilitários, e daqueles supérfluos à subsistência: os objetos rituais. Ambos assumem crescente importância para os próprios índios, como acentua D. Gallois (1989:140): "... por um lado, porque muitos grupos têm encontrado na venda de "artesanato" uma apreciável fonte de renda e, por outro lado, porque a manutenção de uma cultura material diferenciada serve de marca ao movimento de resistência étnica, como sinal de autonomia a ser reconquistada".

A cerâmica

A argila é a matéria-prima básica na confecção da cerâmica. O preparo da argila exige tempo e paciência. É pulverizada, quando seca, ou trabalhada à mão, quando úmida. A qualidade da cerâmica depende da obtenção de um grão fino, homogêneo.

A argila é geralmente recolhida às margens ou nos leitos dos rios ou córregos. Armazenada em cestos ou folhas de palmeira, é colocada em lugares frescos para evitar o ressecamento. Depois é depurada de impurezas - fragmentos vegetais, minerais, pequenos seixos - borrifada com água, pulverizada no pilão e amassada.

Para obter-se uma boa liga é necessário adicionar certas substâncias que neutralizem a excessiva plasticidade da argila. Tais são: 1) dentre as orgânicas - palha picada, raízes, ossos moídos, etc.; 2) dentre as inorgânicas - grãos de quartzo, mica, feldspato, pedras calcárias, areia, etc; 3) dentre as bio-minerais - casca queimada e triturada de árvore rica em sílica, chamada cariapé **Licania octandra**, conchas esfareladas, etc. 4) cacos de cerâmica pulverizados. A adição desses materiais nem sempre ocorre, uma vez que eles já se encontram naturalmente misturados nos depósitos de argila.

A sequência operacional da modelagem de uma peça se inicia com o preparo de um bloco de barro. Segue-se a superposição de roletes de argila em forma de anéis em espiral.

O tratamento interno e externo da superfície de uma peça de cerâmica se faz com a ajuda de implementos simples: conchas, pedaços de cuias, facas ou colheres de metal. Com essa técnica elementar, mas que exige grande habilidade manual, alisam-se as paredes, preparando-as para o polimento. Este se processa com seixos rolados, cocos (como o da palmeira inajá - **Maximiliana regia)**, frutos, sementes, conchas, etc. Entre a raspagem e o polimento costuma-se ainda lixar a peça com a folha de um arbusto **(Dileniacea** sp.).

Preparada a peça de cerâmica, procede-se à queima que geralmente antecede a decoração pintada. Algumas tribos, como os Asuriní, escolhem com to-

Mulher Tikuna processa alimentos dentro de um vaso de cerâmica. Aldeia de Belém do Solimões. Foto Jussara Gruber.

do o cuidado o combustível para o fogo. No caso citado, a bainha da folha da palmeira babaçu **(Orbygnia phalerata)**. Outros grupos procuram vegetais que contém látex, a fim de obter uma boa chama e temperatura elevada. A queima é feita geralmente ao ar livre, isto é, em atmosfera oxidante.

Na cerâmica utilitária, o acabamento interno e externo das peças é feito com a seiva de entrecasca de algumas árvores, geralmente do ingá (**Inga** spp.). Esse tratamento contribui para a impermeabilização da superfície.

Após a queima e a decoração do vasilhame, os índios Asuriní, entre outros, vitrificam a peça com a aplicação de resina vegetal. Para isso, utiliza-se o breu de jutaí e a resina de jatobá, ambas do gênero **Hymenaea**. Os Tukúna empregam o leite de sorva **Couma utilis**.

Quanto à decoração, ensina Andrade Lima (1986:177): "De um modo geral, os mesmos padrões decorativos são aplicados a diferentes suportes: pintura corporal, cestaria, tecelagem e cerâmica. Isto é evidente na arte do alto Xingu, entre os Kadiwéu, Marúbo, Asuriní e Kaxináwa, onde os mesmos motivos geométricos amoldam-se a superfícies e materiais substancialmente diferenciados, exigindo adaptações de ordem técnica. Esses padrões podem revestir-se de conteúdos simbólicos ou ter apenas sentido estético".

Os trançados

A mais importante técnica manufatureira propriamente dita - isto é, que utiliza a mão em atividade prênsil - é a dos trançados. Nesta arte, das mais antigas que a humanidade pratica, os índios do Brasil alcançaram alto grau de domínio.

O trançado indígena pode ser caracterizado por dois macro-estilos em função da matéria-prima empregada e da elaboração: 1) trançado feito predominantemente de **palha** (folíolos do olho da folha nova da palmeira); 2) trançado feito predominantemente de **tala** (material mais rígido extraído do pecíolo da folha nova da palmeira buriti **Mauritia flexuosa**, ou laminado da haste de gramíneas (**Arundinaria** sp.) ou de marantáceas como o arumã (**Ischosiphon aruma**).

O trançado feito com fasquias de cipó, uma ipífita, que caracteriza um terceiro estilo ou um subestilo, carece, de um modo geral, de decoração. É empregado na confecção de peças mais rústicas: cestos-cargueiros, armadilhas de peixe e na construção das casas.

É cabível fazer-se uma correlação entre estilos de trançados de alguns grupos indígenas do Brasil e seus modos de vida.

Os grupos campestres, que vivem longe dos grandes rios - quase todos filiados à família linguística Jê ou macro-Jê - praticam predominantemente o estilo "**de palha**". As tribos silvícola-ribeirinhas, providas de canoas, desenvolveram, em maior proporção, o estilo "**de tala**", bicromo, que propicia a elaboração de uma infinidade de desenhos geométricos realçados pelo claro-escuro das talas.

O trançado feito com **fasquias** de cipó caracteriza o subestilo dos grupos que vivem no interior da floresta, longe dos grandes cursos d'água, a exemplo dos índios Makú e Yanomami.

A distinção mais elementar que cabe fazer para classificar os trançados é diferenciá-los, por sua estrutura, em duas grandes classes: l) trançados entre-trançados; d) trançados costurados ou espiralados. Uma classificação dos entretran-

Trançado sarjado com folha nova da palmeira buriti. Índios Jurúna, Parque Indígena do Xingu. Foto Fred Ribeiro.

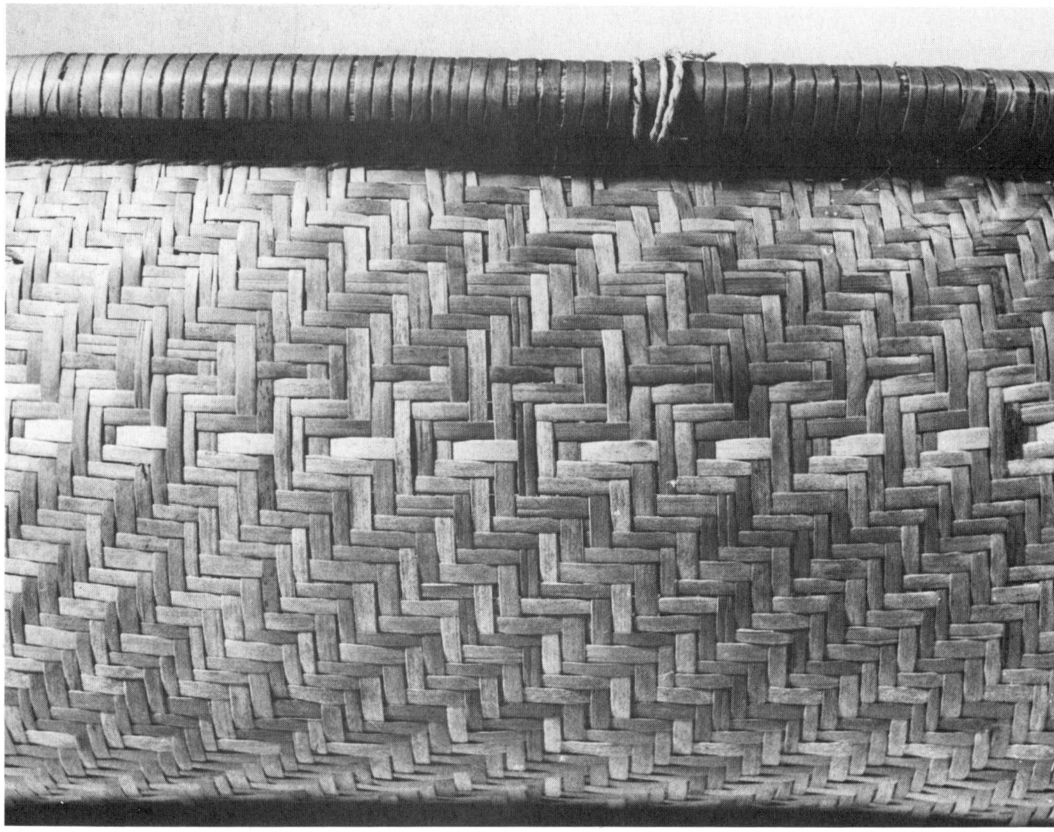

Detalhe de trançado monocromo de talas do pecíolo da folha nova do buriti. Cesto cargueiro dos índios Yawalapiti. Foto Fred Ribeiro.

çados que leve em conta o elemento móvel - a **trama** - permite distinguir três procedimentos capitais: entrecruzar **(weaving)**, entrelaçar **(wraping)**, entretorcer **(twining)**.

Se fôssemos estudar os trançados de cultura popular, não indígena, talvez não houvesse necessidade de uma classificação e nomenclatura para defini-los. Os trançados indígenas, sendo muito mais complexos quanto à técnica, forma e docoração, e prestando-se a um grande espectro de usos, carecem de uma nomenclatura específica que os defina e identifique. Tanto assim é que muitas palavras de origem tupi foram incorporadas ao vernáculo para identificar objetos trançados de origem indígena transmitidos aos brancos. Entre outros, podemos citar: jequi para covo ou redil de pesca; patuá para estojo; tupé para esteira; urupema para peneira; tipiti - tubo flexível para extrair o ácido hidro-ciânico da mandioca; jamaxim, jacá, panacu e aturá para cesto-cargueiro; apá - uma espécie de peneira mais funda na forma de meia calota. (Cf. B.G. Ribeiro 1986:283-321, 1988:39-76).

A fiação

A transformação de matéria-prima (algodão, bromeliácea ou palmácea) em fio exige grande habilidade manual. No caso do caraguatá **(Bromelia pinguin)**, a folha é mergulhada na água para decompor as matérias-primas não-fibrosas e posteriormente batidas, lavadas e secas ao sol. Para libertar o linho da fibra de outra bromélia, o caroá **(Neoglaziovia variegata)**, e a do olho (prefoliação) da palmeira buriti **(Mauritia flexuosa)** ou tucum **(Astrocaryum tucuma)** o procedimento é mais direto: separa-se a "seda" da palha (no caso da palmeira) sendo esta última usada para o trançado ou descartada.

A torção da fibra de bromeliácea ou palmácea para produzir o fio é feita na coxa com a palma da mão, em movimento de vaivem. Bastante mais complexa é a torção do algodão que exige o emprego do fuso. O fuso compõe-se de uma vareta, onde é bobinado o fio depois de torcido. Essa vareta é encastoada num disco que serve de volante e de peso para imprimir ao fuso um movimento de rotação. (Cf. B.G. Ribeiro, 1986:283-321; 1988:41-76).

A arte de tecer

A arte do tecido alcançou entre nossos índios o mesmo relevo que a do trançado, a arte plumária e a cerâmica. Cultivando o algodão e conhecendo outras fibras têxteis, os índios brasileiros dispunham de materiais apropriados à tecelagem.

Na classificação da produção têxtil dos índios brasileiros distinguem-se duas grandes classes de técnicas básicas: 1) trabalho em **trama**; 2) trabalho em **malha**. O trabalho em trama se processa com o uso de dois fios descontínuos: urdidura e trama. O trabalho em malha é feito com um fio contínuo.

A técnica de tecelagem - chamada "verdadeira" - se processa pelo entrecruzamento em ângulos retos de duas séries de fios: **urdidura**, os passivos, e **trama**, os ativos. A tecelagem verdadeira exige o uso de uma armação - o tear - para distender e separar convenientemente os fios da urdidura. É chamado, por isso, tear de tensão.

Entre índios brasileiros encontramos, basicamente, três tipos de tear. O primeiro é formado de duas barras horizontais - as **urdideiras** - porque nelas é passado o urdume, amarradas a duas traves na vertical. Esse tipo de tear é conhecido na bibliografia etnológica como "tear amazônico ou tipo aruak". É também chamado tear com a urdidura na vertical. Nesse tear se produz a tecelagem entretecida (**weaving**), "tecelagem verdadeira".

Um segundo tipo de tear, mais expandido que o primeiro, é constituído de dois esteios fincados no chão em torno dos quais é passada a urdidura em sentido horizontal. É chamado por isso, tear com o urdume na horizontal. Presta-se para confeccionar tecido entretorcido **(twined)** ou contratorcido **(countertwined)**.

O terceiro tipo de tear é formado por uma vara dobrada em forma de ferradura, com as pontas amarradas a certa distância uma de outra. Nesse intervalo e na dobra é passada o urdume. Esse tipo de tear portátil, próprio para executar tecidos de pequenas dimensões, é designado tear em U, tear em arco ou "tipo ucaiali". Nele são executados adornos tecidos para os braços e as pernas e as tangas de miçangas.

Mulher Wayana fiando algodão com um fuso. Foto Lúcia Van Velthen.

Apenas os grupos indígenas que tiveram contato com a civilização incaica, como os Omágua, e os grupos de língua Pano dos afluentes do rio Ucaiali(Kaxináwa e outros) utilizam o tear de cintura. Neste tipo de tear, a tensão dos fios é dada pela tecelã, que passa um cinto em torno da cintura para firmá-los.

No sistema de tecelagem conhecido como "trabalho em malha" o produto é obtido com um fio enredador contínuo, de extensão limitada, uma vez que tem de passar dentro das malhas, guiado geralmente por agulha de orifício.

Mulheres Araweté tecem uma rede de algodão em tear com o urdume na horizontal. Foto Fred Ribeiro.

O tecido enredado **(filé)** é empregado primordialmente na confecção das redes de pescar, nas bolsas ou sacolas e nos sacos-cargueiros, executados com ou sem nós. Além desses, as técnicas de tecelagem são empregadas na confecção de redes de dormir, tipóias para levar o filho ao colo ou transporte de objetos, adornos de corpo (pulseiras, braçadeiras, jarreteiras, tornozeleiras, colares, cintos), saia feminina, tanga masculina e suporte para adornos plumários. (Cf. B.G. Ribeiro, 1986:283-321; 1988:41-76).

Arte plumária

A arte plumária, a mais bela expressão estética dos povos indígenas do Brasil, não obstante a devastação das matas e a aculturação dos grupos plumistas, continua viva para inúmeros deles.

Todas as tribos que apreciavam o valor decorativo da plumagem dos pássaros deviam atribuir-lhes algum significado simbólico, além do estético. Essa mensagem se perdeu para sempre no caso de grupos como os Tupinambá, que deixaram de si o testemunho de seus mantos de penas. Os seis remanescentes pertencem a museus europeus: os de Florença, Milão, Basiléia, Copenhague e Paris.

A associação de penas e plumas a trançados e a tecidos lhes empresta características tão peculiares que podem servir de critério para distinguir duas famílias estilísticas diversas. Um desses estilos é voltado à suntuosidade devido à associação de penas longas e varetas e a suportes trançados, conferindo a seus portadores um magnífico efeito cênico. Exemplificam esse estilo a plumária ainda hoje confeccionada pelos Wayana-Aparai, Bororo, Karajá, Tapirapé e Kayapó.

Os mais altos representantes da segunda família estilística, cujas criações se distinguem pela flexibilidade dos adornos - permite aplicá-los diretamente ao corpo -

são atualmente os índios Kaapor e Erikpatsa. São criações de dimensões diminutas, matizes cromáticas sutis e requintes de acabamento.

Estudos recentes têm demonstrado que a plumária - na sua qualidade de objeto ritual - é um veículo de mensagens. Ou seja, uma forma de comunicação social semelhante à linguagem oral. Os aspectos simbólicos mais significativos - no caso do adorno plumário - dizem respeito a: 1) aves preferidas, seja por suas características físicas ou canoras; 2) tamanho, colorido e disposição das penas no conjunto; 3) significado mítico-religioso dos adornos; 4) seu caráter de prerrogativa de linhagens e indicador de todo tipo de classificações sociais.

A arte plumária, voltada originariamente ao domínio mítico-estético-ritual, à personalização do corpo - que implica num conceito de beleza etnicamente definido - vem perdendo sua função e sua mística na medida em que se destina, em grande medida, ao comércio externo. Esse comércio deve ser coibido - exceto para coleções de museus - se se deseja conservar não só a arte plumária como a avifauna de que se serve (Cf. Ribeiro, 1986b:189/23 S.F. Dorta, 1986b:227-236).

Os adornos plumários bororo se caracterizam pelo uso de penas caudais de aves montadas sobre suportes rijos. Foto Foerthmann.

Música e instrumentos musicais

A música e os instrumentos musicais se relacionam a aspectos da organização social e da cosmologia. O rito é, invariavelmente, um evento musical. A matéria-prima de que é feito o instrumento e o lugar do corpo em que é fixado possuem, também, um significado que varia conforme a tribo e o evento musical. O fato de determinados indivíduos tocarem música num ou noutro espaço, para certas platéias e não para outras, produzindo efeitos sonoros distintos pode ser altamente significativo para a correta interpretação de um rito (Seeger, 1986b:174).

Os instrumentos musicais dos índios do Brasil se enquadram no sistema classificatório elaborado pelos etnólogos alemães Erich von Hornboster e Curt Sachs e assim definidos por Seeger (1986b: 174-175):

Idiofones: Instrumentos em que a substância em si, devido à sua elasticidade e solidez, ressoa sem requerer membranas ou cordas. Compreendem grande número de instrumentos indígenas (chocalhos, maracás, etc.), dividindo-se em diversas subcategorias.

Membranofones: Instrumentos em que o som é criado através de uma membrana

Muitos rituais realizados pelos Waiãpi relacionam-se com o tema mítico da especiação, quando os homens apreenderam dos animais seus cantos e seus enfeites, reproduzidos nas festas que celebram até hoje esse momento crucial do surgimento de uma humanidade diferenciada. Durante o ritual do "jupara" um grupo de rapazes Waiãpi tocam flautas de pan que foram confeccionadas especialmente para esta ocasião. Foto Dominique Gallois.

sob tensão. Trata-se, basicamente, de tambores. Este grupo é pouco representativo na América do Sul.

Cordofones: Instrumentos com uma ou mais cordas estendidas entre pontos fixos. Igualmente raros na música tradicional indígena, com a possível exceção de arcos musicais, cuja presença pré-colombiana foi motivo de intenso debate.

Aerofones: Nesses instrumentos o ar é em si o vibrador em sentido primário. Talvez seja o grupo de maior importância simbólica na América do Sul, constituindo uma família de instrumentos que passou por muita elaboração na sua forma de soar."

O significado das máscaras

As máscaras, no contexto mágico-religioso, representam figuras de antepassados, espíritos protetores da floresta, da fauna e do ambiente natural. As máscaras recolhem e exprimem as forças benignas e malignas espalhadas no universo indígena. São estátuas que, ao som da música e ao ritmo da dança, ganham vida e movimento. Constituem, portanto, o aspecto dinâmico dos rituais mágico-religiosos. É através delas que se manifestam e se tornam presentes os espíritos ancestrais e dos heróis culturais. Na dança, seu portador começa a representar o papel do espírito cuja máscara ostenta, para assim transmitir sua mensagem.

Diante da multiplicidade de caracteres figurados, e da impossibilidade de inventariá-los em sua totalidade, optamos, na classificação das máscaras, por um critério morfológico, que leva em conta as matérias-primas e, consequentemente, as técnicas compatíveis.

Desse ponto de vista, distinguimos para o **Dicionário do Artesanato Indígena** (Ribeiro, 1988 : 304) os seguintes macro-tipos: "1) Máscaras trançadas, registradas entre diversos grupos do tronco Jê (Timbíra, Ka-

Índios Waiãpi durante o ritual do "pacuasu". Os dançarinos usam máscaras com peixes dependurados e sua coreografia representa a luta entre diferentes espécies de peixes. Foto Dominique Gallois.

yapó, Xerente, Xavante, índios do alto Xingu, Karajá e Tapirapé). 2) Máscaras de líber encontradas nos rios Japurá, Solimões e no noroeste amazônico (Juri-taboca - extintos -, Tukúna, índios do alto rio Negro). 3) Máscaras tecidas (alto Xingu, alto rio Negro). 4) Máscaras com "cara" de madeira (alto Xingu, Tukúna, Tapirapé). 5) Máscaras com "cara" de cabaça (alto Xingu, Kaxináwa, Timbíra). 6) Máscaras compostas de capuz, calça e camisa (alto Xingu, Xikrin)."

Além dos instrumentos musicais e das máscaras, outros objetos rituais procuram exprimir os arquétipos do mundo sobrenatural revestidos dos atributos que lhe são peculiares. Tais são os objetos usados pelos xamãs (pajés), chefes de aldeia e personagens destacados de um rito. Todos eles são finamente decorados e valem como símbolos de poder, a exemplo dos bastões de mando, dos bancos, cetros, arcos e flechas cerimoniais, lanças e bordunas, o machado semilunar dos grupos Jê, além de inúmeros outros.

A instrumentália do pajé é difícil de ser inventariada uma vez que se distribui por várias categorias de artefatos e, mesmo dentro de um único artefato, existiriam "encantamentos" difíceis de definir. É o que diz Zerries a propósito do maracá: "O conteúdo do maracá, que compreende diversos tipos de pedrinhas, sementes, etc. forneceria material para toda uma dissertação" (Zerries, 1981:333).

Posfácio

Tal como ocorre em outras esferas da cultura, o artesanato indígena tem sido duramente atingido pelo processo de aculturação. Constituindo o símbolo mais visível de etnicidade, sua perda ou descaracterização representa a quebra da afirmação tribal.

Os fatores que incidem negativamente sobre a produção artesanal podem ser assim sumariados: 1) o equipamento de ação sobre a natureza (objetos utilitários) enfrenta a competição desleal de bens industriais(lataria, panos, plásticos) introduzidos nas aldeias. Esses objetos são adotados pelos índios principalmente pelo poder e prestígio da sociedade dominante. 2) A paramentália ritual é afetada pelo preconceito que recai sobre a "pele social" do índio: seus adornos e pintura corporal.

Desde o ínicio da década de 70, o artesanato indígena passou a ser objeto de demanda por parte do mercado turístico. Apesar do risco de deturpação que a **atividade artesanal para fora** conduz em si, ela contribui, em alguns casos, para salvar a arte indígena de total desaparecimento.

Urge revigorar a atividade artesanal para fora, no que se refere a artefatos profanos, remunerando-a condignamente. E incentivar a de caráter endógeno como forma de preservar a configuração sócio-cultural em sua integridade.

Bibliografia

Andrade Lima, Tânia - 1986a - "Cerâmica indígena brasileira" in Ribeiro, D. (Ed.) e Ribeiro, B.G. (Coord.), - **Suma Etnológica Brasileira**, vol. 2, pp. 173-229.

Dorta, Sônia Ferraro - 1986b - "Plumária Bororo" in Ribeiro, D. (Ed.) e Ribeiro, B.G. (Coord.), - **Suma Etnológica Brasileira**, vol. 2, vol. 3, pp. 227-236.

Gallois, Dominique - 1989 - "O acervo etnográfico como centro de comunicação intercultural" in **Ciências em Museus**, 1(2) pp. 137-192, Belém, Museu Paraense Emílio Goeldi/CNPq.

POMIAN, Krzysztof - 1985 - "Coleção" in **Enciclopédia Einaudi** vol. 1 - Memória-História, Porto, Impr. Nac. Casa da Moeda, pp. 51-86.

Ribeiro, Berta G. - 1986a - "A arte de trançar: dois macroestilos, dois modos de vida. Glossário dos trançados" in Ribeiro, D. (Ed.) e Ribeiro, B.G. (Coord.), - **Suma Etnológica Brasileira**, vol. 2, pp. 283-321.

- 1986a - "Artes têxteis indígenas do Brasil. Glossário dos tecidos" in Ribeiro, D. (Ed.) e Ribeiro, B.G. (Coord.), - **Suma Etnológica Brasileira**, vol. 2, pp. 351-395.

- 1986b - "Bases para uma classificação dos adornos plumários dos índios do Brasil" in Ribeiro, D. (Ed.) e Ribeiro, B.G. (Coord.), - **Suma Etnológica Brasileira**, vol. 3, pp. 189-226.

- 1988 - **Dicionário do Artesanato Indígena**, Belo Horizonte, EDUSP/Ed. Itatiaia, 343 p.

Ribeiro, Darcy (Ed.) e Ribeiro, Berta G. (Coord.) - 1986a - **Tecnologia Indígena**, vol. 2 da **Suma Etnológica Brasileira**, 448 p.; **Arte Índia**, vol. 3 da Suma Etnológica Brasileira, 300 p., Petropólis, FINEP/Vozes.

Seeger, Anthony - 1986b - "Novos horizontes na classificação dos instrumentos musicais" in Ribeiro, D. (Ed.) e Ribeiro, B.G. (Coord.), - **Suma Etnológica Brasileira**, vol. 3, pp. 173-179.

Travassos, Elizabeth - 1986b - Glossário dos instrumentos musicais.in Ribeiro, D. (Ed.) e Ribeiro, B.G. (Coord.), - **Suma Etnológica Brasileira**, vol. 3, pp. 180 - 187.

Zerries, Otto - 1981 - "Atributos e instrumentos rituais do xamã na América do Sul não andina e o seu significado" in Hartmann, T. e Coelho, V.P. (Org.) - **Contribuições à antropologia em homenagem ao prof. Egon Schaden**, col. Museu Paulista, série Ensaios n. 4, pp. 319-359, São Paulo.

Os índios e suas relações com a natureza

Isabelle Vidal Giannini

Hoje, quando o nosso predomínio sobre a natureza parece quase completo, surgem inúmeras correntes ambientalistas dispostas a tornarem os olhos com nostalgia para períodos passados, em busca de um equilíbrio mais justo. A preservação da natureza tornou-se uma das maiores preocupações deste fim de século.

Atualmente, de um modo geral, quando nos referimos à natureza, pensamos em "recursos naturais", "preservação do meio ambiente", "ecologia".

As sociedades indígenas, pela sua relação bastante íntima com a natureza, sofrem entretanto, na visão do senso comum, de um preconceito que distorce a compreensão da relação destas sociedades com o seu meio ambiente. Evidencia-se sobretudo o fato de estas sociedades preservarem o seu meio circundante, de viverem um eterno romance com o mundo animal e vegetal e de serem as guardiãs dos "segredos" da floresta.

Devemos lembrar que o conceito de natureza e sociedade se exprime essencialmente por uma construção cultural. A idéia de natureza é algo específico de uma dada sociedade, isto é, ela depende da forma como uma sociedade humana recorta o mundo natural como sendo "da natureza".

Na visão de mundo das sociedades indígenas, o cosmos inclui tanto a sociedade como a natureza que interagem constantemente. Natureza e sociedade representam uma oposição que se inter-relaciona através de um processo contínuo de reciprocidade através de metáforas e símbolos, mitos e cerimoniais e mesmo comportamentos dos mais cotidianos como resguardos, evitação ou abstenção de atividades.

Neste sentido, a distinção entre natureza e sociedade repousa nas diversas esferas sociais organizadas por uma cosmologia mais ampla. Por outro lado, não podemos dizer que as sociedades indígenas são "naturalmente integradas à Natureza" pois "a prática social da natureza se articula sobre a idéia que uma dada sociedade se faz de si própria, sobre a idéia que ela se faz do ambiente que a circunda e sobre a idéia que ela se faz de sua intervenção sobre o meio ambiente" (Descola, 1986). Cada sociedade possui uma certa criatividade cultural explicitada na forma como esta socializa a natureza. Analogias e metáforas animais no discurso cotidiano, mítico e ritual das sociedades indígenas reforçam o sentimento de que homens e animais participam da construção do cosmos. Existe sim a convicção de que homens e natureza estão inseridos em um só mundo. Tanto o mundo das plantas como o dos animais estão carregados, assim, de sentido simbólico, aproximando-os da sociedade humana, sejam as relações assim estabelecidas atrativas ou repulsivas.

Dentro do contexto das representações da Natureza, pelas sociedades indígenas, incluímos a produção de um conhecimento classificatório dos elementos naturais. O conhecimento indígena sobre a natureza não visa somente ao utilitarismo, como foi colocado pela antropologia ecológica, nem visa somente às representações, como foi colocado pela antropologia simbólica.

Todos os povos desenvolvem teorias para entender o mundo. A cosmologia de cada sociedade representa a ordenação do universo, ordem esta que está vinculada a todos os aspectos da vida societária. Por outro lado, Lévi-Strauss (1962) coloca que o conhecimento do mundo da natureza repousa no desejo universal que têm todos os povos de conhecer e classificar seu meio ambiente, seja simplesmente pelo saber em si, seja pela satisfação de impor um padrão ou de ordenar o "caos".

No contexto da exposição "Índios no Brasil", tentamos mostrar, através da apresentação de diferentes espécies de aves, a forma como a sociedade indígena Xikrin, habitante das margens do rio Cateté, Estado do Pará, agrupa e classifica a avifauna de sua região. Gostaríamos de apresentar, neste artigo, esta classificação mais detalhadamente, passando posteriormente para as representações simbólicas do mundo animal e vegetal no universo deste grupo. Desta forma e através de um exemplo específico, serão evidenciados dois tipos de relações que se estabelecem entre uma dada sociedade e a natureza. A primeira se refere ao sistema de categorias explícitas e ideais, que recorta o universo vegetal e animal em classes morfológicas, independentemente de qualquer utilização prática; a segunda se refere a um sistema de categorias implícitas, estruturadas por uma finalidade utilitarista ou simbólica (Descola, 1986).

A classificação Xikrin das aves

No sistema de classificação Xikrin da avifauna o termo indígena **àk** engloba todas as aves, correspondendo diretamente à categoria científica. As aves são agrupadas por critérios morfológicos e a nomenclatura específica pode ser descritiva ou onomatopéica. A nomenclatura indígena de cada ave pode refletir o canto, o chilrear, o grasnar, o chiar ou qualquer som

Xamã Nhiàkrekampin elabora desenhos xamanísticos: seres sub-aquáticos, que são perigosos mas que auxiliam o xamã. Xikrin do Cateté. Foto Lux Vidal.

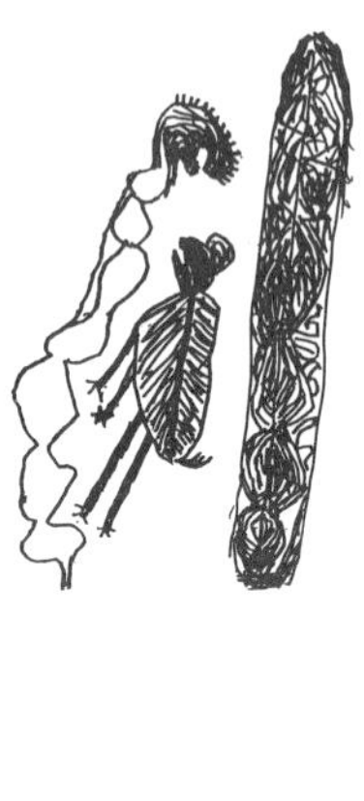

por ela produzido. Neste sentido, cabe lembrar o que disse Sick(1984: 55) com relação ao registro das vozes das aves: "Observadores experientes conseguem escrever a voz de modo muito semelhante, embora cada um na fonética de sua própria língua. Diferenças podem surgir devido ao grau de percepção dos observadores, o que ressalta o caráter subjetivo dessa técnica".

No caso dos índios Xikrin temos, como exemplo, a nomenclatura onomatopéica bem-te-vi (nome popular) e **rãrãti** (Xikrin), aracuã (nome popular) e **kokakuã** (Xikrin). Em ambos os exemplos, notam-se facilmente as semelhanças rítmicas e sonoras entre os termos regionais e indígenas.

Do ponto de vista cognitivo a nomenclatura onomatopéica é extremamente importante. As sociedades indígenas apresentam riquezas nos artefatos plumários e as aves, além de fornecerem penas, cantam. Como coloca Patrick Menget ao tratar da definição humana nas sociedades ameríndias: "são verdadeiros homens de penas que gostam sobretudo de música". Através da nomenclatura das aves, percebemos a existência de outro meio para o conhecimento e para a simbolização entre os Xikrin: a audição. E de fato, vários "cantos de aves" são entoados durante os rituais.

A nomenclatura descritiva das aves nos remete, ainda, a um outro plano do conhecimento indígena: o morfológico e comportamental. Os nomes podem se referir ao tamanho de uma espécie em relação às outras ou descrever um aspecto sobressaliente da ave.

No que se refere a taxonomia, existem na classificação Xikrin, quatro níveis que denominamos de categoria inicial, categoria supragenérica, categoria genérica e categoria específica. Estas categorias são semelhantes às categorias criadas por Lineu. Aliás, sempre me perguntei se Carlos Lineu (1707 - 1778) teria criado os princípios da sistematização ou taxonomia. Minha conclusão, ao contrário, foi a de que ele comprovou a existência de taxonomias nativas pré-existentes ao seu estudo. Seu trabalho foi o de sistematizar os dados colhidos por viajantes e naturalistas, previamente agrupados e nomeados pelos nativos. Dois autores compartilham desta idéia: Rui Coelho (1989:91), em um artigo dedicado a temas ligados à cognição e aos processos culturais, deixa no ar a pergunta: "Teria Lineu o privilégio de ter atingido a coisa em si?". Na mesma direção, lembro a colocação de Patrick Menget: "é só ler os naturalistas viajantes do século XVIII ao Brasil para se perceber que grande parte de suas observações sobre a avifauna provém de forma direta e explícita, do saber indígena cujas pesquisas posteriores dos ornitólogos vieram confirmar".

Através de uma observação feita pelo próprio Lineu, ao se referir aos índios Guarani, encontramos mais uma vez a comprovação deste pensamento: "primus verus systematicus" (*apud* Stoni, 1944:11), dando assim o devido crédito à contribuição intelectual deste povo.

Neste artigo não cabe apresentar todas as categorias (hierárquicas e inclusivas) da classificação taxonômica indígena das aves. O importante é ressaltar a sua existência, mostrando que de fato existe uma lógica comum no pensamento humano. A capacidade de classificar ou de pensar taxonomicamente é algo compartilhado pelos Xikrin e outras sociedades indígenas e pelos membros de nossa sociedade. É, na verdade, algo muito mais geral, cuja universalidade é apontada por Hanson (1973: 6): "O fato supremo da diversidade animal e vegetal é que a sua variedade é descrita, de modo muito significativo, em termos de grupos descontínuos chamados de espécies. A universalidade desta observação é tão largamente aceita que ela parece um lugar-comum".

Como exemplos citaremos aqui apenas duas categorias entre as onze existentes, entre os Xikrin.

O termo **àk**, como vimos anteriormente, define a categoria inicial das aves e corresponde diretamente à ordem científica Falconiformes. Este fato pode ser explicado através do mito da origem das aves: "Kukrut kako e Kukrut uire e a morte do gavião-real". Para uma melhor compreensão do leitor, reproduziremos aqui o mito integralmente.

"Kukrut-uire e Kukrut-kako eram dois meninos. O avô estava fazendo flechas. A avó chamou os meninos para ir tirar palmito. Os dois meninos foram com ela. A avó estava cortando palmito debaixo do ninho do gavião grande. O gavião já vinha trazendo um homem que tinha pego quando estava caçando. Aí o gavião desceu para pegá-la. Os meninos estavam brincando no capim. O gavião desceu, pegou a avó, subiu e botou no ninho. Os meninos correram avisar o avô. O avô disse: " Eu vou matar o gavião". Não matou, só foi olhar. O gavião estava comendo a avó.

Ele foi procurar um poção grande e colocou os dois meninos na água. Levou batata doce, inhame, banana, para eles comerem. Comeram até ficar grandes. Depois de um tempo, o avô foi ver onde estava o pé dos meninos. Os pés estavam saindo do outro lado do lago. Peixes andavam por cima deles, cobra, poraquê, jacaré. Todo bicho andava por cima e eles não se mexiam. O avô quando viu que os meninos estavam grandes foi fazer borduna, lança e buzina pequena de taboca.

Aí todo mundo foi, de manhã cedo, levar urucum, forrar o chão. Os dois meninos se levantaram e foram para o centro da aldeia. O avô foi construir um abrigo de palha para pegar o gavião. Os meninos entraram no abrigo e esperaram. Um deles saiu e chamou o gavião: bxch!bxch! Quando o gavião vinha descendo, ele entrou no abrigo. O gavião desceu e bateu no chão, procurando aonde é que tinha gente, depois subiu de novo e quando estava lá em cima ele chamou de novo.

O gavião desceu, Kukrut-uire saiu e chamou de cima, isto várias vezes.

Quando o gavião cansou, botou a língua de fora e ficou com as asas abertas, os dois gigantes o mataram. Cortaram o gavião miúdo. Tiraram uma pena e saiu um gavião, uma outra saiu um urubu, outra uma arara, das penas pequenas saiu os pássaros. Puseram as penas na cabeça como enfeite e ficaram cantando".

No tempo das origens só existia uma espécie de ave, o gavião gigante. O mito conta como os heróis mitológicos criaram, a partir deste gavião, a diversidade no mundo das aves. Por outro lado, ao criarem as aves, eles criam também os artefatos plumários considerados verdadeiras riquezas

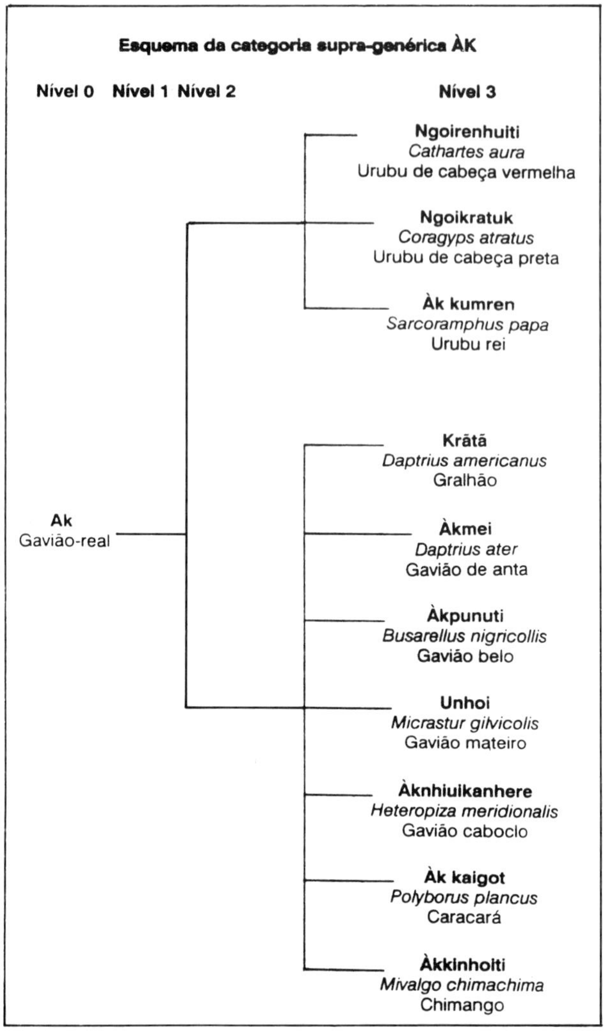

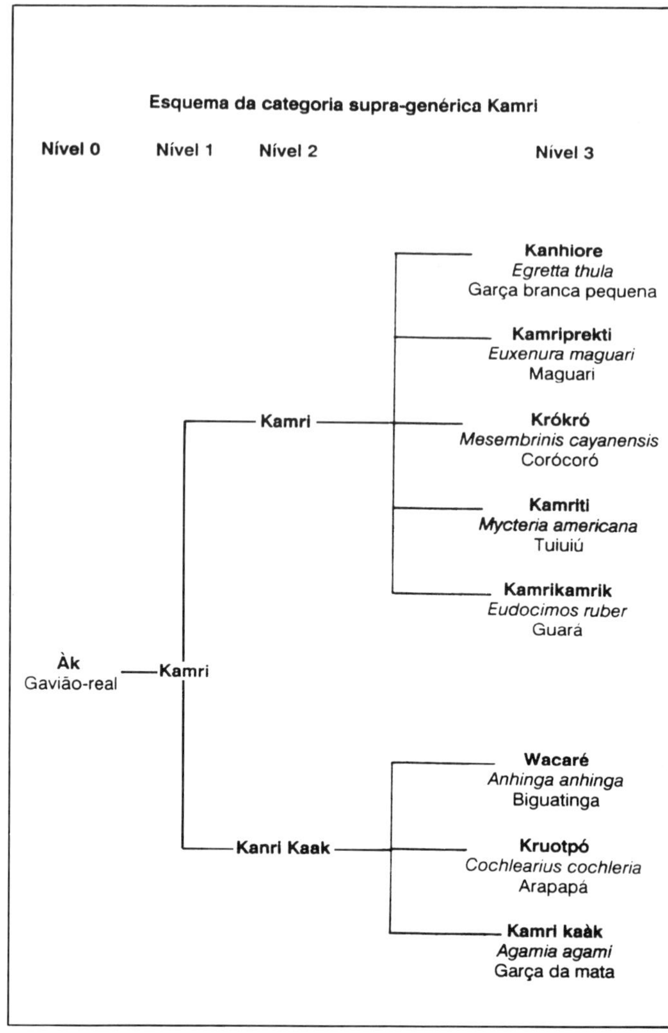

para esta sociedade indígena. Notamos que, no mito, existe uma hierarquia na criação das espécies, sendo que as primeiras pertencem ao grupo dos Falconiformes. Neste caso, a classificação das aves está diretamente relacionada a esta hierarquia, sendo que não existem sequer categorias intermediárias.

A denominação **Kamri**, outra categoria taxônomica, engloba a ordem científica Ciconiformes, além de mais três famílias científicas: Anatidae, Phalacrocoracidae e Aramidae. Este agrupamento se baseia nos hábitos ribeirinhos, de banhados e lagoas e na alimentação: todas as espécies desta categoria se alimentam de peixes. Neste grupo já existe a categoria genérica e intermediária.

Apesar de reconhecerem a existência de uma diferenciação no nível da comestibilidade, dos artefatos, isto é, no nível pragmático, não podemos falar em critérios utilitaristas como definidores da classificação Xikrin das aves, porque o campo de espécies nomeadas é muito amplo, ultrapassando os limites de uma pura classificação adaptativa. No entanto, percebemos que sobressaem linguisticamente os animais que, tanto no nível da alimentação como das representações, são importantes numa certa cultura.

Após este breve comentário sobre as formas de classificação, ressaltando um sistema de relação entre uma dada sociedade e a natureza do ponto de vista da identificação e ordenação dos elementos naturais, passaremos, a seguir, a tratar das representacões simbólicas existentes entre natureza e sociedade.

A construção simbólica da natureza

Os índios Xikrin definem espaços naturais distintos: a terra, dividida em clareira e floresta, o céu, o mundo aquático e o mundo subterrâneo; concebem-no com atributos e habitantes distintos e se relacionam com cada um deles de maneira diferenciada. Os espaços naturais são os diferentes domínios que compõem o cosmos. Procuraremos, a seguir, caracterizá-los em sua especificidade.

A floresta é a moradia de diferentes categorias étnicas inimigas, dos animais terrestres e também das plantas. Ela é o espaço da caça prestigiada, como no caso da anta, jabuti, tatu e outros. Mas a apropriação indevida, sem regras, do mundo animal, causa a fúria de uma entidade sobrenatural, o dono-controlador dos animais que, através do feitiço, regula a ação predatória dos homens.

Por outro lado, é da floresta que provém atributos importantes da sociabilidade Xikrin. Foi neste domínio que, no tempo das origens, os índios se apoderaram do fogo e da linguagem cerimonial. A floresta é vista como um espaço físico compartilhado por animais e grupos inimigos: é um espaço competitivo, agressivo. Nas situações de doenças, é o domínio com o qual não se deve ter contato.

Para minimizar estas agressões os homens devem ser iniciados neste domínio através de rituais específicos. A neutralização da agressividade é realizada na clareira, lugar da aldeia e das roças, através das espécies animais domesticadas e das plantas cultivadas. A clareira é o lugar das relações de parentesco e aliança, da construção da pessoa e da socialização do indivíduo, enfim, da definição da humanidade.

Desenho do xamã Nhiàkrekampin. No lado esquerdo há a representação do dono-controlador do mundo aquático. Do lado direito, o dono-controlador da floresta. No centro, a representação do feitiço dos donos-controladores.

"A queda do Gavião-real". Desenho do xamã Nhiàkrekampin.

No fim da tarde, mulher e filhos voltam do trabalho na roça. Aldeia Xikrin do Cateté. Foto Lux Vidal.

No domínio aquático, encontramos a possibilidade do fortalecimento dos aspectos físicos e psicológicos do indivíduo. A água faz amadurecer rapidamente através de rituais de imersão, sem porém alterar a substância do ser. A água é um elemento da criação, contrariamente ao fogo, elemento da transformação. Neste domínio existe também um dono-controlador. Sua relação com os homens é de solidariedade e, no tempo mítico, marca o início das relações entre os homens e os outros domínios. Foi o dono-controlador do mundo aquático que ensinou aos homens a cura das doenças. As plantas medicinais são do domínio terrestre, mas seu conhecimento e as regras de sua manipulação para o benefício dos homens foram adquiridos no mundo aquático através da mediação de

um xamã e de sua relação com o dono--controlador deste domínio.

O mundo subterrâneo está relacionado ao sangue, ao comer cru, ao canibalismo, representa a condição verdadeiramente anti-social, em que os homens são presas e não predadores. Ele representa aquilo que os homens não querem ser.

No domínio do céu, o leste é o lugar da luz eterna, origem dos índios Xikrin. É também o habitat do gavião-real, iniciador do xamã com quem este mantém uma relação especial: é o gavião-real que, segundo o mito, perfura a nuca do iniciando para que se torne um bom xamã.

A categoria das aves está relacionada ao espaço físico do céu. As aves e os artefatos plumários foram, como já citamos, criados pelos heróis mitológicos, possibilitando assim a humanidade Xikrin, diferenciando os verdadeiros humanos de outros grupos étnicos e dos animais.

Sendo assim, para os Xikrin, a arte plumária não é considerada apenas como um adorno, o que ela representa na verdade para os homens é a conquista da humanidade. Os ornamentos corporais fazem parte de um conjunto de características que expressam a identidade desta sociedade.

Se por um lado, como vimos, existem diferenças entre os vários domínios cosmológicos, encontramos também vários sistemas mediadores que evidenciam a relação entre os humanos e estes domínios. No caso dos Xikrin, por exemplo, a origem dos nomes pessoais estabelece não somente uma herança dos ancestrais de geração a geração como também um vínculo entre os Xikrin e a Natureza. Eles colocam em relação os humanos, os animais terrestres e os peixes, estabelecendo-se assim um parentesco simbólico entre os habitantes dos diferentes domínios, relacionando os humanos e animais entre si. Observamos assim que a nominação, enquanto sistema de classificação social, se define como um sistema de relações. É interessante notar que estas mediações se estabelecem pela ação de um xamã que ao se comunicar com os animais, aprende seus nomes, danças e cantos, transmitindo estes conhecimentos aos homens.

As mediações entre natureza e sociedade verificam-se ainda, através de certas práticas cotidianas como o fato de um caçador, ao retornar de uma caçada bem sucedida, cantar para que o espírito do animal caçado permaneça na floresta; de certas escarificações realizadas para que o indivíduo desenvolva atributos valorizados de certos animais; e, de forma mais complexa, nas sucessivas fases dos rituais de nominação e iniciação.

Os rituais possuem aspectos simbólicos que transcendem a organização social, relação de parentesco, transmissão de nomes e prerrogativas. O canto, a coreografia e os ornamentos, dos quais os homens se apropriaram no tempo das origens, são reproduzidos no ritual como manifestação da situação atual da humanidade no cosmo.

Os rituais de iniciação e nominação mostram que a humanidade Xikrin se constrói a partir dos atributos dos diferentes domínios que compõem o universo. É a interligação dos domínios, que tem no centro os próprios Xikrin, que permite a construção de sua sociedade.

Nesta sociedade, a noção de contágio demonstra também a relação existente entre sociedade e natureza. Ela envolve tan-

Crianças Xikrin voltam com o resultado de uma pescaria. Foto Lux Vidal.

to aspectos positivos, como a aquisição de atributos animais valorizados pela sociedade, quanto aspectos negativos, relacionados à transgressão das regras sociais ou de um contato nocivo com substâncias perigosas do domínio da natureza. A noção de contaminação é algo muito abrangente, e só pode ser entendida se pensarmos, concomitantemente, nos elementos constitutivos da pessoa, nas relações entre grupos e indivíduos e na relação entre a sociedade e a natureza. Como coloca Michel Perrin (1985: 103 - 122) ao tratar da questão do contágio entre os Guarijo, o contágio é um poder "extra-ordinário", que lembra à humanidade suas constantes relações e dependências destes "outros mundos", ora refutados, ora incorporados.

Para finalizar não poderíamos deixar de falar sobre o papel que desempenha o xamã nesta sociedade indígena. O xamã, indivíduo sobre-humano e cujos poderes são adquiridos "extra sociedade" é o mediador entre a sociedade Xikrin e a natureza, entre a sociedade Xikrin e o sobrenatural. O xamã tem o poder de transitar tanto no mundo dos homens como no mundo da natureza. Os humanos, ao longo de suas vidas, acumulam atributos de diferentes domínios cósmicos e se constróem através deles. O xamã vivencia, compartilha e se comunica continuamente com estes domínios. Ele detém o papel de intermediador por excelência.

O xamã é um ser pleno: vive na sociedade dos homens, compartilha da sociedade dos animais, do sobrenatural e tem a capacidade de manipular os diferentes domínios. Ele pode, entre tantos outros atributos, negociar com os donos-controladores do mundo animal, uma boa caçada ou uma farta pescaria. Ele é iniciado pelo grande gavião - real, habitante do mundo celeste, adquirindo assim, a capacidade de voar e voando, possui uma visão cósmica do universo.

Se o discurso moderno ocidental se sustenta na relação de "posse", "conquista" e "domínio", isto é, numa relação onde a concepção de natureza passa a ser mero objeto para o homem, vimos, através de um exemplo específico, que nas sociedades indígenas as diferentes partes que compõem o universo se interpenetram. Não existe uma dicotomia natureza/sociedade mas uma continuidade entre os domínios tal como concebidos pelos Xikrin. É claro que ao tratarmos das relações entre sociedades indígenas e natureza não podemos deixar de apontar a existência de sutis diferenças de interação e de definição dos domínios cósmicos e seus atributos, particulares à cada sociedade.

Bibliografia

Descola, Ph. - 1986 - **La Nature Domestique**, Paris, Editions de la Maison des Sciences de l'Homme.

Galvão Coelho, R. - 1989 - "Planos de cognição e processos culturais" in **Tempo Social** - Rev. Sociol. da Universidade de São Paulo, 1(1): 81-104.

Giannini,I. - 1991 - "A ave resgatada: a impossibilidade da leveza do ser", Dissertação de mestrado, Universidade de São Paulo.

Hanson, E.D. - 1973 - Diversidade animal. São Paulo, Edgard Blusher/Edusp.

Lévi - Strauss, Cl. - 1962 - **La pensée sauvage**, Paris, Plon Perrin.

- 1985 - "Les fondements d'une catégorie ètiologique" in **L'etnographie**, numéro spécial, 96-97.

Sick, H. - 1985 - **Ornitologia Brasileira**, Vol. I e II, Brasília, Ed. Universidade de Brasília.

Stoni, J. - 1944 - **Hortus guaranensis**, Tucumán, Universidad National de Tucumán.

O direito envergonhado: o direito e os índios no Brasil*

Carlos Frederico Marés de Souza Filho

Introdução

Nada é mais dramaticamente parecido com a realidade dos direitos dos povos, escravos, índios, camponeses, mulheres e outros segmentos discriminados da sociedade latino-americana do que o conto de Kafka, "Diante da Lei". Um homem passa a vida inteira diante da porta da Lei esperando para entrar, sempre há um impedimento, uma ressalva, uma proibição momentânea, uma ameaça, até que o homem morre. No momento de sua morte, vê que o porteiro fechará a porta e, interrogando a razão do fechamento, descobre que a porta estivera aberta somente para ele durante todo o tempo, e já que ele não entrara, não havia mais razão para a porta permanecer aberta.

Assim os oprimidos quando chegam à porta da lei encontram um obstáculo, dificuldade, impedimento ou ameaça, mas o Estado e o Direito continuam afirmando que a porta está aberta, que a lei faz de todos os homens iguais, que as oportunidades, serviços e possibilidades de intervenção do Estado estão sempre presentes para todos, de forma isonômica e cega. E a sistemática, usual, crônica injustiça da sociedade é apresentada como exceção, coincidência ou desventura. O Estado e seu Direito não conseguem aceitar as diferenças sociais e as injustiças que elas engendram e na maior parte das vezes as omitem ou mascaram, ajudando em sua perpetuação.

Aos olhos da lei a realidade social é homogênea e na sociedade não convivem diferenças profundas geradas por conflitos de interesses de ordem econômica e social. O Sistema Jurídico os transforma em questões pessoais, isola o problema para tentar resolvê-lo em composições de partes, como se elas não tivessem, por sua vez, ligações profundas com outros interesses geradores e mantenedores dos mesmos conflitos. O Estado, quando legisla, executa políticas ou julga, não trata os conflitos de terra, por exemplo, como o choque de interesses de classes, segmentos sociais ou setores da sociedade, mas como o conflito entre o direito de propriedade do fazendeiro tal contra o direito subjetivo do posseiro qual. Tudo fica reduzido a desafetos pessoais e a Lei, geral e universal em princípio, se concretiza apenas nos conflitos individuais, podendo ser injusta na aplicação, mas mantendo sua aura de Justiça na generalidade.

Se a distância entre o justo e o legal em matéria de Direito Privado, marcado pela hegenomia da propriedade, que se transforma em seu parâmetro e paradigma, é claramente verificável apenas surja o conflito entre indivíduos de classes sociais diferentes e o Estado seja, através do Juízo, chamado a compô-lo, no Direito Penal, que tem teoricamente o primado da Justiça e a recuperação do delinquente como fundamento, as coisas não são assim tão claras, porque a relação não se estabelece diretamente entre desiguais, mas entre o Estado (portador da Justiça) e o indivíduo presumivelmente inocente. Mas, contraditoriamente, é na aplicação das penas que se pode verificar o profundo conteúdo de classe do Direito, talvez porque, enquanto o Direito Privado é voltado para as relações jurídicas da minoria da população que contrata, distrata, discute o patrimônio, disputa a herança e busca indenização, o Direito Penal é criado como forma de coibir a violência pessoal, não pouca vezes filha da violência social, intimidando e desestimulando a grande maioria de injustiçados de procurar a justiça por suas próprias mãos, por isso o Direito Penal é voltado para a grande maioria da população, e por ela conhecido como instrumento de intimidação. O Direito Privado é o direito dos poderosos, o Penal dos oprimidos, aquele para garantir seus bens, este para intimidar ação socialmente reprovável.

Quando se estuda o Direito brasileiro em relação aos povos indígenas ou negros, estas contradições se revelam muito facilmente, e fica claro este sentido da Lei que ora se omite para não consagrar direitos, ora tergiversa para esconder injustiças.

O direito dos índios

No Brasil hoje vivem mais de duzentos e cinquenta mil índios distribuídos em mais de cento e oitenta grupos étnicos, com profundas diferenças sociais e organizativas. Cada um destes grupos tem um Direito próprio, não escrito, mas rigidamente obedecido.

Porém, o Estado e seu Direito negam a possibilidade de convivência, num mesmo território, de sistemas jurídicos diversos, acreditando que o Direito Estatal seja único e onipresente. O exemplo do Brasil, porém, com a existência destas várias Nações Indígenas com maior ou menor contato com a sociedade brasileira, faz por desmentir aquelas concepções.

As relações de família, propriedade, sucessão, casamento e crime, são, numa sociedade indígena, nitidamente reconhecidas por toda a comunidade, de tal forma que se estabelece um sistema jurídico complexo, com normas e sanções. A variedade de sanções corresponde à importância da transgressão e a legitimidade da forma e da sanção não é questionada, porque não deriva de um poder acima da comunidade, mas da própria comunidade que as estabelece no processo social, de acordo com as necessidades do grupo.

É fácil, porque transparente, observar a existência do direito indígena nas regras penais. Assim nos relata Alcida Ramos: "Quando uma ação criminosa é consumada, aplica-se, então, a punição correspondente: ostracismo, expulsão ou mesmo morte" [1]. Não são menos "visíveis" as regras do casamento nas culturas indígenas, a tal ponto de que muitas vezes, se possa afirmar, sem exageros, que as opções de liberdade individual em relação ao casamento sejam quase nulas.

Por terem um direito próprio e por se organizarem segundo os parâmetros de sua sociedade, conceitos como território e povo e as relações com os brancos ou com outras comunidades são compreendidos e vistos a partir de seus valores culturais que geram normas exigíveis e puníveis. As explicações para os fenômenos do mundo, inclusive a invasão de seus territórios pelos brancos, são dadas pelo seu sistema sócio-cultural, exatamente por isto, é muito diferente a reação de cada povo indígena às invasões ou à existência de estranhos em suas terras [2].

A existência de um Direito entre os povos indígenas, e seu reconhecimento, não é uma polêmica recente, mas remonta ao início das invasões européias em território americano. É significativo o fato do frei Bartolomé de Las Casas ter escrito vasta obra em defesa deste princípio e, ainda assim, não ter sido aceito ou entendido. Muito contestado, mas com muita paixão, dizia Las Casas naqueles idos de 1500: "Cualesquier naciones y pueblos, por infieles que sean, (...) son pueblos libres, y que no reconocem fuera de sí ningun superior, excepto los suyos próprios, y este superior o estes superiores tienen la misma plenísima potestad y los mismos derechos del príncipe supremo en sus reinos, que los que ahora posea el imperador en su imperio" [3].

Os poucos juristas que tratam da História do Direito brasileiro, fazem referências ao direito pré-colombiano, como se as Nações indígenas tivessem existido apenas até o advento do Estado Brasileiro. Esta interpretação etnocêntrica, pressupõe a unicidade do Direito Estatal de tal forma que só admite direitos das sociedades indígenas enquanto não houve Estado, português ou brasileiro, que providenciasse um Direito único com sua fonte exclusiva ou, pelo menos prioritária, a Lei. Em todo caso, nestas análises e estudos, há um marcante desconhecimento e mesmo referências à existência ainda hoje de grupos e à nações indígenas, algumas das quais sem praticamente nenhum contato com a sociedade brasileira. À guisa de exemplo, é interessante analisar o livro do Prof. João Bernardino Gonzaga que, admitindo a existência do Direito em povos não organizados estatalmente, já a partir do título que deu a seu trabalho: "O Direito Penal Indígena à Época do Descobrimento do

Brasil"[4], descarta a possibilidade daquelas normas e sanções estarem sendo aplicadas ainda hoje pelos remanescentes indígenas. Além disso, a leitura do livro ressalta todo o preconceito da sociedade européia em relação aos povos americanos, são constantes termos como "primitivismo", "estado tosco de organização social", etc. Mas o grande equívoco em relação às análises do Direito Indígena é a tentativa de encontrar traços comuns a todas as Nações, fazendo tábula rasa das profundas diferenças sociais e culturais de cada um dos povos indígenas que viviam e vivem em território brasileiro. João Bernardino Gonzaga faz expressa referência a este fato, afirmando ser muito difícil o estudo do direito penal indígena exatamente porque são "incontáveis os grupos" existentes. Ainda assim se propõem a fixar as idéias comuns a todos eles.

Esta determinação de considerar todos os povos indígenas numa única categoria é uma constante na história das relações dos colonizadores com os povos indígenas, tendo gerado o termo único "índio" em contraposição ao nome de cada uma das nações, a "língua-geral", pela qual os missionários queriam que todos os povos os entendessem e se entendessem entre si, fruto de uma religião única e universal. A dimensão do preconceito, discriminação e etnocentrismo está clara nesta tentativa de unificar a religião, a língua, a cultura e o direito, negando a diversidade. É evidente a existência de línguas, culturas, religiões e direitos diferentes que até hoje sobrevivem, a duras penas é verdade, na sociedade brasileira. Mas são acima de 170 grupos que praticam essas diferenças e que organizam a sua vida segundo normas jurídicas que nada têm a ver com direito estatal, porque são a expressão de uma sociedade sem Estado, cujas formas de poder são legitimadas por mecanismos diferentes das formais e legais instâncias do Estado.

O Direito Estatal, porém, não pode admitir que este conjunto de regras que organiza e mantém organizada uma sociedade indígena seja efetivamente Direito e, muito menos, que o Estado o acate, sem abalar sua estrutura de Direito único e fonte única de Direito. Mas, de uma forma envergonhada, a legislação brasileira moderna, repetindo preceitos da Convenção 107 [5] da Organização Internacional do Trabalho, respeita os usos, costumes e tradições das comunidades indígenas nas relações de família, sucessões e negócios entre índios, assim como aceita nos crimes intra-étnicos a punição da comunidade, desde que não seja com pena infamante ou de morte. O Direito Indígena, mesmo nos territórios e na convivência da comunidade, é apenas uma fonte secundária do Direito Estatal, tolerada quando a lei for omissa ou desnecessária.

O Direito de cada uma das nações indígenas, indissoluvelmente ligado às práticas culturais, é o resultado de uma vivência aceita e professada por todos os habitantes igualmente. Ao contrário disso, o Direito estatal brasileiro é fruto de uma sociedade profundamente dividida, onde a dominação de uns pelos outros é o primado principal e o individualismo o mar-

O dominicano Bartolomé de Las Casas defendia a existência de um direito entre os índios que deveria ser respeitado pelos conquistadores. Notabilizou-se no debate de Valladolid quando enfrentou o jurista Juan Ginés de Sepúlveda. Capa do livro "Narratio regionum indicarum" de Las Casas. Biblioteca Mário de Andrade. Foto Sosô Parma.

cante traço característico. A distância que medeia o Direito indígena do estatal é a mesma que medeia o coletivismo do individualismo. Daí decorre outra diferença fundamental: o Direito de cada nação indígena é "estável", porque nascido de uma praxis de consenso social, não conhece instância de modificação formal, modifica-se na própria praxis; o Direito estatal, tendo o legislativo como instância formal de modificação, está em constante alteração.

Exatamente esta possibilidade de modificação, esta "instabilidade" do Direito brasileiro é que ganha visibilidade quando o índio se encontra com a sociedade branca e com ela trava os primeiros conhecimentos jurídicos. Esta visão indígena do Direito estatal foi traduzida com poesia e eloquência por Paiaré - parkategê do sul do Pará - por ocasião de discussões sobre a passagem de uma estrada de ferro para transporte de minério da Serra de Carajás, na Amazônia, que deveria cortar, como de fato cortou, o território de seu povo: "A lei é uma invenção. Se a lei não protege o direito dos índios (sobre suas terras), o branco que invente outra lei". Tem razão Paiaré, o Direito estatal é lei, porque lei é sua fonte, sua matriz e sua legitimidade. E a lei é criada - ou inventada - por um grupo de homens, que teoricamente representam todas as sociedades, mas que não raras vezes legislam contra os interesses da Nação. De qualquer forma, numa sociedade dividida e injusta como a nossa, a lei é uma invenção de uns contra os outros. O que Paiaré, na sua arguta constatação da realidade, desejava é que ela fosse a invenção de uns a favor de outros[6].

São raros, como já dissemos, os estudos destas diversas expressões jurídicas e quase todos genéricos e, consequentemente, pouco profundos, muitas vezes marcados mais pelo sentimento de "simpatia por uma das raças que contribuíram para a formação do povo brasileiro", como dizia Clóvis Bevilaqua,[7] do que pelo espírito científico.

Por outro lado, a simples existência destes povos, com sua realidade e direito próprios, deixa perplexo o mecânico raciocínio do Direito Estatal; o conceito de sociedade indígena lhe é incompatível: como enquadrar a idéia de território indígena aos limites individualistas do direito de propriedade? Como conter o conceito de povo nas restritas concepções de personalidade jurídica privada? Como impor a representação-fundamento democrático da sociedade estatal - a grupos humanos cujo poder é exercido por aceitação coletiva e necessariamente consensual?

Para responder a estas inquietantes questões, preenchendo lacunas perigoramente abertas, o Direito Estatal se vê na contingência de criar regras legais capazes de aproximar conceitos, buscar analogias, estabelecer parâmetros que enquadrem a sociedade indígena ao desenho de sua lei. São poucos os Estados latino-americanos que já criaram leis para promover este enquadramento; o Brasil está entre eles. Por vezes não basta a elaboração da lei, há uma distância entre a decisão legislativa e a execução de políticas de acordo com a lei vigente e, ainda, a aplicação judicial para solução de conflitos. O caso do Brasil é exemplar. Atualmente, desde 1988, a Constituição da República dedica um capítulo para os índios, reconhecendo seus direitos, suas terras, seus costumes, suas línguas; já o braço executor do Estado nega esses direitos, invade suas terras, desrespeita seus costumes, omite suas línguas, e o Judiciário ou se cala ou simplesmente não é obedecido.

É dentro deste quadro - analisando e rastreando historicamente a evolução do direito brasileiro, comparando inclusive com a legislação sobre escravos - que se poderá ter a dimensão das omissões do Estado e de seu Direito em relação a estes povos, e a certeza de que estas omissões e as criações de figuras jurídicas para preencher as lacunas não são mais do que tentativas de esconder uma realidade da qual a classe dominante, seu Direito e seu Estado se envergonham.

A manumissão silenciosa

O estudo das leis brasileiras sobre a escravidão, especialmente sobre os escravos, é tão interessante quanto revelador das vergonhas que sente o direito em tratar de assuntos que exponham as injustiças da sociedade.

Manuela Carneiro da Cunha, em brilhante estudo publicado originalmente pela UNICAMP - Universidade de Campinas - intitulado "Sobre os silêncios da lei. Lei costumeira e positiva nas alforrias de escravos no Brasil no século XIX",[8] relata, visitando os historiadores, viajantes e cronistas da época, que os escravos podiam obrigar o seu senhor a manumiti-lo, se pagassem preço pelo qual foram comprados. Ainda que fosse difícil para o escravo fazer valer este direito diante de eventual recusa do seu senhor, contam os cronistas que era um direito reconhecido por todos, de tal forma que, dizia Koster em 1816, deveria estar consagrado em lei.

Demonstra a Profa Manuela Carneiro da Cunha que tratava-se de um equívoco de Koster; em realidade, ainda que amplamente reconhecido, este direito do escravo, somente viria a se tornar lei em 1871, com longo regulamento editado em 1872, antes disso era um costume, respeitado como lei, mas singelamente omitido de expressão legal. Quer dizer, era um direito costumeiro que convivia num sistema de direito positivo.

Na realidade não fazia muita diferença a existência de norma legal escrita, desde que a manumissão fosse garantida, apesar de que a inexistência da norma facilitava a não observância do direito pelos senhores de escravos. O que chama mais a atenção é o fato de não haver regulamentação escrita para uma prática tão jurídica e tão comum como a munimissão, que foi objeto de uma complexa lei (com 100 artigos). Imediatamente se iniciou o processo de libertação dos escravos, em 1871. Por certo não se pode creditar este silêncio ao pouco desenvolvimento da legislação brasileira oitocentista. Deve ser lembrado que em 1824 foi promulgada a Constituição Imperial, a primeira do Brasil, e em 1830 o Código Criminal, e ambos silenciavam sobre a existência de escravos, ambos deixavam de reconhecer a sociedade escravagista para a qual haviam sido elaborados. Significa este trabalho legislativo, somado a muitos outros, que não era pequena nem incipiente a elaboração legislativa do Brasil do século passado, mas singularmente omissa em relação à manumissão dos escravos. Do ponto de vista estritamente jurídico a explicação para a ausência desta legislação era o fato de que escravo não era considerado pessoa, isto é, não podia ser sujeito de direitos, posto que era um bem jurídico.

O estudo da Profa Manuela Carneiro da Cunha conclui: "O silêncio da lei não era certamente esquecimento." "...a par de sua função política, vincula-se também a fontes ideológicas. Nos seus níveis mais abstratos, da Constituição aos Códigos, o direito do Império teve de se acomodar com a contradição que era se descreverem as regras de uma sociedade escravista e baseada na dependência pessoal com a linguagem do liberalismo".[9]

Este falacioso pudor que cobriu a legislação oitocentista em relação aos escravos, veio se repetir na primeira metado do século vinte, no Direito Penal, em relação aos índios, como veremos mais adiante.

Os índios e reconhecimento civil

Se assim era o tratamento do Direito positivo dado aos escravos, por imposição

OS INDIGENAS DO BRAZIL,
SEUS DIREITOS
INDIVIDUAES E POLITICOS

POR

JOÃO MENDES JUNIOR

EDIÇÃO FAC-SIMILAR

SÃO PAULO
Typ. Hennies Irmãos — Rua Riachuelo, 14 e 16
1912

Capa da edição fac-símilar do livro de João Mendes Júnior que defende o direito histórico dos índios às terras, por antecederem a formação do Estado brasileiro.

ou vergoha da sociedade, muito outro era, nessa época, o tratamento dispensado aos índios. O mesmo discurso liberal, incompatível com a manutenção do escravismo, ficava enaltecido com a defesa e proteção das populações indígenas, especialmente porque a sua defesa não comprometia o processo produtivo, de que os índios não participavam, desde que suas terras, ou a defesa de suas terras, não atrapalhassem a propriedade da terra dos senhores portugueses. O Direito oitocentista e até mesmo anterior, reconhece aos índios que vivem em território brasileiro o direito a usufruir da sociedade dita civilizada, e se propõe a receber os índios como integrantes desta sociedade. Revelador é o Alvará de 1775, 4 de abril, do rei de Portugal: "Eu El-Rei, sou servido declarar que os meus vassalos deste reino e da América que casarem com as índias dela não ficam com infâmia alguma, antes se farão dignos de real atenção. Outrossim proíbo que os ditos meus vassalos casados com índias ou seus descendentes, sejam tratados com o nome de caboclos ou outro semelhante que possa ser injurioso. O mesmo se praticará com portuguesas que se casarem com índios." (Ortografia atualizada).

Estava aberto assim o caminho da política integracionista praticada até nossos dias, (rompida, na lei, muito recentemente, com a promulgação da Constituição de 1988), pela qual se oferece aos índios a extrema felicidade de poder ingressar na sociedade que os envolve, oprime, rouba suas terras e mata.

Apesar de relativamente vasto o número de dispositivos legais que falam em índios, na verdade é muito difícil visualizar o desenho da concepção jurídica que o direito do século passado tinha destes povos. Poucos, raríssimos dispositivos, tratam da pessoa do índio; normalmente se referem a limitações e garantias de direito alheio, como no Alvará acima citado, onde o que está em jogo não é exatamente a pessoa do índio, mas sim a do português ou portuguesa que com ele se casa. Grande parte dos dispositivos trata das questões de terras, mais como a limitação que a ocupação indígena exerce sobre a disponibilidade das terras do Estado e de particulares do que como garantia das terras aos índios. É visível, pela leitura dos atos legislativos, que a única preocupação dos colonizadores para com os indígenas era a integração destes na nova sociedade que chegava. O que os índios pensavam, faziam ou queriam fazer, não entrava em cogitação. A existência de outras culturas, outras práticas sociais não era, para nada, levada em conta pela legislação. O Código Criminal do Império, de 1830, é singularmente omisso e de sua leitura isolada se poderia deduzir da inexistência de índios no Brasil.

Ao contrário de tentar esconder a existência de índios no Brasil, como fazia a envergonhada legislação escravagista, a legislação indigenista apregoava a integração pela razão, pelo medo ou pela força, não omitia a existência de índios, apenas não reconhecia a diferença e propugnava a sua integração, demagógica e mentirosa.

Exemplar é a história da Carta de Lei de 27 de outubro de 1831, que declarou o fim da escravidão indígena e a sujeição dos ex-escravos a uma tutela orfanológica, de caráter civil. Tudo começou em 1808, com uma Carta Régia que declarava guerra os índios Botucudos do Paraná, então província de São Paulo, e determinava que os prisioneiros fossem obrigados a servir por 15 anos aos milicianos ou moradores que os apreendessem, abrindo a oportunidade de, àqueles que depusessem armas e se submetessem às leis reais e se aldeassem, "gozarem dos bens permanentes de uma sociedade pacífica e doce debaixo das justas e humanas leis que regem os meus povos".

Em maio do mesmo ano de 1808 outra Carta Régia declarava guerra aos Botucudos do Vale do Rio Doce, garantindo aos milicianos que os aprisionassem, 10 anos de prestação de serviço, que poderiam se estender até que fossem pacificados. No mesmo ano, em dezembro, outra Carta Régia determinava que os índios do Vale do Rio Doce que se dispusessem a ficar sob o julgo das "justas e humanas" leis do reino, seriam entregues, em pequenos grupos, aos fazendeiros que os educariam, podendo, como pagamento, usufruir de seu trabalho gratuitamente. Não se tratava de escravizar os índios, explicava a Carta Régia, mas de educá-los à convivên-

Ailton Krenak pinta seu rosto durante a defesa de uma das emendas populares sobre os direitos indígenas na Assembléia Nacional Constituinte. Foto Reynaldo Stavale/ADIRP.

cia da sociedade "doce e pacífica".

Vinte e três anos depois destas declarações de guerra e escravização simulada, envergonhada, mas efetiva, em 1831, a citada Carta de Lei de 27 de outubro revogava estes dispositivos, reconhecendo que aquilo era efetivamente servidão e declarava que todos os índios que vivessem sob julgo de algum senhor seriam dele exonerados a partir daquele momento. Esta Carta de Lei, em seus seis singelos artigos é a declaração de liberdade dos índios, e um reconhecimento formal de que, embora já proibida, existia a sua escravização legal. Entretanto, a solução que aquela Carta de Lei encontrou para reparar os danos causados aos índios em cativeiro, foi declarar-lhes órfãos para que os Juízes respectivos os depositassem onde viessem a ter trabalho ou ofício fabril. A liberdade dos índios, portanto, não significava para aquele momento e aquela lei a possibilidade de voltarem a ser índios, reencontrarem a sua cultura proibida e seus parentes, mas tão somente homens livres capazes de disputar o salário e aprender um ofício, como qualquer homem branco pobre. O sentido da lei, porém, era tão, somente declarar órfãos os índios que estivessem ainda em cativeiro por força daquelas declarações de guerra e, por extensão, de qualquer índio em cativeiro, o que já era proibido, mas seguramente praticado.

Embora fique claro que a Carta de Lei de 27 de outubro de 1831 transformava em órfãos apenas os índios cativos, não foi assim que a sociedade e o Estado passaram a entendê-los. Os Tribunais, nas raras vezes que se viram na contingência de decidir sobre coisas indígenas, interpretaram extensivamente este dispositivo, passando a considerar que todos os índios não integrados no serviço como trabalhadores livres, seriam órfãos. É estranho mas perfeitamente compreensível o raciocínio e a comparação: os índios arrancados de seu território, agredidos em sua cultura, violentados em sua vontade e religião são perfeitamente comparáveis aos órfãos, como se houvessem perdido os próprios pais, até que, integrados pelo trabalho como trabalhadores livres, deixassem de ser índios e, portanto, reencontrassem seus pais na sociedade "doce, justa, humana e pacífica" que se lhes oferecia.

Abolida a escravatura e proclamada a república, o Estado brasileiro continuava a aplicar o que a velha Carta de Lei de 1831 não dizia: todos os índios deveriam ser reputados como órfãos. Textualmente, o Superior Tribunal de Justiça do Estado do Maranhão, em 25 de outubro de 1898, no limiar do século XX, afirma: "Os Juízes de órfãos têm atribuições especiais em relação às pessoas e bens dos índios, sendo que estes são reputados como órfãos" (Lei de 27 de outubro de 1831).[10]

Assim, o Direito positivo oitocentista, se bem autoritário, etnocêntrico e integracionista em relação à população indígena, tratava da questão, omitindo os índios apenas no Código Criminal. Aliás a análise deste Código Criminal é muito reveladora porque, por um lado, mostra uma omissão em relação aos índios, não considera sequer sua "orfandade"; já em relação aos escravos, omitidos totalmente na legislação civil, são tratados na lei criminal. É estranho, mas perfeitamente compreensível dentro do sistema: a lei penal - dedicada integralmente aos marginados sociais - não registra referência à mais marginal de todas as populações, os indígenas, porque ou estavam fora da sociedade, não lhes alcançando a ação penal o simples revide guerreiro, ou dentro da sociedade e não se diferenciavam dos pobres marginalizados. Em relação aos escravos diz tão-somente que as penas de trabalhos forçados em galés e a de morte serão substuídas pela de açoites, para que o seu dono não sofresse prejuízo; isto é, a direção da norma é a proteção da propriedade do senhor, não a pessoa do apenado.

O ardil do código penal de 1940

Quando da elaboração do Código Civil de 1916, o legislador brasileiro resolveu assumir como verdade jurídica aquilo que a lei de 1831 não dissera mas se transformara em ordem legal: a relativa capacidade civil dos índios, sua minoridade, sua orfandade. Com efeito, o Código Civil equipara em seu artigo 6º os sílvicolas - assim chama os índios - aos pródigos e maiores de 16 e menores de 21 anos, incapazes relativamente para a prática de certos atos da vida civil. Esclarece que este regime tutelar fica sujeito a lei especial e cessará na medida em que os índios forem se adaptando à civilização do país. Este Código sedimenta juridicamente os preconceitos do século anterior de que os índios estavam destinados a desaparecer submersos na "justa, pacífica, doce e humana" sociedade dominante. Tal como El-Rei no começo do século XIX, a República do século XX se oferece aos índios como tábua de salvação à sua ignota existência; somente que a lei o diz, agora, envergonhadamente, sem a clareza da lei imperial, deixa apenas sugerido que os índios se acabarão um dia.

O Código Civil, minucioso e detalhista em todos os aspectos da vida da sociedade brasileira se cala, sintomaticamente, em relação às terras indígenas e à personalidade jurídica dos grupos e comunidades indígenas, ainda que trate com desen-

voltura das terras públicas e das pessoas jurídicas de direito público. Não é, porém, no conjunto das leis civis que o Direito brasileiro expressa seu pudor em tratar das coisas dos índios, neste século.

O Código Penal, elaborado dentro dos parâmetros da técnica jurídica, em 1940, buscando a precisão própria de sua época, omite a palavra índio ou silvícola. Posto que omite a palavra, admite o conceito, encontrando uma fórmula mágica para atenuar as penas eventualmente impostas aos índios, imitando a relativa capacidade exposta no Código Civil. O artigo 22 expressa: "É isento de pena o agente que, por doença mental ou desenvolvimento mental incompleto ou retardado, era, ao tempo da ação ou da omissão, inteiramente incapaz de entender o caráter criminoso do fato ou de determinar-se de acordo com este entendimento". Passaria desapercebido este artigo a quem estivesse procurando índios no Código Penal se, na longa Exposição de Motivos que o antecede, assinada pelo Ministro Francisco Campos, e que faz parte integrante da Lei, não se pudesse ler: "No seio da Comissão foi proposto que se falasse de modo genérico, em perturbação mental; mas a proposta foi rejeitada, argumentando-se em favor da fórmula vencedora, que esta era mais compreensiva, pois, com a referência especial ao "desenvolvimento incompleto ou retardado, e devendo-se entender como tal a própria falta de aquisições éticas (pois o termo mental é relativo a todas as faculdades psíquicas, congênitas ou adquiridas, desde a memória à consciência, desde a inteligência à vontade, desde o raciocínio ao senso moral), dispensava a alusão expressa aos surdos-mudos e aos silvícolas inadaptados".[11]

Qual teria sido o escrúpulo da Comissão em fazer referência expressa aos silvícolas? Por que não dizer com todas as letras que os silvícolas ou os índios ao não

Índio Kayapó lê um dos projetos de Constituição elaborado pelos parlamentares constituintes. O perigo de retrocesso na tramitação dos direitos indígenas esteve presente durante todo o período de trabalho da Assembléia Nacional Constituinte. Foto Guilherme Rangel/ADIRP.

serem capazes de entender o caráter delituoso de um ato deveriam ter diverso tratamento penal? Que estranha razão teria a Comissão para omitir aquilo que a lei civil chamou de relativa incapacidade dos índios? Esta intrigante questão foi respondida por um dos membros da Comissão e um dos mais respeitados penalistas de sua época. Nelson Hungria, que em seu alentado "Comentários ao Código Penal" se expressa clara e francamente: "O artigo 22 fala em "desenvolvimento incompleto ou retardado. Sob este título se agrupam não só os deficitários congênitos do desenvolvimento psíquico ou *oligofrênicos* (idiotas, imbecis, débeis mentais), como os que são por carência de certos sentidos (surdo-mudos) e até mesmo os *silvícolas* inadaptados... assim, não há dúvida que entre os deficientes mentais é de se incluir também o *homo sylvester*, inteiramente desprovido das aquisições éticas do civilizado *homo medius* que a lei penal declara responsável". (Grifos no original).[12] Depois desta preconceituosa declaração, que não admite a existência de outros padrões éticos, o jurista consegue ser ainda mais claro, expressando a vergonha da lei em manifestar a existência de índios no Brasil: "Dir-se-á que tendo sido declarados, em dispositivos à parte, irrestritamente irresponsáveis os menores de 18 anos, tornava-se desnecessária a referência ao 'desenvolvimento mental incompleto; mas explica-se: a Comissão Revisora entendeu que sob tal rubrica entrariam, por interpretação extensiva, os *silvícolas*, evitando-se que uma expressa alusão a estes fizesse supor falsamente, no estrangeiro, que ainda somos um país infestado de gentio". (Grifo no original).[13]

Não se pode dizer que não seja ardiloso o Código Penal brasileiro, ao mesmo tempo que prega uma peça aos estrangeiros (curiosa preocupação ao se elaborar uma lei nacional), que não poderão imaginar a existência de índios "infestando" a

A Subcomissão dos Negros, Populações Indígenas, Pessoas Deficientes e Minorias do Congresso Nacional recebe em audiência lideranças indígenas. Foto Reynaldo Stavale/ADIRP.

civilização, garantem aos "infestadores" um escondido direito, de difícil aplicação e singularmente inútil. Esta vergonha do Direito Penal brasileiro de 1940 tem a mesma cor e fundamento da vergonha da lei em relação aos escravos, no século XIX, o temor de mostrar ao mundo a realidade nacional, suas mazelas, injustiças e "defeitos". Está presente, porém, neste esconderijo da lei penal a idéia de que os índios se acabarão num futuro próximo, quando encontrarem a alegria de viver na "pacífica, justa, doce e humana" sociedade dos brancos, e então o Direito Penal ser-lhes-á aplicado em plenitude, e os juristas não se envergonharão mais nos congressos internacionais. É transparente neste episódio jurídico a idéia etnocêntrica e monista de que o sonho de todo índio é deixar de sê-lo. É presente a incompreensão do direito dos povos indígenas de continuarem a ser índios ainda que em contato longo e até mesmo amistoso com a sociedade branca.

A punição à margem da lei

Curioso é que o Decreto 5.484, de 27 de junho de 1928, de apenas doze anos antes do Código Penal, e que regulava a "situação dos índios nascidos em território nacional" tratava da aplicação das penas aos índios que cometessem crime.

Não seria verdadeiro afirmar, portanto, que o Direito Penal brasileiro tratava dos índios como uma mera referência hipotética na Exposição de Motivos que apresenta o Código de 1940. Na realidade o Código Penal teve vergonha de apresentar a forma e os requisitos especiais de punibilidade e aplicação de pena aos índios. Vergonha, que a sinceridade de Nelson Hungria nos clareia, de ser cotejado com os Códigos de outros países e os estrangeiros notarem que no Brasil ainda viviam índios "não civilizados".

Como não tratou de índio, o Código Penal não revogou o estabelecido no Decreto de 1928, que, uma espécie de Código dos índios, tratava de diversas questões, desde o registro civil até a gestão de bens e, dos seus 50 artigos, 5 tratam dos crimes praticados por índios. Estabelecia o Decreto que os índios com menos de 5 anos de integração que cometessem crimes seriam recolhidos, mediante requisição do inspetor de índios, a colonias correcionais ou estabelecimentos industriais disciplinares, pelo tempo que parecesse necessário ao inspetor, nunca superior a cinco anos. Dizia ainda o Decreto que se o autor do crime tivesse mais de cinco anos de convívio com a sociedade envolvente seria aplicada a lei comum, com as penas reduzidas à metade, nunca devendo ser aplicada prisão celular, que seria sempre substituída por prisão disciplinar, o que significava que o cumprimento da pena se daria em instituições penais especialmente criadas para índios.

Esta situação gerada, seguramente, pela boa vontade e humanismo dos indigenistas da década de 1920, tornou-se rapidamente um instrumento de opressão. Foram criadas prisões indígenas e a punição e o cumprimento da pena deixaram de ser controlados pelo Poder Judiciário, de tal forma que a agência indigenista oficial, na época o Serviço de Proteção ao Índio - SPI -, órgão do Poder Executivo, passou a exercer a judicatura, apenando segundo o critério do inspetor e procedendo a fiscalização do cumprimento da pena, isto é, fiscalizando a si mesmo.

Como o Código Penal de 1940 não tratou do assunto, permitiu que essa prática se prolongasse até a década de 60, quando tantos e tão aberrantes atos de corrupção, desmandos e injustiças foram cometidos pelo SPI, que, sob pressão da sociedade civil e da comunidade científica nacional e internacional, a então ditadura militar houve por bem fechá-lo, e com ele alguns instrumentos de visível opressão, como as prisões indígenas, criando, em 1967, um novo órgão, a FUNAI - Fundação Nacional do Índio - que vinte anos depois já estava tão corrupto e desacreditado quanto o seu antecessor.

O sistema jurídico brasileiro não admite a existência de outros sistemas paralelos que impliquem em jurisdição e aplicação de lei fora do Poder Judiciário. Entretanto, durante quarenta anos conviveu com o sistema punitivo, formas oficiais de punição aos índios, não apenas com leis próprias, mas com um completo sistema penitenciário especial, com autoridades e procedimentos alheios às leis do país, mas extremamente eficiente e temido. Ao contrário do que ocorria com os escravos no século passado, que embora não tivessem seu direito expresso nas leis do país, o tinham respeitado na jurisdição, os índios do século XX brasileiro tinham seus direitos estabelecidos em leis, mas para eles havia um sistema judiciário próprio, autoritário, marginal e cruel.

A lei vigente

Em 1973, seguindo o fechamento do SPI e as alterações na política indigenista oficial, o Estado brasileiro tratou de elaborar uma nova lei geral para os índios, e foi editado o Estatuto do Índio, Lei 6.001, de 19 de dezembro de 1973. Trata o Título V das normas penais, sobre os crimes praticados por índios e dos praticados contra os índios. O artigo 56 estabelece que na condenação por infração penal o índio terá sua pena atenuada e na aplicação será levado em conta o grau de integração do índio. Textualmente: "No caso de condenação de índio por infração penal, a pena deverá ser atenuada e na aplicação o juiz atenderá também ao grau de integração do silvícola".

A leitura simples e direta do dispositivo legal nos remete à vontade do legislador de dar aos índios um tratamento diferenciado no julgamento da ação ou omissão criminosa dos índios, que, só pelo fato de sê-lo, deverão ter a pena atenuada. Na aplicação da pena atenuada, deverá o juiz atender ao grau de integração. Quer dizer, em qualquer hipótese, o índio terá sua pena atenuada, conforme expressamente determina o texto legal, e de acordo com o seu grau de integração a aplicação será minorada. Não é este o entendimento dos Tribunais, como veremos adiante, nem de alguns comentaristas que procuram minorar este dispositivo de tal forma que o transforma em letra morta para o sistema jurídico nacional, como, por exemplo, Ismael Marinho Falcão, que em seus comentários diz que esta atenuante somente poderá ser aplicada se outra atenuante não houver, de tal forma que o juiz somente deve aplicar esta regra se não puder aplicar nenhuma atenuante do Código Penal[14], e o afirma sem maiores explicações, aparentemente com o único propósito de dificultar a sua aplicação.

Estabelece também o Estatuto do Índio que as penas de reclusão e de detenção aplicadas aos índios serão cumpridas, se possível, em regime especial de semi-liberdade, em local próximo à habitação do condenado. Novamente aqui, a interpretação dos comentaristas e dos Tribunais é no sentido de que não se aplica a qualquer índio, mas somente àqueles que não estejam integrados à "civilização".

Raro desvelo do Direito, quando a lei garante uma regalia a um índio, mesmo que se trate de uma mínima melhoria na aplicação de pena, que significa uma diminuição, ou facilitação na execução, há imediatamente o intérprete e o julgador para dizer que a lei não quiz dizer isto, que aquela regalia é um equívoco e não pode ser aplicada. Entretanto, enquanto não se aplicava a lei e se punia por meio de estruturas extra-judiciais, cruéis e desumanas como fazia o antigo SPI, não havia entendimento oficial, doutrinária ou jurisprudencial, discordante, e o Direito se mantinha em um silêncio envergonhado.

Finalmente, o Estatuto do Índio tolera - e utiliza esta expressão - a aplicação de penas pelos grupos tribais, desde que não tenham caráter infamante ou cruel e não sejam de morte. Esta aceitação se dá apenas quando a sanção é dirigida a membros do próprio grupo.

A ideologia integracionista e a lei

Não é comum encontrar nas coleções de julgados dos Tribunais Superiores brasileiros decisões sobre crimes praticados por índios, o que demonstra que na maior parte das vezes sequer é considerado o fato do agente ser um índio. Por outro lado, a maior parte dos julgamentos se encerra na primeira instância, de tal forma que são apreciados pelos Tribunais Superiores nada mais que questões formais, onde os problemas de cunho étnico não são levados em conta. Esta dificuldade é acrescida pelo fato de que durante todo o período inaugurado com a lei de 1928 até o Estatuto do Índio em 1973, os índios eram diretamente punidos pela agência indigenista oficial, praticamente sem intervenção do sistema oficial de punição do Estado, o Poder Judiciário.

Nos poucos casos que chegaram aos Tribunais Superiores, porém, é pacífica a decisão de não serem aplicada as regalias oriundas da origem étnica, com o argumento de que, nos casos concretos, os agentes já estariam suficientemente "aculturados". Este raciocínio revela o velho preconceito claramente estabelecido nas leis imperiais de que o ideal para o índio é viver sob a proteção da "justa, humana, pacífica e doce" sociedade brasileira. Quer dizer, o índio, na medida em que vai conhecendo a "civilização", a "cultura", vai dela se abeberando e se transformando em um civilizado, deixando, por isso de ser índio.

Porém, a leitura atenta das recentes leis brasileiras sobre a matéria, especialmente o Estatuto do Índio, de 1973, e a Constituição Federal, de 1988, nos indica que a lei não adota mais o princípio assimilacionista, apesar de alguns escorregões oficiais.

Diz o estatuto do Índio que "índio ou silvícola é todo indivíduo de origem e ascendência pré-colombiana que se identifica e é identificado como pertencente a um grupo étnico cujas características culturais o distinguem da sociedade nacional" (Artigo 3º do Estatuto do Índio). Ainda que possa haver divergência quanto à precisão antropológica do conceito, não há dúvida quanto a: 1. haver sinonímia legal entre índio e silvícola; 2. independe do grau de relação com a sociedade e cultura envolvente para a pessoa ser considerada índio; 3. se define um índio, principalmente, pela sua identidade com um grupo étnico e pelo reconhecimento que este mesmo grupo faz do indivíduo, desde que o grupo tenha ascendência pré-colombiana.

Admite o artigo 4º do Estatuto que existem três espécies de índios: isolados - sem contato -; em vias de integração; e integrados - "quando incorporados à comunhão nacional e reconhecidos no pleno exercício dos direitos civis, ainda que conservem usos, costumes e tradições característicos de sua cultura". As três espécies, porém, atendem pelo nome genérico de índios.

Isto equivale a dizer que quando outras leis dizem índios, estão se referindo ao conceito genérico do artigo 3º; se pretendem se referir a qualquer das outras categorias, deverão agregar o adjetivo "isolado", "em via de integração" ou "integrado". Assim é, por exemplo, a lei que trata da responsabilidade civil, ao afirmar que são relativamente incapazes os silvícolas até que se vão adaptando à "civilização do país". Esta afirmação de 1916, traduzida para o entendimento do Estatuto significa "até que sejam integrados". Absolutamente não se refere a isto a lei penal, em nenhum dispositivo, salvo no já derrogado Decreto de 1928, que, de resto, praticamente excluía as ações ou omissões criminosas de índios da apreciação judicial. Já vimos que o Código Penal de 1940, por pudor, não se refere a índios, e o Estatuto que trata da punição de crimes por eles cometidos não diz que deve ser considerada a diferença entre isolados ou aculturados na aplicação de pena. Ao contrário, deixa claro que os índios - genericamente - terão tratamento especial na aplicação de penas e julgamento dos crimes por eles praticados.

Os poucos comentaristas que se aventuraram a tratar desta espinhosa matéria dizem claramente o contrário, como já vimos. Os Tribunais Superiores, igualmente, julgam como se a lei dissesse o que não diz e, invariavelmente, analisam o grau de integração do índio, quando o que deveria ser analisado, para a correta aplicação daquela norma penal, seria tão somente se existe o grupo indígena ao qual aquele indivíduo diz pertencer, e se o grupo o reconhece e o identifica. Em outras palavras, a indagação deveria ser apenas se aquele

Parlamentares constituintes viajaram até a aldeia dos Gorotire (PA) para uma audiência pública com os índios. Foto Eduardo Leão/Cimi.

Direitos dos Índios

As referências constitucionais aos direitos indígenas são as seguintes:

NO TÍTULO III - DA ORGANIZAÇÃO DO ESTADO:

CAPÍTULO II - DA UNIÃO

art. 20 - São bens da União:
XI - as terras tradicionalmente ocupadas pelos índios

art. 22 - Compete primitivamente à União legislar sobre:
XIV - populações indígenas;

NO TÍTULO IV - DA ORGANIZAÇÃO DOS PODERES

CAPÍTULO I - DO PODER LEGISLATIVO

SEÇÃO II - DAS ATRIBUIÇÕES DO CONGRESSO NACIONAL

art. 49 - É da competência exclusiva do Congresso Nacional:
XVI - autorizar, em terras indígenas, a exploração e o aproveitamento de recursos hídricos e a pesquisa e lavra de riquezas minerais;

CAPÍTULO III - DO PODER JUDICIÁRIO

SEÇÃO IV - DOS TRIBUNAIS REGIONAIS FEDERAIS E DOS JUÍZES FEDERAIS

art. 109 - Aos juízes federais compete processar e julgar:
XI - a disputa sobre direitos indígenas

CAPÍTULO IV - DAS FUNÇÕES ESSENCIAIS JUSTIÇA

SEÇÃO I - DO MINISTÉRIO PÚBLICO

art. 129 - São funções institucionais do Ministério Público:
V - defender judicialmente os direitos e interesses das populações indígenas;

NO TÍTULO VII - DA ORDEM ECONÔMICA E FINANCEIRA

CAPÍTULO I - DOS PRINCÍPIOS GERAIS DA ATIVIDADE ECONÔMICA

art. 176 - As jazidas, em lavras ou não, e demais recursos minerais e os potenciais de energia hidráulica constituem propriedade distinta da do solo, para efeito de exploração ou aproveitamento, e pertencem à União, garantida ao concessionário a propriedade do produto da lavra.

1. - A pesquisa e a lavra de recursos minerais e o aproveitamento dos potenciais a que se refere o capítulo deste artigo somente poderão ser efetuados mediante a autorização ou concessão da União, no interesse nacional, por brasileiros ou empresa brasileira de capital nacional, na forma da lei, que estabelecerá as condições específicas quando essas atividades se desenvolverem em faixa de fronteira ou terras indígenas.

NO TÍTULO VIII - DA ORDEM SOCIAL

CAPÍTULO III - DA EDUCAÇÃO, DA CULTURA E DO DESPORTO

SEÇÃO I - DA EDUCAÇÃO

art. 210 - Serão fixados conteúdos mínimos para o ensino fundamental, de maneira a assegurar formação básica comum e respeito aos valores culturais e artísticos, nacionais e regionais.

2. O ensino fundamental regular será ministrado em língua portuguesa, assegurada às comu-

indivíduo é índio, no conceito da lei.

Na raiz desta visão, que não consegue ler o que a lei diz, está a ideologia integracionista, à qual se filiaram sempre o Direito e o Estado brasileiros, como consequência direta do pensamento dominante. Exatamente por isso é tão difícil para comentaristas e juízes entenderem porque os índios devem ter regalias apenas porque são índios. Na visão dominante, a única justificativa para atenuar as penas e minorar os efeitos de sua aplicação aos índios, é o fato de que eles teriam um entendimento incompleto do caráter delituoso, por falta de compreensão das regras sociais e, numa visão que chega ao limite do racisnidades indígenas também a utilização de suas línguas maternas e processos próprios de aprendizagem.

SEÇÃO II - DA CULTURA

art. 215 - O Estado garantirá a todos o pleno exercício dos direitos culturais e acesso às fontes da cultura nacional, e apoiará e incentivará a valorização e a difusão das manifestações culturais.

1 - O Estado protegerá as manifestações das culturas populares, indígenas e afro-brasileiras, e das de outros grupos participantes do processo civilizatório nacional.

CAPÍTULO VIII - "DOS ÍNDIOS"

art. 231 - São reconhecidos aos índios sua organização social, costumes, línguas, crenças e tradições, e os direitos originários sobre terras que tradicionalmente ocupam, competindo à União demarcá-las, proteger e fazer respeitar todos os seus bens.

1. São terras tradicionalmente ocupadas pelos índios as por eles habitadas em caráter permanente, as utilizadas para suas atividades produtivas, as imprescindíveis à preservação dos recursos ambientais necessários a seu bem estar e as necessárias a sua reprodução física e cultural, segundo seus usos, costumes e tradições.

2. As terras tradicionalmente ocupadas pelos índios destinam-se a sua posse permanente, cabendo-lhes o usufruto exclusivo das riquezas do solo, dos rios dos lagos nelas existentes.

3. O aproveitamento dos recursos hídricos, incluídos os potenciais energéticos, a pesquisa e a lavra das riquezas minerais em terras indígenas só podem ser efetivadas com autorização do Congresso Nacional, ouvidas as comunidades afetadas, ficando-lhes assegurada participação nos resultados das lavras, na forma de lei.

4. As terras de que trata este artigo são inalienáveis e indisponíveis, e os direitos sobre elas são imprescritíveis.

5. É vedada a remoção dos grupos indígenas de suas terras, salvo, ad referendum do Congresso Nacional, em caso de catástrofe ou epidemia que ponha em risco sua população, ou no interesse da soberania do País, após deliberação do Congresso, garantindo em qualquer hipótese, o retorno imediato logo que cesse o risco.

6. São nulos e extintos, não produzindo efeitos jurídicos, os atos que tenham por objeto a ocupação, o domínio e a posse das terras a que se refere este artigo, ou a exploração das riquezas naturais do solo, dos rios e dos lagos nelas existentes, ressalvado relevante interesse público da União, segundo o que dispuser lei complementar, não gerando a nulidade e a extinção do direito à indenização ou a ações contra a União, salvo, na forma da lei, quanto às benfeitorias derivadas da ocupação de boa fé.

7. Não se aplica às terras indígenas o disposto no art. 174, 3. e 4.

art. 232 - Os índios, suas comunidades e organizações são partes legítimas para ingressar em juízo em defesa de seus direitos e interesses, intervindo o Ministério Público em todos os atos do processo.

NO "ATO DAS DISPOSIÇÕES CONSTITUCIONAIS TRANSITÓRIAS"

art. 67 - A União concluirá a demarcação das terras indígenas no prazo de cinco anos a partir da promulgação da Constituição.

Fonte: Constituição da República Federativa do Brasil

mo, por inferioridade ética ou mental. A ideologia dominante não consegue entender que os índios pertencem a outra sociedade, cultural e organizativamente diferenciada, de tal forma que o tipo de pena e a forma de seu cumprimento devem também ser diferenciados. E é isto que pretende dizer o Estatuto do Índio, jamais entendido.

Ainda mais clara que o Estatuto, talvez porque mais recente, a Constituição Federal de 1988 reconhece esta diferença, embora não trate da questão criminal. Diz o artigo 231, da Constituição: "São reconhecidos aos índios sua organização social, costumes, línguas, crenças e tradições, e os direitos originários sobre as terras que tradicionalmente ocupam, competindo à União demarcá-las, proteger e fazer respeitar todos os seus bens". Apesar desta clareza, desta declaração de princípio, o próprio Estado tem sido o algoz das terras indígenas, dos seus direitos e de sua vida. Já não me refiro ao Estado brasileiro do século passado, ou do Império, que declarava guerra de conquista aos índios, mas ao Estado brasileiro de 1990, que vê passivo o povo Yanomami sucumbir às doenças, invasões e rapina a que estão sujeitos.

Assim o Estado, apesar de suas leis, tem tido uma dramática, cruel e genocida política em relação aos índios, mas tem, invariavelmente, apresentado um discurso pluralista, liberal e democrático, elevando à categoria de sistema um direito envergonhado, que liberta os índios da escravidão, mas o intérprete lê como se fosse aplicação da tutela orfanológica, dá tratamento diferenciado na aplicação e execução da pena, e o julgador entende como reconhecimento de inferioridade ética e um estímulo à integração, dá total garantia a suas terras, e a administração pública autoriza invasões e decreta reduções de áreas. Na divergência entre o discurso e prática, entre o Direito e o Processo, a vergonha da sociedade dividida e cruel fica encoberta pela falaciosa marca da injustiça.

Notas

* Trabalho preparado originalmente para o "Encuentro Taller sobre la Administración de la Justicia Penal y los Pueblos Indígenas en América, San José, Costa Rica", em 1990, organizado pelo Instituto Interamericano de Derechos Humanos. Ampliado para publicação em maio de 1992.

01. cf. Ramos, Alcida Rita — 1986 — **Sociedades Indígenas**, São Paulo, Ed. Ática.

02. Melatti, Julio Cezar — 1980 — **Índios do Brasil**, São Paulo, Ed. Hucitec.

03. cf. Las Casas, Bartolomé — 1985 — **Obra Indigenista**, Madrid, Alianza Editorial.

04. cf. Gonzaga, João Bernardino — s/d — **O Direito Penal Indígena à Época do Descobrimento**, São Paulo, Editora Loyola.

05. A organização Internacional do Trabalho aprovou em 7 de junho de 1989, em Genebra, nova Convenção sobre povos indígenas e tribais em países independentes, de nº 169, regulando a relação entre os direitos dos povos indígenas e o direito estatal com o seguinte dispositivo: "Ao aplicar a legislação nacional aos povos interessados deverão ser tomadas devidamente em consideração seus costumes, o seu direito consuetudinário. A Convenção nº 169 está em processo de ratificação pelo sistema jurídico brasileiro.

06. cf. Souza Filho, C. F. Marés de, et alii — 1988 — **Índios e Negros: no Cativeiro da História**, Rio de Janeiro, Col. Seminários. Ed. AJUP.

07. Bevilaqua, Clóvis — 1896 — "Instituições e costumes jurídicos dos indígenas brasileiros ao tempo da conquista" in **Criminologia e Direito**, Bahia, Livraria Magalhães.

08. Cunha, Manuela Carneiro da — 1986 — **Antropologia do Brasil**, São Paulo, Editora Brasiliense.

09. Cunha, Manuela Carneiro da — 1986 — **Antropologia do Brasil**, São Paulo, Editora Brasiliense.

10. cf. **O Direito**, vol. 79, ano 27, Rio de Janeiro, 1899, p. 781.

11. cf. **Código Penal Brasileiro**, São Paulo, Editora Sugestões Literárias, 1979, p. 32.

12. cf. Hungria, Nelson — 1958 — **Comentários ao Código Penal**. vol. I, tomo II, Rio de Janeiro, Editora Forense, 4ª ed., p. 336.

13. idem ibidem, p. 337.

14. cf. Falcão, Ismael Marinho — 1985 — **O Estatuto do Índio Comentado**, Brasília, Ed. Senado Federal.

"Historiae Naturalis Brasiliae" de Willem Piso, 1648. Contém "Historiae rerum naturalium Brasiliae" de Georgi Marcgravi. Foto Antonio Rodrigues.

"Homem Camacan-Mongoio" e "Mulher Camacan-Mongoio", Jean Baptiste Debret, s/d, aquarela s/ papel. Museus Castro Maia. Foto Eduardo Mello.

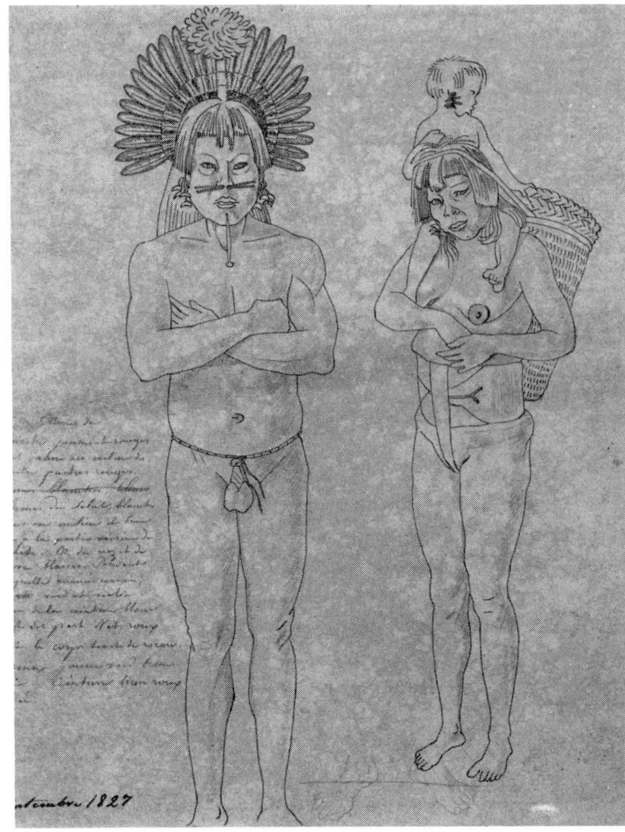

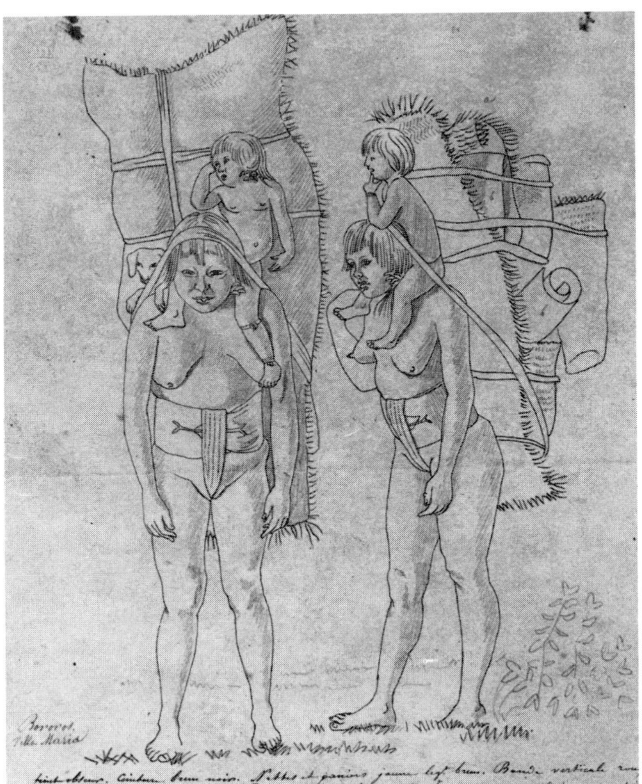

"Índios Bororo de Vila Maria", Hercules Florence, 1827, nanquim a pena. Coleção Cyrillo Hercules Florence. Foto in "História dos Índios no Brasil".

O amor trágico e infeliz de uma índia por um português é tema do poema épico Caramuru. Meirelles - -em "Moema"- registra o momento em que o corpo da jovem e sedutora indígena é lançado à praia, trazido pelas ondas, após lutar com o mar. "Moema", Victor Meirelles de Lima, óleo s/ tela, 1866. Museu de Arte de São Paulo Assis Chateaubriand. Foto Luiz Hossaka.

A escultura "Caramuru" é inspirada no episódio do tiro de trabuco do poema épico escrito no início do século XIX por Frei José de Santa Rita Durão. O poema fala da vida de um marinheiro português náufrago que teria vivido por mais de 50 anos entre os Tupinambá. "O Caramuru", Eduardo de Sá, bronze, s/d. Museu Histórico Nacional. Foto Rômulo Fialdini/Banco Safra.

No início dos anos 40, Candido Portinari realiza um conjunto de 25 pranchas para ilustrar o livro "A Verdadeira História" de Hans Staden. Procurando-se distanciar das representações idílicas e folclorizadas dos índios, Portinari busca uma leitura profunda e fiel da obra de Hans Staden. Os desenhos, entretanto, são recusados pelo editor, sob a alegação de que apresentavam uma "enfase demasiada à carnificina e à brutalidade". "Restos de Homem", Candido Portinari, desenho a nanquim bico-de-pena/papel, 1941. Coleção João Candido Portinari. Publicado Revista Nossa América.

"Índios Xavantes na Missão São Marcos", Baendereck Sepp, óleo s/ tela, 1976. Museu de Arte de São Paulo Assis Chateaubriand. Foto Luiz Hossaka.

"Comei-vos uns aos outros", Clécio Penedo, grafite e lápis de cor, s/d. Coleção Clécio Penedo.

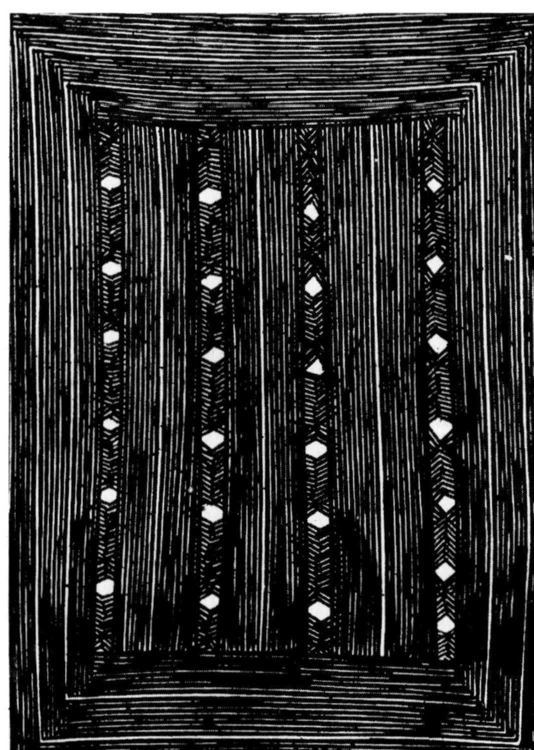

As mulheres Kayapó dedicam grande parte de seu tempo à pintura de seus corpos. A pintura expressa, de maneira formal e sintética, a compreensão Kayapó de sua cosmologia e estrutura social, das manifestações biológicas e de suas relações com a natureza. Atendendo pedido da etnóloga, as mulheres executaram motivos da pintura corporal no papel. Fotos e pranchas coletadas por Lux Vidal. Publicado em "Grafismo Indígena".

série preservaçao
da cultura indigena
Brasília·DF
ect
19/25·4·76

Correio
Brasil 73
IV CENTENÁRIO DE NITERÓI
0,20
CASA DA MOEDA DO BRASIL

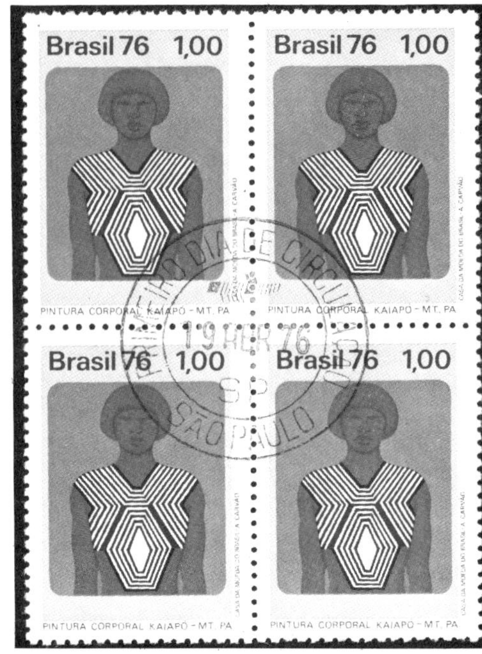
Brasil 76 1,00
PINTURA CORPORAL KAIAPO - MT. PA
CASA DA MOEDA DO BRASIL · A. CARVÃO
PRIMEIRO DIA DE CIRCULAÇÃO
19 ABR 76
SP
SÃO PAULO

Brasil 76 1,00
RESPLENDOR KARAJA - GO.
CASA DA MOEDA DO BRASIL · A. CARVÃO
PRIMEIRO DIA DE CIRCULAÇÃO
19 ABR 76
SP
SÃO PAULO

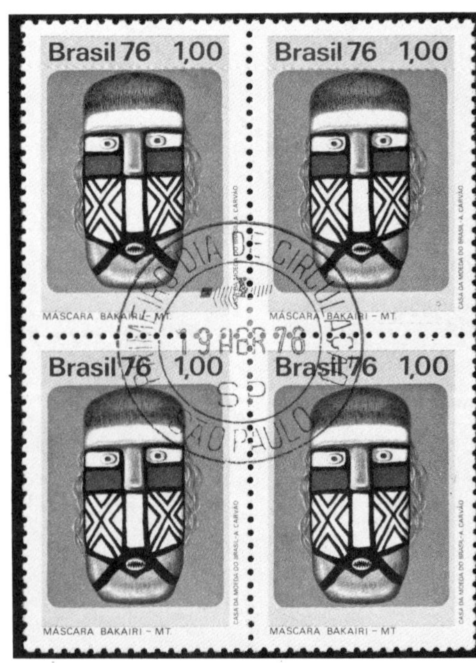
Brasil 76 1,00
MÁSCARA BAKAIRI - MT
CASA DA MOEDA DO BRASIL · A. CARVÃO
PRIMEIRO DIA DE CIRCULAÇÃO
19 ABR 76
SP
SÃO PAULO

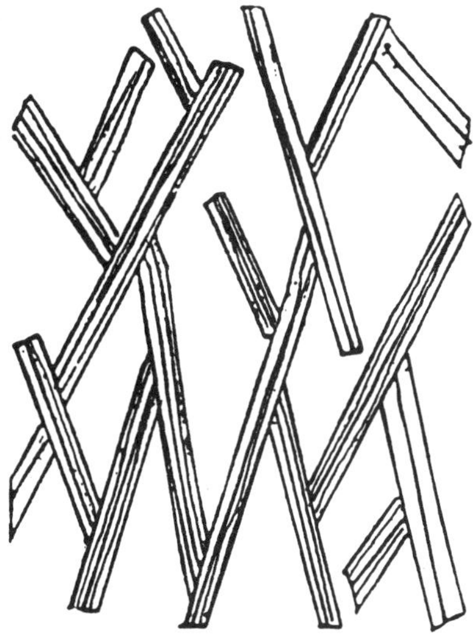

ÍNDIOS DO PRESENTE E DO FUTURO

O índio e a modernidade

Washington Novaes

É preciso começar com uma advertência: o que se vai ver aqui não é, nem pretende ser, uma visão científica da questão do índio diante da modernidade. Não é uma visão das chamadas ciências sociais. É apenas o relato despretensioso de quem, por força da atividade como jornalista, como documentarista, teve o privilégio da convivência com alguns grupos indígenas na Amazônia, no Centro-Oeste e no Sul do país, alguns deles ainda na força de sua cultura, antes do massacre determinado pela convivência forçada com outras culturas.

Ao fim de muitos anos de convivência e observação, resta a convicção muito forte de que nas culturas indígenas se encontram muitos traços, muitas direções, de uma verdadeira modernidade.

Não significa que se proponha um retorno coletivo à condição de índios - nem teríamos competências para isso. Significa que o encontro de uma verdadeira modernidade, no caso brasileiro, exige a reincorporação de muitos modos de ser e de viver encontráveis nas culturas indígenas, da organização política à organização social e ao relacionamento com o meio ambiente. Tal reencontro, além do mais, nos permitiria valorizar, realçar, desfrutar de nossa incomparável diversidade cultural - temos ainda umas 150 culturas -, hoje desprezada e esmagada, e da nossa diversidade biológica.

Poderíamos, se caminharmos nessa direção, escapar às visões que a maioria da sociedade brasileira tem hoje do índio. Uma parte dos brasileiros sequer entende ou admite que se demarquem terras indígenas e se cogite da preservação dos grupos, sob o argumento de que se trata de indivíduos improdutivos, obstáculos ao "progresso" ou ao "desenvolvimento", numa hora em que tantas pessoas vivem na miséria. Outra parte, numa visão condescendente, admite a demarcação, embora aqui e ali invoque a necessidade de "compatibilizar" a preservação com outros interesses nacionais, sejam eles o "desenvolvimento", a manutenção da soberania ou "um limite de terra por índio". Uma terceira parcela de brasileiros, minoritária, defende a demarcação das áreas indígenas como um direito constitucional, ao mesmo tempo em que proclama o direito dos indígenas à existência e à diferença cultural.

Quanto à primeira visão, não é difícil lembrar que transfere para o índio a responsabilidade por injustiças sociais que devem ser localizadas em outros grupos sociais - pois essa visão não contesta nenhum outro tipo de propriedade de terras, seja qual for a extensão ou a utilização do patrimônio. A segunda visão também não resiste a confronto, na medida em que o argumento da ressalva só é invocado quando se trata de índios e deslembrando que sua posse da terra é imemorial, numa sociedade que admite até a propriedade por usucapião, após duas décadas de posse por não-índios. E mesmo a visão mais generosa, que proclama o direito à existência e à diferença cultural, talvez precise ser completada com outra visão: a do direito à semelhança, lembrado, por exemplo, pelo prof. Kabengele Munanga, da Universidade de São Paulo, ele próprio um discriminado racial na sua África. Diz o prof. Munanga que o racista agride e mata por não admitir o direito à semelhança, à possibilidade de o discriminado fazer o que ele, racista, é capaz de fazer profissionalmente, à possibilidade de esse discriminado ocupar o lugar dele, racista. Nada mais verdadeiro em relação ao índio: é a cobiça por sua terra e pelo que nela se encontra que explica a negação de seus direitos, da mesma forma que em outros tempos foi o desejo de transformá-lo em escravo, de apropriação do seu trabalho. E a tal ponto que foi preciso um papa proclamar que índio também tinha alma para negar o "direito" de morte sobre ele.

Será indispensável, entretanto, que a sociedade brasileira - para mudar sua visão -, além de ser informada corretamente sobre a questão indígena e os direitos dos 250 mil índios remanescentes, tome

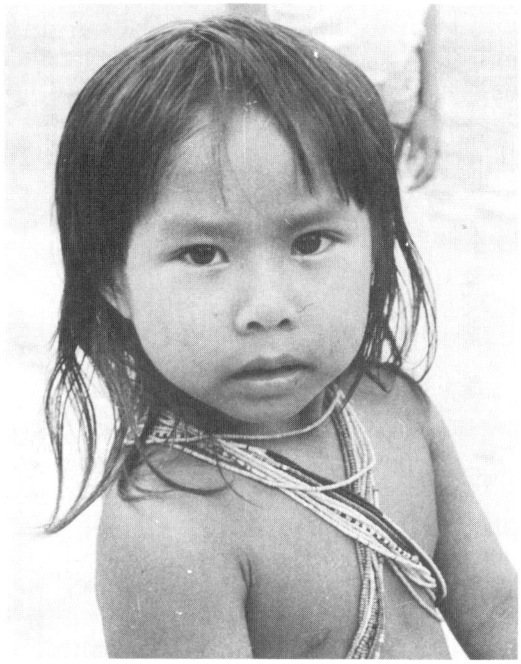

Embora os pais sejam os responsáveis mais diretos pela criação de seus filhos, o processo mais amplo de socialização é efetuado também pelos parentes mais próximos ou mesmo pela comunidade inteira. Menina do povo Matsés, do Vale do Javari. Foto Sílvio Cavuscens/CIMI.

conhecimento também de características desses grupos que podem ser muito "úteis" e adequadas aos tempos em que estamos ingressando.

Pode-se começar pela organização política. Em muitas nações indígenas brasileiras, a organização política é marcada pela ausência de delegação de poderes. Os indivíduos não delegam poder a ninguém. Por isso, o chefe não manda, não tem poder, não dá ordens. É o representante da tradição, da cultura, depositário da experiência. Em geral, é o que mais sabe, o que fala melhor. E o que mais sofre. Mas não dá ordens.

Nesses grupos de relações igualitárias entre os indivíduos, a informação costuma ser aberta: o que um sabe, todos podem saber; ninguém se apropria da informação para transformá-la em poder político ou econômico.

Da mesma forma, a relação com a terra não costuma ser uma relação patrimonial. Embora o indivíduo tenha sua casa e sua roça, embora o grupo ocupe determinado "território", a relação não é de propriedade individual,e sim coletiva.

Enquanto na força de sua cultura, esses grupos não costumam trabalhar para produzir excedentes comerciáveis. E sequer circula dinheiro entre eles.

Com todas essas peculiaridades, se ninguém delega poder, se ninguém se apropria da informação, se ninguém pode dar ordens, será impossível estabelecer repressão organizada. E sem repressão, não será possível a dominação de um grupo por outro grupo, ou de um indivíduo por outro grupo. Nestes tempos em que se questiona em todas as partes do mundo a organização e as funções do Estado, em que se proclama a necessidade de descentralizar o poder, de conferir autonomia aos cidadãos, que outra organização social pode permitir-nos uma visão mais moderna e estimulante? Que pode haver de mais instigante que uma sociedade onde cada indivíduo é educado para ser auto-suficiente? Um índio na força de sua cultura sabe fazer sua casa, sua rede, sua canoa, arco e flecha, esteira e objetos de adorno. Sabe caçar, pescar e fazer roça, não depende de ninguém para seu próprio sustento. Identifica no seu ambiente plantas e frutos úteis. Sabe cantar e dançar. Sabe tudo de que precisa.

Pode-se olhar a questão por outro ângulo, o das relações entre os sexos. Orlando Villas Boas, criador do Parque do Xingu, lembra que ali homens e mulheres são absolutamente livres para casar-se e separar-se quantas vezes queiram - não há impedimentos nem sanções sociais. Mas se um homem ou uma mulher não quiser separar-se do seu parceiro e estiver descontente com ele por alguma razão, não fará nenhuma queixa, porque a queixa pressupõe uma expectativa de comportamento e uma expectativa de comportamento já é uma forma de poder sobre o outro. Digamos que o homem não esteja contente com sua mulher porque ela não está trazendo água limpa para casa - e levar água limpa para casa é tarefa da mulher. O máximo que esse homem poderá fazer será recorrer aos pajés, aos homens mais velhos. Eles reunirão todas as mulheres e explicarão porque é que naquele grupo as tarefas historicamente foram divididas daquela forma, porque coube às mulheres levar água para casa. Quem quiser que vista a carapuça. Mas ninguém ousará recriminar uma mulher - lembra Orlando. Pode haver sofisticação maior?

A organização do trabalho nas comunidades indígenas se faz a partir da divisão das tarefas pelo sexo e pela idade. Mulheres Kadiwéu da Aldeia da Bodoquena (MS) decoram potes de cerâmica que são vendidos no comércio da região. Foto Jaime Siqueira.

A ignorância inicial desse sistema tão sofisticado quase custou a Orlando e seu irmão Cláudio as próprias vidas. Porque na aproximação com um grupo ainda não contatado, no Xingu, levaram apenas presentes que interessavam aos homens - machados, anzóis etc. Indignadas, todas as mulheres da aldeia se foram. Os homens tentaram atraí-las preparando comidas e chamando-as - elas pisotearam as comidas e se foram de novo. Furiosos, os homens resolveram culpar Orlando, Cláudio e seus companheiros - que só escaparam porque uma velha se apiedou.

Da mesma forma que se pode falar nessa singularíssima relação entre os sexos, pode-se falar na relação entre adultos e crianças, ou entre a sociedade e os idosos.

Um índio não grita com crianças, quanto mais espancá-las. A paciência de um pai ou uma mãe podem ser quase infinitas, ainda que a criança ateie fogo à casa.

O velho continuará morando em sua casa, relacionando-se com seus descendentes, e provendo ele próprio suas necessidades. Será ouvido pelos mais novos, que respeitarão sua experiência.

O produto final dessas relações políticas e sociais será uma organização da qual estarão ausentes muitas das instituições que constituem exatamente as mazelas da nossa sociedade - o asilo de velhos, o orfanato, o bordel, a cadeia.

Será ainda uma sociedade capaz de relacionar-se com seu ambiente de modo muito mais adequado que as culturas ditas civilizadas. Basta olhar o mapa mundi e conferir onde estão, no nosso planeta, as manchas preservadas - lá estarão "índios". Uma das razões fundamentais está na prudência em não promover concentrações demográficas além de certos limites - e aí se pode lembrar que, em estudos da ONU, está dito que as comunidades acima de 10 mil habitantes começam a gerar

A atitude dos pais e pessoas mais velhas é sempre de grande tolerância, paciência, atenção e respeito às peculiaridades das crianças. Mãe Parakanã com seu filho. Foto Lux Vidal.

problemas na prática insolúveis, na medida em que as soluções acarretam outros problemas que exigem novas soluções que... uma rosca sem fim.

Não é difícil observar todos esses traços dessas sociedades organizadas de modo verdadeiramente racional e respeitoso: basta ter a oportunidade de contato com elas e a capacidade de olhá-las sem preconceitos e sem desejo de enquadrá-las em outras lógicas. Isso deveria bastar para que a nossa sociedade as respeitasse e não impedisse sua sobrevivência pacífica. Mas não tem sido assim. O Brasil, dizem os historiadores, tinha cerca de 5 mil culturas diferentes na época do descobrimento. Hoje, são cerca de 150 apenas, muitas delas a caminho da extinção. Só neste século já desapareceram mais de 100.

Então, é preciso mais. É preciso que a nossa sociedade tome consciência de sua **necessidade** de que as culturas indígenas sobrevivam e se afirmem. "No dia em que não houver lugar para o índio no mundo, não haverá lugar para ninguém", diz Ailton Krenak, da União das Nações Indígenas. Porque se não houver lugar para o índio, terá desaparecido a possibilidade de sociedades com as características mencionadas: sem dominação de indivíduo, grupos ou sexo; respeitosa com as crianças, os idosos e a natureza; respeitosa da liberdade de cada pessoa.

Talvez a questão ambiental, bem tratada, possa conduzir-nos nessa direção. Pode-se partir, aí, da demarcação de reservas.

Ainda há pouco, o governo brasileiro demarcou e homologou a reserva Yanomami, um território de 9,4 milhões de hectares, que, somado à área Yanomami do lado da Venezuela - formando um território contínuo - , constitui um espaço de mais de 17 milhões de hectares, maior que Portugal, e praticamente intocado.

A importância dessa preservação para o Brasil e para a sociedade brasileira é decisiva. Quando se preserva um ecossistema dessa dimensão, pode-se preservar todas as cadeias alimentares e reprodutivas, e não umas poucas espécies isoladas. Pode-se, portanto, proteger biodiversidade num espaço considerável. E a biodiversidade representa a grande possibilidade brasileira nas próximas décadas e séculos. Porque dela virão os novos alimentos, os novos medicamentos, os novos materiais, que não só atenderão a necessidades hoje não atendidas, como substituirão os materiais que estão se esgotando (como petróleo e certos minérios).

"Na biodiversidade, o Primeiro Mundo somos nós", lembra a diretora do Jardim Botânico de Brasília, Anajúlia Heringer Salles. Mas advertindo: é preciso saber o que vamos fazer com essa biodiversidade.

De fato, calcula-se que na Amazônia brasileira estejam uns 30% da biodiversidade do nosso planeta, milhões de espécies, das quais muito poucas já conhecidas e estudadas.

Para que possam ser conhecidas e utilizadas adequadamente pela nossa sociedade, é preciso que se conservem essas espécies como partes integrantes das cadeias alimentares e reprodutivas a que todas pertencem. E isso é tarefa complexa e custosa.

Um exemplo ajuda a entender. Há alguns anos, uma bióloga de Mato Grosso decidiu estudar a biodiversidade da Chapada dos Guimarães. Para isso, tomou como ponto de partida três tipos diferentes de goiabeira que existem ali. Ao fim de quase dois anos de estudo, havia verificado que cada uma das goiabeiras era fertilizada por agente diferente, pássaros diferentes. E cada uma delas se reproduzia também por caminhos diversos - uma, espalhando suas sementes através das fezes de um morcego que comia as goiabas; as outras, via fezes de outros dois tipos de pássaros.

A bióloga foi estudar então o morcego e os cinco pássaros envolvidos na fertilização e na reprodução das goiabeiras. E verificou que cada um deles também se alimentava de espécies diferentes. Até ai chegara seu estudo. Mas já com a certeza de que, se um dia conseguir finalizar seu estudo, terá envolvido na vida das três goiabeiras todo o ecossistema da Chapada dos Guimarães. E precisará estudar, em seguida, as relações desse ecossistema com os ecossistemas confinantes.

Neste ponto, convém ressaltar o que diz o espanhol José Esquinas Alacazar, que dirige a Comissão da FAO (Organização para a Alimentação e a Agricultura, das Nações Unidas) para Recursos Genéticos Vegetais: do início deste século para cá, já desapareceram mais de metade das variedades dos 20 alimentos mais importantes para espécie humana, aí incluídos o arroz, o trigo, o milho, o feijão, a aveia, a cevada, a ervilha. Nos Estados Unidos, nesse mesmo período, desapareceram 80% das variedades de frutas e hortigranjeiros.

Processos comerciais de domínio de mercados via seleção de sementes com certeza influíram decisivamente. Mas, seja como for, vamos depender cada vez mais, no futuro, de novas espécies que, inclusive por cruzamentos genéticos, produzirão variedades mais resistentes a pragas e acidentes climáticos (mesmo porque quando desaparece uma espécie, com ela se perdem combinações genéticas únicas, que respondem por sabores, valores nutritivos, capacidade de adaptação a solos e clima, resitência a predadores etc.).

Mas, como demonstrou a bióloga mato-grossense,a preservação das espécies depende da preservação das cadeias alimentares e reprodutivas, da preservação do ecossistema como um todo. Uma espécie isolada pode não resistir. Basta ver o exemplo da tentativa de implantar castanhais homogêneos, no Pará, com o propósito de produzir castanhas de modo mais econômico, num espaço fechado. Isoladas do seu ecossistema, as castanheiras se revelaram estéreis.

O Brasil foi o primeiro signátario da convenção de proteção da biodiversidade,

A morte de um indivíduo, entre os índios Bororo, desencadeia um longo ciclo de rituais, danças, cantos, caçadas e pescarias coletivas e representações cerimoniais, que têm por objetivo efetuar a passagem da "alma" para a aldeia dos mortos e reorganizar a sociedade dos vivos, que perdeu um de seus membros. Foto Luís Grupioni.

na II Conferência da Nações Unidas sobre Meio Ambiente e Desenvolvimento, em junho de 1992, no Rio de Janeiro.

Como vamos cumprir essa convenção? O caminho mais simples parece ser exatamente demarcando as reservas indígenas. Mas isso exigirá decisão política e apoio da sociedade. Das 511 áreas indígenas reconhecidas pela FUNAI, 130 (26% do total) não têm sequer estudos para delimitação; 117 (23%) estão delimitadas mas não demarcadas; 64 (13%) foram demarcadas mas aguardam homologação. Apenas 190 (38% do total) já estão homologadas, mas sob ameaça dos que querem fazer uma "revisão". Pior ainda, o orçamento proposto para a FUNAI em 1993 (quando termina, em outubro, o prazo dado pela Constituição de 1988 para concluir as demarcações) reserva para as demarcações menos de 1% dos 110 milhões de dólares que esse órgão precisa para o trabalho.

Yawalapiti toca um clarinete durante um dos muitos rituais realizados no Parque Indígena do Xingu. Foto Fred Ribeiro.

Se não nos apressarmos, vamos correr riscos inaceitáveis. Porque é exatamente nos grupos indígenas que se concentra o maior conhecimento, o maior volume de informações sobre essa biodiversidade. Um conhecimento não escrito, que se perde com a aculturação e com a morte dos mais velhos ("cada vez que morre um velho numa tribo africana, é como se se incendiasse uma biblioteca, escreveu anos atrás um diplomata da ONU; a frase vale para o Brasil").

Alguns meses atrás, uma organização não-governamental calculou em 40 bilhões de dólares anuais o valor comercial de produtos (aiimentos e medicamentos) cujo conhecimento pertenceu a índios. Mas eles não receberam um centavo por isso.

E não apenas eles. Cientistas brasileiros que têm descoberto novos medicamentos, alimentos e materiais na nossa biodiversidade têm-se visto obrigados a desenvolvê-los em laboratórios em outros países, por falta de recursos científicos aqui. Cada uma dessas descobertas significa dezenas de milhões de dólares por ano, como é o caso das utilizações da reserpina, da policarpina, do veneno da jararaca (para controlar os mecanismos da hipertensão arterial humana).

A convenção de proteção da biodiversidade, ao estabelecer que os países detentores dessa biodiversidade têm direito de participar dos resultados comerciais e científicos da descoberta, quebraram regras seculares, impostas inicialmente pela força das armas e depois pelo dinheiro. Mas essa é uma conquista ameaçada por muitos ângulos - e principalmente pelas ameaças que pesam sobre os grupos indígenas.

Como a nossa sociedade tem imensa dificuldade em reconhecer qualquer coisa que não leve a chancela da ciência, talvez valha a pena lembrar as páginas iniciais de **O Pensamento Selvagem**, de Lévi-Strauss. O mestre francês menciona narrativas de numerosos viajantes e naturalistas que conviveram com os ditos primitivos e mostra a extensão do seu conhecimento sobre a flora, a fauna, o mundo que os cercava. Conhecimento **científico**, diz Lévi-Strauss: "O homem do neolítico ou da proto-história foi, portanto, o herdeiro de uma longa tradição científica".

Já no neolítico, diz ele, estava confirmado o domínio humano sobre as grandes artes da civilização - cerâmica, tecelagem, agricultura e domesticação de animais: "Hoje, ninguém mais pensaria em explicar essas conquistas imensas pela acumulação fortuita de uma série de achados feitos por acaso ou revelados pelo espetáculo passivamente registrado de determinados fenômenos naturais. Cada uma dessas técnicas supõe séculos de observação ativa e metódica, hipóteses ousadas e controladas, a fim de rejeitá-las ou confirmá-las através de experiências incansavelmente repetidas". Da mesma forma, acentua, no neolítico já se registrava o domínio da metalurgia do bronze e do ferro e dos metais preciosos, "todas exigindo já uma competência avançada".

Neste ponto, Lévi-Strauss coloca uma pergunta ainda sem resposta completa: "Se o espírito que inspirava o homem do neolítico, assim como a todos os seus antepassados, fosse exatamente o mesmo que o dos modernos, como poderíamos entender que ele tenha **parado** e que muitos milênios de estagnação se intercalem, como um patamar, entre a revolução neolítica e a ciência contemporânea? O paradoxo admite apenas uma solução: é que existem dois modos diferentes de pensamento científico, uma e outra funções, não estágios desiguais de desenvolvimento, do espírito humano, mas dois níveis estratégicos em que a natureza se deixa abordar pelo conhecimento científico - um aproximadamente ajustado ao da percepção e imaginação, e outro deslocado; como se as relações necessárias, objeto de toda ciência, neopolítica ou moderna, pudessem ser atingidas por dois caminhos diferentes: um muito próximo da intuição sensível e outro mais distanciado".

Mais ainda: "Não voltamos à tese vulgar segundo a qual a magia seria uma forma tímida e balbuciante de ciência, pois privar-nos-íamos de todos os meios de compreender o pensamento mágico se pretendêssemos reduzi-lo a um momento ou uma etapa da evolução técnica e científica. Mais uma sombra que antecipa seu corpo, num certo sentido ela é completa como ele, tão acabada e coerente em sua imaterialidade quanto o ser sólido por ela simplesmente precedido. O pensamento mágico não é uma estréia, um começo, um esboço, a parte de um todo ainda não realizado; ele forma um sistema bem articulado, independente, nesse ponto, desse outro sistema que constitui a ciência, salvo a analogia formal que os aproxima e que faz do primeiro uma espécie de expressão metafórica do segundo. Portanto, em lugar de opor ciência e magia, seria melhor colocá-las em paralelo, como dois modos de conhecimento desiguais quanto aos resultados teóricos e práticos (...), mas não devido à espécie de operações mentais que ambas supõem que diferem menos na natureza que na função dos tipos de fenômeno aos quais são aplicadas".

É esse conhecimento que está ameaçado nesta hora crucial para o ser humano, quando as questões fundamentais parecem deslocar-se do campo ideológico

Os índios expressam momentos importantes de suas vidas pintando suas faces, seus corpos e seus objetos com urucum, jenipapo, carvão, barro e resinas vegetais e animais. Mulher Assurini. Foto Fred Ribeiro.

A suntuosidade dos artefatos plumários feitos pelos índios brasileiros tem chamado atenção desde o tempo do descobrimento. Verdadeiras "roupas" expressam padrões estéticos e culturais. Índio Kaapor com paramentos plumários. Foto Foerthmann,1950.

para o campo biológico. Quando uma conferência como a Eco 92 reconhece, pela palavra de mais de 100 chefes de Estado, que a sobrevivência do planeta e da espécie humana está em risco, talvez seja para questões como as colocadas pelas culturas indígenas que tenhamos de voltar-nos.

E se é assim, é de modernidade que estamos falando.

No painel "O índio e a modernidade" que realizamos no Teatro Municipal de São Paulo, no âmbito desta comissão de direitos dos índios, muitas coisas interessantes foram ditas.

Marcos Terena, do Comitê Intertribal, começou batendo duro: "Nós, índios, olhamos para esse mundo do homem branco e verificamos que essa civilização não deu certo". A seu ver, porque "o homem branco nunca quis escutar a história dos índios; sempre considerou a história dos índios um poema, um folclore, uma coisa que era boa para os índios, era boa para o teatro, para a música, mas não para ser praticada".

Será preciso retomar uma caminhada interrompida, disse Terena: "Nós vamos elaborar uma Carta da Terra. Nunca fizemos isso, mas agora é preciso fazer porque o homem branco que vai discutir o futuro do planeta vai brigar com outro homem branco, eles vão brigar entre eles, porque um país é rico e o outro é pobre. O rico quer que o pobre continue pobre, para ser fonte de matéria prima. E o país pobre quer virar rico mas não tem dinheiro para isso. Tudo gira em torno da economia e do dinheiro. Mas na nossa sociedade não existe rico nem pobre."

Sua conclusão: "Vocês são maioria, nós somos apenas 240 mil pessoas. Mas tudo que está na terra da gente, desde aquilo que se chama riqueza mineral, vai ter sentido pra nós, índios, mas só vai ter sentido pra vocês se vocês souberem decifrar e tentar conjugar a prática do dia-a-dia de vocês com a prática das nossas vidas. Ou seja, equilíbrio e igualdade. Igualdade apesar das nossas diferenças."

José Luiz, o chefe xavante, também foi muito contundente: "O branco não sabe o que é natureza, não sabe o que é o rio, não sabe o que é a árvore, não sabe o que é montanha, não sabe o que é mar. Para vocês, o que está existindo na natureza é a riqueza sua. Ao invés de você respeitar uma árvore, a floresta, você destrói, você corta pedaço, você faz seca, você faz tudo. O mar, pra que existe o mar, o seu Deus colocou o mar pra que? Pra você respeitar. Mas até hoje vocês não respeitaram o mar. O que vocês fizeram com o mar? Jogaram coisas e poluíram esse mar. Você não respeita montanhas. Veja lá no Rio, vocês destruiram todas as montanhas, todas as matas."

José Luiz conhece o processo histórico de apropriação do conhecimento indígena sobre a biodiversidade. E não o aceita mais: "Eu não vou ensinar nem um pedacinho, porque tudo que está existindo aqui tiraram de nós, e não devolveram nenhum para nós, eu não vou dar de graça essas medicinas naturais".

Também não aceita mais conceitos e

Existem cerca de 50 grupos isolados na Amazônia, praticamente sem contato com segmentos da nossa sociedade. Um grupo de Zoé volta do igarapé onde buscou água. Foto Luís Grupioni.

Os índios estão buscando formas mais equilibradas de relacionamento com a nossa sociedade. Casal de índios Suruí participa da I Assembléia dos Povos Indígenas de Rondônia e norte do Mato Grosso (1991). Foto Antonio Queiroz/CIMI.

Rituais constituem momentos importantes que marcam a socialização de um indivíduo ou a passagem de um grupo de uma situação para outra. Manifestam as relações entre o mundo social e o mundo cósmico, entre o universal e o natural. Índios Waiãpi tocam clarinetes e apitos durante o ritual do "papamel". Foto Dominique Gallois.

preconceitos na relação entre "civilizados" e "índios": "Você vai me dizer: o índio tá falando mas é selvagem; selvagem é vocês, milhares de anos estudando e nunca aprenderam a ser civilização. Pra que que vocês está estudando? Pra destruir a natureza e no fim destruir a própria vida mesmo?"

O prof. Sérgio Cardoso recorreu a Montaigne, à sua descrição de um encontro entre índios e brancos, no século XVI, para dizer que "vários sinais nos mostram hoje uma espécie de esgotamento de uma série de modos, de concepção do social, concepção do mundo, que nasceram sobretudo a partir do século XVII". Para fugir ao esgotamento, pensa ele, é preciso uma nova postura: "Se não houver essa atitude de desarmar, de nos desarmar dessa escuta (os modos esgotados), não vamos simplesmente ter possibilidade de sair dos nossos impasses".

O prof. Sérgio Cardoso, lembrando ainda Montaigne, mencionou a estranheza dos índios ao ver que os homens brancos obedeciam a um rei de apenas 13 anos de idade. E mais estranheza ainda por verem que uma grande parte dos brancos, "descarnados pela fome e pela pobreza", não agarrassem os outros brancos pela garganta e não ateassem fogo a suas casas. E enfatizou que Montaigne, já no século XVI, percebera que as sociedades indígenas são "sociedades de liberdade" - sociedades diferentes das nossas, em que nos consideramos "livres sob a lei". Nas sociedades indígenas, os indivíduos se consideram "livres no interior da sociedade mesma, e não sob a lei". Moderno, sem dúvida.

A professora Berta Ribeiro, ao mencionar entrevista na qual Lévi-Strauss disse que "na nossa sociedade tudo se separa", enquanto nas sociedades indígenas "tudo é misturado", deu o mote para a fala final, síntese brilhante, da professora Marilena Chaui.

A seu ver, dois pontos importantes foram colocados no painel sobre a modernidade das culturas indígenas: "A primeira é que os índios são modernos no sentido de que eles têm uma cultura, eles têm uma sabedoria, que não é velha, não é arcaica, não é atrasada, não está atrás da nossa, mas é contemporânea a nossa e tem o mesmo valor, uma valor sob certos aspectos maior que o nosso".

"O outro aspecto é que a modernidade dos índios põe em questão, nos faz discutir, qual é o valor da idéia de progresso. Será que nós, ocidentais, não nos deixamos enganar durante os últimos cinco séculos com a idéia de progresso, isto é, de que aquilo que vem depois é melhor do que aquilo que veio antes? Nós vimos hoje que existem certas perguntas que são fundamentais para a humanidade. De onde nós viemos? Para onde nós vamos? Como é que uma sociedade se organiza de modo igualitário? Como é que uma sociedade é capaz de respeitar a liberdade de cada um? Como é que uma sociedade é capaz de respeitar no seu interior a justiça? Como é que uma sociedade é capaz de pensar nas crianças como a continuidade de sua existência, nos velhos como preservação da sua memória? Como é que uma sociedade é capaz de exprimir a relação que ela tem com a natureza, com os outros seres humanos, com os animais, com o sagrado, de uma maneira integrada?"

A nossa civilização, disse Marilena Chaui, é "toda compartimentada, toda fragmentada, toda separada". Enquanto isso, na sociedade indígena, "cada ato, cada objeto, cada instituição da sociedade é sempre uma unidade, e isso é que é fundamental na existência dos seres humanos e talvez nós tenhamos perdido inteiramente, justamente porque nós acreditamos na idéia do progresso. E que foi o progresso? O progresso foi a separação de tudo (...) O que a cultura indígena nos ensina é que o verdadeiro progresso é a presença disso que é fundamental, essa integração entre o sagrado e o profano, o humano e o divino, o humano e a natureza e as relações de liberdade, justiça, comunidade, igualdade entre os próprios seres humanos".

"Se nós não aprendermos isso", disse Marilena Chaui, "o xavante terá razão: estaremos perdidos".

Nestes tempos em que estamos sendo obrigados a reaprender que no nosso planeta tudo influencia tudo, tudo que se faz tem consequência em todo o universo, certamente é essa a lição principal. É para ela que aponta a modernidade do índio.

As terras indígenas no Brasil

Lux Boelitz Vidal

Informar e envolver cada vez mais segmentos significativos da população, mobilizá-la mesmo, num movimento de solidariedade para com as populações indígenas, apontava, sem dúvida, como uma tarefa exemplar a ser cumprida durante as inúmeras manifestações que acompanhariam a conferência internacional sobre desenvolvimento e meio ambiente da ONU-a Rio 92 - e as comemorações do V Centenário - 500 anos de resistência indígena.

Na Cidade de São Paulo, a Comissão "Índios no Brasil" realizou um trabalho pioneiro de reflexão e divulgação das questões fundamentais relativas aos povos indígenas, visando uma construção da cidadania capaz de promover e incluir o diálogo cultural e o respeito à diferença.

Paralelamente a estes debates, uma grande exposição no prédio da Bienal, a mais completa e abrangente realizada até hoje sobre índios no Brasil, e duas no Centro Cultural São Paulo, todas de grande impacto, tanto pela proposta conceitual como pela beleza do material exposto, proporcionaram ao grande público da cidade e especialmente à população em idade escolar uma oportunidade única de conhecer melhor a história e as manifestações culturais dos povos indígenas no Brasil. Mostrou-se ainda os inúmeros desafios que estas populações enfrentam no seu dia a dia para assegurar os seus direitos, a garantia de suas terras e as possibilidades de sobrevivência física e cultural, abrindo assim uma possibilidade de compreensão mútua mais esclarecida e de um compromisso assumido em bases mais democráticas.

A questão indígena não pode ser debatida apenas pelos especialistas "aqueles que entendem do assunto", sob pena de deixar um perigoso espaço na consciência social para ser preenchido, seja pelos preconceitos e estereótipos vigentes na população brasileira, há séculos, como consequência do processo colonizador, seja pelo sistema educacional ainda vigente entre nós. A questão indígena, hoje, está intimamente ligada à construção da cidadania em nosso país e deve se tornar um assunto compreensível e significativo para o conjunto da população. Como bem coloca João Pacheco de Oliveira "isso exige um exercício de compreensão política da questão indígena referenciando-a ao conjunto das forças sociais e aos seus eixos de mobilização. Para isso é preciso focalizar o processo de dominação a que o índio está sujeito, explicitar as condições econômicas, políticas e ideológicas em que isso se dá, recuperando inclusive as analogias com a experiência de vários setores do campesinato e da população urbana" .

Possivelmente, os antropólogos, os indigenistas e todos aqueles que apoiam a causa indígena, especialmente quando precisavam se opor às contínuas investidas assimilacionistas por parte do Governo, dos militares e dos poderes locais, acabaram, imperceptivelmente, realçando em demasia as diferenças existentes entre nós e os índios, acarretando, desta maneira, no nível do senso comum, a incapacidade em distinguir entre o direito à diferença sócio-cultural e a posse exclusiva e comunitária da terra por um lado e o direito à cidadania plena por outro lado, direitos estes que não se excluem e hoje são reconhecidos na Constituição.

Quem não ouviu, inúmeras vezes, frases simplistas e polarizadas, proferidas mesmo por pessoas esclarecidas quando opinam sobre outros assuntos da política nacional: "deixem estes índios coitados tranqüilos, viverem do seu jeito, lá no lugar deles", deixando de reconhecer, assim, que os índios vivem hoje, em um contexto multi-étnico, em interação contínua, pelo menos na sua maioria, com a comunidade nacional e com necessidades básicas iguais ao resto da população. Ou ainda: "Estes índios já é tudo igual a civilizado, não existe mais índio puro, inocente. Eu li na Veja, estes dias, que até carro eles compram, hoje é tudo safado". Neste caso, "in-

Índios Kayapó lideram a vigília realizada por diferentes povos indígenas durante as negociações do capítulo dos Índios na Constituinte. Destacam-se o cacique Raoni e o coronel Tutu Pombo, falecido recentemente. Foto Luís Grupioni.

felizmente", não há mais o que fazer, a questão indígena perdeu a sua especificidade exótica, a única merecedora de uma atenção diferenciada. Consequência: isolamento e segregação.

Esta falta de consciência social por conveniência ou omissão, contrasta com dois outros aspectos relativos à questão indígena.

De um lado,[1] os inegáveis avanços obtidos no nível institucional, na Constituição Federal, bastante favorável aos índios, e no compromisso do Ministério Público na defesa dos direitos indígenas.[2] A quantidade e qualidade do conhecimento produzido nestes últimos anos tanto pela antropologia como pelas entidades de apoio, especialmente com relação às terras indígenas e às situações diferenciadas de contato e articulação entre comunidades indígenas e sociedade nacional.[3] A importância do movimento e das organizações indígenas, cada vez mais atuantes, no nível regional e nacional.

Por outro lado, uma vida cada vez mais difícil para os índios, nas aldeias e nas Reservas. Situações dramáticas, devido aos incessantes conflitos com invasores, mortes violentas e falta total de recursos para as necessidades básicas como saúde, educação, transporte e mesmo alimentação. Abandonados a sua sorte, os índios aceitam, a troca de indenizações pouco esclarecidas e de alguma assistência, a implantação de projetos estatais e privados em seus territórios ou sucumbem às investidas, ainda mais agressivas, de madeireiras e garimpeiros. Persiste também a resistência crônica por parte dos militares, dos governadores e políticos do norte do país e dos adeptos de um nacionalismo exacerbado, em reconhecer e apoiar as demarcações das terras indígenas, insistindo, e apesar de todas as evidências em contrário, em uma política assimilacionista, cujo nome é etnocídio.

Estes diferentes aspectos da questão indígena não evoluem da mesma forma e parecem cada um per si, pertencer a esferas distintas da realidade: a mentalidade preguiçosa que se contenta em reproduzir apenas estereótipos e clichês seculares; a dinâmica progressista do movimento indígena e das entidades de apoio em produzir de maneira articulada subsídios para uma verdadeira consolidação democrática das instituições; a visão anacrônica de militares e nacionalistas e a barbárie, a ganância, a lei do mais forte que prevalecem no campo e nas reservas indígenas onde invasores inescrupulosos submetem os territórios indígenas a um verdadeiro saque,

Índios assistem a votação do capítulo da Constituição referente a seus direitos. Congresso Nacional, Brasília. Fotos Castro Júnior/ADIRP.

deixando no seu rastro a destruição ambiental, a miséria e a desorganização social.

Em resumo, o avanço obtido no campo das instituições e do conhecimento não corresponde a uma melhora real da situação vivida pelas comunidades indígenas, no seu cotidiano. E esta situação, infelizmente, tende a piorar.

Considerações preliminares

Estima-se que vivem hoje no Brasil 250.000 índios aproximadamente, remanescentes de uma população calculada em milhões na época da chegada dos europeus.

São 200 grupos étnicos que habitam áreas ecológicas diversas e que falam mais de 170 línguas e dialetos.

As sociedades indígenas no Brasil são extremamente diversificadas entre si: vivenciam processos históricos distintos e são portadoras de tradições culturais específicas.

A diversidade destas sociedades indígenas é consequência também da existência de diferentes situações de contato com segmentos da sociedade brasileira, que vão desde a total ausência de contato (como o grupo tupi do rio Cuminapanema, a 300 km ao norte de Santarém, Pará) até grupos que convivem com a sociedade evolvente há séculos (é o caso das sociedades indígenas do nordeste, por exemplo, cerca de 32.000 indivíduos, aproximadamente, e que sob muitos aspectos pouco se diferenciam da população regional).

Estes grupos indígenas vivem distribuídos em todo o território brasileiro, sendo que 60% concentram-se na Amazônia, área de refúgio, onde foi mais recente a penetração das frentes de expansão.

Mesmo se alguns grupos contam com contingentes populacionais elevados, como os Ticuna do Alto Solimões, os Yanomami e Macuxi de Roraima, os Tukano do Alto Rio Negro e outros, é importante frisar que as sociedades indígenas no Brasil são, em geral, pequenas. Sua reprodução cultural não depende de grandes efetivos demográficos, mas exige dada a ênfase na caça, pesca e coleta e mesmo agricultura itinerante, territórios extensos e que, seja dito de passagem, os índios souberam preservar quando não pressionados irremediavelmente pelas frentes de penetração.

Por outro lado, em alguns municípios, como em Roraima, Alto Solimões, Oiapoque e outros, a população rural é maciçamente indígena e reconhecidamente produtiva.

É importante lembrar ainda que apesar de representar uma parte ínfima da po-

Mais de 350 lideranças representando 101 povos indígenas se reuniram em Luziânia/GO para discutir a revisão do Estatuto de Índio. No último dia do Encontro, os índios fizeram uma manifestação na rampa do Congresso Nacional. Foto Luís Grupioni.

pulação do país (o Brasil conta hoje com 145 milhões de habitantes), entre muitos grupos indígenas, a população tende a aumentar.

A Constituição brasileira respeita os direitos territoriais indígenas a partir de sua alteridade, enquanto grupos culturalmente diferenciados. Isso é um dado que a antropologia sabe expor adequadamente. Os fatores que um grupo étnico considera como básicos e necessários para integrar o seu território decorrem de coordenadas culturais particulares, provenientes de seu sistema econômico, da sua forma de parentesco e organização social, de sua vida cerimonial e religiosa. O argumento em relação a uma área jamais poderá ser discutido em termos quantitativos como uma relação índio/hectare ou família/hectare.

Sendo assim, é evidente que em primeiro lugar deve se reconhecer que índio e terra são assuntos indissocíaveis, só pode existir o índio (indivíduo) quando estiver preservada a sua coletividade (etnia) e esta conseguir manter um território próprio (J. Pacheco de Oliveira).

No fim dos anos 70 e na década de oitenta as frentes de expansão econômica penetravam na Amazônia, chegando aos extremos norte e oeste do território nacional. Estimuladas pelas políticas de transporte, de incentivos fiscais e de abertura para o capital estrangeiro, desenvolvidas nos governos militares, as frentes de expansão projetaram os conflitos, decorrentes da ocupação desordenada, sobre as fronteiras do país.

Ainda nos anos 50-60, os índios Kayapó, no Pará, eram considerados "índios do mato", desconhecidos, temidos pela população regional, escondidos em uma região de floresta, onde poucos brancos haviam se aventurado.

Hoje, a Amazônia e o Sudeste do Pará estão sofrendo um processo de ocupação desordenada e de destruição acelerada de suas riquezas naturais. Projetos de grande porte como a construção da Hidrelética de Tucuruí, a implantação do Projeto Ferro Carajás, assim como a abertura de inúmeras rodovias, aliados a programas oficiais de colonização, provocaram fluxos migratórios importantes para a Amazônia, provocando profundas mudanças ecológicas e na vida das populações locais.

A região habitada pelos Kayapó tem sido uma das mais atingidas por estes projetos desenvolvimentistas e predatórios. Mas a mesma situação se repete em inúmeras outras áreas, como em Rondônia, Acre, e entre os Kaingang e Guarani do Sul do país, áreas já bastante devastadas há muito tempo.

Convém lembrar que no Governo Sar-

Índios Guarani durante manifestação indígena na rampa do Congresso Nacional. Foto Luís Grupioni.

ney implantou-se o Projeto Calha Norte que objetivava, entre outras coisas, a vivificação da fronteira Norte do país, a redefinição da política indigenista e o fortalecimento da presença militar na Amazônia. Naquela época a redefinição da política indigenista se materializou com os Decretos 94.945 e 94.946 ambos de 1987, que estabeleceram a participação de segmentos militares na definição de áreas indígenas e a distinção de índios entre "aculturados" e "não aculturados", medida que permitiu a redução violenta de áreas indígenas, particularmente na Amazônia. Os argumentos destes segmentos políticos é que as terras indígenas e as áreas de proteção ambiental congelam as riquezas existentes no solo e subsolo dessas áreas.

Mas não existe incompatibilidade entre a garantia dos direitos indígenas e a defesa da soberania e o desenvolvimento nacional. A Constituição de 1988 estabeleceu, com clareza, os instrumentos desta compatibilização.

A Nova Constituição de 1988, além de dar um tratamento exaustivo aos direitos indígenas, conferindo-lhes um inédito status constitucional, pela primeira vez reconhece aos índios o seu direito à diferença, rompendo com a tradição assimilacionista que prevalecia nas Constituições anteriores. A Constituição institui a União como instância privilegiada nas relações entre os índios e a sociedade nacional, ampliando enormemente as competências dos poderes Legislativos e Judiciário quanto aos Direitos Indígenas.

É particularmente importante o reconhecimento constitucional das organizações indígenas que, nos termos do artigo 232, são partes legítimas para ingressar em juízo em defesa dos direitos e interesses dos índios.

Essa conquista estimula o surgimento e o crescimento das organizações locais e regionais e facilita o acesso dos índios às instancias decisórias do processo institucional.

Nesse mesmo sentido, "a Constituição estabelece relações diretas entre os índios e o Congresso Nacional e deles com o Ministério Público. Portanto os povos indígenas adquiriram condições de interlocução direta junto aos poderes da República, direito que deve ser agora assegurado politicamente" (Santilli, 1992).

A política do Governo Collor, de recessão e cortes nas despesas públicas, particularmente na área social, implicou na paralização da estratégia anterior, inclusive com cortes de verbas para o Projeto Calha Norte e para a área militar, o que provocou descontentamentos no setor. Por outro lado encenou mudanças nas políticas ambiental e indigenista para recuperar o prestígio do País no exterior, abalado pelas denúncias de devastação de florestas e do péssimo tratamento dispensado aos povos indígenas.

Mas as forças contrárias à demarcação das terras indígenas reagiram imediatamente. Em 1990 as forças "nacionalistas" elegeram uma grande bancada de deputados federais, conhecidos como "bloco amazônico" que, nos meses iniciais de 1991, instalaram a Comissão Parlamentar de Inquérito da "Internacionalização da Amazônia" contra ambientalistas, indigenistas e missionários, acusados de defenderem interesses externos contrários ao país. Essas forças também se opuseram firmemente à demarcação da área Yanomami.

Em 17 de junho de 1992, o Tribunal de Contas da União, extrapolando suas funções constitucionais, aprovou parecer que recomendava ao Congresso Nacional e à Presidência da República, para que na criação de áreas indígenas, fossem ouvidos o Estado Maior das Forças Armadas, o Departamento Nacional de Produção Mineral, a Eletrobrás e a Empresa Brasileira de Pesquisa Agropecuária. Em 15 de julho o Governo Collor acatou as recomendações através do "Aviso 745". A Consultoria do Ministério da Justiça e a Procuradoria Geral da República consideraram ilegal o aviso, por não estar amparado em lei ou em qualquer outra norma superior (F. Damasceno). Consequentemente, o que até hoje prevalece é o Decreto 22/91 que dispõe sobre o processo de demarcação de terras indígenas (vide adiante).

Preocupadas com as novas paralisações, desde julho de 1992, as organizações indígenas, atraves da COIAB e outras entidades, tomaram a iniciativa de promover a Campanha pela demarcação das Terras Indígenas na Amazônia, a fim de pressionar o Governo e os orgãos responsáveis para que o processo de demarcação seja acelerado e o prazo constitucional respeitado.

Terras indígenas no Brasil: aspectos formais[1]

I. O Poder Público e o artigo 231 da Constituição

No Brasil, quando se fala em demarcação de terras indígenas, trata-se, em primeira instância, de uma definição jurídica materializada na Constituição Federal em vigor, aprovada em 1988, e na legislação específica, atualmente em fase de revisão no Congresso Nacional, o chamado "Estatuto do Índio".

Segundo a Constituição Federal em vigor, artigo 231, são reconhecidos aos índios os **direitos originários** sobre as terras que tradicionalmente ocupam, destinadas a **sua posse permanente**, cabendo-lhes o usufruto exclusivo das riquezas do solo, dos rios e dos lagos nelas existentes. As terras tradicionalmente ocupadas pelos índios são consideradas também pela Constituição como **bens da União** (art. 20). Tais terras são definidas no parágrafo primeiro, do referido artigo 231:

"São terras indígenas tradicionalmente ocupadas pelos índios as por eles habitadas em caráter permanente, as utilizadas para suas atividades produtivas, as imprescindíveis à preservação dos recursos ambientais necessários a seu bem estar e as necessárias para sua reprodução física e cultural, segundo seus usos, costumes e tradições".

Portanto, compõem o conceito quatro elementos que se integram e se somam e devem ser reconhecidos à luz dos usos, costumes e tradições indígenas. Para haver o reconhecimento é necessário que haja uma lei que regulamente o seu processo administrativo. Estas terras, porém, por força do dispositivo constitucional, não dependem do reconhecimento do Poder Público para serem terras indígenas, inaliená-

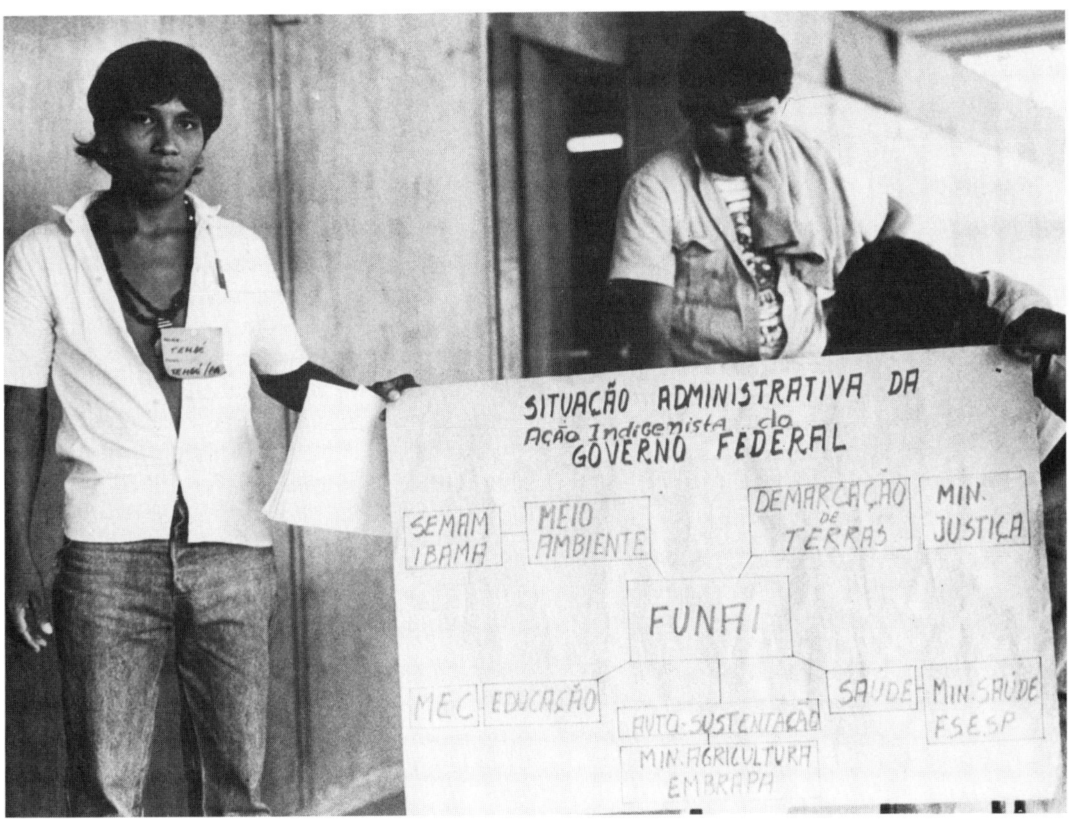

Índios reunidos para discussão das diferentes propostas de revisão do Estatuto do Índio, em tramitação no Congresso Nacional. Foto Luís Santos Lobo/CIMI.

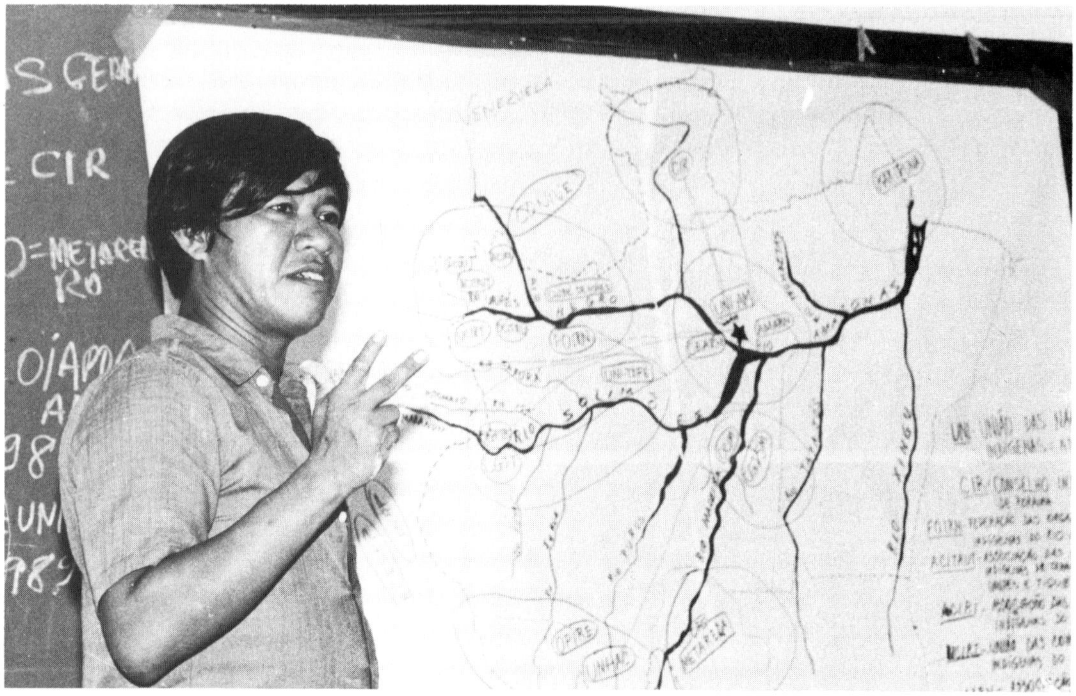

Manuel Moura discursa na assembléia geral das Organizações Indígenas da Amazônia brasileira realizada em Manaus/AM. Foto Egon Heck/CIMI.

veis e indisponíveis, de tal forma que o ato que as reconhece nada mais faz que dar uma declaração de caráter indígena, para conhecimento de todos, sem outra consequência jurídica que contestar presunção de boa-fé em eventuais agressões àquelas terras por particulares.

Sendo assim, o ato de reconhecimento e demarcação física é secundário e vinculado à definição constitucional. Isto é, o Poder Público Federal não pode deixar de reconhecer ou deixar de demarcar uma terra ou parte de uma terra que se enquadre na definição constitucional, ao seu arbítrio. Porém, o Poder Público pode reconhecer e demarcar em qualquer momento, porque a oportunidade deste ato não está definida na lei, salvo o seu prazo final: 5 de outubro de 1993 (art. 67 das disposições constitucionais transitórias).

II. A atual sistemática em vigor para o reconhecimento de terras indígenas pelo Poder Público Federal.

Através do Decreto no. 22 de 04/02/91, o governo Collor criou uma sistemática administrativa de identificação e demarcação de Terras indígenas. A extinção dos Ministérios do Interior, da Reforma Agrária e da própria SADEN, que passou a se chamar Secretaria de Assuntos Estratégicos, fez com que a instância de decisão técnica sobre os processos de terra, o chamado "Grupão", deixasse de existir, uma vez que estes orgãos eram integrantes do Grupo de Trabalho criado pelo Decreto 94.945. Esta nova sistemática retornou à FUNAI a competência de instruir, analisar e emitir parecer técnico conclusivo sobre os processos de demarcação, cabendo ao Ministro da Justiça a decisão política de emitir Portaria reconhecendo os limites da terra para posterior demarcação física. Uma vez a terra demarcada ela será homologada através de decreto do presidente da República, publicado no DOU (Diário Oficial da União) e finalmente regularizada através do registro da terra no Departamento de Patrimônio da União e no cartório imobiliário da comarca correspondente. A nova sistemática prevê a necessidade da anuência do povo indígena sobre os limites propostos. Abre, porém, a possibilidade de manifestação de interessados sobre a proposta encaminhada pela FUNAI ao Ministro da Justiça.

Segundo um levantamento realizado pelo CEDI (Centro Ecumênico de Documentação e Informação/Programa Povos Indígenas no Brasil) a situação jurídica das terras indígenas no Brasil em 07/10/92 é a seguinte:

Extensão das terras do país: 850 milhões de hectares.
Número de áreas indígenas: 503, extensão 89.245.185ha ou 10,49% das terras do país.
População indígena 250.000 pessoas vivendo em aproximadamente 4.000 aldeias.

Terras Indígenas:
Áreas Sem Providência: 88 (17,50%).
Áreas Identificadas: 49 (9,74%) com 6.538.449ha (7,33%).
Áreas Interditadas: 31 (6,16%) com 17.987.500ha (20,16%).
Áreas Delimitadas: 85 (16,90%) com 18.147.397 (20,33%).
Áreas Homologadas: 173 (34,39%) com 29.468.700 (33,02%).
Áreas Regularizadas: 77 (15,31%) com 17.102.939 (19,16%).

Na **Amazônia Legal**, com uma extensão de 480 milhões de hectares, concentram-se 160 povos contatados com aproximadamente 143.000 índios. Há indícios de 53 grupos indígenas ainda não contatados, sendo que a FUNAI já confirmou 12 desses grupos.

As áreas indígenas são 345 com 88.071.167ha, o que significa 98,68% da extensão das áreas Indígenas no Brasil e 18,34% das terras da Amazônia.

Sem Providência: 56 (16,18%).
Identificadas: 31 (8,99%) com 6.452.282ha (7,33%).
Interditadas: 28 (8,12%) com 17.946.824ha (20,38%).
Delimitadas: 66 (19,13%) com 18.048.095ha (20,49%).
Homologadas: 102 (29,57%) com 29.119.004ha (33,06%).
Regularizadas: 62 (17,97%) com 16.504.962ha (18,74%).

Durante o segundo semestre de 1991 e o primeiro de 1992 houve uma certa agilização no encaminhamento dos processos demarcatórios devido essencialmente às pressões internacionais para a demarcação do território Yanomami e o início da organização e discussões preparatórias para a conferência internacional sobre desenvolvimento e meio ambiente da ONU em junho de 1992, onde a sobrevivência dos povos habitantes das áreas de florestas do planeta seriam objeto de discussão e de cobranças. Neste período 52 áreas foram delimitadas representando um total de 15.839.021ha e 112 áreas homologadas. As áreas Yanomami (9.664.975ha), Cerrito (1.951ha), Guasuti (959 ha), Jaguari (405ha), Pirakuá (2.384ha) e Kaxarari (145.889ha) foram delimitadas, demarcadas e homologadas.

A partir de julho de 1992 registrou-se novamente uma total paralização dos processos encaminhados ao Ministro da Justiça, deixando assim 13 áreas à espera de aprovação, num total de 4.460.827ha. Trata-se das áreas Trincheira-Bacajá (1.655.000ha), Arara do Rio Branco (122.000ha), Cachoeira Seca (740.479ha), Rio dos Pardos (828ha), Maraiwatsede (168.000ha), Curuá (19.450ha), Ipixuna (179.640ha), Paumari do Cuniuá (35.000ha), Kampa do Rio Euvira (247.200ha), Taihantesu (4.700ha), Rio Biá (1.180.200ha), Canauinim (11.650ha) e Cabeceira do Rio Acre (76.680ha).

A área indígena do Alto Rio Negro com 8.150.000ha de superfície está a espera de uma revogação dos decretos assinados pelo presidente Sarney que demarcou 14 áreas descontínuas, combinadas com 11 florestas nacionais, reduzindo o território indígena em 68%.

O quadro acima mostra os avanços conseguidos na defesa dos direitos indígenas quer seja no texto da Constituição Federal ou no conhecimento produzido ao longo destes últimos anos com relação às terras indígenas. Estas conquistas devem-se às pressões cada vez mais organizadas dos próprios índios e ao trabalho de apoio das ONG's e diferentes entidades civis ligadas à causa indígena. Do ponto de vista da política indigenista oficial houve um certo fluxo de encaminhamento de processos ao Ministério da Justiça, incluindo a aprovação por parte da Presidência da República dos casos emblemáticos como a terra Yanomami e a terra dos Kayapó-Mekranoti.

"O Caso dos Xis", uma história em quadrinhos apresentada na exposição Índios no Brasil, mostra a luta dos índios pela terra e traz informações sobre as terras indígenas no Brasil. Texto e desenho de André Toral. Foto Luís Grupioni.

Deve ficar claro, porém, que todos os povos indígenas merecem o mesmo tratamento com relação aos seus direitos territoriais.

Entendemos que nada poderia, atualmente, justificar uma nova paralização da sistemática para o reconhecimento de terras indígenas, comprometendo o cumprimento do prazo constitucional de outubro de 1993 para o término total das demarcações.

Vale ressaltar que está prevista uma revisão da Constituição Federal para 1993 na qual os direitos territoriais atualmente reconhecidos aos índios certamente serão contestados pelos interesses anti-indígenas. Existe de fato uma grande resistência por parte de Governadores do Norte do país contra as demarcações e também no Congresso Nacional, em Brasília, através de políticos da chamada "bancada amazônica". Isso cria dificuldades objetivas à demarcação das terras indígenas, por exemplo dificultando a aprovação de créditos especiais para esse fim. Outrossim, nos últimos anos temos presenciado um crescente esvaziamento da Fundação Nacional do Índio (FUNAI), em relação à prática do indigenismo oficial. Um conjunto de decretos visando a descentralização das iniciativas até então pertinentes ao orgão acabaram estimulando uma maior interferência dos interesses locais e regionais nas questões indígenas. Com tais iniciativas o governo federal se desobrigou de suas próprias responsabilidades frente a casos concretos de extermínio e de violência aos direitos dos índios (Sílvio Coelho dos Santos).

Neste sentido é imprescindível que o maior número de terras indígenas tenham sido reconhecidas legalmente, permitindo que em bases concretas tanto as organizações indígenas como a sociedade civil possam se mobilizar para consolidar mais uma vez os dispositivos constitucionais já conquistados e, se possível, permitir a sua ampliação.

III. A garantia das terras indígenas e a procura de um modelo de desenvolvimento sustentável.

Um aspecto importante da questão indígena hoje é, de um lado, assegurar de fato aos índios o usufruto exclusivo das riquezas existentes em seus territórios, promovendo, além das atividades de subsistência tradicionais, novas atividades econômicas em bases condizentes com a proteção ambiental. E, por outro lado, proteger os territórios indígenas, de acordo com a lei, seja dos danos causados por grandes projetos desenvolvimentistas, seja das invasões cada vez mais agressivas por parte de garimpeiros e madeireiras, especialmente na Amazônia.

Estes invasores desenvolvem as suas atividades na total ilegalidade, causando danos irreparáveis ao meio ambiente e às comunidades indígenas, totalmente indefesas frente a estas investidas predatórias.

Em muitas regiões da Amazônia as relações interétnicas vem se caracterizando por um aumento de conflitos e muita violência. Uma realidade, aliás, não muito diferente daquela vivida por muitos camponeses e segmentos marginalizados nos grandes centros urbanos. A crise é generalizada e as soluções, evidentemente, apenas virão quando acompanhadas de mudanças estruturais globais.

O grau e as formas de intrusamento das reservas indígenas é assustador. Hoje, muito mais do que as terras indígenas em si, os interesses estão voltados para os recursos de grande valor econômico existentes em estas terras.

Por estas razões, fica evidente, que apenas demarcar as terras indígenas não é o suficiente.

Uma vez concluída a demarcação, e mesmo antes, já que o direito dos índios às suas terras independe da demarcação física, devem ser acolhidos projetos indígenas de manejo, controle e vigilância de suas terras, a longo prazo, com linhas específicas de apoio técnico e financeiro da parte de orgãos públicos e privados.

Devem ser promovidas práticas atualizadas para a garantia das terras e o seu aproveitamento adequado visando o desenvolvimento das comunidades como um todo. É importante ressaltar este último aspecto, porque na maioria dos casos, os invasores conseguem cooptar algumas lideranças, especialmente os mais jovens, que se associam às atividades altamente predatórias dos garimpeiros e das madeireiras, assinando contratos, em bases absurdas, em nome da comunidade. É verdade que alguns grupos, após amargas experiências, estão tratando de reverter esta situação inclusive entrando com processos na justiça.

Por outro lado, não se pode esquecer que as pressões destes grupos de interesse não vão diminuir tão cedo. As madeireiras são hoje a ponta de lança da penetração da Amazônia. Apenas para dar um exemplo: a extração seletiva do mogno. Segundo um levantamento recente, 47% da mancha de mogno existente na Amazônia incide sobre o estado do Pará e 22% desta percentagem encontra-se em áreas indígenas. Uma árvore de mogno rende líquido 1000 dólares à madeireira que paga às jovens lideranças indígenas entre 50 e 60 dólares.

Para extrair apenas o mogno são destruídos hectares de floresta, inúmeros ecossistemas naturais e tudo aquilo que é conhecido hoje pelo nome de biodiversidade.

Enquanto aos índios, o dinheiro que recebem é gasto, de imediato, em um consumismo supérfluo, junto ao comércio local, também controlado pelas madeireiras. E tudo isso acontece em terras indígenas, isto é, em terras da União e sob o nariz das autoridades coniventes.

Frente a esta situação dramática é de se lamentar a falta total de um projeto conceitual por parte do Governo e da FUNAI, que aponte para pesquisas, programas educativos e captação de recursos, capaz de promover a implantação de atividades de desenvolvimento sustentável em áreas indígenas. Esta situação é ainda mais preocupante quando se verifica o retrocesso por parte de um orgão como o IBAMA, que começa a questionar a participação de ONG's em projetos ambientais e a esvaziar um orgão como o Centro Nacional de Populações Tradicionais (CNPT).

O IBAMA tem questionado também o financiamento de componentes indígenas em projetos ambientais, tais como o Plano Piloto de Proteção das Florestas Tropicais, a ser financiado pelo G-7.

Nas regiões de colonização mais antigas, para os índios, as estratégias de sobrevivência tem sido sempre problemáticas. Até certo ponto o processo já é irreversível. Resgatar o sistema tradicional de manejo de seus recursos naturais é praticamente impossível. As soluções para o futuro deverão ser construídas em novas bases, mas que, se bem orientadas, poderão resultar em experiências interessantes. Hoje algumas comunidades indígenas, no Acre, no Amapá e entre os Xavante estão tentando implantar projetos alternativos e que merecem ser apoiados.

Alguns grupos ainda possuem faixas extensas de terras, mas cercadas por um ambiente totalmente modificado. Outros grupos perderam a maior parte de seus territórios, que se resumem a poucas ilhas de mata, extremamente vulneráveis. A vida, para a grande maioria dos grupos, é hoje mais sedentária, com um aumento sensível das atividades agrícolas. A caça torna-se mais escassa. A contínua derrubada de floresta virgem para a agricultura, em uma reserva demarcada, também coloca novos problemas. Antigamente, os índios, possuidores de imensos territórios, exploravam apenas parte dos recursos naturais disponíveis. Hoje estes recursos não se apresentam mais como inesgotáveis. Neste caso, novas formas de relacionamento com o meio ambiente deverão ser pensadas e amplamente discutidas com as comunidades indígenas.

O destino das terras indígenas vai depender muito da capacidade de luta por parte dos índios, exercendo, cada vez mais, os seus direitos de cidadania e assumindo novas responsabilidades. Por parte da sociedade brasileira vai depender de sua vontade em progredir, preservando o seu patrimônio ambiental e cultural e respeitando a diversidade cultural e ambiental dos povos indígenas: uma verdadeira comunidade inter-cultural, livre e democrática. Únicas bases possíveis para "O Nosso Futuro Comum".

Notas

1. Textos e dados provenientes de CEDI - 1991 - Povos Indígenas no Brasil- 1987/88/89/90 - Aconteceu Especial 18 - CEDI - Autores: Carlos A. Ricardo, Fany Ricardo, André Villas Boas, Carlos Frederico Marés e Márcio Santilli do Núcleo de Direitos Indígenas e João Pacheco de Oliveira PETI/Museu Nacional.

Bibliografia

CEDI - 1991 - **Povos Indígenas no Brasil 1987/88/89/90**, Aconteceu Especial 18, São Paulo.

- 1991 - **Terras Indígenas no Brasil: Reconhecimento Oficial de Direitos Territoriais como Processo Político** (mimeo). Texto apresentado no "Seminário Sobre Reconhecimento dos Direitos Territoriais Indígenas na América do Sul", Brasília, 9-12 dez.

Coelho dos Santos, Silvio - 1991 - **Constituição e Violação dos Direitos dos Povos Indígenas no Brasil**, (mimeo). Texto apresentado no 47º Congresso dos Americanistas, Nova Orleans, 7-12 julho.

Damasceno, Felisberto - "Nacionalismo e Direitos Indígenas" in **Porantim** - Ano XV - nº 150, Brasília.

Pacheco de Oliveira Filho, João - 1987 - **Terras Indígenas no Brasil**, CEDI/Museu Nacional.

- 1990 - "Quem são os Inimigos dos Índios?", **Boletim Nacional do PT**, (mimeo).

Santilli, Márcio - 1992 - "O Aviso do Retrocesso" in **Tempo e Presença** - Ano 14, nº 265, São Paulo.

Vidal, Lux - 1990 - "Le Programme Grand Carajás et la Question Indienne" in **ETHNIES - Droits de l'homme et peuples autochtones**, 11-12, Printemps.

- 1991 - "Tribunal Permanente dos Povos" in **Cadernos de Campo** - Ano I - nº 1, São Paulo, FFLCH/USP.

"Xeto, marromba, xeto!" - a representação do índio nas religiões afro-brasileiras[1]

Omar Ribeiro Thomaz

Introdução

"O caboclo verdadeiro é só o índio. Porque na realidade o caboclo mesmo é aquele que veste penas."
(Definição de um adepto do candomblé baiano. *apud* Santos, 1992: 60)

As populações indígenas no Brasil têm sido objeto de inúmeras representações por parte da sociedade envolvente. Da apropriação ideológica feita pelos orgãos do Estado aos meios de comunicação de massa, passando pelo mundo das artes e da literatura, diferentes representações se sobrepõem indicando a importância da figura do índio no imaginário nacional. Entendendo por imaginário uma dimensão que institui e reproduz as relações entre os grupos sociais (Castoriadis, 1975), acredito que a compreensão do "lugar do índio" neste imaginário nacional nos aproxima do complexo diálogo desenvolvido entre as sociedades indígenas e a sociedade nacional.

A sociedade brasileira, como sabemos, está longe de compor um todo uniforme. De um lado encontramos o índio dos movimentos literários e artísticos da elite nacional, o índio do cinema e dos meios de comunicação de massa; de outro, e profundamente relacionado com o primeiro, porém não a sua imagem, o índio da cultura popular. Este último povoa as escolas de samba e os bailes de carnaval, os folguedos populares, os contos e a literatura de cordel, e também o universo mítico e religioso das denominadas religiões afro-brasileiras. É sobre este índio que "baixa" nos toques, sessões e festas de caboclo que trata este artigo.

A imagem do índio: da literatura indianista aos cultos afro-brasileiros

Diferentes movimentos literários e artísticos reivindicaram a figura do índio. O prematuro nativismo brasileiro na literatura vê no índio um símbolo nacional. Esta mesma simbologia alcança o seu esplendor com o indianismo romântico de Gonçalves Dias e, sobretudo, José de Alencar. Como afirma Antonio Candido (1981), Alencar fixa um dos mais caros modelos da sensibilidade brasileira, o do índio ideal, heróis de uma mitologia nacional a ser construída. O índio de Alencar, ou está num passado remoto anterior à chegada dos portugueses (**Ubirajara**), ou surge como a marca da nossa suprema diferença no encontro entre portugueses e índios (**O Guarani e Iracema**). E o índio do passado, de um passado imaginário, de uma história a ser escrita. O impacto desta imagem, é sentido até os dias atuais: o índio como símbolo da nacionalidade brasileira.

Se por um lado no culto aos caboclos temos a incorporação, no universo mítico e religioso afro-brasileiro, deste "índio herói" - tão caro às elites nacionais - por outro não podemos interpretar o caboclo como mera reprodução de um índio produzido pelas classes hegemônicas. A simples transformação de um símbolo nacional em objeto de culto religioso indica uma reinterpretação.

Nos caboclos dos terreiros de candomblé angola[2] e de candomblé de caboclo, Edison Carneiro encontrará uma "leve tintura" do índio romântico de Alencar: "(...) o indígena oficial, valente, ágil, esperto, profundo conhecedor dos segredos das plantas e em contato com as forças da natureza." Para E. Carneiro, porém, "(...) estes *encantados*[3] são simples reproduções de orixás nagôs", que nos candomblés de caboclo denotam fortes influências espíritas e, raramente, uma "real" influência indígena (1986: 75).

Nos estudos sobre umbanda (Ortiz,

1978; Brown, 1977; Montero, 1985), o caboclo aparece definitivamante como o "herói nacional romântico". A umbanda seria a transposição para o plano mítico e religioso da fábula das três raças. Na escala espiritual mais elevada, encontraríamos os caboclos: a glorificação dos nossos antepassados míticos, a afirmação nacionalista desta religião. Sem poder fugir da sua herança africana, os umbandistas, contudo, situam o caboclo no ápice da "evolução" espiritual, afirmando a inserção da umbanda num momento de grandes transformações da sociedade brasileira (Ortiz, 1978).

O culto aos caboclos: extensão e diversidade

Para a análise uma dificuldade se apresenta de início: a própria extensão do culto aos caboclos. Este aparece, de diferentes formas, dos batuques de Porto Alegre à pajelança do norte do país.

Às vezes, o caboclo é a figura central do culto, como no caso da umbanda, dos candomblés angola, da pajelança e dos catimbós do norte e nordeste do país; às vezes, porém, são cultuados em segredo, como nos candomblés da nação queto comprometidos com a noção de "pureza" ritual (da qual falaremos mais adiante), o que denota a clara relação de inferioridade destas entidades com relação aos orixás africanos. Neste caso, o caboclo torna-se uma entidade importante na construção das identidades contrastivas dos grupos religiosos de umbanda e de candomblé, ou mesmo das diferenças internas entre as várias nações do candomblé. E é como elemento revelador ou não de uma "pureza" ritual que a imagem do caboclo será associada em diferentes sistemas religiosos.

Apesar da diversidade, o caboclo, em geral, é representado como "o índio". Aqui, procuraremos dar conta dos aspectos gerais desta entidade, e não das particularidades que cada culto apresenta.

A força da imagem

Nas portas das lojas de artigos para a umbanda e candomblé é muito frequente encontrarmos a imagem de um caboclo.

Estátua de caboclo do terreiro de Mãe Silvia de Oxalá. Foto Fabiana Marquezi.

De cor morena, seu porte, em geral, é atlético, indicando o vigor físico, e o seu olhar, fixo e autoritário. Muitos adotam posturas que indicam movimento, luta. Outros, rígidos e altivos, têm a atitude de um verdadeiro chefe. Se alguns são caboclos brasileiros, a maioria deles se assemelha muito mais aos índios dos filmes norte-americanos, com seus cocares atravessando as costas até a altura das pernas.

No interior da loja, um mundo de cheiros, cores e imagens impõe aos consumidores as representações materiais do universo mítico afro-brasileiro. Ao lado de entidades típicas da umbanda - pretos e pretas velhas, Exus e pombagiras, ciganas e sereias - as imagens de caboclo são as que mais se ressaltam, tanto pela quantidade como pela diversidade. O Pena Branca, o Junco Verde, o Tupiniquim, Tupã, Tupi, Tibiriça, Peri, Iracema, Ubirajara, Jurema, Cobra Coral, Quebra Galho... e tantos outros. O vendedor possui um catálogo, com todas as imagens disponíveis na fábrica. Porém, o caboclo desejado pode ser único: um índio que anunciou-se num sonho. Nesse caso, desenha-se este caboclo, único, e a encomenda é realizada.

Embora diversas, a partir das imagens podemos aproximar-nos da representação que se faz do índio nas religiões afro-brasileiras: o corpo em movimento,armado com machadinha ou com arcos e flechas, indica sua personalidade forte que subjuga a natureza ou resiste heroicamente ao colonizador português. A posição de luta nos leva aos domínios do caboclo: a mata virgem. Conhecedor dos seus mistérios, o caboclo é caçador. Altivo, é rei, chefe, autoridade e autoritário - o pajé. Os caboclos sempre vêem adornados com cocares, plumas, braceletes. Às vezes, ao lado de uma cabocla, um animal, de preferência um veado.

A loja, evidentemente, não configura um lugar propriamente "sagrado", mas reflete o dinâmico diálogo estebelecido entre as religiões afro-brasileiras, com forte apelo mágico e ritual, e a cidade moderna (o terreiro enfrentaria sérias dificuldades para se estabelecer na cidade se não pudesse contar com um "entreposto" de artigos litúrgicos para as suas práticas rituais) (Gonçalves da Silva, 1992). Daí ser frequente observarmos diante das estátuas dos caboclos - e também de outras entidades - oferendas em dinheiro, feita por religiosos ou não, que ali mesmo na loja realizam preces e pedidos. Fora do terreiro, e portanto longe do espaço sagrado, a imagem não perde a força ritual: na estátua o povo vê aquele caboclo que nas festas, toques e sessões feitas em sua homenagem, "baixa" para trabalhar para os homens[4].

Caboclo Junco Verde incorporado em Pai Doda de Ossaim, no terreiro Ilê Axé Ossaim Darê. Foto Luís Grupioni.

Assim, as imagens (muitas vezes consideradas de "mau gosto" pelos pesquisadores) estão longe de configurar-se tão somente numa apropriação da indústria de massa de uma imagem de caráter religioso. Ao lado dos caboclos produzidos em série pelas fábricas de imagens religiosas, temos àquelas feitas sob encomenda segundo a descrição do fiel para quem o espírito do caboclo teria se manifestado sob aquelas características. Aliás, a autoridade de um pai-de-santo com relação ao caboclo se dá muitas vezes a partir de aparições oníricas ou em visões.

> "Quem a fez[5], dona?-
> Ninguém. - o tom era cauteloso - o sr. sabe que nós, as mães caboclas, não somos tocadas por mão humana. Quem me fez foi o espírito de um índio que veio a mim em sonho. Ele morreu há centenas de anos e é o meu anjo-da-guarda." (Diálogo entre E. Carneiro em uma mãe-de-santo de candomblé de caboclo. *apud* Landes, 1967: 178)

Diante das estátuas, ou em simples oferendas aos caboclos, as velas são verdes e amarelas, cores com as quais se enfeitam os terreiros nos dias de toques e festas dedicados a esta entidade. Muitas vezes, os barracões são decorados com bandeiras do Brasil, indicando o caráter nacional do caboclo em contraposição aos orixás africanos.

No barracão constróem-se verdadeiras "malocas" de índios, com muito verde e plantas ao redor. Ao caboclo são oferecidas frutas em grande quantidade, carne, crua ou assada, e mel.

Quando "baixam", os caboclos são ágeis e autoritários: exigem bebidas - em geral vinho ou cerveja - e charutos . Enfeitados com as insígnias características de cada caboclo - Pena Branca, um cocar branco, Junco Verde, penas azuis e verdes, etc. - arcos e flechas, lanças e facões, os caboclos bailam. O público, animado, canta e bate palmas, acompanhando a festa. As músicas são em português, às vezes entrecortadas por palavras em banto e em "língua indígena"; os atabaques são tocados com as mãos, toque próprio da umbanda e dos candomblés da nação angola.

Após a vigorosa e alegre dança, os caboclos se retiram para algumas partes do barracão. A assistência (os consulentes) faz filas para consultar aquele de sua preferência. As pessoas narram aos caboclos suas aflições e penas, pedem ajuda e conselhos. Muitas vezes é necessário um "cambono" - auxiliar do culto que se encarrega de anotar as receitas e traduzir palavras dos caboclos e outras entidades para os consulentes. O "cambono" anota o nome do consulente e de familiares e amigos em pequenos papéis que entrega ao caboclo. O caboclo localiza o mal e interpreta o sofrimento do povo; receita ervas, pois conhece as matas e os seus segredos. Às vezes se zanga com o consulente, que há muito já conhece, quando este não age de acordo com as suas prescrições.

Muitas vezes, as festas de caboclo dos candomblés de angola começam com o clima religioso de qualquer candomblé. A alegria dos caboclos, que interpelam o público convidando o povo para dançar, faz com que pouco a pouco a festa sagrada se transforme numa festa profana: as músicas religiosas são substituídas pelas cantigas de "sotaque" - cantigas maliciosas e provocativas - e depois por uma roda-de-samba (Amaral, 1992).

Nos dias dedicados ao orixá Oxóssi - orixá caçador e dono das matas, protetor de todos os que habitam a floresta -, os adeptos da umbanda, sobretudo, mas também alguns terreiros de candomblé, se retiram para os arredores da cidade, onde encontram áreas verdes e cachoeiras. Neste dia, os umbandistas tocam para Oxóssi, e os caboclos incorporam. As identificações entre o deus caçador e os caboclos são muitas: ambos são conhecedores das matas e das ervas, são caçadores e usam arco e flecha. A diferença, segundo os mitos, está em que Oxóssi aprendeu a conhecer as ervas com Catandê (Ossaim), outro orixá; os caboclos, índios brasileiros, nascem sabendo o segredo (Santos, 1992).

Na mata o povo toca atabaques, os caboclos incorporam e se vestem com as insígnias características. O povo saúda: "Oké, caboclo!", "Xeto, marromba, xeto!". Os caboclos gritam e cumprimentam a assistência. Muito do gestual dos caboclos são idênticos ao dos filhos de Oxóssi, que incorporam o seu deus nos terreiros de candomblé: ao cumprimentar a assistência, se curvam e "gritam" como pássaros[6].

Belas oferendas são feitas às entidades das matas: frutas das mais diversas qualidades, melões, melancias, cocos, bananas e abóboras, flores e mel; oferecem-lhes bebidas e charutos, a alegria das danças e das cantigas.

Se as estátuas muitas vezes lembram os índios dos filmes norte-americanos - para desgosto dos nossos intelectuais "puristas" - a concepção do caboclo, observada a partir do discurso e da incorporação dos fiéis, é muito mais rica. Como afirma Jocélio dos Santos (1992), são tidos como os verdadeiros "donos da terra": aqui estavam antes da chegada dos colonizadores portugueses e dos escravos africanos. Conheciam as matas, e por resistir à escravidão pereceram em sua grande maioria, mas ganham corpo e vida nos terreiros, onde o povo-de-santo lhes rende culto e homenagem. Representam os antepassados míticos como legítimos "donos da terra", mas ao ganharem vida no terreiro, estão longe da concepção estanque de um índio herói no passado, e deteriorado pelo contato com a civilização no presente.

"Caboclo são os donos da terra, das matas. São os primeiros habitantes da terra".

"Eles, os Caboclos, não se consideram "eguns". Os caboclos e os orixás se consideram coisas vivas. Se for pensar que é "egun" vai se considerar todos os orixás. Não é caboclo uma coisa morta." (Depoimentos de adeptos do candomblé baiano. *apud* Santos, 1992: 61, 63).

O Caboclo e o debate em torno da "Pureza Nagô"[7]

Os clássicos estudos sobre o candomblé, de Nina Rodrigues a Roger Bastide, associaram o caboclo a uma "impureza", a uma espécie de sincretismo afro-ameríndio, semelhante ao sincretismo afro-católico. Na Bahia estes pesquisadores encontraram nos candomblés nagô (queto) verdadeiros "modelos" de culto. Os candomblés com maior influência banto seriam mais pobres em termos míticos e rituais, e mais expostos às influências católicas, espíritas e ameríndias. Da pobreza da mitologia e do ritual banto, aliada à introdução do negro na sociedade capitalista, marcada por relações de classe nos grandes centros urbanos do

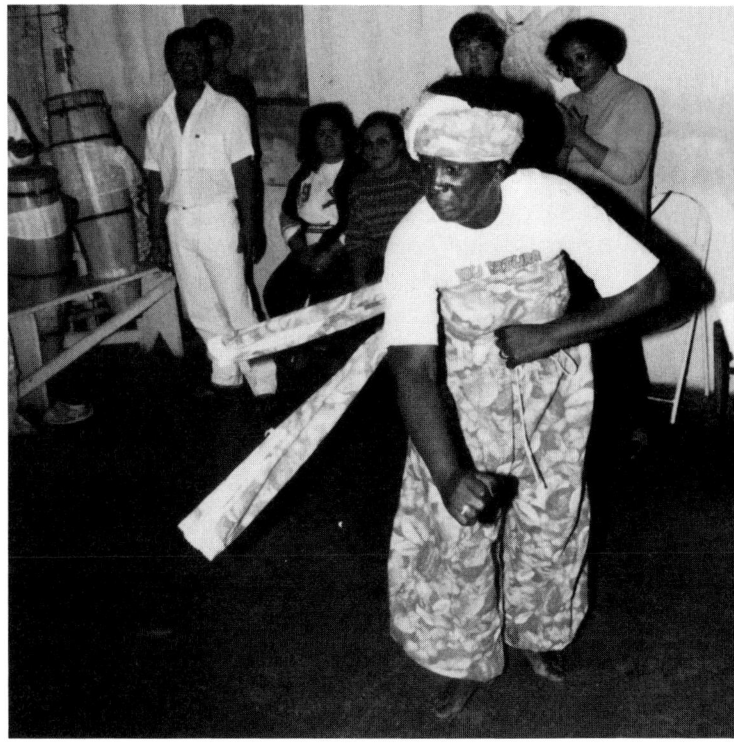

A cabocla Aracy, após atender aos fiéis, se despede no terreiro de Pai Doda de Ossaim. Foto Luís Grupioni.

sul do país, deve-se a origem das formas "deterioradas" da religiosidade afro-brasileira como a macumba carioca e a umbanda (Bastide, 1973; 1989).

Como chama a atenção Duglas Monteiro, porém, conceitos como "autêntico", "puro" e "deturpado" conformam o próprio "discurso nativo" do candomblé tradicional (Monteiro, 1978: XXI. *apud* Fry, 1986: 37). Nina Rodrigues, Artur Ramos, Ruth Landes, Edison Carneiro e Roger Bastide, entre outros, adotam o "discurso nativo" como categorias analíticas. Cria-se assim, seja no interior do próprio campo religioso, seja no discurso científico, uma classificação hierárquica entre os terreiros em função da presença de entidades, rituais e atitudes tidas como "deturpadoras" da "verdadeira" herança africana.

O caboclo seria uma das "vítimas" dos partidários da chamada "pureza nagô". Os candomblés ditos "de caboclo" passam a ocupar o lugar daqueles menos "puros", em contraposição aos "tradicionais" candomblés nagôs baianos. Formas de culto como as macumbas cariocas ou a umbanda dos grandes centros urbanos do sudeste do país passam a ser caracterizadas como "invenções" brasileiras despreendidas das tradições africanas.

Nos últimos tempos, após os pioneiros trabalhos de Peter Fry (1982; 1986) e Ivone Maggie (1975), muito tem se criticado a chamada "pureza nagô". Beatriz Góis Dantas (1982; 1988) mostrou o quão relativos seriam estes traços tidos como "puros" dos grandes terreiros baianos. A partir de um estudo levado a cabo na cidade de Laranjeiras, em Sergipe, a autora observa que no terreiro nagô de Laranjeiras, aqueles traços e valores escolhidos como os mais "puros" e que o aproximaria do continente africano, nada teriam a ver com a "pureza nagô" da Bahia. Assim, o que é considerado puro na Bahia é tido como "misturado" em Sergipe, sendo a influência dos candomblés baianos considerada nefasta pelos membros do terreiro nagô de Laranjeiras e, inclusive, responsável pela proliferação dos torés[8], deturpadores da verdadeira herança africana. É importante salientar que nos torés de Laranjeiras a influência indígena é assumida pelos seus próprios membros, e a figura do caboclo claramente cultuada.

Em trabalhos recentes sobre o candomblé paulista, diversos autores retomam a crítica à pureza nagô , mostrando que a riqueza das religiões de origem africana existentes no Brasil está justamente no dinamismo com o qual se enfrentam às modificações operadas na sociedade nacional, escolhendo aquilo que deve permanecer e o que deve ser modificado; adaptando os rituais às novas condições urbanas e ao novo público, agora também branco e muitas vezes de classe média. Estes estudos nos mostram que as religiões africanas no Brasil estão longe de serem pálidos retratos de uma antiga herança africana: dinâmicas, reinventam continuamente as tradições dando-lhes novos sentidos e conteúdos.

No caso de São Paulo, Vagner Gonçalves da Silva(1992) percebe na figura do caboclo um elemento central nas disputas entre a umbanda - religião que conheceu forte expansão nos anos 50 e 60 acompanhando o crescimento da metrópole - e o candomblé - que passara desapercebido até o final dos anos 70, quando começa não só a ser um culto expressivo como a disputar com a umbanda os seus fiéis

Caboclo Pena Verde dá "passe" a uma "filha" da casa durante uma sessão de caboclos no terreiro Axé Ilê Obá de Mãe Silvia de Oxalá. Foto Fabiana Marquezi.

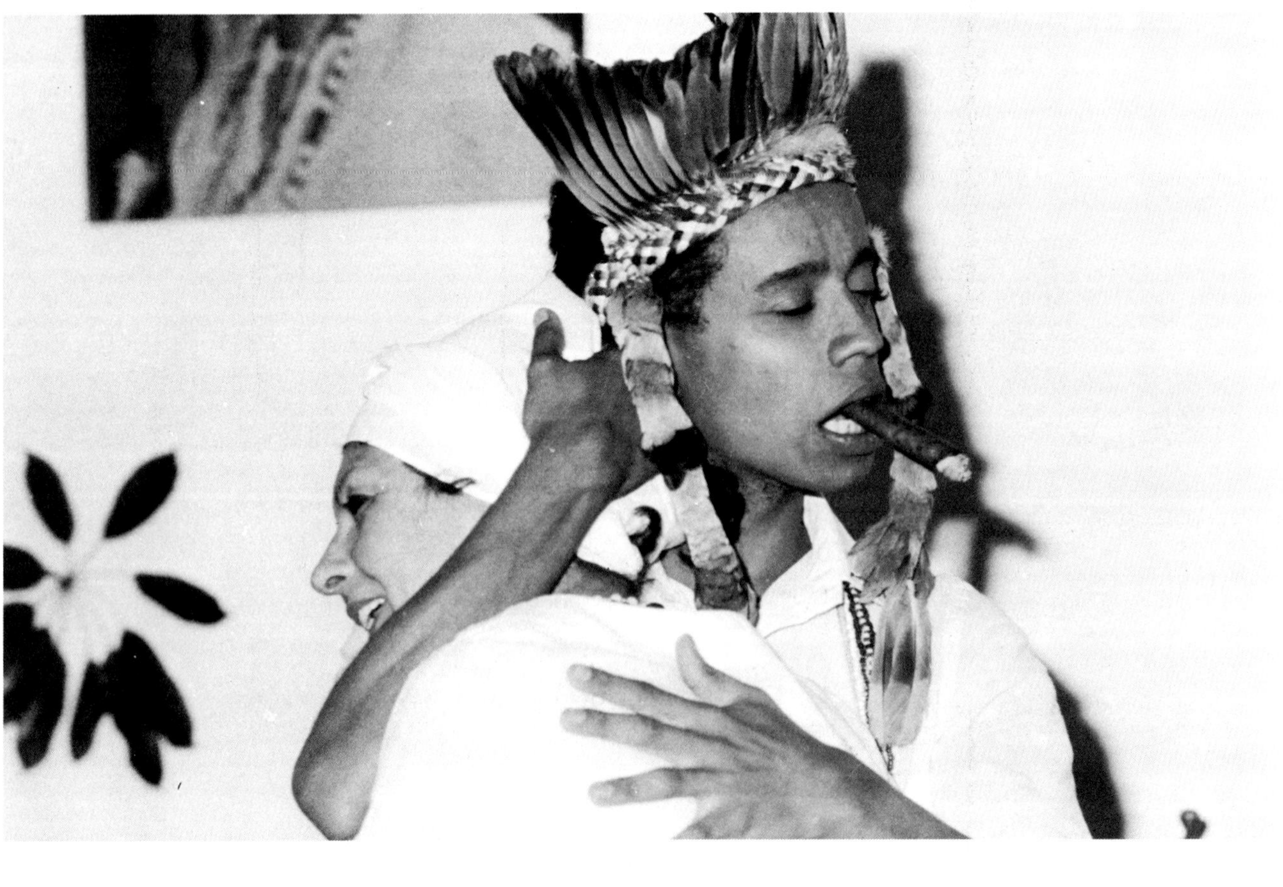

Caboclos dançam no terreiro Ilê Axé Ossaim Darê, de Pai Doda de Ossaim. Foto Luís Grupioni.

(Gonçalves da Silva, 1992)[9]. Grande parte dos pais e mães-de-santo que atualmente chefiam terreiros de candomblé na capital paulista, passaram anteriormente pela umbanda. Se nesta passagem, às entidades de umbanda como as ciganas, pretos-velhos, pombagiras, Exús, etc são muitas vezes excluídas, o caboclo é, na maioria das vezes, tolerado.

"(...) em geral tem-se na figura do caboclo um intermediário que separa e aproxima estas religiões. No candomblé, frequentemente, a possessão pelo caboclo é aceita somente depois de completado um ano de iniciação do iaô (filho-de-santo, pessoa que passou pelos rituais de iniciação), momento, aliás, em que lhe é retirado o contra-egum[10] (fio de palha trançado usado no braço, cuja finalidade é dar proteção contra os eguns - espíritos dos mortos). A incorporação do caboclo costuma ser vista nos terreiros queto como uma "consessão", pois no modelo "mais puro" de candomblé (como idealmente se vêem estes terreiros) não deveria existir caboclo." (Gonçalves da Silva, 1992: 98).

No recente processo de reafricanização dos candomblés queto de São Paulo, o caboclo aparece como uma figura incômoda. Gozando da preferência dos fiéis, muitos dos quais com passagem pela umbanda, é condenado pelo crescente prestígio daqueles terreiros que vão diretamente à África na busca de origens e da purificação do ritual. O prestígio do caboclo junto ao povo de santo, atestado tanto na Bahia (Santos, 1992) como em São Paulo (Gonçalves da Silva, 1992), se deve ao contato direto desta entidade com o público religioso: ao caboclo o povo conta os seus problemas, dores e doenças, solicita favores e pede proteção. Enquanto o orixá africano é distante e a relação com ele se dá mediante a intervenção do pai-de-santo ou dos altos cargos hierárquicos do terreiro, o contato com o caboclo é direto .

"Na minha casa tenho caboclo sim; porque, veja bem, minha formação era umbandista, o candomblé não tem esse lado, pode dar passagem aqui no Brasil. Lá na África só existe orixá. Na minha casa tem caboclo porque o santo não fala, ele traz a mensagem mas ele não fala, a não ser com ogã ou equede e muito baixinho, ele não fala em público, em voz alta. E as pessoas vão buscar no candomblé uma palavra de conforto, um amparo. Então eu sou mãe-de-santo do candomblé mas para conforto da comunidade a gente tem que abrir mão e usar este escravo do santo que é o caboclo."(Mãe Neuza de Oxóssi, ex-umbandista e atualmente chefe de um terreiro de candomblé do rito queto.

apud Gonçalves da Silva, 1992: 127).

A reafricanização do culto supõe muitas vezes o "despacho"[11] das entidades caboclas, o que cria fortes conflitos entre a comunidade religiosa mais ampla e os chefes de terreiros responsáveis pelas modificações no culto. É interessante notar que na Bahia a reação dos pais e mães-de-santo dos terreiros ortodoxos se dá, atualmente, contra o sincretismo afro-católico, havendo um reconhecimento da importância dos caboclos nos candomblés de Salvador (Santos: 1992: 19).

Como vemos, no caboclo não temos apenas uma figura ideal no sentido de entender as disputas no interior do próprio campo religioso afro-brasileiro, como também a possibilidade de compreender a direção claramente ideológica dos estudos contagiados pela "pureza nagô".

Para Peter Fry (1986), no culto aos orixás teríamos o "realmente outro", exótico, distante: deidades africanas, com danças, gestual, cores a serem absolutamente decifradas pelo pesquisador. No caso do caboclo, o pesquisador se sente visivelmente perturbado: uma espécie de pastiche dos índios românticos dos livros escolares, com trajes daqueles que vemos nos filmes americanos. Próximos demais do pesquisador (associado ao "mau gosto" das classes populares), o caboclo permite a análise mas não a identificação. Razão pela qual as conversões dos pesquisadores ao candomblé serem relativamente frequentes, o mesmo não se podendo dizer da umbanda.

No caboclo porém, encontramos a possibilidade de observar o dinâmico diálogo estabelecido entre o povo-de-santo e a sociedade envolvente. Afinal, os candomblés, batuques, xangôs, ou terreiros de mina, estão longe de serem pequenas ilhas africanas no Brasil.

Diálogo cultural

Ao lado dos artefatos produzidos pelo próprio povo-de-santo e daqueles comprados nas lojas do ramo - roupas especiais para os caboclos, arcos e flechas, couro para os caboclos boiadeiros, machadinhas, adornos com pena, artefatos de palha trançada, etc., encontrei em terreiros de umbanda e candomblé da grande São Paulo, "autênticos" artefatos trazidos de áreas indígenas.

O caboclo Junco Verde do terreiro de Pai Doda de Ossaim (Ilê Axé Ossaim Da-

Junco Verde se prepara para dar consulta a um "filho" da casa, no terreiro de Pai Doda de Ossaim. Foto Luís Grupioni.

rê, em Pirituba, São Paulo) guarda com muito zelo lanças que os Guaranis de São Paulo fazem para o comércio, e que no espaço do terreiro ganham valor de instrumentos litúrgicos. Outros artefatos utilizados por Junco Verde vêm de áreas indígenas distantes, como uma bela máscara ritual, possivelmente proveniente de uma área Xavante, e que lembra a máscara utilizada pelo orixá Obaluaiê, deus da peste e da doença.

O valor destes artefatos está na sua procedência: "feito pelos índios". O seu sentido é absolutamente outro, ganhando uma força inesperada no espaço ritual do terreiro. Ao serem "feitos por índios", têm a força deste povo, que ao mesmo tempo representa os nossos gloriosos antepassados.

Ao lado daqueles objetos feitos pelo povo-de-santo como "coisas de índios", objetos provenientes de áreas indígenas atuais são re-significados no espaço mágico do terreiro.

Rita Amaral nos relata que no terreiro de Wilson de Iemanjá (Candomblé Angola Yeyé Omó Ejá, em Parelheiros, na cidade de São Paulo), chama a atenção a casa do famoso Boiadeiro Laçador:

"(...) toda em massapê, coberta de sapé, circular, no estilo das malocas indígenas. Esta casa, aliás, foi construída por descendentes de uma tribo indígena que habita o bairro do Cipó (extremo sul de Santo Amaro, depois de Parelheiros). Estes índios também fazem a manutenção da cobertura da casa do boiadeiro, que deve ser refeita de tempos em tempos." (1992: 102)

As representações do "índio" pelo povo-de-santo passam também pela história dos índios e dos africanos no Brasil: a história do contato é reinventada. A mitificação do caboclo como o "dono da terra" escreve uma nova história na qual se enfatizam as alianças e a suposta união existente entre índios e negros nos antigos tempos da escravidão. Os momentos de conflito - onde os índios se unem aos brancos contra os quilombos, ou os negros lutam ao lado dos portugueses contra as tribos hostis - são absolutamente esquecidos (Santos, 1992).

"Quem era os donos das terras em geral eram os índios; então, na luta para tomar a terra dos índios mataram muitos índios, muito cacique teve que lutar, botar os filho, inocentes, sem saber manejar o arco, uma flecha, para lutar pela tribo. Então muitos inocentes morreram, e muitas índias grávidas, muitos menininhos que fi-

Instalação reproduzindo uma "roça" de caboclo na exposição Índios no Brasil. Vários visitantes depositaram dinheiro como oferenda junto a estátua do caboclo Ubirajara. Foto Luís Grupioni.

caram na tribo. Incendiaram tribos, morreram; porque a turma invadiu as terras dos índios. Então os índios morre, morre normal, que nem nós morremos, todos vamos morrer, os outros já morreram. Então eles voltam sendo Orixás, para defender àquilo que era deles, defendendo os filhos, amigos, avós, pais, irmãos..."(Cabocla de um terreiro de umbanda. *apud* Brumana, F. e Martinez, E., 1991: 294) .

Podemos afirmar que o caboclo é uma representação mítica do índio[12] feita pelas religiões afro-brasileiras a partir do modo como se deram as relações entre brancos, negros e índios ao longo de quase cinco séculos de contato. Nesta representação encontramos, portanto, um diálogo extremamente dinâmico dos adeptos das religiões afro-brasileiras com a sociedade envolvente: como já vimos, os terreiros estão longe de serem pequenas ilhas que reproduziriam a África no Brasil.

O caboclo está profundamente relacionado ao índio fixado pelo movimento romântico indianista, símbolo da nacionalidade brasileira. Esta relação porém é insuficiente para explicá-lo: no interior dos terreiros, este "índio", transformado em entidade religiosa, é re-significado e a história das relações entre índios e negros, reinventada.

Os caboclos devem ser compreendidos em contraposição às outras entidades. No interior dos terreiros, representam a parte brasileira do culto, são os originários donos da terra brasileira. Suas cores, são as da bandeira; suas músicas cantadas em português; suas festas, animadas e contam com a participação de um público mais amplo. O povo-de-santo sente no caboclo uma entidade próxima, sempre pronta para auxiliá-lo em momentos de aflição.

Opondo-se aos caboclos, encontramos nos candomblés os orixás, deuses africanos que, incorporando os seus filhos, revivem na terra os mitos de origem. Na umbanda, entidades como pretos velhos ou Exús fazem também clara referência à herança africana. Os caboclos aqui são claramente os heróis nacionais, que "baixam" para trabalhar para os homens.

Entidade espiritual, um semi-deus, ou um "orixá brasileiro", o caboclo é uma espécie de "reserva moral" do imaginário afro-brasileiro. Guardião de um mundo de equilíbrio entre os deuses, o homem e a natureza. E o respeito que eles nos ensinam com relação a estas dimensões da vida é sempre um ideal a ser perseguido para a formação da cidadania e da convivência entre as culturas. Neste ideal, reside, talvez, a grandeza e a beleza da sua imagem e o sentido do seu culto.

Notas

1. A publicação deste artigo não teria sido possível sem o apoio, leitura crítica e sugestões de Luís Donisete B. Grupioni, Vagner Gonçalves da Silva, Fernanda Massi e Maria Lúcia Montes.

2. Angola, queto, jeje-nagô, mina, caboclo fazem referências às diferentes "nações" às quais se adscrevem os distintos terreiros. A "nação" é atribuída em função da origem ou no caso do candomblé de caboclo, em função da importância desta entidade no culto.

3. O caboclo é representado muitas vezes como um "encantado": um índio que morreu, esteve na terra dos orixás, e "encantou", voltando como um semideus.

4. Na pequena "roça de caboclo" que montamos na exposição "Índios no Brasil: Alteridade, Diversidade e Diálogo Cultural" o espaço profano — da exposição — e o sagrado — a "roça" (simulada) — imprevisivelmente se misturaram: ao final de cada jornada os organizadores recolhiam de uma cumbuca deixada diante da estátua do caboclo Ubirajara notas e moedas representando pedidos da população que visitara a exposição. O dinheiro coletado foi oferecido num toque de caboclos de um terreiro na periferia de São Paulo.

5. "Fazer no santo" significa um conjunto de rituais de iniciação através dos quais o pai ou a mãe-de-santo vincula um indivíduo a um orixá. No caso do caboclo, a "feitura" não seria necessária. "O problema da "feitura" mostra-se, portanto, como um sinal de legitimidade no universo afro-brasileiro, servindo de marca para a distinção caboclo-orixá." (Santos, 1992: 73)

6. É importante salientar que a associação entre Oxóssi e os caboclos já fora feita por Roger Bastide (1989), que viu nesta associação uma forma de preservar a "pureza nagô" dos tradicionais terreiros por ele estudados na Bahia.

7. Não pretendo acrescentar nada novo com relação ao complexo debate em torno da pureza nagô, mas sim ressaltar a importância da polêmica quando se trata de entender o "status" que o caboclo ocupou na literatura especializada, por um lado, e por outro, o seu papel no interior das próprias disputas no interior dos diferentes campos religiosos afro-brasileiros. Para maiores informações, ver Fry (1982, 1986), Góis Dantas (1982, 1988), Santos (1992), Gonçalves (1992).

8. Nome dos terreiros que cultuam outras entidades, sobretudo caboclos, além dos orixás africanos em Sergipe.

9. Ver também Prandi, 1991.

10. É interessante notar que as entidades cultuadas na umbanda são tidas, em geral, pelos adeptos do candomblé como "eguns", ou seja, espíritos dos mortos. O culto aos eguns é, muitas vezes, condenado pelo candomblé, com exceção de alguns terreiros. Com relação ao caboclo, como chama a atenção Santos, "(...) essa identificação do caboclo como sendo um egun deve ser entendida no campo das diferenças entre terreiros que não cultuam abertamente os caboclos, e os demais terreiros que o cultuam e ressaltam a sua importância no panteão ao lado dos orixás. Temos portanto duas posturas. Na primeira, o caboclo é considerado como um espírito de um morto ancestral. Na segunda, o caboclo é definido como uma deidade a ser cultuada nos moldes do culto aos orixás." (1992: 62)

11. "Despachar" significa a expulsão da entidade do panteão do terreiro. A tese de Vagner Gonçalves da Silva possui a descrição do despacho de um caboclo boiadeiro de um terreiro queto em processo de reafricanização (129 - 131).

12. Não tratei neste artigo de outras entidades associadas aos caboclos, como o boiadeiro (Santos, 1992) e o Martim Pescador (Carneiro, 1986; Santos, 1992). Podemos, contudo, afirmar que o caboclo é, em geral, associado à imagem do índio.

Bibliografia

Amaral, Rita de Cássia M. P. - 1992 - **Povo-de-Santo, Povo de Festa: Estudo Antropológico do Estilo de Vida dos Adeptos do Candomblé Paulista**, Dissertação de Mestrado, São Paulo, USP.

Bastide, Roger - 1973 - **Estudos Afro-Brasileiros**, São Paulo, Perspectiva.

- 1978 - **O Candomblé da Bahia**, São Paulo, Companhia Editora Nacional.

- 1989 - **As Religiões Africanas no Brasil**, São Paulo, Pioneira.

Brown, Diana - 1977 - **Umbanda - Politics of an Urban Religious Movement**, PhD Thesis, Departament of Anthropology, Columbia University.

Brumana, Fernando G. e Martinez, Elda G. - 1991 - **Marginália Sagrada**, Campinas, Editora da UNICAMP.

Candido, Antonio - 1981 - **Formação da Literatura Brasileira**, vol. 2, Belo Horizonte, Itatiaia.

Carneiro, Edison - 1986 - **Candomblés da Bahia**, Rio de Janeiro, Civilização Brasileira.

Castoriadis, Cornelius - 1975 - **L'Institution Imaginaire de la Société**, Paris.

Dantas, Beatriz G. - 1982 -"Repensando a pureza nagô" in **Religião e Sociedade** n. 8, Rio de Janeiro.

- 1988 - **Vovó Nagô e Papai Branco**, Rio de Janeiro, Graal.

Durham, Eunice - 1983 - "O lugar do índio" in **O Índio e a Cidadania**, São Paulo, Comissão Pró-Índio/Brasiliense.

Fry, Peter - 1982 - "Feijoada e Soul Food: Notas sobre a Manipulação de Símbolos Étnicos e Nacionais" in **Para Inglês Ver**, Rio de Janeiro, Zahar.

- 1986 - "Gallus Africanus Est, ou, Como Roger Bastide se Tornou Africano no Brasil" in **Revisitando a Terra de Contrastes: a atualidade da obra de Roger Bastide**, São Paulo, CERU/FFLCH-USP.

Gonçalves da Silva, Vagner - 1992 - **O Candomblé na Cidade: Tradição e Renovação**, Dissertação de Mestrado, São Paulo, USP.

Landes, Ruth - 1967 - **A Cidade das Mulheres**, Rio de Janeiro, Civilização Brasileira.

Maggie, Yvonne - 1975 - **Guerra de Orixá**, Rio de Janeiro, Zahar.

Montero, Paula - 1985 - **Da doença à Desordem: a Magia na Umbanda**, Rio de Janeiro, Graal.

Ortiz, Renato - 1978 - **A Morte Branca do Feiticeiro Negro**, Petrópolis, Vozes.

Prandi, Reginaldo - 1991 - **Os Candomblés de São Paulo**, São Paulo, HUCITEC/EDUSP.

Ramos, Artur - 1979 - **As Culturas Negras no Novo Mundo**, São Paulo, Companhia Editora Nacional.

Rodrigues, Nina - 1977 - **Os Africanos no Brasil**, São Paulo, Cia Editora Nacional.

Santos, Jocélio T.- 1992 - **O Dono da Terra: a Presença do Caboclo nos Candomblés da Bahia**, Dissertação de Mestrado, São Paulo, USP.

Amazônia, Amazônia: não os abandoneis.

Gerôncio Albuquerque Rocha

I

Já são quinhentos anos, Amazônia, e você parece não se dar conta do que está se passando. Os que aqui, antes de nós, sempre viveram, têm a memória do tempo e da história; sabem que o cerco está se fechando e, insistentemente, mandam avisos desesperados. Se não os defenderdes, não haverá perdão. Está escrito: - "o que ocorrer com a terra, recairá sobre os filhos da terra". Cinco séculos não são dias. No princípio, os invasores os saqueavam, em busca do ouro e da prata; depois, os destruiam, forçando-os ao trabalho escravo nos aluviões e nas minas. Foi assim em São Domingos, Porto Rico e Cuba; depois no Chile e Potosi, Bolívia; e no México. Quase não havia quem os defendesse, mas algumas vozes clamavam de indignação: - "não é a prata o que se envia à Espanha, é o suor e o sangue dos índios". Hoje, os que restaram mantiveram-se abrigados sobre vosso chão, na proteção dos deuses. Tudo o que sois, a eles o deveis. Quando vos agridem, eles são os primeiros a sentir o golpe; quando vos enaltecem, eles desconfiam; e quando se apiedam de vossa exuberância mendiga, eles ficam indignados. Afinal, quem vos protege, Amazônia? - Não os abandoneis.

II

No ínicio do século, o paraense Inglês de Souza, trabalhando sobre o lendário da região, escreveu o primoroso conto "O Baile do Judeu". Um dia o homem resolve dar uma festa em sua casa, à beira do rio Amazonas. O centro da atenções era a sua bela mulher e "a faceirice com que sorria a todos, parecendo não conhecer maior prazer do que ser agradável a quem lhe falava". No auge da festa, entra no salão um indivíduo esquisito, de chapéu desabado cobrindo o rosto, e tira a dama para dançar, em meio ao espanto de todos. É uma dança vertiginosa, de nunca acabar; e, quando a orquestra pára de cansaço, ele a arrasta pela porta fora e com ela se atira nas águas. Era um boto.

Hoje em dia, já não há lugar para a lenda. Mesmo assim, não custa imaginar que aquela mulher bonita é a própria Amazônia. E há um boto. Que não deixa ver o rosto e confunde a todos numa dança frenética e sem fim.

Márcio Souza (1990), outro escritor nativo, passa a limpo o processo histórico da Amazônia e mostra como a região sempre se manteve isolada e à margem do contraditório processo de desenvolvimento do país. Dependente do sistema extrativista, vegetou no abandono e na miséria por longas décadas, desde que o mercado mundial encontrou outras fontes de suprimento da borracha. Com o ínicio da revolução burguesa, nos anos 30, viu-se excluída do cenário nacional porque os esforços de industrialização se concentraram no Sudeste e a estrutura de poder da região (a "cultivada ignorância de sua elite") não tinha a mínima influência. Nos últimos vinte anos, e de novo sem voz e sem vez, foi escancarada à exploração internacional do capital, num projeto econômico iniciado na Ditadura.

Agora, por ocasião da ECO-92, no Rio de Janeiro, a Amazônia torna-se o centro das atenções. Todos apregoam um modelo de desenvolvimento auto-sustentado (o termo mais adequado é motivo de controvérsia...). Os governos dos países centrais acenam com recursos para projetos exemplares, mas não abrem mão de territórios para onde possam exportar suas tecnologias sujas e ainda obter lucro.

O resultado da voracidade capitalista sobre a Amazônia é bem conhecido. A exploração de minérios constitui mera transferência de matéria-prima, sem nenhuma

No final dos anos 80 surgiram diferentes organizações e associações indígenas em todo o país. A COIAB - Coordenação das Organizações Indígenas da Amazônia Brasileira, que reúne várias organizações indígenas, em seu III Encontro de reflexão e planejamento, (1991). Foto Egon Heck/CIMI.

contribuição ao desenvolvimento regional e a melhoria das condições de vida da população. Carajás, o mais famoso dos projetos mínero-metalúrgicos, é o símbolo do modelo colonial mina-ferrovia-porto, de sangria das riquezas minerais. O jornalista Eric Nepomuceno mostra o grau de absurdo deste empreendimento: "para produzir uma tonelada de ferro-gusa consome-se uma tonelada de carvão vegetal. Exportada para a Europa, essa tonelada de ferro-gusa vale aproximadamente 120 dólares. A tonelada de carvão vegetal vale entre 300 e 400 dólares". O setor elétrico (Eletrobrás-Eletronorte) tem um plano descomunal para a exploração dos recursos hídricos da região por meio de grandes hidrelétricas. Duas delas, Tucuruí e Balbina, já foram construídas mas a energia gerada, em lugar de atender às cidades e vilas, é destinada à indústria metalúrgica do alumínio, a preços subsidiados.

A frente mais ampla e extensiva de ocupação do território amazônico é a exploração agro-florestal e pecuária, que desestruturou o modo de produção extrativista e introduziu um vertiginoso processo de especulação da terra, de concentração fundiária e de devastação da floresta.

Este é o modelo de desenvolvimento sustentado por todos os brasileiros, a começar das centenas de milhares de agricultores expulsos da terra e que hoje perambulam pelos campos de garimpo da região, trabalhando em condições de semi-escravidão, ou engrossam os centros urbanos como mão-de-obra disponível. Empresas de mineração e donos de garimpo avançam sobre as terras dos índios que, indefesos, não têm como resistir às invasões.

III

Desde 1983, com a promulgação do decreto nº 88.985, pelo então presidente Figueiredo, abrindo as terras indígenas à mineração, as pressões contra os índios têm evoluído de forma crescente, embora com variações de tática por parte dos setores envolvidos. "De um lado, as empresas de mineração tentam ganhar no papel a legalização das áreas de pesquisa e lavra como condição de segurança para seus investimentos de capital. De outro, os empresários do garimpo fomentam invasões e intrusões de garimpeiros em várias áreas indígenas, buscando por meio do fato consumado, antecipar-se às empresas.

Entre os dois tipos de invasores estão os índios, acossados e desinformados, sujeitos a manobras de cooptação e forçados a negociar em condições extremamente desiguais" (Dossiê CEDI-CONAGE, 1988).

A partir de 1985, durante o governo Sarney, acentuou-se a investida do poder econômico, atuando em diversas frentes: campanhas de opinião pública, especialmente em Roraima e no Amazonas; pressão política no Congresso Nacional; mobilização do empresariado e ação de cúpula junto ao governo federal.

O foco das invasões, são as terras dos índios Yanomami (Roraima) onde há ouro e jazimentos de cassiterita, na Serra de Surucucus. Um dos líderes é o empresário de garimpo José Altino Machado que disputa com os grupos empresariais "modernos" o controle da área. Em fevereiro de 1985 ele comandou a invasão armada a Surucucus. Uma semana depois a FUNAI, com a ajuda da Polícia Militar e da Polícia Federal, retirou os invasores. José Altino Machado foi preso, abriu-se inquérito. Dois meses depois reaparecia na Associação Comercial de Roraima demonstrando valentia: - "podem matar ou tombar os aviões todos, mas vou arrombar Surucucus. Não há autoridade que me impeça" (Folha de Boa Vista, 19/04/85).

A partir daí, o senhor Altino, aparentemente mudando de estilo, passa a desenvolver intensa ação política e messiânica, fazendo-se porta-voz e líder de "garimpeiros" que pedem "tão-somente a oportunidade de explorar, como brasileiros que são, as riquezas do sub-solo pátrio, independentemente de existirem ou não indígenas nas proximidades".

Em 1987, foi articulada nova invasão na área dos Yanomami, José Altino à frente, chegando a 40.000 o número de garimpeiros atuando em diversos pontos do território na mineração de ouro.

No mesmo período (1985-1987), a região do Alto Rio Negro, Amazonas, na fronteira com a Colômbia e a Venezuela, é palco de uma operação militarista, liderada pelo Conselho de Segurança Nacional e apoiada pelas empresas de mineração Paranapanema e Gold Amazon. Ali, militares e representantes das empresas passam a aliciar lideranças das comunidades indígenas Tukano e Maku, acenando-lhes com a demarcação das terras e assistência; em troca, a "livre" aceitação das instalações militares do projeto Calha Norte e o consentimento para a pesquisa e exploração mineral. A Paranapanema, cuja presença ilegal no território já havia sido denunciada, chega a oferecer proteção aos índios, por meio de sua milícia particular, afastando a ameaça de invasões de garimpeiros. A negociação é selada, à margem da lei, com um termo de "acordo" entre a Empresa e a Comunidade Indígena do Rio Tiquié (CEDI, 1991).

Recorde-se: 1987 foi o ano de intensos debates no Congresso Nacional para a elaboração da nova Constituição. Ali o lobby da mineração exerceu uma pressão contínua para obter, na Lei, a abertura generalizada e incondicional das terras indígenas à exploração. Simultâneamente, os invasores das terras indígenas buscaram, à revelia de qualquer lei, fazer valer na prática os seus interesses.

A Constituição brasileira de 1988 estabelece que a exploração mineral em terras indígenas será submetida, caso a caso, à decisão do Congresso. Todavia, decorridos quatro anos, ainda não foram definidas, em legislação ordinária, as condições específicas em que esta exploração possa ocorrer. Neste vazio legislativo, intensifica-se o clima de faroeste na Amazônia.

O caso mais recente é o dos índios Nambiquara, no vale do Guaporé, a no-

Em março de 1988 o Brasil tomou conhecimento do massacre de 14 índios Tikuna no Igarapé do Capacete. A tragédia aumentou a tensão pela disputa do território Tikuna. Foto Egon Heck/CIMI

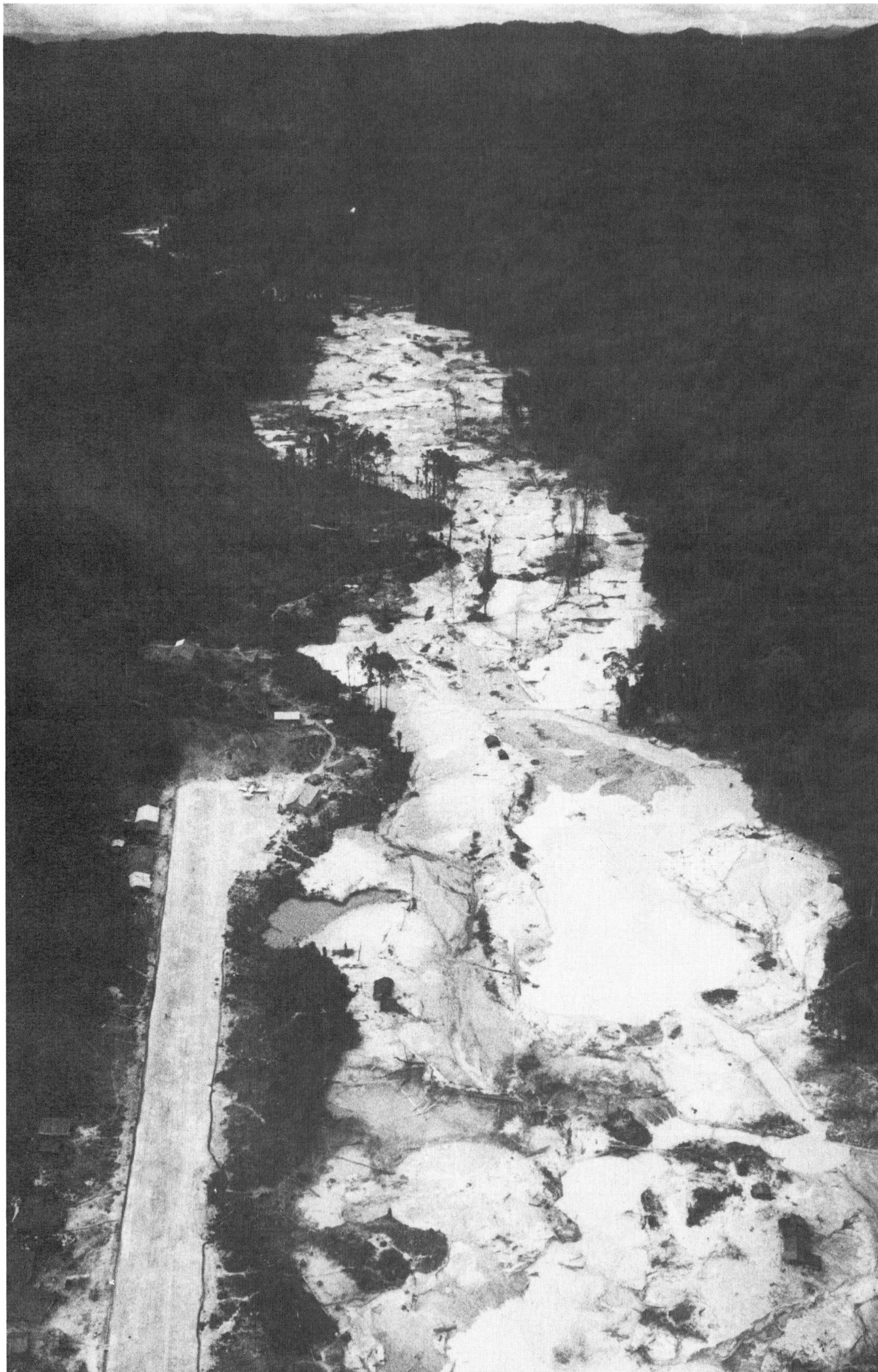

A invasão desenfreada do território Yanomami por ondas sucessivas de garimpeiros tem levado ao genocídio esse povo indígena. Vista aérea da pista de pouso para aviões do garimpo denominada Chimarrão, na região do Alto Mucajaí, Roraima. Foto Charles Vincent/CEDI-CCPY.

roeste de Mato Grosso. Regina Valadão, do Centro de Trabalho Indigenista, é testemunha. No início de 1990, a Mineradora Santa Elina fechou um acordo com a Cooperativa Mista dos Garimpeiros e Produtores de Ouro do Vale do Sararé, para exploração de ouro ao longo do córrego Água Suja, limite natural da área indígena Sararé. Um ano depois, em maio de 1991, foi verificada a presença de 1.300 garimpeiros; em junho, uma equipe com gente de vários órgãos federais e estaduais constatou a situação: já havia 2.000 garimpeiros em atividade, várias dragas e bombas em operação e, em lugar do córrego, crateras, devastação e poluição por mercúrio, óleos e graxas. Mais de 75% da população foi atingida pela malária, inclusive com a morte de índios. O comportamento dos poderes públicos é patético: o acordo inicial foi submetido à FUNAI, que não o assinou, mas fez vista grossa; IBAMA, DNPM, Polícia Federal, órgãos do governo do Mato Grosso, todos reconhecem que é preciso resolver a situação, mas sempre alegam a falta de recursos e meios. Em outubro de 1991, por solicitação do Núcleo de Direitos Indígenas, foi concedida liminar da 9ª Vara do Distrito Federal para que fosse feita a retirada imediata dos garimpeiros. E até hoje não se cumpre o que a justiça determina. Esta é a segunda ameaça total à sobrevivência dos índios Nambiquara. Eles foram contatados na década de 70 e, em seguida, tiveram suas terras invadidas por madeireiras e pela agro-pecuária. Muitos morreram, os sobreviventes foram resgatados de helicóptero e a Cruz Vermelha Internacional intercedeu junto ao governo brasileiro para a destinação das áreas que hoje ocupam.

O processo de exploração dos recursos naturais da Amazônia - minérios, madeira e recursos hídricos - atinge diferentemente inúmeras áreas indígenas.

No setor da mineração, um levantamento efetuado em 1986 por geólogos e antropólogos do grupo de estudos CEDI-CONAGE revelou que 560 autorizações e 1.685 pedidos de pesquisa mineral foram ilegalmente concedidos a 69 grupos econômicos, incidindo parcial ou totalmente sobre 77 terras indígenas. As terras indígenas dos Estados do Pará (219 alvarás, 357 requerimentos) e de Rondônia (163 alvarás, 124 requerimentos) são as mais atingidas pelos interesses das empresas. Há, também, uma grande quantidade de requerimentos de pesquisa no Amazonas (418) e em Roraima (589). Não estão computados no levantamento as penetrações e enclaves das frentes de garimpo (CEDI, 1988).

A exploração dos recursos hídricos para a produção de energia elétrica constitui uma estratégia do poder central - por meio da associação entre o sistema Eletrobrás/Eletronorte e as grandes empresas de construção civil - voltada para atender aos futuros desequilíbrios da região Sudeste, e não para benefício da Amazônia. O plano descomunal desse consórcio - chamado Plano 2010 - é o de construir 79 barragens na região, algumas delas com lagos artificiais cujas dimensões variam de 1.000 a 6.000 Km^2. Duas grandes barragens já construídas são paradigmas deste megaprojeto. "A hidrelétrica de Balbina (situada no vale do rio Uatumã, no Estado do Amazonas) não atende a qualquer necessidade regional, sendo ainda extremamente predatória e alagando um território sem proporção, 2.400 Km^2, com a sua capacidade relativamente irrisória de 250 MW" (CIMI, 1986). A outra, a hidrelétrica de Tucuruí, no Pará, com um lago de 2.400 Km^2 e a capacidade nominal de 3.600 MW, tem energia destinada à indústria metalúrgica do alumínio, com tarifas reduzidas. Com o enchimento do lago, em 1984, foram submergidos 14 povoados, duas reservas indígenas e deslocadas cerca de 5.000 famílias de pequenos agricultores.

A próxima investida do setor elétrico será a construção das hidrelétricas do Xingu, que a Eletronorte chama eufemísticamente de "Complexo de Altamira" para evitar associações com os índios da região. São dois grandes lagos, Juruá/Cararaô e Babaquara, de 1.200 e 6.000 Km^2 respectivamente, com capacidade total de 17.600 MW e valor estimado de 25 bilhões de dólares. Se consumado, o empreendimento afetará irremediavelmente sete povos indígenas da região.

A exploração florestal, que é a frente

mais ampla e extensiva de ocupação e devastação do território amazônico, avança sobre as terras dos índios, principalmente em Rondônia e no Pará. Betty Mindlin e Isabelle Giannini têm acompanhado de perto a escalada de saque promovida pelas madeireiras há dez anos.

No ínicio, predominava o roubo de grandes quantidades de madeira de lei; a partir de 1987, a venda da madeira foi promovida pela própria FUNAI (gestão Romero Jucá), mediante contratos ilegais com as madeireiras ou mesmo estimulando negociações diretas com os índios. São transações absolutamente desorganizadas, em que os índios não levam nenhuma vantagem. As grandes madeireiras fazem a extração seletiva do mogno, que vale no mercado internacional cerca de 500 dólares por metro cúbico mas, nas negociações é vendida a 20 ou 30 dólares por metro cúbico; e nem isso os índios recebem, pois não há controle de medição da madeira extraída. Neste período, estima-se que tenham sido retiradas em terras índigenas de Rondônia 1 milhão de metros cúbicos de mogno.

IV

A cobiça pelas terras dos índios assumiu a forma de uma guerra de posições, extremamente desigual. Empresários, donos de garimpo, atravessadores, contrabandistas e políticos oportunistas, ao mesmo tempo que promovem invasões e intrusões, utilizam-se de um variado arsenal de justificativas e propostas cujo traço comum é a idéia economicista e salvacionista de expandir, com urgência, a fronteira agrícola e a exploração mineral na Amazônia, em nome do "interesse nacional". Os povos indígenas passam, então, a ser vistos como um obstáculo ao "progresso", uma pedra no meio do caminho.

A mistificação do "interesse relevante para o desenvolvimento ou a segurança do País" é flagrante, principalmente no caso da mineração. Os bens minerais mais visados pelos grupos econômicos são o ouro e a cassiterita (estanho). No caso da cassiterita, o Brasil é um dos primeiros produtores mundiais do minério, dispondo de várias áreas de produção - todas elas situadas fora dos domínios das terras indígenas - com recursos em exploração em volume suficiente para atender às necessidades do mercado interno e de geração de excedentes exportáveis nos próximos 30 anos. Quanto à corrida em busca do ouro, o fenômeno é bem conhecido: empresários e donos de garimpo lideram legiões de homens desfigurados, expulsos da terra, tangidos pela fome e o desemprego, que avançam sobre os aluviões dos rios e igarapés da região, - "independentemente de existirem ou não índigenas nas proximidades". A produção de ouro no Brasil é da ordem de 120 toneladas/ano, com valor equivalente a 1,5 bilhões de dólares. Mais da metade do ouro produzido é desviado por contrabandistas, entrando depois no mercado negro e na bolsa de valores, para especulação financeira.

Os invasores cultivam a imagem de bandeirantes modernos, buscando uma associação com supostos feitos épicos do passado colonial. Mas Severo Gomes, em cortante observação, assinalou que, tanto no passado como no presente, bandeirantismo e banditismo andam de mãos dadas.

Em todos os relatos e depoimentos perante à Comissão Índios no Brasil ficou patente a co-responsabilidade dos poderes públicos nesta verdadeira tragédia que se abate sobre os índios: omissão, impotência, conivência.

É oportuno fazer aqui um registro histórico. Em outubro de 1990, reuniu-se em Paris o Tribunal Permanente dos Povos, constituído de juristas de onze paises, que se pronunciou sobre os danos causados aos povos indígenas e às populações da Amazônia, com a seguinte sentença:

Decisão do Tribunal

Em resposta às questões que lhe foram submetidas, o Tribunal decide o seguinte:

1. A soberania que a República Federativa do Brasil exerce sobre o território da Amazônia, parte integrante do território nacional, não confere somente prerrogativas garantidas pelo Direito Internacional, mas acarreta, também, obrigações. Em primeiro lugar, a obrigação de promover o bem-estar do povo brasileiro e o respeito do meio ambiente natural da Amazônia, no interesse da população inteira do país, sem que sejam postos em perigo os direitos particulares do povo da Amazônia.

Adotando uma nova Constituição, aderindo a numerosos tratados internacionais sobre a proteção dos direitos fundamentais e sobre o respeito ao meio ambiente natural, o Brasil reconheceu, ele próprio, o limite no qual está encerrado o exercício da soberania.

Entre as obrigações gerais do Estado inclui-se o dever de dar execução às suas próprias leis, de prevenir as infrações à sua legislação e de reprimi-las quando elas tiverem sido cometidas. A Constituição brasileira e o direito internacional impõem também obrigações particulares em relação às comunidades indígenas, primeiras ocupantes do território nacional e portadoras de valores culturais originais.

Os elementos de prova de que o Tribunal dispõe revelaram atentados graves aos direitos fundamentais, tanto por ações arbitrárias de órgãos públicos quanto em razão de uma deficiente proteção da vida

Pistas de garimpos foram abertas perto de malocas Yanomami comprometendo seriamente o habitat indígena. Distante duas horas a pé da maloca do Aemosh, coberta com lona plástica, está a pista de pouso Chimarrão. Foto Charles Vincent/ CEDI-CCPY.

Contaminados por mercúrio e pelas doenças levadas pelos garimpeiros, os Yanomami morrem sem assistência. Piloto de helicóptero da Força Aérea Brasileira (FAB) remove uma Yanomami doente da maloca Aemosh para o posto médico de Surucucus. Foto Charles Vincent/ CEDI-CCPY.

e da integridade física de todos os cidadãos.

2. Os atentados à vida e à integridade das comunidades indígenas foram invocados perante o Tribunal, a fim de sustentar a acusação de genocídio. Os dois primeiros elementos desse crime contra a humanidade foram suficientemente demonstrados. Quanto ao elemento intencional, ele poderia resultar da reiteração de tais fatos. Embora o Tribunal tenha considerado que esse elemento não estava demonstrado, fora de qualquer dúvida, ele teve que admitir que se medidas adequadas não forem adotadas, sem tardança, para a proteção das comunidades indígenas, a intenção de destruir, como tal, poderá ser admitida.

3. Os argumentos algumas vezes invocados, tendo por base a necessidade do desenvolvimento do País, não poderiam justificar os atentados constatados. O Tribunal revelou, todavia, o fato de que um modelo de desenvolvimento predatório foi, em parte pelo menos, imposto aos governos brasileiros, notadamente em razão do peso considerável da dívida externa e da adesão do Brasil ao modelo de desenvol-

A retirada ilegal de madeiras em áreas indígenas tem sido prática corrente na região central e norte do Brasil, contando em muitos casos com a convivência ou omissão da FUNAI. Foto Luís Grupioni *vimento inspirado e dominado pelos países mais industrializados.*

Os governos sucessivos do Brasil, inclusive o governo atual, não são os únicos responsáveis pela crescente degradação da condição de vida da maioria da população. As responsabilidades internacionais já foram destacadas na sentença de Berlim em 1988. Ela inclui as Instituições Financeiras Internacionais, a Comunidade Econômica Européia e os países cujas empresas contribuíram para a destruição de parte considerável do território da Amazônia.

4. O valor inestimável da Amazônia para o equilíbrio ecológico do planeta não poderia ter por si só o efeito de restringir, conforme as regras de Direito Internacional e dos Direitos dos Povos aplicáveis a todos os Estados, o exercício, pelo Brasil, de suas competências territoriais. A opressão da qual os povos da Amazônia têm sido vítima, ocorrida no último decênio, foi, em grande parte, uma agressão internacional.

Somente uma ação conjunta das forças políticas e econômicas da comunidade universal e a vontade de instaurar uma nova ordem econômica mundial poderão, de maneira eficaz, ir ao encontro da necessidade de desenvolvimento do Brasil, sem atentar contra os direitos fundamentais do povo da Amazônia e à salvaguarda de seu meio ambiente natural.

Bibliografia

Castro, E.M.R. & Hébette, J. (orgs) - 1989 - **Na Trilha dos Grandes Projetos - Modernização e Conflito na Amazônia. Cadernos NAEA**, 10, NAEA/UFPa, Belém, 252p.

CCPY/CEDI/CIMI/NDI - 1990 - **Yanomami: a todos os povos da Terra**. Segundo relatório da Ação pela Cidadania sobre o caso Yanomami, referente a acontecimentos do período junho de 1989 a maio de 1990. 46 p, fotos, mapas.

CEDI/CONAGE -1988 - **Empresas de Mineração e Terras indígenas na Amazônia**, ed. CEDI, 82 p.

CEDI - 1991 - **Povos Indígenas no Brasil 87/88/89/90**, Aconteceu Especial, 18, São Paulo.

Grupioni, L. D. B. (edit.) - 1992 - "Ata da 4a.Reunião" in **Documento - Registro da Comissão Índios no Brasil** - São Paulo, Secretaria Municipal de Cultura/SP.

Conselho Indigenista Missionário-CIMI (1986) - **Seminário Amazônia: dossiê**, Brasília, 23 p, mimeo.

Fernandes, F.R.C., org. - 1987 - **A Questão Mineral da Amazônia: seis ensaios críticos**, CNPq/MCT, 216 p.

Fearnside, P.M. - 1991 - "Rondônia: Estradas que Levam à Devastação" in **Revista Ciência Hoje**, volume especial Amazônia.

Frente Brasil Popular - 1989 - **Plano de Ação do Governo - Amazônia**, Textos para discussão interna, 38 p., mimeo.

Nepomuceno, E. - 1992 - "Amazônia: A Vida Eterna - A Vida Real" in **Revista Goodyear**, JAN/FEV/MAR/ABR/92, p. 48-61.

Ricardo, C.A & Rocha, G.A. - 1990 - "Compagnies Minieres et Terres Indiennes" in **Revue Etnnies**, 11-12, p. 28-32.

Rocha, G.A. (org.) - 1984 - **Em Busca do Ouro: garimpos e garimpeiros no Brasil**, CONAGE/Marco Zero, 222 p.

Sevá, O. - 1988 - "Obra na Volta Grande do Xingu - Um Trauma Histórico Provável?" in **As Hidrelétricas do Xingu e os Povos Índigenas**, Comissão Pró-Índio de São Paulo, São Paulo, p. 25-41.

Souza, I. - s/d - "O Baile do Judeu" in Ramos, Graciliano - **Seleção de Contos Brasileiros**, vol.1 - Norte e Nordeste, Edições de Ouro.

Souza, M. - 1990 - **O Empate contra Chico Mendes**, Editora Marco Zero, São Paulo, 168 p.

Tude de Souza, A.M. - 1988 - "Os trabalhadores na Amazônia Paraense e as Grandes Barragens" in **As Hidrelétricas do Xingu e os Povos Indígenas**, Comissão Pró-Índio de São Paulo, p. 121-134.

Tribunal Permante dos Povos - 1990 - **Sessão Amazônia Brasileira, Paris, 12 a 16 de outubro de 1990 - Sentença**. Fundação Lelio Basso, 42 p.

Vilar, P. - 1980 - **Ouro e Moeda na História (1450-1920)**, Ed. Paz e Terra, 428 p.

Imprensa e questão indígena: relações conflituosas

Priscila Siqueira

Os articuladores da Conferência Mundial dos Povos Indígenas Sobre Território, Meio Ambiente e Desenvolvimento, organizada pelo Comitê Intertribal 500 Anos de Resistência, realizada em Jacarepaguá, no Rio de Janeiro, de 25 a 31 de maio deste ano, não queriam a presença de jornalistas brasileiros neste encontro que reuniu cerca de 800 lideranças indígenas de todo o planeta. "A Imprensa Nacional não prestigia a nossa causa; a luta indígena no país só recebe apoio da Imprensa Internacional", afirmava o coordenador da conferência, índio Marcos Terena.

Por pouco, a entrevista coletiva realizada na abertura dos trabalhos do evento só teria a presença de jornalistas estrangeiros. Foi toda uma negociação mostrando aos indígenas que esta seria a oportunidade de expor na Imprensa Nacional suas reivindicações e projetos. Mesmo assim, não foram todos os órgãos da grande Imprensa Nacional que noticiaram os acontecimentos ocorridos durante esta semana na Conferência de âmbito internacional. Isto, apesar de todos eles estarem representados por seus jornalistas que não arredaram o pé do Parque Kari-Oca naqueles dias. Apesar mesmo, da Conferência ter sido - provavelmente - a mais importante reunião de lideranças dos povos nativos em todo o mundo. Neste local privilegiado no sopé da Serra do Mar, aynos do Japão, lapões da Península Escandinava; esquimós da antiga União Soviética; aborígenes australianos; comunidades indígenas da África, Estados Unidos, Canadá, Filipinas e América Latina reuniram-se com representantes de Nações Indígenas brasileiras discutindo problemas comuns sobre posse da terra e identidade cultural.

Entretanto, duas semanas após o início da Conferência dos Povos Indígenas, já em pleno andamento da Rio 92 e do Fórum Global sobre Desenvolvimento e Meio Ambiente, todas as telas de TV e manchetes de jornais de nosso país noticiavam um fato ocorrido então com cerca de um mês de atraso: o estupro de uma garota atribuído ao índio Paulinho Paiacã. Será coincidência a forma diferenciada no tratamento dessas duas notícias relacionadas com o mesmo assunto, isto é, a causa indígena no país?

Reconheço que para obter uma resposta mais segura a tal pergunta, sem correr o risco de cometer injustiças, muita pesquisa deveria ser feita na produção da Imprensa Brasileira não só no leste-sul do país, mas também nos estados do norte onde a luta indígena é mais candente por estar mais próxima. Porém, nos contatos com profissionais da área que atuam nas cidades de Belém e Manaus - colegas nossos da Associação Brasileira de Jornalismo Científico - a opinião geral é de que a notícia relacionada com a questão indígena é sempre factual. Sobre ela não há maior reflexão de suas causas e consequências que se traduziriam por editoriais, artigos ou mesmo as "suites", ou seja, o tratamento continuado destas matérias.

Conflitos

O que se percebe na cobertura feita pela Imprensa Nacional sobre os assuntos indígenas é um grande conflito entre as causas humanistas - às quais quase a totalidade dos jornalistas é sensível - e os interesses econômicos da Imprensa de informação. Interesses ligados aos de seus anunciantes ou de setores do Governo com os quais a empresa jornalística não quer se indispor.

Às vésperas da revisão constitucional a ser realizada no ano que vem e da elaboração do Estatuto do Índio são evidentes os poderosos interesses contrários às

Alvaro Tukano, membro do Comitê Intertribal 500 anos de Resistência, supervisiona a construção de uma das casas indígenas que abrigariam os membros da Conferência Mundial dos Povos Indígenas. Foto Denise Fajardo.

reivindicações indígenas. No caso da revisão constitucional em 93, muito mais que em 88, quando a nossa Carta Magna foi elaborada, a causa indígena tem contra ela uma bancada poderosa no Congresso Nacional. Por ironia do destino, o fortalecimento desta bancada ocorreu também por consequência da atual Constituição que ampliou o número de Estados da Federação na região norte do país. Infelizmente, na maior parte das vezes as representações políticas desses estados não são constituídas de lideranças populares e indígenas mas por setores ligados à mineração, exploração de madeira e grandes proprietários de terra.

No que diz respeito ao Estatuto do Índio, as posições da relatora Teresa Jucá trouxeram grande apreensão aos indígenas e indigenistas que acompanham sua elaboração. Tanto é que o NDI, CIMI, FUNAI e Procuradoria Geral da República uniram seus esforços na apresentação de emendas aos substitutivos de Teresa Jucá. Não dá para esquecer que a deputada federal é esposa de Romero Jucá. Este, como ex-superintendente da FUNAI, reduziu a área Ianomami em 70% e depois, como governador nomeado de Roraima, abriu o restante deste território indígena aos garimpeiros. A não ser registros esporádicos de articulistas como Washington Novaes, onde está a denúncia deste fato na Imprensa Nacional? Outro exemplo: no dramático acontecimento ocorrido em 12 de outubro passado, quando Ulisses Guimarães e Severo Gomes perderam a vida com suas esposas num desastre aéreo, qual o grande jornal ou TV brasileira que divulgou a atuação do ex-senador junto à luta indígena? Severo Gomes foi o grande articulador das reivindicações dos índios brasileiros na Constituição de 88. Ele seria fundamental na revisão constitucional e na elaboração do Estatuto Indígena como articulador no PMDB. Sem os votos desse partido político a luta indígena poderá sofrer um grave retrocesso na Legislação Brasileira. Quem alertou o país para isto?

Além dos conflitos de terra envolvendo mineradoras multinacionais e nacionais e das grandes madeireiras interessadas nos territórios indígenas, há outro conflito embaçando a cobertura jornalística deste assunto: é o conflito ideológico. O clima de paranóia vivido antes da Rio 92, quando

Uma das casas indígenas construídas no Parque Kari-Oca, em Jacarepaguá, que sediou a Conferência dos Índios durante a ECO-92. Foto Denise Fajardo.

um simples cantor como Sting parecia ameaçar nossa Segurança Nacional, foi um exemplo bem explorado pelos meios de comunicação. A falta do "inimigo comunista" parece ter trazido uma crise de identidade para setores do Exército Nacional que tentam achar substitutos entre ambientalistas e indigenistas. Até o ex-ministro José Lutzemberger - tão criticado pelo movimento ambientalista brasileiro por nada ter feito de concreto na defesa ambiental do país - não escapou do estigma de "mau brasileiro". Na realidade os que defendem a Teoria da Segurança Nacional temem o que seriam as fronteiras autônomas, facilmente identificáveis com os territórios indígenas.

Talvez seja por isto que, contrariando nossa Constituição, a Secretaria Geral da Presidência da República pretende submeter as futuras demarcações de áreas indígenas à aprovação prévia do Departamento Nacional de Proteção Mineral, Eletrobrás, Embrapa e Estado Maior das Forças Armadas. Com isto, tanto os interesses econômicos que atuam no país como os militares, estariam preservados do "perigo indígena". Também deve ser por isto, que o prazo de cinco anos para que fossem feitas as demarcações das terras indígenas no país, previsto no artigo 67 das Disposições Transitórias da Constituição, está longe de ser cumprido apesar de expirar em 93. Mesmo a lei assegurando este direito aos índios brasileiros, das 511 áreas reconhecidas pela FUNAI, 130 ou 26% não têm estudos para sua delimitação; 117 (23%) estão delimitadas mas não demarcadas; 64 (13%) foram demarcadas mas não homologadas.

Apenas 190 (38% do total) estão com seu processo jurídico concluído. Os indígenas brasileiros, primeiros donos desta terra, reivindicam 12% do território nacional para poderem viver em paz.

Segundo Sidney Possuelo, atual superintendente da FUNAI, ele precisa de 110 milhões de dólares para demarcar estas áreas. Porém, no orçamento de 93, a FUNAI vai receber um milhão de dólares, menos de 1% do necessário. Novamente a pergunta: esses dados foram divulgados na sociedade brasileira?

A situação atual do país com a miséria correndo solta, desemprego generalizado, "arrastões" de crianças e adolescentes

Paulinho Paiacãn, importante liderança indígena na mobilização pela garantia dos direitos indígenas na Constituição de 1988, recentemente acusado de ter estuprado uma jovem branca em Redenção/PA. Foto Reynaldo Stavale/ADIRP.

nos redutos da classe média, reforça a idéia na sociedade brasileira de que há muita terra para pouco índio. Em época de crise fica difícil entender os argumentos humanitários de defesa do território para a defesa de culturas diferentes das nossas. Fica difícil perceber que a miséria da cidade e a expulsão do índio de seu território têm uma causa comum: o sistema econômico-social de nossa sociedade.

Democratização da informação

Sabemos o papel fundamental que a Imprensa exerce na democratização da informação, no seu papel de guardiã da Democracia. Não é nenhum intelectual de esquerda que nos alerta: é o próprio Alvin Toffler que enumera os três mecanismos de dominação social - a força bruta, o capital e a informação.

Pois bem, cabe a nós jornalistas que lidamos com a informação, democratizá-la fazendo-a acessível ao maior número de pessoas. Temos de superar a idéia que só a elite deve ser informada. Pois só de posse da informação do que acontece no país e no mundo, temos condições de refletir sobre nossas próprias vidas e destinos, descobrindo assim nossa própria cidadania. E quando está em jogo a questão indígena, nosso compromisso de jornalista, de formador de opinião pública, é ainda maior. Compromisso de resgate de 500 anos de opressão das populações nativas do nosso continente; compromisso de resgate de culturas que só podem enriquecer a nossa própria; compromisso de sobrevivência não só de parcelas consideráveis de nossa população mas da sobrevivência mesmo de quem provou ser até agora, os únicos que souberam conviver com a natureza sem expropriá-la.

Admito que se torna urgente uma pesquisa aprofundada de como está sendo tratada e difundida pela Imprensa Nacional a questão indígena no país. Fica aqui o desafio. Afinal, nem que seja por egoísmo, devemos nos lembrar que a sobrevivência de nosso planeta está intrinsicamente ligada ao conhecimento/informação dos segredos da Terra que não é propriedade nossa, mas sim, de nossos irmãos indígenas.

A deputada Teresa Jucá, relatora do projeto de revisão do Estatuto do Índio, recebe as sugestões dos índios formuladas durante o Encontro de Luziânia/GO, que reuniu mais de 350 lideranças indígenas. Foto Luis Grupioni.

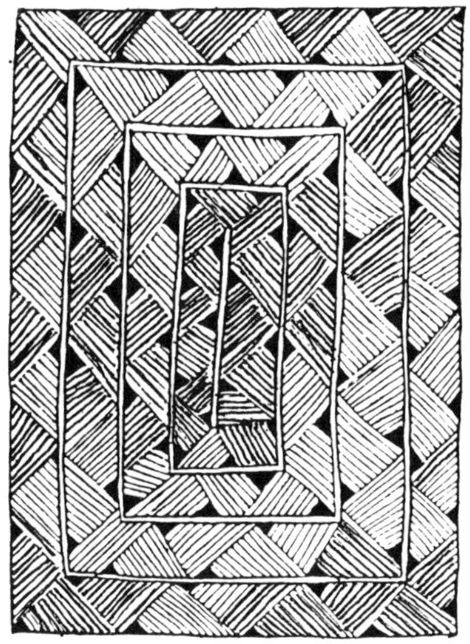

CATÁLOGO DA EXPOSIÇÃO ÍNDIOS NO BRASIL

Inventário dos artefatos e obras da exposição "Índios no Brasil: alteridade, diversidade e diálogo cultural"

Luís Donisete Benzi Grupioni

ALTERIDADE: FIGURAÇÕES DO OUTRO

Novo Mundo: encontros e descobertas

"A chegada de Cristovão Colombo à América em 1492 - sem dúvida o acontecimento mais extraordinário e decisivo da moderna história do Ocidente - deu início ao mais profundo e complexo processo de trocas inter-culturais da humanidade. A viagem do Almirante Colombo e daqueles que depois o seguiram, como Pedro Álvares Cabral em 1500, colocaram definitivamente em contato dois mundos que até então não se conheciam.

A descoberta do Novo Mundo habitado por povos desconhecidos desencadeou uma vasta elaboração de discursos, representações e imagens. Oscilando entre o inferno bestial e o paraíso terrestre, os indígenas e suas sociedades foram representados ao sabor dos interesses e fantasias que presidiram o tempo da conquista.

Ao longo desses cinco séculos, muitos dos primeiros habitantes da América sucumbiram perante a determinação do europeu colonizador. Sociedades indígenas inteiras foram dizimadas e se extinguiram no processo histórico de formação dos Estados-nacionais latino-americanos. Mas, a verdade, muitas vezes negada ou ignorada, é que outras tantas sociedades resistiram.

Existem hoje no Brasil cerca de 200 sociedades indígenas diferentes, falando cerca de 170 línguas e dialetos conhecidos, com uma população estimada em 250.000 indivíduos, distribuídos em centenas de aldeias em todo o território nacional. São remanescentes de um grande contingente populacional que deveria oscilar em torno de 6 milhões de pessoas quando da chegada dos primeiros europeus no século XVI."

Reprodução de um trecho da carta de Pero Vaz de Caminha ao Rei Dom Manuel.

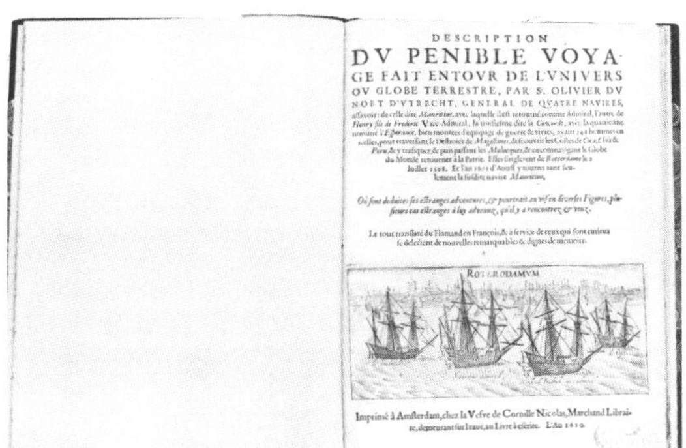
DESCRIPTION
DV PENIBLE VOYAGE FAIT ENTOVR DE L'VNIVERS OV GLOBE TERRESTRE, PAR S. OLIVIER DV NORT D'VTRECHT, GENERAL DE QVATRE NAVIRES,

Le tout translaté du Flamand en François, & à service de ceux qui sont curieux se delectent de nouvelles remarquables & dignes de memoire.

Imprimé à Amsterdam, chez la Vefve de Cornille Nicolas, Marchand Libraire, demeurant sur l'eaue, au Livre à escrire. L'An 1610.

Foto Sosô Parma.

Livro: NOORT, Olivier van. **Description du penible voyage fait entour de l'univers ou globe terrestre**. Amesterdam, 1610. Acervo da Biblioteca Mario de Andrade/SMC-SP.

Prato Ornamental, porcelana/pintura, Portugal, cena representando a 1. missa no Brasil, Museu Histórico Nacional, Rio de Janeiro.

Niels Aagard Lutzen (1826 - 1890)

"Pintor dinamarquês, executou, a pedido do Imperador D. Pedro II, cópias de alguns quadros de Albert Eckhout. Em 1876, o Imperador Dom Pedro II visita a Dinamarca e demonstra grande interesse por uma série de pinturas de Eckhout pertencentes ao Museu Nacional de Copenhagen. Encomenda a Lutzen a cópia de seis dos trabalhos que foram depois enviadas ao Instituto Histórico e Geográfico Brasileiro."

Os textos que integram a exposição "Índios no Brasil" foram redigidos por Isabelle Vidal Giannini e Luís Donisete Benzi Grupioni com a participação, em trechos específicos, de Dominique T. Gallois, Manuela Carneiro da Cunha, Lux B. Vidal, Omar Ribeiro Thomaz, Flora Dias, Aloisio Cabalzar e Rui Correa Costa.

Albert Eckhout (1610 - 1665)

"O pintor e desenhista holandês integrou a Corte do Conde João Maurício de Nassau-Siegen, nos quase oito anos em que este governou o Brasil Holandês administrando a Companhia das Índias Ocidentais. Ficou a maior parte do tempo em Pernambuco. Sua tarefa como pintor, nas palavras de Nassau, seria *"representar tudo o que era desconhecido na Europa ou de interesse para o Velho Mundo"*. Esta tarefa era dividida com Franz Post, cabendo a este as paisagens e a Eckhout as populações indígenas, africanas e mestiças, imagens da flora e da fauna."

Neils Aagard Lutzen

1. **Índia Tapuia**, óleo sobre tela, (cópia do original de Albert Eckhout), s/d, Instituto Histórico e Geográfico Brasileiro, Rio de Janeiro.
2. **Índia Tupi com criança**, óleo sobre tela, (cópia do original de Albert Eckhout), s/d, Instituto Histórico e Geográfico Brasileiro, Rio de Janeiro.
3. **Mulher Mameluca**, óleo sobre tela, (cópia do original de Albert Eckhout), s/d, Instituto Histórico e Geográfico Brasileiro, Rio de Janeiro.
4. **Índio Tarairiu**, óleo sobre tela, (cópia do original de Albert Eckhout), s/d, Instituto Histórico e Geográfico Brasileiro, Rio de Janeiro.

Livro: PISO, Willem. **Historiae Naturalis Brasiliae**. Lugdun. Batavorum, apud Franciscum Hackium; Amstelodami, paud lud. Elzevirium, 1648. (Contém: Georgi Marcgravi de Liebstadt, **Historiae rerum naturalium Brasiliae**, Libri octo. Acervo da Biblioteca Mario de Andrade/SMC-SP.

Pierre Mariette

Le Brésil (seg. d'Abbeville, N.Sanson), mapa do Brasil, mostrando as capitanias desde o Pará até São Vicente, tribos indígenas e rios, buril colorido, 36,9 x 54,4 cm, 1656, Fundação Museus Raymundo Ottoni de Castro Maya, Rio de Janeiro.

Cronistas, Naturalistas e Viajantes - séc. XVI a XIX

"Desde épocas antigas, as narrativas dos viajantes aliavam fantasia e realidade. Descrevendo o que *viam*, o que *ouviam* e o que *queriam* ver, os viajantes traziam notícias de homens e de terras desconhecidas. Os estranhos costumes dos povos da África e do Oriente durante muito tempo alimentaram o imaginário europeu. As narrativas registram as experiências dos antigos viajantes, o seu deslumbramento com a variedade de formas, dos seres e das cores das terras distantes.

A chegada num continente *Novo*, inaugura uma tradição narrativa e pictórica dos viajantes na América. Das mais diversas procedências, entre os séculos XVI e XIX, os viajantes percorreram parte do imenso continente. Das narrativas emergem o inferno e o paraíso, o bom e o mau selvagem, a natureza exuberante que atrai e assusta.

O século XVIII inaugura um novo ciclo de viagens que se estende por todo o século XIX. As expedições científicas além de alimentar o imaginário europeu sobre as terras americanas, alimentam o seu espírito científico e classificatório. O mundo, os seus povos e as suas obras, tornam-se passíveis de se transformar em peças de museu. As narrativas e os desenhos dos viajantes registram minuciosamente os povos e os tipos humanos, a fauna e flora, as paisagens e as cidades."

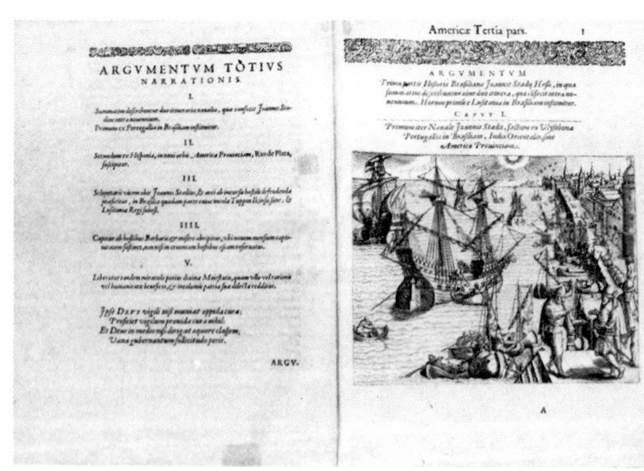
ARGVMENTVM TOTIVS NARRATIONIS

Americæ Tertia pars.

Foto Sosô Parma.

Livro: STADEN, Hans. **Americae tertia pars memorabile provinciae Brasiliae historiam contins**. Francofurti ad Moenum, Theodori de Bry, 1592. Acervo da Biblioteca Mario de Andrade/SMC-SP.

Livro: LERY, Jean de. **Histoire d'un voyage fait en la terre du Bresil, dite Amerique**, Geneve, Antoine Chuppin,

Instalação com três cenários representando momentos importantes dos rituais de nominação, iniciação e funeral bororo com a apresentação de personagens em tamanho natural ornamentados com artefatos etnográficos. Fotos Luís Grupioni.

Reprodução de uma casa de farinha dos índios Tukano. Fotos Luís Grupioni.

No módulo Alteridade da exposição, mais de 200 obras de arte, livros raros e outros artefatos foram apresentados em vitrines e painéis procurando recuperar o olhar dos brancos sobre os índios. Fotos Luís Grupioni.

Fotografias de índios ampliadas abriram o módulo da Diversidade na exposição. Vitrines com artefatos etnográficos demonstravam as diferenças materiais e estéticas dos povos indígenas. Instalação fechada reproduzia a cosmovisão dos índios Waiãpi. Pássaros indicavam a etno-classificação das aves Xikrin.

Painéis com fotografias e textos procuravam indicar a modernidade das culturas indígenas e sua presença efetiva no cenário brasileiro contemporâneo. Fotos Luís Grupioni.

Índios da aldeia Morro da Saudade representam um dos mitos de criação Guarani. Atividade que juntamente com a oficina de confecção de bonecas em argila integrou a programação dos eventos paralelos da exposição. Fotos Luís Grupioni.

1585. Acervo da Biblioteca Mario de Andrade/SMC-SP.

Livro: **Nuovi avisi dell'Indie di Portogallo** (Terza parte), Companhia de Jesus, Veneza, Michele Tramezzino, 1562. Acervo da Biblioteca Mario de Andrade/SMC-SP.

Livro: ANCHIETA, José de. **Informações e fragmentos históricos do padre Joseph de Anchieta**. Rio de Janeiro, Imprensa Nacional, 1886. Acervo da Biblioteca Mario de Andrade/SMC-SP.

Livro: ABBEVILLE, Claude d. **Histoire de la mission des peres capucins en l'isle de Maragnan et terres circonvoisines ou ...**, Paris, De l'Imprimerie de François Huby, 1614. Acervo da Biblioteca Mario de Andrade/SMC-SP.

Livro: ÉVREUX, Yves d. **Voyage dans le nord du Brésil - fait durant les années 1613 et 1614**. Leipzig e Paris, Librairie A. Franck, Albert L. Herold, 1864. Acervo da Biblioteca Mario de Andrade/SMC-SP.

Livro: THÉVET, André. **Les singularitez de la France Antarctique, autrement nommée Amerique, e de plusieurs terres e Isles decouvetes de nostre temps**. Anvers, De l'Imprimerie de Christophe Plantin, 1558. Acervo da Biblioteca Mario de Andrade/SMC-SP.

Livro: VASCONCELOS, Simão de. **Chronica da Companhia de Jesu do Estado do Brasil: e do que obrarão seus filhos nesta parte do Novo mundo**. Lisboa, Officina de Henrique V. de Oliveira, 1663. Acervo da Biblioteca Mario de Andrade/SMC-SP.

Livro: SEIXAS, Manuel Justiniano de. **Vocabulário da língua indigena geral, para o uso do Seminário episcopal do Pará ...** Pará, Typ. de Mattos, 1853. Acervo da Biblioteca Mario de Andrade/SMC-SP.

Livro: CASAS, Bartolomé de las. **Narratio regionum indicarum per Hispanos quosdam devastatarum verissima**. Oppenheimii, Typis Hieronymi Gallere, 1614. Acervo da Biblioteca Mario de Andrade/SMC-SP.

Livro: DENIS, Jean Ferdinand. **Une fête brésilienne célébrée a Rouen en 1500**. Paris, J. Techener, 1850. Acervo da Biblioteca Mario de Andrade/SMC-SP.

Livro: GANDAVO, Pedro de Magalhães de. **História da provincia Santa Cruz, a que vulgarmente chamamos Brasil**. Lisboa, Typ. da Academia Real das Sciencias, 1858. Acervo da Biblioteca Mario de Andrade/SMC-SP.

Livro: SOUSA, Gabriel Soares de. **Tratado descriptivo do Brazil em 1587**. Rio de Janeiro, Typ. Universal de Laemmert, 1851. Acervo da Biblioteca Mario de Andrade/SMC-SP.

Foto Sosô Parma

Livro: TAUNAY, Thomaz Marie Hippolyte. **Le Brésil, ou Histoire, moeurs, usages et costumes des habitans de ce Royaume**, Paris, Nepveu, 1822. Acervo da Biblioteca Mario de Andrade/SMC-SP.

Livro: STEINEN, Karl von den. **Durch Central-Brasilien**. Leipzig, F. A. Brockhaus, 1886. Acervo da Biblioteca Mario de Andrade/SMC-SP.

Livro: KOCH-GRUNBERG, Theodor. **Von Roraima zum Orinoco**, Berlin, Dietrich Reimer, 1917-1928. Acervo da Biblioteca Mario de Andrade/SMC-SP.

Livro: SAINT-HILAIRE, Augustin François César Provençal de. **Voyage dans les provinces de Rio de Janeiro et de Minas Geraes**, tome Second. Paris, Grimbert et Dorez, 1830. Acervo da Biblioteca Mario de Andrade/SMC-SP.

Livro: WALLACE, Alfred Russel. **A narrative of travels on the Amazon and Rio Negro, with an account of the Native Tribes**, London, Reeve and co., 1853. Acervo da Biblioteca Mario de Andrade/SMC-SP.

Livro: SCHMIDT, Max. **Indianerstudien Zentralbrasilien erlebbnisse und Ethnologische ergebnisse einer reise in den Jahren 1900 bis 1901**. Berlin, 1905. Acervo da Biblioteca Mario de Andrade/SMC-SP.

Balcão com os livros da série **Reconquista do Brasil** (Edusp/Itatiaia) para consulta do público.

Maximiliano von Wied-Neuwied (1783-1867)

"Zoólogo, desenhista e pintor, Wied-Neuwied escolheu o Brasil como objeto das suas explorações por considerá-lo um país com imensos territórios virgens ainda por conhecer. Chegou ao Rio de Janeiro em 1815, permanecendo no país até 1817. Viajou pelo litoral fluminense e pelo interior da Bahia e de Minas Gerais. Ao retornar à Europa levou consigo farto material etnográfico e classificações da fauna brasileira. Entre 1820 e 1821 surge a primeira publicação do livro "Viagem pelo Brasil", e entre 1822 e 1831 é publicada uma coleção de estampas de Wied-Neuwied. Estas ilustrações serão um complemento fundamental da "História Natural Brasileira", publicada em quatro volumes entre 1825 e 1833."

Pranchas: Apresentação de 8 pranchas ("Eine Familie der Botocudos auf der Reise", "Zuveikaempfe der Botocudos am Rio Grande de Bellmonte", "Die Puris in ihren Waldern", "Die Patachos am Rio do Prado", "Gruppe einiger Camacans im Walde", "Gerathscheften der Puris", "Gerathscheften und Zierrathen der Botocudos", "Zierrathen und Gerathscheften der Camacans") e um mapa ("Ostkuste von Brazilien") do livro WIED-NEUWIED, Maximilian Alexander Philipp von. **Reise nach Brasilien in den Jahren 1815 bis 1817**. Frankfurt a.M., Gedruckt und verleget bei Heinrich Ludwig Bronner, 1820-1821. Acervo da Biblioteca Mario de Andrade/SMC-SP.

Johan Moritz Rugendas (1802-1858)

"Pintor e desenhista alemão procedente de uma família de pintores, ingressou em 1818 na Academia de Artes de Munique, onde dedicou-se à pintura de paisagens e quadros de gênero. Convidado por Langsdorf para integrar como desenhista uma expedição científica pelo Brasil, embarcou para o Rio de Janeiro em 1824. Com Langsdorf, visitou a província de Minas Gerais, onde fez importantes registros pictóricos de Ouro Preto, e também entrou em contato com os índios Monoxós e Maxacalis, retratando-os em sua atividade de coleta de palmito. Durante a expedição, desentendeu-se com Langsdorf, seguindo sozinho pelas províncias do Rio de Janeiro, Minas Gerais, Mato Grosso, Espírito Santo e Bahia. Em 1825 regressou à Europa, onde publicou sua "Viagem Pitoresca". Após esta publicação viajou durante quatorze anos pelo México, Chile, Peru, Bolívia, Argentina, Uruguai e Brasil, resultando desta viagem um enorme acervo de esboços. Retornou a Alemanha em 1846."

Johan Moritz Rugendas

Malerische Reise in Brasilien von Moritz Rugendas

Herausgegeben von Engelmann & Cie in Paris.

1835.

Foto Sosô Parma.

Livro: RUGENDAS, Johann Moritz. **Malerische Reise in Brasilien**. Paris, Herausgegeben von Engelmann e cie, 1835. Acervo da Biblioteca Mario de Andrade/SMC-SP.

1. **Indios Puri**, gravura, s/d, Acervo Artístico Cultural Palácios do Governo (Palácio dos Bandeirantes), São Paulo.

2. **Indios Coroatos**, gravura, Acervo Artístico Cultural Palácios do Governo (Palácio dos Bandeirantes), São Paulo.

3. **Aldeia de Tapuias**, aquarela, 15,5 x 28,4 cm, s/d, Secretaria Municipal de Cultura de São Paulo, São Paulo.

4. **Índios prepraram comida**, lápis, 15,3 x 28,4 cm, s/d, Secretaria Municipal de Cultura de São Paulo, São Paulo

•

Carl Friedrich Phillip von Martius (1794-1868)

"O naturalista alemão Carl F.P. von Martius viaja pelo Brasil entre 1817 e 1820 em companhia do zoólogo Johan Baptist Spix. Viajando por São Paulo, Minas Gerais, Bahia, Piauí, Maranhão e pela região amazônica, recolhe cerca de 6500 espécies de plantas, e farto material etnográfico e filológico. Os relatos da expedição, escrito em conjunto com Spix, são publicados entre 1823 e 1831 sob o título de "Viagem pelo Brasil". Sua maior realização foi, no entanto, a obra "Flora Brasiliensis", iniciada em 1840 e por ele dirigida até sua morte em 1868. Concluída em 1906 por diversos especialistas, compreende 15 volumes, onde estão classificadas 850 famílias com a descrição de mais de 8000 espécies vegetais."

Johan Baptist von Spix (1781-1826)

"Zoólogo alemão, viajou em missão científica ao Brasil em companhia de von Martius entre 1817 e 1820. Durante esse período realizou extensa classificação da fauna brasileira, e, sozinho, percorreu a região amazônica. Retornou à Europa com um inventário de 3.381 animais brasileiros. Morreu prematuramente antes de ver a publicação final dos relatos das suas viagens, concluída por von Martius, em 1831."

Livro: Spix, Johan Baptist von und MARTIUS, Carl Friedrich Phillip von. **Atlas zur reise in Brasilien**, 1823-1831. Acervo da Biblioteca Mario de Andrade/SMC-SP.

Spix e Martius

1. **Iuri**, litografia, Laboratório de Recursos Visuais e Sonoros em Antropologia da Universidade de São Paulo, São Paulo.

2. **Mundurucú, Uairumá, Puru-puru**, litografia, Laboratório de Recursos Visuais e Sonoros em Antropologia da Universidade de São Paulo, São Paulo.

Hercule Florence (1804-1879)

"Desenhista e fotógrafo francês, se estabeleceu no Rio de Janeiro em 1824. Em 1825 foi aceito para o cargo de segundo desenhista da expedição organizada por Gregory Ivanovitch Langsdorf, consul-geral da Rússia no Brasil e membro da Academia de Ciências de São Peterburgo. A expedição parte do Rio de Janeiro com destino a Santos. De lá, passando por São Paulo, se dirigiu ao interior do país, chegando à Amazônia por via fluvial. Florence documentou com desenhos os lugares atravessados pela expedição, os tipos humanos e costumes. Escreveu um diário, "Esboço Pitoresco da Viagem de Porto Feliz e Cuiabá e Explicação dos desenhos aí anexados", publicado em 1875, em tradução para o português de Alfredo de Taunay. Florence se estabeleceu em Campinas, onde casou, em 1830. Realizou trabalhos pioneiros em fotografia, além de ter impresso, em 1836, o jornal "O Paulista", primeiro no interior do Estado."

Livro: FLORENCE, Hercule. **Viagem fluvial do Tietê ao Amazonas de 1825 a 1829**. São Paulo, Melhoramentos, 1941. Acervo da Biblioteca Mario de Andrade/SMC-SP.

Hercule Florence

1. **Jovem Apiacá, desenhado em Diamantino, 25 de março de 1928**, nanquim aguado, 21 x 25,5 cm, Coleção particular Cyrillo Hercules Florence.

2. **Jovem Apiacá**, nanquim aguado, 21 x 26 cm, Coleção particular Cyrillo Hercules Florence.

3. **Apiacás na vista do Salto do juruena conhecido como Salto Augusto**, nanquim aguado, 21 x 26 cm, Coleção particular Cyrillo Hercules Florence.

4. **Jovem Apiacás**, aquarela e nanquim a pena, 34 x 24 cm, Coleção particular Cyrillo Hercules Florence.

5. **Apiacá**, aquarela, nanquim a pena e lápis, 26 x 37 cm, Coleção particular Cyrillo Hercules Florence.

6. **Apiacá em costume**, aquarela e nanquim a pena, 23 x 30 cm, Coleção particular Cyrillo Hercules Florence.

7. **Apiacás com ornamentos**, 1828, aquarela e nanquim a pena, 20 x 29,5 cm, Coleção particular Cyrillo Hercules Florence.

8. **Duas mulheres Apiacás socando milho**, 1828, aquarela e nanquim a pena, 25 x 41 cm, Coleção particular Cyrillo Hercules Florence.

9. **Índio Apiacá**, poligrafia, 23,8 x 34 cm, Coleção particular Cyrillo Hercules Florence.

10. **Índio Apiaca**, lápis, 22,5 x 28,8 cm, Coleção particular Cyrillo Hercules Florence.

11. **Maloca Apiacá no Rio Juruena**, 1828, nanquim a pena, 51,5 x 25,4 cm, Coleção particular Cyrillo Hercules Florence.

12. **Bororo, Setembro, 1827**, nanquim aguado, 20 x 25,5 cm, Coleção particular Cyrillo Hercules Florence.

13. **Bororos, Jacobina**, nanquim aguado, 20,5 x 25,5 cm, Coleção particular Cyrillo Hercules Florence.

Foto Rômulo Fialdini/ "História dos Índios no Brasil".

14. **Bororo, Vila Maria, 1827**, nanquim a pena, 20,5 x 25,5 cm, Coleção particular Cyrillo Hercules Florence.

15. **Dança dos Bororos**, nanquim a pena, 31 x 19,5 cm, Coleção particular Cyrillo Hercules Florence.

16. **Estudos de movimentos de dança e jogos Bororo, em Jacobina, 1827**, nanquim a pena, 43,5 x 32 cm, Coleção particular Cyrillo Hercules Florence.

17. **Crianças Bororo, Setembro, 1827**, nanquim a pena, 20,5 x 25,5 cm, Coleção particular Cyrillo Hercules Florence.

18. **Bororos de Villa Maria**, nanquim a pena, 20,5 x 25,5 cm, Coleção particular Cyrillo Hercules Florence.

19. **Bororos, Setembro, 1827**, nanquim a pena, 20,5 x 25,5 cm, Coleção particular Cyrillo Hercules Florence.

20. **Índia Bororo, em Jacobina**, nanquim a pena, 20,5 x 25,2 cm, Coleção particular Cyrillo Hercules Florence.

21. **Mulher da tribo Chamacoco**, nanquim a pena, 20,5 x 25,5 cm, Coleção particular Cyrillo Hercules Florence.

22. **Índia Chamacoco, serva em Cuyabá**, desenho a lápis, 20,5 x 25,5 cm, Coleção particular Cyrillo Hercules Florence.

23. **Índio Chamacoco, criado entre os Guanás**, desenho a lápis, 20,5 x 25,5 cm, Coleção particular Cyrillo Hercules Florence.

24. **Índia Chamacoco, serva em Cuiabá**, desenho a lápis, 20,5 x 25,5 cm, Coleção particular Cyrillo Hercules Florence.

25. **Índios Guanás, feitos em São Paulo, junho 1830**, nanquim aguado, 41,5 x 26 cm, Coleção particular Cyrillo Hercules Florence.

26. **Guanitá, Capitão-Mor dos Guanás e moça**, aquarela, 23,5 x 32 cm, Coleção particular Cyrillo Hercules Florence.

27. **Três índios Guanás**, desenho a lápis, 25,5 x 20,5 cm, Coleção particular Cyrillo Hercules Florence.

28. **Índio Guató, chamado Tohé, caçador do Comandante de Albuquerque no Rio Paraguay**, nanquim a pena, 21,5 x 27,5 cm, Coleção particular Cyrillo Hercules Florence.

29. **Família de Guatós**, nanquim a pena, 25,5 x 30 cm, Coleção particular Cyrillo Hercules Florence.

30. **Índios Guatós, confluência do Rio São Lourenço e o Paraguay, 27 Dezembro de 1826**, aquarela e nanquim a pena, 25 x 20,5 cm, Coleção particular Cyrillo Hercules Florence.

31. **Guatós na Passagem Velha a 4**

léguas da Villa, desenho a lápis, 19,5 x 31 cm, Coleção particular Cyrillo Hercules Florence.

32. **Velho e Jovem Guatós**, desenho a lápis, 20,5 x 25,5 cm, Coleção particular Cyrillo Hercules Florence.

33. **Mulher e criança Mundurucus**, aquarelada, 20,5 x 25,5 cm, Coleção particular Cyrillo Hercules Florence.

34. **Indio do Paraná educado em Porto Feliz**, nanquim a pena, 20,5 x 25,5 cm, Coleção particular Cyrillo Hercules Florence.

35. **Indio do Paraná educado em Porto Feliz**, nanquim a pena, 20 x 26 cm, Coleção particular Cyrillo Hercules Florence.

36. **Indio desenhado do natural em Camapuã**, 12 de outubro de 1826, nanquim a pena, 16,5 x 22,5 cm, Coleção particular Cyrillo Hercules Florence.

37. **Indio da Chapada. S. Carlos, 27 de março de 1830**, lápis, 25,5 x 20,5 cm, Coleção particular Cyrillo Hercules Florence.

38. **Costume - Índio civilizado com Poncho**, aquarela, 25,2 x 19,8 cm, Coleção particular Cyrillo Hercules Florence.

39. **Bororo e Guató**, desenho a lápis, 20,3 x 25,2 cm, Coleção particular Cyrillo Hercules Florence.

40. **Jovem Apiacá e Índio Mundurucu**, lápis e nanquim a pena, 20,5 x 25 cm, Coleção particular Cyrillo Hercules Florence.

41. **Viagem Fluvial do Tietê ao Amazonas**, 8. caderno, manuscrito, 22,5 x 32 cm, Coleção particular Cyrillo Hercules Florence.

(Os desenhos sem data foram feitos no período entre 1825-1829, quando Florence participou da expedição Langsdorff.)

42. **Sem título (cabeça de índio)**, monotipia, 48 x 35,5 cm, s/d, Museu de Arte de São Paulo Assis Chateaubriand, São Paulo.

Jean Baptiste Debret (1768-1848)

"Parente de pintores como François Bouchet e Louis David, Debret era dono de uma considerável biografia artística quando integrou a Missão Artística Francesa organizada por Joachin Le Breton, que embarcou para o Rio de Janeiro em 1815. Na então capital do reino, dedicou-se ao ensino das Artes Plásticas na recém criada Academia de Belas Artes e na Escola Real de Artes e Ofícios. Durante os 15 anos que permaneceu no Brasil, desenvolveu um importante trabalho artístico e educacional, integrando a Academia Imperial de Belas Artes, a partir de sua fundação, em 1825. Em 1829, realizou a primeira exposição de Belas Artes no Brasil, cujo catálogo teve por título "Exposição da Classe de Pintura Histórica na Imperial Academia de Belas Artes. No ano de 1829: quarto ano de sua instalação".

Em 1831 retornou à França, publicando, entre 1834 e 1839, "Viagem Pitoresca e Histórica ao Brasil". A edição, em três volumes, limitou-se a duzentos exemplares: o primeiro volume contém textos e ilustrações de vários grupos indígenas, seus costumes e cultura material; o segundo, ilustrações e descrições de tipos populares do Rio de Janeiro. Finalmente o terceiro, acontecimentos históricos, vistas do Rio de Janeiro, retratos, costumes e vestimentas típicas."

Livro: DEBRET, Jean Baptiste. **Voyage pittoresque et historique au Brésil; ou, Séjour d'un artiste français au Brésil, depuis 1816 jusqu'en 1831 inclusivement**. Vol. I(autografado pelo autor) e vol. II. Paris, Firmin Didot frères, 1834-1839. Acervo da Biblioteca Mario de Andrade/SMC-SP.

Jean Baptiste Debret

1. **Charge de cavalerie Gouaycourous**, aquarela s/ papel, 1822, Fundação Museus Raymundo Ottoni de Castro Maya, Rio de Janeiro.

2. **Chef de Gouaycourous partant pour comercer avec les européens**, aquarela s/ papel, 15,0 x 21,6 cm, 1823, Fundação Museus Raymundo Ottoni de Castro Maya, Rio de Janeiro.

3. **Peuplade Gouaycourous changeant de paturages**, aquarela s/ papel, 15,7 x 21,8 cm, 1823, Fundação Museus Raymundo Ottoni de Castro Maya, Rio de Janeiro.

4. **Femme Gauarani civilisée allant a la Messe le Dimanche**, aquarela s/ papel, 26,8 x 20,0 cm, s/d, Fundação Museus Raymundo Ottoni de Castro Maya, Rio de Janeiro.

5. **Fille Sauvage Camacan**, aquarela s/ papel, 27,0 x 20,6 cm, s/d, Fundação Museus Raymundo Ottoni de Castro Maya, Rio de Janeiro.

6. **Cabloco**, aquarela s/ papel, 22,0 x 27,2 cm, s/d, Fundação Museus Raymundo Ottoni de Castro Maya, Rio de Janeiro.

7. **Homem Camacan Mongoio**, aquarela s/ papel, 27,6 x 20,6 cm, s/d, Fundação Museus Raymundo Ottoni de Castro Maya, Rio de Janeiro.

8. **Le Signal de Combat (Coroados)**, aquarela s/ papel, 27,2 x 21,8 cm, 1827, Fundação Museus Raymundo Ottoni de Castro Maya, Rio de Janeiro.

9. **Chef de Bororenos partant pour une expédition**, aquarela s/ papel, 24,1 x 32,7 cm, s/d, Fundação Museus Raymundo Ottoni de Castro Maya, Rio de Janeiro.

10. **Aldea de caboclos à Canta-Gallo**, aquarela s/ papel, 19,8 x 26,8 cm, s/d, Fundação Museus Raymundo Ottoni de Castro Maya, Rio de Janeiro.

11. **Chef de Charruas**, aquarela s/ papel, 27,8 x 20,8 cm, s/d, Fundação Museus Raymundo Ottoni de Castro Maya, Rio de Janeiro.

12. **Botocudos, Puris, Patachos e Machacalis**, aquarela s/ papel, 27,7 x 18,2 cm, s/d, Fundação Museus Raymundo Ottoni de Castro Maya, Rio de Janeiro.

13. **Sauvage Gurarani civilisé riche cultivateur de vignes**, aquarela s/ papel, 27,0 x 20,0 cm, s/d, Fundação Museus Raymundo Ottoni de Castro Maya, Rio de Janeiro.

Portinari e os índios canibais de Hans Staden

"No início dos anos 40, o artista paulista Candido Portinari recebe um convite do diretor de uma editora de Nova York para ilustrar o livro **A verdadeira história** de Hans Staden, que seria editado nos EUA e no Brasil por José Olympio.

Portinari prepara 25 pranchas que são enviadas para o editor, que as recusa e solicita que seja feita uma nova série de ilustrações. O editor argumenta que os trabalhos enviados são muito diferentes das obras então conhecidas de Portinari e que provavelmente os leitores não iriam apreciar aqueles desenhos. Estes revelavam, segundo o editor, uma "ênfase demasiada à carnificina e à brutalidade" que, embora presentes no livro, não deveriam estar refletidas nas ilustrações. O editor esperava receber "algumas paisagens simples do país no qual Hans Staden se encontrava quando foi capturado pelos canibais, e alguns desenhos simples ou litografias dos índios daqueles dias". Portinari se recusa a fazer novos desenhos, argumentando a liberdade de criação e de expressão do artista.

Os desenhos permaneceram inéditos em virtude deste desencontro. De um lado, a expectativa do editor, a busca de um cronista que produzisse imagens de paisagens brasileiras e figuras realistas e simples de índios tranquilos. De outro, o desejo do artista de se distanciar das inúmeras representações idílicas e folclorizadas dos índios e se aproximar de uma leitura profunda e fiel da obra de Hans Staden."

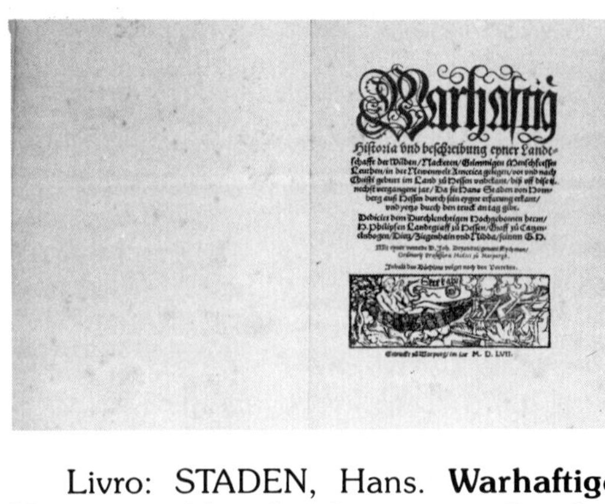

Foto Sosô Parma.

Livro: STADEN, Hans. **Warhaftige Historia und beschreibung eyner Landtschafft der wilden nacketen grimmigen Meschfresser Leuthen un der Newenwelt**

Amercia gelegen; Faksimile Wiedergabe nach der Erstausgabe "Marpurg uff Fastnacht 1557" mit einer Beglleitschrift von Richard N. Wegner. Frankfurt a. M., Faksimiledruck und Verlag: Wusten e co, 1925. Acervo da Biblioteca Mario de Andrade/SMC-SP.

Candido Portinari

1. **Hans e Índios III**, desenho a nanquim bico-de-pena e aguada/papel colado em cartão, 22,3 x 25,2 cm, 1941, Coleção particular João Candido Portinari, Rio de Janeiro.

2. **Hans**, desenho a nanquim bico-de-pena/papel colado em cartão, 20,5 x 8,6 cm, 1941, Coleção particular João Candido Portinari, Rio de Janeiro.

3. **Hans e Índios II**, desenho a nanquim bico-de-pena e aguada/papel colado em cartão, 18 x 20,8 cm, 1941, Coleção particular João Candido Portinari, Rio de Janeiro.

4. **Índios Atirando**, desenho a nanquim bico-de-pena e aguada/papel, 24,2 x 30,8 cm, 1941, Coleção particular João Candido Portinari, Rio de Janeiro.

5. **Índios Pescando**, desenho a nanquim bico-de-pena e aguada/papel, 22,8 x 30,5 cm, 1941, Coleção particular João Candido Portinari, Rio de Janeiro.

6. **Índio Esquartejando um Cadáver**, desenho a nanquim bico-de-pena/papel, - 26,5 x 31 cm, 1941, Coleção particular João Candido Portinari, Rio de Janeiro.

7. **Dois Homem**, desenho a nanquim bico-de-pena/papel, 20,5 x 23,8 cm, 1940, Coleção particular João Candido Portinari, Rio de Janeiro.

8. **Restos de Homem**, desenho a nanquim bico-de-pena/papel, 23,3 x 27,5 cm, 1941, Coleção particular João Candido Portinari, Rio de Janeiro.

9. **Índio e Hans**, desenho a nanquim bico-de-pena e aguada e crayon/papel, 26,5 x 33 cm, 1941, Coleção particular João Candido Portinari, Rio de Janeiro.

10. **Hans e Índios I**, desenho a nanquim bico-de-pena e aguada/papel colado em cartão, 18,5 x 23,3 cm, 1941, Coleção particular João Candido Portinari, Rio de Janeiro.

11. **Tamanduá**, desenho a nanquim bico-de-pena/papel, 17,3 x 32,7 cm, 1941, Coleção particular João Candido Portinari, Rio de Janeiro.

12. **Arara**, desenho a nanquim bico-de-pena/papel, 15,5 x 7 cm, 1941, Coleção particular João Candido Portinari, Rio de Janeiro.

13. **Porco do Mato**, desenho a nanquim bico-de-pena e aguada/papel, 14,6 x 20,4 cm, 1941, Coleção particular João Candido Portinari, Rio de Janeiro.

14. **Navio e Peixes**, desenho a nanquim bico-de-pena e aguada/papel colado em cartão, 26 x 30,6 cm, 1941, Coleção particular João Candido Portinari, Rio de Janeiro.

15. **Hans e Índios**, desenho a nanquim bico-de-pena e aguada/papel, 23 x 28 cm, 1941, Coleção particular João Candido Portinari, Rio de Janeiro.

16. **Índio com Facão**, desenho a nanquim bico-de-pena e aguada/papel, 22 x 30,5 cm, 1941, Coleção particular João Candido Portinari, Rio de Janeiro.

17. **Hans e Índios IV**, desenho a nanquim bico-de-pena e aguada/papel, 18,4 x 23,4 cm, 1941, Coleção particular João Candido Portinari, Rio de Janeiro.

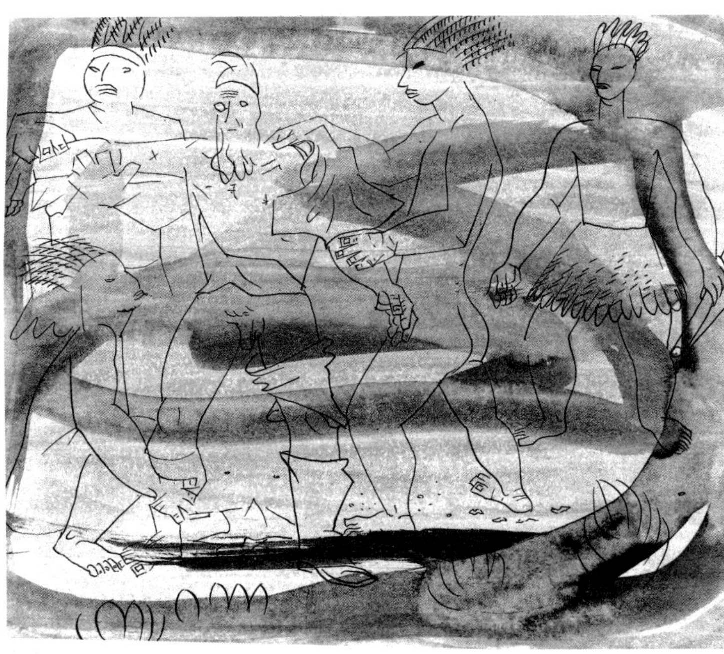

Publicado Revista Nossa América

18. **Hans preso pelos Índios**, desenho a nanquim bico-de-pena e aguada/papel, colado em cartão, 25,3 x 29,8 cm, 1941, Coleção particular João Candido Portinari, Rio de Janeiro.

19. **Índias**, desenho a nanquim bico-de-pena e aguada/papel, 18,2 x 23,4 cm, 1941, Coleção particular João Candido Portinari, Rio de Janeiro.

20. **Índio Roendo Osso**, desenho a nanquim bico-de-pena/papel, 21,5 x 24,2 cm, 1941, Coleção particular João Candido Portinari, Rio de Janeiro.

21. **Taba com figuras e Duas Caveiras**, desenho a nanquim bico-de-pena e aguada/papel, 16,8 x 20,4 cm, 1941, Coleção particular João Candido Portinari, Rio de Janeiro.

22. **Índio com Ave**, desenho a nanquim bico-de-pena e aguada/papel, 21,3 x 15,4 cm, 1941, Coleção particular João Candido Portinari, Rio de Janeiro.

23. **Índio e Canoas**, desenho a nanquim bico-de-pena e aguada/papel, 17,6 x 24,5 cm, 1941, Coleção particular João Candido Portinari, Rio de Janeiro.

Os índios e o Império

Varanda de rede, trabalho em penas, feito por índios e que teria pertencido a D. Pedro II, comp. 1,68 cm, Museu Imperial, Petrópolis.

Brasão de penas, apresentando as armas do Império, 0,29 x 0,39 cm, Museu Imperial, Petrópolis.

Reprodução da Caderneta do Imperador, com desenhos de Botocudos de autoria de D.Pedro II em sua viagem ao Nordeste, Museu Imperial, Petrópolis.

Alegoria alusiva ao Juramento de D.Pedro I à Constituição do Império - 1824, "Salve 1. Querido Brasileiro Dia!" "25 de março de 1824", litografia, Museu Histórico Nacional, Rio de Janeiro.

Leque Chinês, D. Pedro recebe de um índio a coroa imperial, papel, marfim e pintura, 31 cm, Museu Histórico Nacional, Rio de Janeiro.

Pintura Histórica e a literatura romântica: o indianismo

"A independência política do Brasil em 1822 criou um Estado, porém, não uma nação. O sentimento de pertencer a uma comunidade nacional deveria ser criado, tendo como base uma *história*, uma *especificidade e símbolos* nacionais. Foi na imagem do *índio* - e não no índio em si - que a elite letrada do século XIX encontrou o símbolo da nacionalidade brasileira em gestação.

Na figura do índio, escritores como José de Alencar, Gonçalves Dias ou Gonçalves de Magalhães encontraram a fonte de inspiração para a criação dos seus heróis, compondo uma verdadeira mitologia épica nacional.

A pintura brasileira do século XIX inspirou-se, por sua vez, no indianismo literário: a imagem do índio foi aquela que mais se enquadrou no projeto de gestação da nova nacionalidade. Dos pincéis de Benedito Calixto e Antônio Parreiras sairam o registro de heróicos momentos do passado: a primeira missa, as fundações de São Vicente e da Cidade de São Paulo, o encontro de índios e portugueses. Antônio Parreiras e Vitor Meirelles encontram em Iracema e Moema o ideal de mulher romântica.

O fim de século europeu se encanta com a ópera **O Guarani**, composta pelo campineiro Carlos Gomes em italiano. Motivo de orgulho da elite nacional, Carlos Gomes parte do romance de José de Alencar e povoa os palcos italianos com as heróicas figuras dos indígenas brasileiros.

O século XIX inaugura uma tradição pictórica e literária onde os índios brasileiros são representados como deuses gregos e heróis clássicos: imagens idealizadas, dignas de uma épica nacional."

Antonio Diogo da Silva Parreiras (Niterói, RJ, 1869 - Niterói, RJ, 1937)

Fundação de São Paulo, óleo s/ tela, 179 x 279,5 cm, 1913, Prefeitura do Município de São Paulo (Gabinete da Prefeita), São Paulo.

Oscar Pereira da Silva (São Fideliz, RJ, 1867 - São Paulo, SP, 1939)

Nau Capitânea de Cabral ou Índios à bordo da Capitânea, óleo s/tela, 60,2 x 42,0 cm, Museu Paulista da Universidade de São Paulo, São Paulo.

Benedito Calixto

Fundação de São Vicente, óleo s/ tela, 217 x 430 cm, 1900, Museu Paulista da Universidade de São Paulo.

Victor Meirelles (Florianópolis, SC, 1832 - Rio de Janeiro, 1903)

Moema, óleo s/ tela, 129 x 190 cm, 1866, Museu de Arte de São Paulo Assis Chateaubriand, São Paulo.

Antonio Parreiras (Niterói, 1864 - Niterói, 1937)

Iracema, óleo s/ tela, 61 x 92 cm, 1909, Museu de Arte de São Paulo Assis Chateaubriand, São Paulo.

Foto Luís Grupioni

Oscar Pereira da Silva

Desembarque de Cabral em Porto Seguro, óleo s/ tela, 78 x 113,5 cm, Museu Histórico Nacional, Rio de Janeiro.

Gravura: **A morte de Gonçalves Dias**, 35 cm x 52 cm, s/d, Museu Histórico Nacional, Rio de Janeiro.

Livro: MAGALHÃES, Domingos José Gonçalves de. **A Confederação dos Tamoyos**. Rio de Janeiro, Typ. Dous de dezembro, 1856. Acervo da Biblioteca Mario de Andrade/SMC-SP.

Livro: MAGALHÃES, José Vieira Couto de. **O Selvagem (I - Curso da língua geral segundo Ollendorf e II - Origens, costumes, região selvagem)**, Rio de Janeiro, Typ. da Reforma, 1876. Acervo da Biblioteca Mario de Andrade/SMC-SP.

Livro: DIAS, Antonio Gonçalves. **Os Tymbiras**. Leipzig, F. A. Brockhaus, 1857. Acervo da Biblioteca Mario de Andrade/SMC-SP.

Livro: ALENCAR, José Martiniano de. **O Guarany**. Rio de Janeiro, Typ. da Empreza democratica editora, 1896. Acervo da Biblioteca Mario de Andrade/SMC-SP.

Livro: MAGALHÃES, José vieira Couto de. **Os Guayanázes**. São Paulo, Typ. Imparcial de Joaquim R. A. Marques, 1860. Acervo da Biblioteca Mario de Andrade/SMC-SP.

Livro: ALENCAR, José Martiniano de. **Iracema**. Rio de Janeiro, José Olympio, 1965. Ed. comemorativa do centenário. Acervo da Biblioteca Mario de Andrade/SMC-SP.

Livro: VARELA, Luiz Nicolau Fagundes. **Anchieta; ou, O Evangelho nas Selvas**. Rio de Janeiro, Livraria Imperial, 1875. Acervo da Biblioteca Mario de Andrade/SMC-SP.

Livro: ALENCAR, José Martiniano de. **Ubirajara**. Rio de Janeiro, B.L. Garnier, 1874. Acervo da Biblioteca Mario de Andrade/SMC-SP.

Livro: ASSIS, Joaquim Maria Machado de. **Americanas**. Rio de Janeiro, B. L. Garnier, 1875. Acervo da Biblioteca Mario de Andrade/SMC-SP.

A ópera O Guarani

Carlos Gomes

1. **Manuscrito da ópera O Guarany**, trecho da ópera, Museu Histórico Nacional, Rio de Janeiro.
2. **Il Guarany**, em italiano, 426 páginas, Museu Histórico Nacional, Rio de Janeiro.
3. **Il Guarany**, em italiano, 260 páginas, Museu Histórico Nacional, Rio de Janeiro.

Reprodução de uma foto de Carlos Gomes, Museu Histórico Nacional, Rio de Janeiro.

Duas caricaturas alusivas à ópera O Guarani e ao seu sucesso na cidade do Rio de Janeiro, Museu Histórico Nacional, Rio de Janeiro.

Carta Imperial, informando que D.

Pedro II aceitou com prazer a dedicatória de O Guarani, manuscrito, Museu Histórico Nacional, Rio de Janeiro.

Carlos Andre Gomes

Sem título, dois índios em pé pegando pássaros, desenho, 22 x 35 cm, s/d, Museu Histórico Nacional, Rio de Janeiro.

Modernismo

Revista de Antropofagia, n.1, São Paulo, 1928. Acervo da Biblioteca Mario de Andrade/SMC-SP.

Vicente do Rego Monteiro (Recife, Pe, 1899 - Recife, Pe, 1970)

1. **A morte do prisioneiro**, aquarela e nanquim sobre papel, 35,8 x 28,5 cm, 1920, Museu de Arte Contemporânea da Universidade de São Paulo.
2. **Coaraci/O Sol**, aquarela e nanquim sobre papel, 28,6 x 16,3 cm, 1921, Museu de Arte Contemporânea da Universidade de São Paulo.
3. **Tatu Acu/ O tatu grande**, aquarela e nanquim sobre papel, 28,6 x 16,0 cm, 1921, Museu de Arte Contemporânea da Universidade de São Paulo.
4. **Máscaras e Túnicas da Festa de Theboah**, aquarela e nanquim sobre papel, 26,1 x 34,4 cm, 1921, Museu de Arte Contemporânea da Universidade de São Paulo.

Emiliano Di Cavalcanti (Rio de janeiro, RJ, 1897 - Rio de janeiro, RJ, 1976)

Sem Título (Figura e paisagem), aquarela, guache e nanquim, 29,9 x 21,4 cm, s/d, Secretaria Municipal de Cultura de São Paulo, São Paulo.

Pintura Contemporânea

"A temática indianista sempre esteve presente na arte brasileira. Nela porém, mais do que possíveis retratos dos *índios*, temos a representação plástica das diferentes visões que setores da sociedade nacional elaboram sobre as populações indígenas. Ao lado destas visões, movimentos artísticos se apropriaram de imagens de índios na busca de um projeto artístico nacional específico. Longe de um diálogo com as populações indígenas a partir da arte, temos os próprios dilemas dos grupos artísticos nacionais inseridos numa tradição plástica que não pode ignorar a figura do índio.

Recentemente - e com grande vigor nos meios de comunicação de massa - a figura do índio é associada à natureza exuberante que o rodeia: como ela, o índio deve ser preservado. O artista sente-se próximo do cataclisma ecológico, as populações indígenas estão, mais uma vez, ameaçadas. No sentido de resgatar imagens que o futuro parece condenar ao desaparecimento, o artista brasileiro explora, dramaticamente, a luminosidade específica das terras brasileiras, os estranhos sons e cheiros que provocam os nossos sentidos.

Diversos artistas usam motivos indígenas não só como decoração: percebem nas manifestações artísticas dos diferentes grupos indígenas sua imensa riqueza formal, iconográfica e técnica, e nutrem-se do seu veio criador."

Victor Brecheret

1. **Luta dos Índios Galápagos**, escultura/bronze, s/d, Museu de Arte Contemporânea da Universidade de São Paulo.
2. **Índia com Filha no Colo**, escultura, fundição/bronze, 65 x 19,5 x 16 cm, Acervo Artístico Cultural Palácios do Governo (Palácio Boa Vista), Campos do Jordão.

Candido Portinari
Índia Karajá, óleo s/ tela, obra inacabada, 100 x 85 cm, Coleção particular João Candido Portinari.

Alfredo Volpi (Lucca, Itália, 1896 - São Paulo)
Índios no Banho, pintura em esmalte/azulejo, Osirart, 136 x 226 cm, Coleção particular Marisia Portinari.

Hilde Weber
Índios dançando, Pintura em esmalte/azulejo, Osirart, 30 x 45 cm, Galeria Renato Magalhães Golveia

Manuel Faria
Evangelho na Selva, óleo s/tela, 190 x 220 cm, s/d, Museu Histórico Nacional, Rio de Janeiro.

Luis Rochet
Rio Madeira, escultura em gesso moldado, maquete do monumento a D.Pedro I, Praça Tiradentes, Museu Histórico Nacional, Rio de Janeiro.

Eduardo de Sá
Caramuru, escultura em bronze, modelo para monumento, Museu Histórico Nacional, Rio de Janeiro.

Theodoro José da Silva Braga (Belém, PA, 1872 - São Paulo, SP, 1953)
1. **Pira-y-amára**, guache, 23 x 16 cm, 1923, Secretaria Municipal de Cultura de São Paulo, São Paulo.
2. **Pira-y-amára**, guache, 23 x 16 cm, 1923, Secretaria Municipal de Cultura de São Paulo, São Paulo.
3. **Pira-y-amára**, guache, 23 x 16 cm, 1923, Secretaria Municipal de Cultura de São Paulo, São Paulo.
4. **Pira-y-amára**, guache, 23 x 16 cm, 1923, Secretaria Municipal de Cultura de São Paulo, São Paulo.

Waldomiro de Deus Souza (Itajibá, BA, 1944)
Descobrimento do Brasil, óleo s/ tela, 220 x 335 cm, 1977, Pinacoteca do Estado, São Paulo.

Teresa D'Amico Fourpome (São Paulo, SP, 1914 - São Paulo, SP, 1965)
Figura de Índia, escultura/cimento, 36,6 x 25,8 x 58,7 cm, s/d, Pinacoteca do Estado, São Paulo.

Baendereck Sepp (Modzag, Iugoslávia, 1920 - São Paulo, 1988)
Índios Chavantes na Missão São Marcos, óleo s/ tela, 200 x 150 cm, 1976, Museu de Arte de São Paulo Assis Chateaubriand, São Paulo.

J. Leitão de Barros
1. **Uma Bandeira dos desbravadores, no desfile histórico**, nanquim/aquarela, 35 x 50,5 cm, 1960, Museu de Arte de São Paulo Assis Chateaubriand, São Paulo.
2. **Desfile Histórico - primeiros contatos com a população**, nanquim/aquarela, 35 x 50,5 cm, 1960, Museu de Arte de São Paulo Assis Chateaubriand, São Paulo.

Poty Lazarrotto
Xingu, xilogravura, 24,5 x 17,5 cm, 1982, Museu de Arte de São Paulo Assis Chateaubriand, São Paulo.

Reuther
1. **Sem Título**, litografia, 50 x 56 cm, 1974, Museu de Arte de São Paulo Assis Chateaubriand, São Paulo.
2. **Sem Título**, água-forte aquarelada, 38 x 57 cm, 1975, Museu de Arte de São Paulo Assis Chateaubriand, São Paulo.

Clécio Penedo

1. **Comei-vos uns aos outros**, grafite/lápis de cor, 32 x 48 cm, Coleção particular Clécio Penedo.

2. **Comei-vos uns aos outros**, grafite/lápis de cor, 32 x 48 cm, Coleção particular Clécio Penedo.

Henrique Cavaleiro

Cabralia, óleo s/ tela, 131 x 200 cm, 1943, Museu de Arte Moderna do Rio de Janeiro, Rio de Janeiro.

Farnese de Andrade

Armário de Índio, assemblage: armário, foto, serra, madeira, 202,5 x 70 x 34 cm, 1985, Museu de Arte Moderna de São Paulo, São Paulo.

Tomoshigue Kusuno

Amazonas I, liquitex e grafit s/ tela, 200 x 300 cm, 1985/86, Museu de Arte Moderna de São Paulo, São Paulo.

Glauco Rodrigues

No I Reinado (1822-1831), óleo s/ tela, 73 x 60 cm, 1977, Museu de Arte Moderna de São Paulo, São Paulo.

Conceição Cahu

1. **Temática indígena (Jabuti)**, óleo s/ tela, s/d, Coleção Particular Conceição Cahu, São Paulo.

2. **Temática indígena** (Onça-pintada), óleo s/ tela, s/d, Coleção Particular Conceição Cahu, São Paulo.

Taro Kaneko

Índia, óleo s/tela, s/d. Coleção Particular Taro Kaneko.

O Índio e a cultura popular

O índio e a literatura de cordel

Apresentação de trechos de textos de literatura de cordel, xilogravuras de capa de folhetos de cordel e livretos de cordel.

Vitrine:

1.**História da Índia Necy**, João Martins de Athayde, Juazeiro do Norte, 20/6/78.

2. **Romance de Iracema: a virgem dos lábios de mel**, João Martins de Athayde, Juazeiro do Norte, Ceará, 8/10/81.

3. **O Índio não é bicho**, Franklin Maxado, São Paulo, maio de 1980.

4. **A Índia feiticeira ou o milagre de nossa senhora**, Alípio Mendes, s/d.

5. **A Peleja dos Ipixunas com os brancos invasores**, Jairo Mozart, s/d.

6. **História do índio Ubirajara e a Batalha do índio Pojucan**, Severino Milanês da Silva, s/d.

O índio e as religiões afro-brasileiras

"A figura do índio ganha grande destaque nas religiões afro-brasileiras no culto aos *caboclos*. Representação de espíritos ancestrais no panteão afro-brasileiro, os *caboclos* são altivos e exigentes - afinal, resistiram com coragem ao invasor português e, posteriormente, à escravidão. A coragem se reflete na dança dos *caboclos*: o gestual, vigoroso, lembra a luta contra o colonizador e o pleno domínio da natureza.

Com a autoridade conferida pelas glórias passadas, o cabloco é conhecedor das ervas, dos males do corpo e do espírito. Socorre os aflitos quando "baixa" nos toques, nas festas e nas sessões dos terreiros de Umbanda e Candomblé. Os fiéis se dirigem ao caboclo e a eles confiam os seus problemas, dúvidas e angústias. Os caboclos ensinaram ao africano os mistérios da terra: atualmente, as religiões afro-brasileiras lhes rendem culto e homenagem."

Foto Luís Grupioni.

Instalação, decorada com bandeirinhas verde-amarela e esteiras, reproduzindo uma "roça" de caboclo composta por uma estátua do caboclo Ubirajara (1,90 m de altura) rodeado por oferendas (velas, charuto, frutas, mel e bebida), por um assentamento (representação material da entidade) e um altar com a estátua da cabocla Jurema com oferendas.

Uma vitrine com artefatos utilizados no culto ao Junco Verde do terreno Pai Doda de Ossaim: máscara ritual dos índios Xavante, Lanças, façâo, tacape, cocar e roupas de caboclos.

Conjunto de 19 estátuas representando as diferentes representações assumidas pelo caboclo: Jurema, Caboclinha da mata, Bororo, Pena Branca, Tupi, Tupã, Tupiniquim, Quebra-Galho, Cobra-Coral, Girassol, Lua, Iracema, Flecheiro, Guarani, Tibiriça, Pajé, Cacique, Tupinambá e Peri.

Os índios e o carnaval

Apresentação do samba-enredo da Escola de Samba Barroca Zona Sul do ano de 1989, acompanhado do organograma da escola de samba (com a distribuição das diversas alas da escola), de fotografias de alguns carros alegóricos, de desenhos de figurinos e uma fantasia de índio reproduzindo um dos figurinos utilizado durante o desfile da escola no carnaval paulista.

Organograma da escola de samba e desenhos de figurinos elaborados por Maria Aparecida Urbano. Fantasia de índio elaborada pelo carnavalesco José Maria Polezi.

Os índios e os produtos comerciais

"Nomes, objetos e imagens de índios têm sido apropriados, de diferentes formas, pela sociedade brasileira.

Inúmeras cidades possuem nomes que, muitas vezes, lembram os habitantes originais do local. Da mesma forma, bairros e ruas de nossa cidade receberam nomes indígenas, como os populares Vale do Anhangabaú, o parque do Ibirapuera ou o bairro do M'Boi Mirim.

Algumas empresas utilizam imagens e nomes de índios nos seus rótulos e emblemas, muitas vezes procurando reafirmar o seu caráter nacional."

Foto Escritório Julio Abe Wakahara.

Apresentação de mais de 60 produtos comerciais que utilizam nomes ou referências indígenas, acompanhados de algumas fotografias de empresas com nomes indígenas.

Apresentação da seleção de 50 garrafas de pingas rotuladas com nomes ou imagens indígenas da coleção particular de Augusto Martins Capela, São Paulo.

Os índios na filatelia

Seleção de selos e carimbos comemorativos da coleção particular do Sr. Nelson Di Francesco, membro da Associação Brasileira de Filatelia Temática (ABRAFITE).

1. **Máscara Tapirapé - Mato Grosso**, Brasil 80, 4,00, (Carimbo: Primeiro dia de circulação 18.04.80, São Paulo).

2. **Máscara Tukuna - Amazonas**, Brasil 80, 4,00, (Carimbo: Primeiro dia de circulação 18.04.80, São Paulo).

3. **Máscara Kanela - Maranhão**, Brasil 80, 4,00, (Carimbo: Primeiro dia de circulação 18.04.80, São Paulo).

4. **IV Centenário de Niterói**, Correio Brasil 73, 0,20.

5. **Resplendor Karajá - GO**, Brasil 76, 1,00 (Carimbo: Primeiro dia de circulação 19.04.76, São Paulo).

6. **Pintura Corporal Kaiapó - MT**, PA, Brasil 76, 1,00, (Carimbo: Primeiro dia de circulação 19.04.76, São Paulo).

7. **Máscara Bakairi - MT**, Brasil 76, 1,00, (Carimbo: Primeiro dia de circulação 19.04.76, São Paulo).

8. **Etnia Brasileira**, Correio Brasil 74, 0,40.

9. **Oca Indígena - Rondônia**, Brasil 75, 1,40.

10. **Oca Indígena - Rondônia**, Brasil 75, 1,40.

11. **Cultura Indígena - Tribo Yanomami**, Brasil 91, Cr$ 40,00.

12. **Cultura Indígena - Tribo Yanomami**, Brasil 91, Cr$ 40,00.

13. **Cerâmica Karajá**, Brasil Correio 1972, 1,15.

14. **Cerâmica Marajoara - Pará**, Brasil 75, 1,00.

15. **Tanga Marajoara - Museu Paraense Emílio Goeldi** - Brasil 81, 7,00, (Carimbo: Primeiro dia de circulação 18.05.81, São Paulo).

16. **Urna Funerária Maracá - Museu Nacional do Rio de Janeiro**, Brasil 81, 7,00, (Carimbo: Primeiro dia de circulação 18.05.81, São Paulo).

17. **Cerâmica Tupi-Guarani - Museu de Arqueologia e Artes Populares de Paranaguá**, Brasil 81, 7,00, (Carimbo: Primeiro dia de circulação 18.05.81, São Paulo).

18. **Centenário de Nascimento do Marechal Cândido Mariano da Silva Rondon - 5 de maio de 1865**, Correios do Brasil 1965, 30.

19. **Projeto Rondon - Integrar para não entregar**, Brasil Correio, 50 cts, s/d.

20. **Homenagem ao Projeto Rondon** - Brasil 80, 4,00 (Carimbo: Homenagem ao Projeto Rondon, ECT 11 a 17 jul 1980, São Paulo).

21. **Centenário de Carlos Gomes 1836-1936**, Brasil Correio - 300 réis, série vermelha.

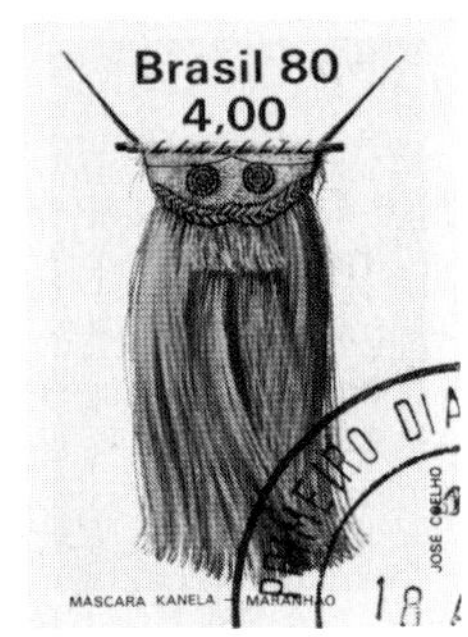

22. **Centenário de Carlos Gomes 1836-1936**, Brasil Correio - 300 réis, série marrom.

23. **Il Guarany - Centenário de Carlos Gomes 1836-1936**, Brasil Correio, 700 réis, série azul.

24. **Il Guarany - Centenário de Carlos Gomes 1836-1936**, Brasil Correio, 700 réis, série laranja.

25. **Centenário da Ópera "O Guarani" 1970**, Brasil correio, 20 cts.

26. **Sesquicentenário do Nascimento de Antonio Carlos Gomes**, Brasil 86, Cz $ 0,50.

27. **IV Congresso Interamericano de Educação Católica - Rio de Janeiro - 1951**, Brasil Correio, Cr$ 0,60.

28. **450 anos da Fundação da Vila de São Vicente, por Martim Afonso de Souza - 1532-1982**, Brasil 82, 17,00.

29. **Sesquicentenário de Vítor Meireles (Primeira Missa no Brasil)**, Brasil 83, 250,00.

30. **Anchieta 1534-1934**, Brasil Correio, 2,00, série laranja.

31. **Anchieta 1534-1934**, Brasil Correio, 3,00, série roxa.

32. **Anchieta 1534-1934**, Brasil Correio, 1,000, série verde.

33. **Cidade do Salvador 1549-1949**, Brasil Correio Aéreo, Cr$ 1,20.

34. **Cinquentenário da Publicação de Casa Grande e Senzala**, Brasil 84, 45,00.

35. **IV Centenário da Colonização do Brasil - 1532 São Vicente 1932**, Correio, 100 rs.

36. **1. Aniversário do Edifício-sede da União Postal das Américas e Espanha**, Brasil 84, 65,00.

37. **IV Centenário da Colonização do Brasil - Desembarque de Martim Afonso de Souza - São Vicente 1532-1932**, Correio, 700rs.

38. **1719 - 250 Aniversário da Fundação de Cuiabá - 1969**, Brasil Correio, 5 cts.

39. **Centenário da Publicação do Livro "Iracema" de José de Alencar**, Correios do Brasil, 1965, 30 cruzeiros.

40. **Homenagem a José de Alencar - Dia do Livro**, Brasil 77, 1,30, (Carimbo: Primeiro dia de circulação 24.10.77, Goiânia-GO).

41. **200 anos da Publicação do Poema Caramuru**, Brasil 81, 12,00 (Carimbo: Dia do livro, Brasil 81, Bicentenário da publicação do poema Caramuru, Frei Santa Rita Durão, ECT São Paulo/SP, 29/10 a 4/11/81).

42. **Carimbo - Série Arte Indígena**, ECT, 18 a 24/04/80, Brasília, D.F.

43. **Carimbo - Série preservação da cultura indígena**, ECT, 19 a 25/04/76.

44. **Carimbo - Série formação da etnia brasileira**, ECT, 3 a 11/05/74, São Paulo.

45. **Carimbo - Sociedade Geográfica Brasileira**, Correios 1 a 10 de amio de 1965.

46. **Carimbo - Dia do Índio das Américas - Rondon - Morrer se preciso for matar nunca**, Correios, 19.04.58, Rio de Janeiro, D.F.

47. **Carimbo - Guaicurus - 18.07.90**, São Paulo, Brasil ECT, Correio, 15,50.

48. **Carimbo - Tupi Paulista** - Bru - 08.02.92.

49. **Carimbo - Tamanduateí - Sto. André-SP**, 11.01.89, Brasil Correio, 68,50.

50. **Cartão comemorativo: Beatificação do Padre José de Anchieta. Selo: Beatificação do Padre José de Anchieta**, Brasil 80, 5,00. (Carimbo: Primeiro dia de circulação 08.12.80, São Paulo).

Os índios na numismática e na medalhística

50 mil réis, Império do Brasil (Descobrimento do Brasil), papel-moeda, 1835 a 1843, Museu Histórico Nacional, Rio de Janeiro.

Medalha comemorativa da Coroação de D. Pedro II, prata/cobre/ferro/estanho, 60 mm, 1841, Museu Histórico Nacional, Rio de Janeiro.

Medalha comemorativa da Coroação de D. Pedro II, metal dourado (c/ furo no ápice) cobre/ ferro/ liga de metal/estanho, 42 mm, 1841, Museu Histórico Nacional, Rio de Janeiro.

Medalha maçônica em homenagem ao Visconde do Rio Branco pela Lei do Ventre Livre, prata/bronze/cobre, 70 mm, 1871, Museu Histórico Nacional, Rio de Janeiro.

Medalha Comemorativa do 4. Centenário do Descobrimento do Brasil, cobre/cobre, 70 mm, 1900, Museu Histórico Nacional, Rio de Janeiro.

Medalha comemorativa do XX. Congresso Internacional de Americanistas reunidos no Rio de Janeiro, bronze, 62 mm, 1922, Museu Histórico Nacional, Rio de Janeiro.

Medalha Comemorativa do 4. Congresso de História Nacional, bronze, medalha/placa, 42,5 x 71 mm, 1949, Museu Histórico Nacional, Rio de Janeiro.

Medalha comemorativa da 1. Olimpíada do Exército, bronze, 56 mm, 1949, Museu Histórico Nacional, Rio de Janeiro.

5 cruzeiros, 1. estampa, 2 cédulas, Coleção particular Claudio Patrick Amato, São Paulo.

1000 cruzeiros, 1. estampa, 2 cédulas, Coleção particular Claudio Patrick Amato, São Paulo.

5 cruzeiros, 2. estampa, 2 cédulas, Coleção particular Claudio Patrick Amato, São Paulo.

1000 cruzeiros, 2. estampa, 2 cédulas, Coleção particular Claudio Patrick Amato, São Paulo.

5 cruzeiros, 3. estampa, 2 cédulas, Coleção particular Claudio Patrick Amato, São Paulo.

1 cruzeiro novo (c/ carimbo), 2 cédulas, Coleção particular Claudio Patrick Amato, São Paulo.

500 cruzeiros, 5 raças, 2 cédulas, Coleção particular Claudio Patrick Amato, São Paulo.

20 mil reis, 3. estampa, 1 cédula, Coleção particular Claudio Patrick Amato, São Paulo.

50 mil réis, 7. estampa, 1 cédula, Coleção particular Claudio Patrick Amato, São Paulo.

100 mil reis, 4 estampa, 1 cédula, Coleção particular Claudio Patrick Amato, São Paulo.

200 mil reis, 6. estampa, 1 cédula, Coleção particular Claudio Patrick Amato, São Paulo.

1 conto de reis, cx. estabilização, 1 cédula, Coleção particular Claudio Patrick Amato, São Paulo.

1000 cruzeiros, Rondon, 2 cédulas, Coleção particular Claudio Patrick Amato, São Paulo.

100 reis, 1932, 2 moedas, Coleção particular Claudio Patrick Amato, São Paulo.

Os índios no cinema

Cartazes dos filmes: "Povo da Lua, Povo de Sangue", "Brincando nos Campos do Senhor", "Kuarup", "Xingu-Terra", "Ventos do Futuro", "Ameríndia", "Terra dos Índios", "Karaí dono das chamas", "Iracema, uma transa amazônica".

Sala dos Mantos Tupinambá

"Os Tupinambá e seus mantos de penas: Os índios Tupinambá (designação genérica que engloba vários grupos indígenas) habitavam toda a costa brasileira na época da conquista. Suas aldeias eram compostas por um número variável de quatro a oito casas, dispostas em torno de um páteo central, reunindo, segundo relatos da época, uma população que oscilava entre 500 e 3.000 índios. Por habitarem a região litorânea, entraram em contato estreito com as diferentes levas de colonizadores portugueses e com as expedições francesas que vieram para o Brasil. Estavam todos extintos no século XVII.

Os mantos de penas confeccionados por esses índios são célebres. Vestiam os homens de mais alto grau na hierarquia social Tupinambá e eram utilizados por ocasião dos grandes rituais de passagem masculinos: iniciação e troca de nomes. Esses rituais eram marcados pela execução de um prisioneiro.

Todos os anos, os Tupinambá saíam em grandes expedições para obter as penas da ave guará (Eudocimus ruber), com as quais os homens confeccionavam os mantos. Essas capas de penas, denominadas pelos Tupinambá de *Guará abacu e Assoyane* cobriam o indivíduo até a altura do joelho.

A suntuosidade e exuberância dos mantos Tupinambá podem ser reconhecidas também pelo refinamento das técnicas utilizadas na sua confecção. O manto é composto por uma complexa trama de envira, na qual são inseridas penas do guará.

Museificação do Novo Mundo: A conquista da América foi acompanhada por um processo de expropriação e de museificação das coisas e dos seres que aqui existiam. No Brasil, este processo se iniciou já na primeira viagem de Cabral, que enviou ao Rei Dom Manuel artefatos e amostras de coisas encontradas nas terras então descobertas, conforme relata Pero Vaz de Caminha em sua famosa carta.

Desde 1500, objetos e outros materiais foram levados para apreciação e conhecimento das nobrezas européias e de suas cortes. Já neste período inicial os artefatos plumários destacaram-se do restante da produção material dos índios brasileiros, constituindo-se numa de suas expressões artísticas mais significativas. Não só objetos, entretanto, foram carregados para o Velho Mundo. Os próprios indígenas foram levados e apresentados em feiras ou doados para nobres, para realizarem pequenas tarefas ou, simplesmente, serem apresentados como curiosidades, exemplares que materializavam as proezas feitas em outras terras.

Theodor de Bry - América Tertia Pars

Mantos Tupinambá em museus europeus: Atualmente, existem apenas seis exemplares de mantos de penas dos extintos índios Tubinambá, todos conservados em museus europeus.
Embora não seja possível precisar sua origem (coletores e datas), presume-se que foram levados para a Europa entre os séculos XVI e XVII, por viajantes, missionários e militares que estiveram em missões no Brasil.

Todos esses mantos mostram semelhanças marcantes em seus detalhes. Apresentando-se na forma de capas, têm a borda inferior ligeiramente arredondada e mais larga que a parte superior. O manto guardado no "Museu do Homem", Paris, se diferencia dos demais por possuir um capuz e apresentar, em sua extremidade superior, uma tira de miçangas azuis e brancas. Isso demonstra que, possivelmente, esse manto tenha sido adquirido de índios que já mantinham relações de troca com os europeus.

Além desse manto que está na França, existem mantos de penas Tupinambá na Itália (Museu Nazionale di Antropologia i Etnologia e Museu Setalla Del'Ambrosiano), na Bélgica (Museés Royal d'Art et d'Histoire), na Suíça (Museum fur Volkerkunde) e na Dinamarca (Nationalmuseet Etnografisk Samling).

Mantos Tupinambá na exposição "Índios no Brasil": A ocasião desta exposição deu ensejo à iniciativa de trazer um dos mantos emplumados Tupinambá para que fosse exibido no Brasil. Foram contatados todos os museus europeus que possuem exemplares do manto. Alguns não responderam. Outros, negaram formalmente o pedido de empréstimo, alegando que os mantos seriam utilizados em exposições na Europa e que seus estados de conservação não permitiam o transporte. Entretanto, um desses mantos, acabava de retornar à Europa após sua apresentação numa exposição em Washington, nos Estados Unidos. Extra-oficialmente, um museu manifestou sua apreensão de que, uma vez o manto no Brasil, ele poderia ser objeto de uma reivindicação nacionalista.

Festa Ameríndia em Rouen: Em primeiro de Outubro de 1550 inicia-se, na cidade de Rouen, uma festa, oferecida ao rei Henrique II e Catarina de Médici, que durou três dias. Apresentaram-se 300 índios Tupinambá, dos quais 50 eram autênticos e o restante era constituído por marinheiros franceses, falantes da língua Tupi e prostitutas que encenaram, na margem esquerda do rio Sena, a vida dos Tupinambá. Dançaram, cantaram e simularam um ataque a uma aldeia inimiga. Esta festa foi promovida pelos habitantes de Rouen que comercializavam com o Brasil e queriam que a coroa francesa investisse recursos e estabelecesse uma colônia no Brasil.

Fotografias ampliadas dos mantos de penas do Museu do Homem (França), Museu Real de Arte e História (Bélgica), Museu Nacional de Copenhague (Dinamarca) e Museu Setalla Del'Ambrosiano (Itália).

Museu do Homem (França): Acredita-se que o manto existente no Museu do Homem tenha sido trazido para a França por André Thévet, frade franciscano e cosmógrafo do rei, em 1555. Foi doado ao Museu do Louvre, entrando para a coleção do Museu do Homem entre 1860-1865.

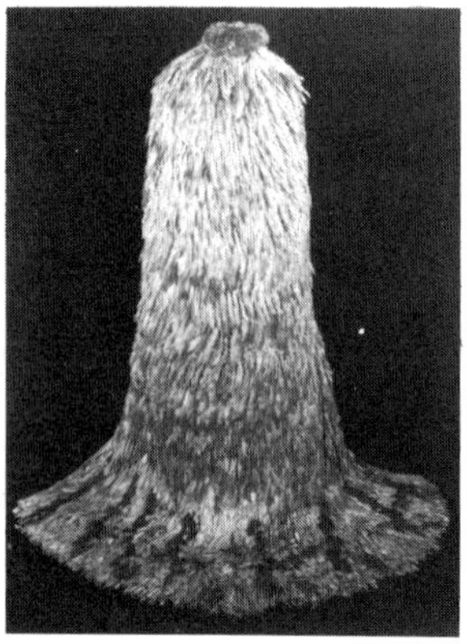

Reprodução Escritório Julio Abe Wakahara.

Museu Real de Arte e História (Bélgica): A referência mais antiga deste manto está num inventário, datado de 1781, das coleções do acervo real feito por Georges Gerárd, membro da Academia de Ciências e Belas Letras de Bruxelas. Uma informação errônea está contida neste inventário: a de que o manto teria pertencido a Montezuma.

Museu Nacional de Copenhague (Dinamarca): O primeiro registro do manto Tupinambá existente em Copenhague é do inventário das peças depositadas no Kunstkammer real em 1690. Provavelmente este manto integrava a coleção do príncipe Maurice de Nassau formada durante sua permanência no Brasil.

Museu Setalla Del'Ambrosiano (Itália): Uma iconografia deste manto (desenho colorido) foi publicada no catálogo do Códice Campário, como tendo figurado no Museu Setalla, século XVII. No entanto, só em 1980 o exemplar foi reconhecido como um manto Tupinambá."

Reprodução de cartas da Prefeita de São Paulo, Luiza Erundina, e da Secretária de Cultura, Marilena Chaui, endereçadas aos museus europeus solicitando o empréstimo dos mantos para exibição na exposição e algumas das respostas recebidas.

DIVERSIDADE CULTURAL

Culturas Indígenas: a diversidade sócio-cultural no Brasil

"Existem algumas idéias muito difundidas e equivocadas à respeito dos índios no Brasil: a ilusão de que só existem índios na Amazônia; o sentimento de que, com o tempo, suas culturas tendem ao empobrecimento e à uniformização; e a convicção de que os índios estão diminuindo e desaparecerão inevitavelmente.

Hoje, cerca de 250 mil índios, divididos em 200 povos, moram em milhares de aldeias e falam 170 línguas diferentes. A diversidade destes povos é ainda maior do que deixam transparecer os dados estatísticos, porque, além das diferenças culturais continuarem muito marcadas, esses povos vêm se adaptando à situações de contato também muito diversificadas.

Coexistem hoje no território brasileiro desde povos com 500 anos de história de convívio com a nossa sociedade, principalmente ao longo da costa e ao sul do país, até os pequenos grupos que ainda se escondem da aproximação de estranhos em bolsões isolados da Amazônia.

É verdade que quanto mais perto da costa ou do sul do país, mais tempo de contato os índios têm, e menores são suas reservas. Mas a população destas comunidades cresce em ritmo acelerado. Os Guarani, mesmo com quinhentos anos de contato, somam hoje mais de quarenta mil e são um exemplo de resistência cultural.

Isto não quer dizer que os Yanomami, ainda extremamente sensíveis ao contágio por epidemias, no continuem sofrendo uma dramática depopulação. A luta para manter o espaço vital de sobrevivência é to árdua para os Yanomami como para os

Guarani.

A maioria dos povos indígenas ocupam, no entanto, a região mais interior do país: os cerrados e chapadas do Brasil Central, do Mato Grosso à pré-Amazônia maranhense, e as florestas tropicais da Amazônia. Estabeleceram seus primeiros contatos nos últimos cinquenta anos e ainda vivem padrões culturais muito tradicionais.

A valorização dada hoje às questões ambientais, ao conhecimento dos povos que sempre souberam viver em harmonia com o seu meio e a valorização da diversidade cultural é percebida pelos índios, que esperam poder contar com aliados cada vez mais efetivos entre nós."

Foto André Toral

Tótens

AUA - Foto: Nancy Flowers.
BORORO - Foto: Luís Donisete Grupioni.
KADIWÉU - Foto: Jaime Garcia Siqueira Júnior.
KARAJÁ - Foto: André Amaral de Toral.
KAXINAUÁ - Foto: Elsje Maria Lagrou.
KRAHÓ - Foto: Walber Kontsá.
MATIS - Foto: Isacc Amorim Filho.
PARAKANÃ - Foto: Antonio Carlos Magalhães.
POTIGUARA - Foto: Sylvia Caiuby Novaes.
SURUÍ - Foto: Antonio Carlos Queiróz.
TUIUCA - Foto: Aloísio Cabalzar.
UAÇA - Foto: Lux Vidal.
ASSURINI - Foto: Fred Ribeiro.
XAVANTE - Foto: Eduardo Carrara.
XERENTE - Foto: Cristina Ávila.
XIKRIN - Foto: Isabelle Giannini.
XOKLENG - Foto: Lux Vidal.
ZOÉ - Foto: Luís Donisete Grupioni.
WAIÃPI - Foto: Dominique Gallois.
WAYANA-APALAI - Foto: Paula Morgado.
YANAN - Foto: Padre Sabatine.
YALAPITI - Foto: Fred Ribeiro.

Mapas

1. **Áreas Indígenas e Grandes Projetos**, CIMI, CEDI, IBASE, GhK, Escala 1: 5.000.000, 1986.

2. **Mapa das áreas indígenas da Amazônia Brasileira**, Projeto de Monitoramento das terras indígenas da Amazônia e estudos de casos do Programa Povos Indígenas do Brasil do CEDI, Esc. 1: 4.000.000, 1992.

Vitrines:

Cerâmica

Vasos, panelas, potes, tigelas e pratos dos índios Waurá, Kaingang, Kadiwéu, Tucano, Karajá, Waiãpi, Parakanã, Wayana-Apalai, Bororo e sem identificação. Coleção do Museu de Arqueologia e Etnologia da USP (acervo originário Plinio Ayrosa).

Foto Nelson Kon

Cestaria

Abanos, cestos, estojos, bolsas e peneiras dos índios Makuxi, Kadiwéu, Waiãpi, Rio Negro, Xikrin, Bororo, Tirió, Xavante, Canela, Yanomami, Wayana-Apalai, Hiscariana, Karajá, Assurini, Parakanã, Mekranoti e Tukano. Coleção do Museu de Arqueologia e Etnologia da USP (acervo originário Plinio Ayrosa).

Plumária

Tornozeleiras, coifa de penas, braçadeiras, coroas radiais, diademas verticais, grampos de cabeleira, pele emplumada, brincos, saiote e tiaras dos índios Karajá, Yanomami, Mekranoti, Wayana-Apalai, Tukano, Bororo, Parintintim, Assurini. Coleção do Museu de Arqueologia e Etnologia da USP (acervo originário Plinio Ayrosa).

Foto Nelson Kon

Tecido

Redes, tipóias, cintos, tanga de cordões, colar, cobertor, faixas dos índios Guarani-Kaiowá, Surui, Bororo, Wayana-Apalai, Kadiwéu, Waiãpi, Yanomami, Caiuá, Xavante, Gavião, Xikrin e sem identificação. Coleção do Museu de Arqueologia e Etnologia da USP (acervo originário Plinio Ayrosa).

Máscara

Máscaras rituais dos índios Canela, Kayapó, Xikrin, Tukano, Xavante, Waiãpi, Tikuna, Wayana-Apalai e Rio Branco. Coleção do Museu de Arqueologia e Etnologia da USP (acervo originário Plinio Ayrosa).

Tupi or not Tupi: diversidade das manifestações linguística nas sociedades indígenas

"A categoria "índio" só se define por oposição aos não-índios. O "índio" genérico não existe. Existem os Kulina, os Kadiwéu, os Xokleng, os Parintintim, os Xocó, os Yanomami e muitos outros. Os grupos indígenas não são diferentes apenas dos não-índios, mas também se diferenciam entre si. A diversidade está nas tradições, nos cantos, nas danças, na arte, na religião, na economia, nas línguas. Cada grupo indígena tem um modo próprio de ser e uma visão de mundo específica. A atitude das sociedades indígenas diante da vida, da morte, do feio e do bonito, do possível e do impossível varia muito.

A língua é, sem dúvida, o primeiro critério sempre lembrado em termos de diversificação cultural. São cerca de 170 dialetos e línguas indígenas conhecidas, classificadas e distribuídas, faladas no Brasil, atualmente. Poucas foram estudadas em profundidade. Diferenciam-se entre si e também das demais línguas faladas no mundo, entre outros fatores, pelo conjunto de sons que utilizam e pela forma como combinam tais sons, formando palavras que se organizam em frases, que expressam conceitos particulares e específicos. Algumas dessas línguas indígenas se assemelham e podem ser agrupadas em famílias linguísticas. Elas mantêm uma origem comum no início e teriam se diversificado no correr do tempo. Povos que falam línguas semelhantes podem ter mantido contatos históricos e apresentam alguns traços culturais comuns. Outros, falantes de línguas diferentes, acabaram convivendo intensamente, constituindo um grande e único complexo sistema cultural.

Embora as sociedades indígenas sejam distintas umas das outras, é verdade que elas compartilham uma série de traços comuns. Sociedades indígenas são igualitárias, sem estratificações em classes sociais e sem distinções entre possuidores dos meios de produção e da força de trabalho, entre ricos e pobres, entre donos e não-donos. São sociedades que se reproduzem a partir da posse coletiva da terra e dos recursos nela existentes e da socialização do conhecimento básico indispensável à sobrevivência física e ao equilíbrio sócio-cultural dos seus membros. Na sua maioria são constituídas por pequenos contingentes populacionais e se caracterizam pela ausência de Estado e pelo estabelecimento de obrigações de reciprocidade e de redistribuição dos bens acumulados."

Painéis com a classificação de todas as línguas indígenas faladas no Brasil.

Fonte: Aryon D. Rodrigues - **Línguas brasileiras - para o conhecimento das línguas indígenas**, Edições Loyola, São Paulo, 1986.

Dois "brinquedos" com 24 palavras nas línguas indígenas Kaxarari, Kulina, Waimiri, Apurinã, Kaxinawá, Yanomami, Yamamadí, Xavante, Bororo, Xikrin, Myky, Cinta-larga, Aweti e Tupi Antigo...

Habitações indígenas: onde os índios penduram suas redes

"Nas terras baixas da América do Sul, o material usado para a construção de casas e abrigos varia pouco: a matéria-prima é a madeira para esteios e travessões, folhas de palmeiras para a cobertura e tiras de embira para amarração. Mesmo assim, podemos imediatamente reconhecer uma casa Waurá e distinguí-la de uma casa Xavante ou Karajá.

A forma como os membros de uma determinada sociedade percebem o espaço por eles habitado é extremamente importante. Revela as diferentes concepções que envolvem não apenas uma adaptação ecológica específica ao meio ambiente, mas sobretudo, apropriações diferenciadas e hierarquizadas do espaço habitado.

As grandes casas dos Tucanos, do Alto Uapés, abrigam uma comunidade inteira, 200 a mais indivíduos, e lá dentro se desenvolvem tanto as atividades cotidianas, como os grandes rituais.

Para vários grupos, como os Timbira, Bororo, Xikrin e Xavante, não é a casa o ponto de referência, mas sim um espaço mais amplo, a aldeia. Sob o mesmo teto vivem várias famílias nucleares, relacionadas pelo lado materno, como, por exemplo, uma mulher de idade, suas filhas e os maridos e os filhos destas. Desta forma as mulheres nascem, vivem e morrem na mesma casa. Estes grupos dispõem suas habitações de forma circular. As casas aparecem como unidades fisicamente definidas e demarcadas onde se desenvolvem as atividades domésticas ligadas à produção. O centro da aldeia ou pátio, formado pelo círculo das casas, é o espaço das decisões e de toda a vida ritual.

De outra forma, as casas Waiãpi correspondem à unidade familiar, ocupadas por apenas uma família nuclear (pai, mãe e filhos). Em cada casa vivem de 5 a 7 pessoas. A forma dos assentamentos Waiãpi é extremamente diversificada, não obedecendo a nenhum padrão rígido. Algumas aldeias têm apenas uma ou duas habitações, enquanto outras reúnem mais de 15 casas. Na aldeia, a casa não representa a totalidade da vida familiar incluindo-se, além dela, o domínio particular de cada família, como a casa de cozinha, de domínio feminino. Em certas aglomerações é possível distinguir vários pátios. Nesses pátios, delimitados pelas casas se realizam a maioria das atividades comunitárias masculinas.

As habitações indígenas não devem ser vistas apenas pela análise da arquitetura ou das limitações impostas pelo meio ambiente em que vivem estas comunidades. As casas representam a visão que cada povo tem da vida ideal."

Foto Benedito Prezia/CIMI.

Painel com fotografias de casas e aldeias, destacando os Krahô (foto: Benedito Prezia e Claude Dumenil), Assurini (foto: Fred Ribeiro), Enawenê-Nawe (foto: Egon Heck), Yanomami (foto: Loretta Emi-hi), Bororo (foto: Luís Donisete Grupioni), Kamayurá (foto: Fred Ribeiro), Matis (foto: Isaac Amorim Filho), Pataxo Hãhãhãe (foto: Eduardo Leão), Krenac (foto: Eduardo Leão), Xavante (foto: Eduardo Carrara), Kadiwéu (foto: Jaime Garcia), Waiãpi (foto: Dominique Gallois), Arara (foto: Fritz Tschol), Parakanã (foto: Fritz Tschol e Lux Vidal), Zoé (foto: Luís Donisete Grupioni), Matsés (foto: Sílvio Cavuscenas), Xikrin (foto: Lux Vidal), Marubo (foto: Sílvio Cavuscenas), Waiana-Apalaí (foto: Paula Morgado), Kaxinauá (foto: Elsje Maria Lagrou), Kaiowá (foto: Veronice Rosatto), Uaça (foto: Antonella Tassinari).

Algumas das fotos apresentadas pertencem ao arquivo fotográfico do **Porantim**.

Maquetes de casas indígenas: Xavante, Tukano, Karajá, Tirió, Yanomami, Waurá. Acervo do Museu de Arqueologia e Etnologia da USP.

Ciclos anuais de subsistência: adaptação aos tempos da chuva e da seca

"A Floresta Amazônica vem sendo, há milênios, o habitat de centenas de povos indígenas. Eles aprenderam a conhecê-la, tirando proveito daquilo que lhes era oferecido e se adaptando às forças que não podiam dominar.

Na floresta estes grupos encontram tudo aquilo que necessitam para sua sobrevivência física e cultural. Alimentos e medicamentos foram experimentados, domesticados e consumidos. Com as espécies naturais - vegetais, animais, minerais -, estes povos estabeleceram relações simbólicas e sociais que fundam suas visões de mundo.

Várias sociedades indígenas na Amazônia, e também em outras regiões do país, possuem aldeias permanentes que, em certos períodos do ano, são abandonadas. Os índios saem para percorrer vastas áreas tirando maior proveito dos recursos do seu território.

Retornam às aldeias na época da colheita das roças. As roças são temporárias, aproveitadas por 2 ou 3 anos em média e abandonadas quando o terreno cultivado já não produz satisfatoriamente. Mandioca, milho, inhame, batata-doce, abóbora, mamão e banana são alimentos encontrados na maioria das roças indígenas.

Além da agricultura, os índios obtêm alimentos através da caça, da pesca e da coleta de alimentos silvestres. Estes incluem dezenas de plantas com raízes comestíveis, frutas, sementes, castanhas e favas, que são encontrados na floresta. Inúmeras espécies de mamíferos, peixes e répteis completam a alimentação básica dos povos indígenas. Algumas espécies foram interditadas e seu consumo só é possível se respeitadas certas restrições.

As tarefas do dia-a-dia são repartidas entre homens e mulheres, de acordo com suas idades, e nenhuma classe ou grupo detém o monopólio sobre uma parte do processo produtivo ou sobre uma atividade específica. Regras, compromissos e obrigações estabelecidos pelas relações de parentesco, de amizade ou criadas em rituais e em contextos políticos definem a distribuição de bens e serviços. Generosidade, redistribuição e reciprocidade criam, recriam e intensificam relações entre os membros de uma mesma comunidade."

Reprodução de quatro calendários referentes ao ciclo de subsistência das sociedades indígenas: Waiwai, Jivaro, Kamayurá e Sirionó.
Fonte: Meggers, Betty - 1987 - **A ilusão do Paraíso**, Belo Horizonte, Ed. Itatiaia.

Armas
Vitrines:

Tacape dos índios Karajá, Xikrin, Canela, Galibi, Macuxi, Bororo e sem identificação. Coleção do Museu de Arqueologia e Etnologia da USP (acervo originário Plinio Ayrosa).

Painéis:

Flechas dos índios Xavante, Parakanã, Galibi, Tirió, Bororo, Suruí, Araweté, Xokleng-Kaingang, Xikrin, Zoé e Yanomami. Arcos dos índios Xokleng-Kaingang, Araweté, Umutina, Bororo, Yanomami e Zoé. Lança dos Arapassu e dardo do Xingu. Coleção do Museu de Arqueologia e Etnologia da USP (acervo originário Plinio Ayrosa) e coleção particular Dominique Gallois e Luís Donisete Grupioni.

Socialização: o espaço da criança nas sociedades indígenas

"Como em todo lugar, as crianças índias têm seu pequeno mundo. Têm brinquedos de palha, de madeira, de barro e cabaça. Brincam com animais de estimação como o quati, o macaco e o jabuti. Gostam de imitar os adultos nos afazeres cotidianos. Conversam, cantam, dançam, sobem em árvores, fazem de conta que são bichos, pulam no rio, nadam, correm e brincam na chuva.

As crianças indígenas são criadas com muita liberdade. Embora os pais sejam os responsáveis mais diretos pela criação dos filhos, o processo mais amplo de socialização, de transformar as crianças em completos membros de sua sociedade, é efetuado também pelos parentes mais próximos e até pela comunidade inteira. Tios, tias, avós, avôs e irmãos mais velhos participam ativamente deste processo.

A infância é uma fase de aprendizado social. As crianças são totalmente integradas na vida comunitária. Quando pequenas, sempre acompanham os adultos nas suas idas e vindas pelo território: ir à roça, pescar, sair para visitar uma outra aldeia. Nestas caminhadas as crianças vão aprendendo a conhecer melhor a natureza, reconhecendo os hábitos dos animais, a utilidade das plantas e as técnicas para conseguir alimentos. Aprendem também cantos e histórias que são contadas pelos mais velhos.

Nas sociedades indígenas não há escola, nem livros. Todo o conhecimento é transmitido oralmente dos mais velhos para os mais novos. Histórias que falam sobre a origem do mundo, dos animais e das plantas, dos cantos e dos rituais são contadas e recontadas.

Muito raramente as crianças indígenas são punidas; quase nunca fisicamente. A atitude dos pais e dos mais velhos é sempre de grande tolerância, paciência, atenção e respeito às suas peculiaridades. Desde cedo, as crianças indígenas aprendem as regras do jogo social, daquilo que pode ou não pode ser feito.

É brincando, imitando os pais, ouvindo as histórias que os velhos contam, participando das atividades cotidianas e dos rituais que as crianças crescem e se tornam adultas. Sem instrução formal e sem violência."

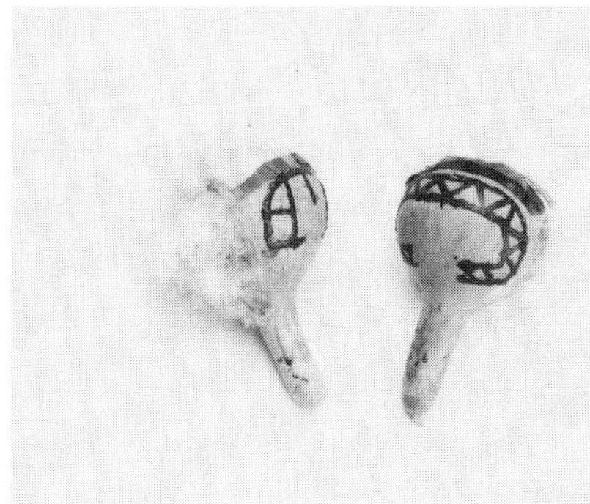

Bonecas. Foto Nelson Kon.

Vitrine:
Brinquedos

Figura zoomórfica de barro, bolsinhas, caixinhas, panelinhas, peteca, chocalhos, flechinhas, arco, boneca de barro, pilãozinho, banquinho de madeira, pássaro de folha de palmeira, dobradura de palha, máscara, remo e canoa dos índios Assurini, Karajá, Guarani, Krahô e Canela. Coleção do Museu de Arqueologia e Etnologia da USP (acervo originário Museu Paulista).

Foto: Crianças Araweté (Aldo lo Curto).

Música indígena: comunicação com a natureza e o sobrenatural

"O grande tema tratado na música indígena é a natureza. As letras dos cantos, retransmitidos oralmente são descrições minuciosas da fauna, da flora e da relação dos homens com a natureza. Numa perspectiva mítica, uma idéia de fundo compartilhada pela mitologia destes povos situa a origem da música nos primórdios da criação, quando os bichos falavam e os homens aprenderam com eles as melodias, as danças, além de uma série de técnicas e enfeites. Houve então uma ruptura e os bichos desaprenderam tudo, ficando os homens com toda a herança deste conhecimento.

Os instrumentos musicais parecem sempre estar querendo imitar o som de entidades sobrenaturais -animais, heróis, mortos, espíritos. Interpretar estas músicas, é passar para outra realidade, para o universo mítico, de alguma forma se comunicar com os mortos, com os animais, com os inimigos. Muitas vezes o intérprete é, naquele momento, aquele animal ou aquela entidade. Esta passagem para o mito não é tanto uma volta ao passado, mas um contato com as forças originárias, indispensável à continuidade do grupo.

Daí a importância que os índios dão ao bom desempenho da performance musical ou do cerimonial. Um erro do cantor ou um momento de desatenção pode, em alguns casos, deixar de produzir os efeitos benéficos e também trazer graves consequências para a aldeia.

A música sempre ocorre em contextos precisos: cantigas de roda para brincadeira de crianças, cantos de caçada, gritos ou buzinas para comunicação à distância ou cerimoniais de iniciação, ciclos propiciatórios, rituais guerreiros ou fúnebres, curas xamanísticas ou cantos religiosos. Quem toca ou canta o quê em cada um destes contextos também é algo bem definido.

A realização destes cerimoniais propicia não só a renovação espiritual da aldeia, como a atualização de todas as relações sociais da comunidade. Eles permitem dissolver tensões acumuladas e reforçar os laços de cooperação internas do grupo, recolocar em evidência diferenciações internas, de status, poder e conhecimento, fundamentais para a manutenção da ordem social. O cerimonial é o momento da transmissão de valores e de conhecimentos e do direito de executar determinados cantos ou instrumentos, de usar nomes ou ornamentos.

A música está, quase sempre, associada à dança. A repetição das letras, o ritmo marcado, a energia do coletivo levam à um transe musical. Os cantos podem ser ensaiados diariamente durante meses de preparação e repetidos por mais de doze horas consecutivas no encerramento de um cerimonial."

Vitrines:

1. **Flautas longitudinais com aeroduto**: Ramkokamekra-Canela, Tukurina, Kadiwéu, Avá-canoeiro, Wayana-Apalai, Bororo e sem identificação.
2. **Flauta globulares:** Kadiwéu, Xavante, Nambiquara, Krahô, Makuxi, Tikuna e Guarani-Kaiowa.

Foto Nelson Kon.

3. **Flautas sem aeroduto - longitudinal pan:** Parakanã, Xavante, Gavião, Tukano e Rio Negro.
4. **Flauta Transversal**: Mekranoti.
5. **Clarinetes**: Bororo, Waiapi e sem identificação.
6. **Trompete Transversal**: Ramkokamekra-Canela, Kaingang, Kaxinauá, Mekranoti, Xerente, Gavião e sem identificação.
7. **Trompete Longitudinal**: Ramkokamekra-Canela e Mekranoti.
8. **Chocalho em fieira**: Waiãpi, Canela, Xavante, Kayapó, Mekranoti e sem identificação.
9. **Maracá**: Tukano, Assurini, Xikrin, Canela e sem identificação.
10. **Arco de boca**: Tukurina e Krahô.
11. **Tambor**: Tikuna.
12. **Zunidor**: Waurá

Fotos: Fabricação e uso de instrumentos musicais em festas e rituais Waiãpi (fotos: Flora Dias).

Rituais de vida e morte: nominação, iniciação e funeral entre os índios Bororo

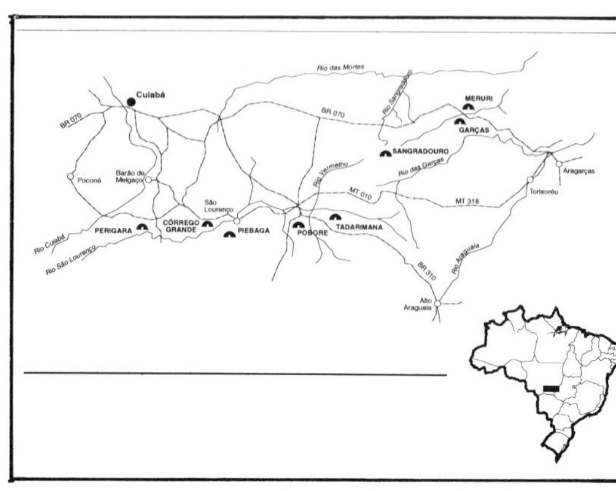

"Os rituais indígenas não são simples festas, onde os índios cantam e dançam, como muita gente imagina. Os rituais constituem momentos importantes que marcam a socialização de um indivíduo ou a passagem de um grupo de uma situação para outra. Eles manifestam as relações entre o mundo social e o mundo cósmico, entre o universo natural e sobrenatural.

Os rituais marcam momentos da construção da identidade dos indivíduos nas diferentes fases de sua vida, incluindo a passagem para o mundo dos mortos. Esses "ritos de passagem" normalmente se desenvolvem através de três fases: a separação, a transição e, finalmente, a incorporação em uma nova situação.

A maioria destes rituais são planejados e preparados com antecedência. Eles envolvem grande quantidade de alimentos, que são conseguidos com a realização de caçadas e pescarias coletivas. Longas discussões, confecção de artefatos, convites a parentes e aliados também antecedem os rituais.

Os índios Bororo, que habitam oito aldeias num território descontínuo no Vale do Rio São Lourenço, Estado do Mato Grosso, marcam com a realização de rituais vários momentos de suas vidas. O nascimento de um novo ser, a incorporação de um garoto no mundo dos adultos e a morte de uma pessoa são objeto de cantos, danças, representações, rituais e obrigações cerimoniais.

A nominação - ato de receber publicamente um nome - é uma cerimônia fundamental para a criança, pois representa a sua entrada formal na sociedade Bororo. Os nomes Bororo não são escolhidos a esmo, mas sim dentro de um conjunto de nomes tradicionais. Um parente da mãe da criança, no centro da aldeia, levanta a criança pelos braços e repete, várias vezes, o nome que ela está recebendo.

Anos depois, já garoto, ele deixará a sociedade dos meninos para ingressar na sociedade dos homens. A passagem de um nível social para outro é marcada pelo recebimento do estojo peniano (um cartucho feito com um broto de palmeira babacu, que é colocado no pênis). Durante o ritual, o menino tem seu estojo peniano colocado pelo seu padrinho que após este ato toca um trompete. A partir deste momento, ele é reconhecido pela coletividade como homem, podendo assistir às cerimonias próprias dos homens e casar-se.

A morte de um indivíduo, entre os Bororo, desencadeia um longo ciclo de rituais, danças, cantos, caçadas e pescarias coletivas e representações cerimoniais, que tem por objetivo efetuar a passagem da "alma" do morto para a aldeia dos mortos e reorganizar a sociedade dos vivos, que perdeu um de seus membros. O ciclo funerário é o grande momento de interação de toda a sociedade Bororo.

O funeral Bororo pode durar até três meses, contados a partir da morte do indivíduo até o enterro definitivo de seus ossos, longe da aldeia, numa baía ou num pântano. O indivíduo quando morre é enterrado numa cova rasa, no centro da aldeia, que é aguada constantemente para acelerar o processo de decomposição das partes moles do corpo. Após este período, os ossos são desenterrados e lavados pelos chefes cerimoniais, que coordenam e orientam todas as atividades do funeral. Os ossos são, então, pintados com urucum e decorados com penugem e penas de pássaros. Depois disso são colocados dentro de um grande cesto de palha trançado e enfeitado, que é enterrado definitivamente."

Foto Luís Grupioni.

Visualização de momentos de rituais Bororo através de três cenários com apresentação de personagens em tamanho natural ornamentados com adornos bororo.

Nominador segurando o bebê: coroa de folíolo, esteira, bandeja de palha, furador, adorno do ocipíccio, adorno da face (capacete de penas).

Padrinho tocando trompete e garoto iniciante: estojos penianos, esteira, diadema de Penas, instrumento de sopro.

Três dançarinos (dois representantes do morto - um segurando um arco cerimonial e outro com uma bandeja de palha - e o cantador: cesto funerário, bandeja de palha, saias de folíolos de palmeira, cerâmica, labretes de Madrepérola, colar, corda de cabelos humanos, arco, adorno do occipício, diademas de penas, braçadeiras de penas, viseira com penas, brincos, grampo de cabeleira, instrumentos de sopro, chocalhos.

Coleção do Museu de Arqueologia e Etnologia da USP (acervo originário Plinio Ayrosa) e coleção de Sylvia Caiuby Novaes e Sonia Ferraro Dorta.

Casa de farinha: o processamento da mandioca entre os Tukano

"Os índios Tukanos Orientais vivem na região do alto Rio Negro, no noroeste do Estado do Amazonas e em áreas adjacentes dos territórios da Colômbia e da Venezuela. Além dos Tukanos, esta área também é habitada por grupos Arawak e Makô. Aproximadamente 15 grupos formam a família linguística Tukano Oriental; dentre eles os Tukano, Desana, Cubeo, Uanano, Tuyuka, Barasana e Tatuyo. Tradicionalmente, os Tukanos vivem em malocas situadas às margens dos principais rios da região. Suas principais atividades são o cultivo da mandioca brava, a pesca, a coleta de frutos silvestres, larvas e insetos comestíveis e a caça.

A casa dos índios Tucano é dividida em dois espaços. O primeiro, contíguo à porta das mulheres, é aquele onde são realizadas as atividades femininas, principalmente o processamento da mandioca. O espaço masculino, próximo à outra porta, é ocupado pelos homens, onde fazem seus trabalhos (cestaria, objetos de uso cotidiano e ritual, preparativos para excursões de caça e pesca, etc...). Neste espaço os homens conversam e recebem visitas.

Em média, a casa tradicional destes povos é três vezes maior que o modelo apresentado durante a exposição. Os espaços laterais são subdivididos em compartimentos das famílias, que se distribuem a partir da porta das mulheres. Na parte central e junto da porta dos homens existe um grande espaço onde são realizados os rituais e danças do grupo.

Os índios Tukano têm como base de sua alimentação a mandioca brava. 70% das calorias de que necessitam provêem do cultivo deste tubérculo. Os homens são responsáveis pelo preparo (desmatamento e queima) da área a ser cultivada e ajudam as mulheres na plantação. Todo o trabalho de colheita, replantio e processamento culinário da mandioca é feminino.

A transformação da mandioca em suas formas comestíveis requer, basicamente, os seguintes procedimentos: a mandioca é colhida e transportada até o rio, onde é descascada e lavada; depois é carregada para casa para ser ralada. A massa resultante é lavada com água no cumatá para que as substâncias tóxicas existentes na mandioca sejam extraídas. Feito isto, tanto a massa quanto o suco resultante desta lavagem são aproveitados: a massa será prensada no tipiti e, depois de bem enxuta, será assada no forno para fazer o bolo de mandioca chamado beiju; já o suco será fervido por várias horas em uma panela, até que o princípio ativo do veneno seja quebrado para produzir um líquido espesso chamado manicuera. Outros alimentos também são preparados com sub-produtos deste processo e pela adição de outros ingredientes: pimenta, banana amassada, extrato de açaí ou buriti, dentre outros, dependendo do caso."

Foto Aloísio Cabalzar.

Reprodução de uma casa de farinha dos índios Tukano, ambientada com artefatos etnográficos, seguindo projeto conceitual de Berta G. Ribeiro e projeto arquitetônico de Hamilton Botelho.

Armadilha de peixe, rede, peneiras, cestos, abanos, cuias, aturá, esteira, ralador, tipitis, zarabatana, flechinhas de zarabatana, arcos, flechas, bancos de madeira, remos, vassouras, colares de quartzo, pote, trocano, baquetas do trocano.

Coleção do Museu de Arqueologia e Etnologia da USP (acervo originário Plinio Ayrosa)

Forno de farinha. Coleção do Departamento de Patrimônio Histórico da Secretaria Municipal de Cultura de São Paulo.

Pintura Corporal: a arte de pintar entre os Kayapó

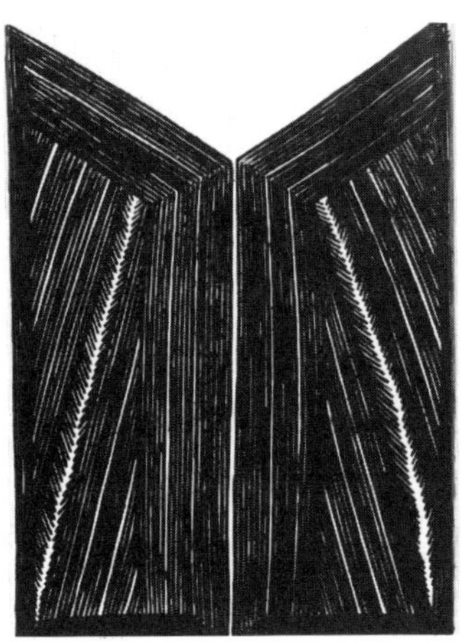

Foto Lux Vidal.

23 pranchas contendo desenhos feitos com jenipapo pelas índias Nhiokpu Xikrin e Nhikaere Xikrin. Coleção de Lux B. Vidal.

Um evento importante como o nascimento de uma criança implica em resguardos alimentares, resguardo no comportamento e uma grande variedade de pinturas corporais aplicadas na criança, nos pais, avós, tios e outros parentes interessados na sobrevivência da criança.

O Nascimento do Primogênito

	Criança	Mãe	Pai	Avós e tias paternas	Avôs e tias maternas
os 7 primeiros dias, o irmão da mãe faz a indumentária do bebê: tipóia e esteira trançadas em buriti.	Severas restrições e tabus alimentares. Cada qual aplica sua camada de urucum.	Severas restrições e tabus alimentares. Cada qual aplica sua camada de urucum.	Severas restrições e tabus alimentares. Cada qual aplica sua camada de urucum.	Severas restrições e tabus alimentares. Cada qual aplica sua camada de urucum.	Severas restrições e tabus alimentares. Cada qual aplica sua camada de urucum.
8º dia: queda do cordão umbilical.	Severas restrições e tabus alimentares. Cada qual aplica sua camada de urucum.	Severas restrições e tabus alimentares. Cada qual aplica sua camada de urucum.	Cabelos untados com óleo de babaçu, face enegrecida com carvão e corpo pintado com urucum.	Severas restrições e tabus alimentares. Cada qual aplica sua camada de urucum.	Severas restrições e tabus alimentares. Cada qual aplica sua camada de urucum.
9º dia: primeiro banho do bebê; perfuração do lábio inferior pelo avô materno.	Tep-ibe: desenho de linhas paralelas específico de recém nascidos, aplicado a dedo	A-ke-re-ko - Primeiro desenho da jovem mãe, representa um peixe.	Face e corpo enegrecidos com carvão.	Rop-krori - Desenho feminino, que indica o término das restrições. Representa o couro da onça.	Mê-tuk, outra variante que indica o fim das restrições. Todo negro.
10º dia.			Mê-tuk, outra variante que indica o fim das restrições. Todo negro.	Posição normal. Participação plena na comunidade. Desenhos específicos para mulheres.	Posição normal. Desenhos específicos para homens adultos.
12º dia.		Rop-krori - Desenho feminino, que indica o término das restrições. Representa o couro da onça.	Posição normal. Desenhos específicos para homens adultos.		
17º dia.	Posição normal. Desenhos específicos para crianças.	Mê-tuk, outra variante que indica o fim das restrições. Todo negro.			
2 meses		Posição normal. Participação plena na comunidade. Desenhos específicos para mulheres.			

Fonte Grafismo Indígena.

"Pintando suas faces, seus corpos e seus objetos, os índios expressam momentos importantes em suas vidas. Jenipapo, urucum, carvão, barro e resinas vegetais e minerais são utilizados como matéria-prima.

Os índios Kayapó-Xikrin, habitantes de matas de transição e cerrado, no Mato-Grosso e Sul do Pará, são conhecidos pelas suas pinturas corporais, verdadeiras vestimentas ou "peles sociais".

A ornamentação e, especialmente a pintura corporal entre os Kayapó expressam de maneira clara e formal a compreenso que estes índios possuem de sua visão de mundo e organização social, das manifestações biológicas e das relações com a natureza.

Os motivos decorativos se adaptam a um suporte plástico, o corpo, que por sua vez é portador de um outro conjunto de significados. Aplicada no corpo, a pintura possui função essencialmente social e mágico-religiosa, mas também é a maneira reconhecidamente estética e correta de se apresentar.

Entre os Kayapó-Xikrin, a pintura é tarefa exclusivamente das mulheres, que a transformam num verdadeiro hábito, como ir à roça, cozinhar e cuidar dos filhos. Todas pintam, e portanto a qualidade de pintora é considerada como atributo inerente à natureza feminina."

Classificação das aves: o etnoconhecimento dos índios Xikrin

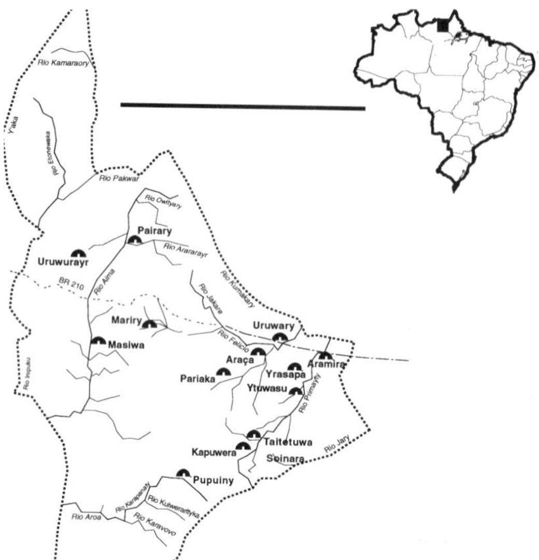

“Assim como nós e todos os povos, os índios também constrõem o seu discurso sobre a natureza. Assim como nós, eles ordenam e classificam os domínios e os seres da natureza. Neste sentido, existe uma lógica universal compartilhada por todos os humanos: a de colocar ordem no mundo em que vivem. Entretanto cada sociedade possue o seu modo específico para se relacionar com o meio ambiente. O saber indígena sobre as aves, entre os Xikrin, revela, de um lado, a existência de uma classificação que podemos chamar científica e que recorta o universo em categorias nomeadas e independentes de qualquer utilização prática. Na cultura destes índios, por outro lado, as aves ocupam um lugar relevante no discurso mítico, nos rituais, nos cantos e nos artefatos plumários.

As aves pertencem ao patamar celeste e são criação dos heróis mitológicos. Correspondem, enquanto representação simbólica privilegiada, à concepção indígena do que seja a própria humanidade. Os heróis, dois meninos gigantes, conseguem matar o grande Gavião-real. De suas penas lançadas ao ar criam todas as aves dando origem ainda aos artefatos plumários.

Para os Xikrin, as aves são tão importantes que o xamã, pessoa que entra em contato com o sobrenatural, deve ser iniciado simbólicamente pelo gavião-real.”

Instalação com a apresentação da etnoclassificação dos pássaros realizada pelos índios Xikrin através aves empalhadas e de vitrines com artefatos etnográficos Xikrin.

Aves:

Gavião real, Urubu-rei, Jacupemba, Pica-pau, Tucanuçu, Jaó verdadeiro, Coruja, Arara vermelha, Papagaio verdadeiro, Curica e Alma de gato. Coleção do Museu de Zoologia da Universidade de São Paulo.

Vitrines:

Colar, diadema rígido, testeira, garra de gavião real, diademas de fileira dupla, braçadeiras, colar de iniciação masculina, adorno dorsal. Coleção de Lux Boelitz Vidal e Isabelle Vidal Giannini.

Cosmologia indígena: o universo dos índios Waiãpi

“Os índios Waiãpi, de língua Tupi-Guarani, habitam uma vasta extensão de floresta de terra firme na fronteira Brasil-Guiana Francesa. Atualmente, a evolução da população Waiãpi na regio do Amapari atesta uma vasta taxa de crescimento extremamente elevada: a população passou de 151 indivíduos, na época do contato, em 1973, ao total de 310 indivíduos. A principal característica da organização sócio-política dos Waiãpi está na autonomia dos vários grupos locais. Os diferentes grupos podem ser identificados em relação às “áreas de ocupação”, onde cada grupo mantém diversas roças e habitações e na qual desenvolve suas atividades de subsistência.

O cosmo Waiãpi enfatiza a separação entre diferentes patamares superpostos, cuja diferenciação representa as transformações cíclicas que vêm ocorrendo desde a criação do mundo.

O eixo central leste-oeste acompanha os movimentos do sol, da lua e os fenômenos astronômicos representados pelo vento e pela chuva. Existem também outras direções que funcionam como pontos cardeais na representação do universo: o oceano, o lugar da cobra Anaconda, a casa do herói Ianejar e o lugar dos brancos.

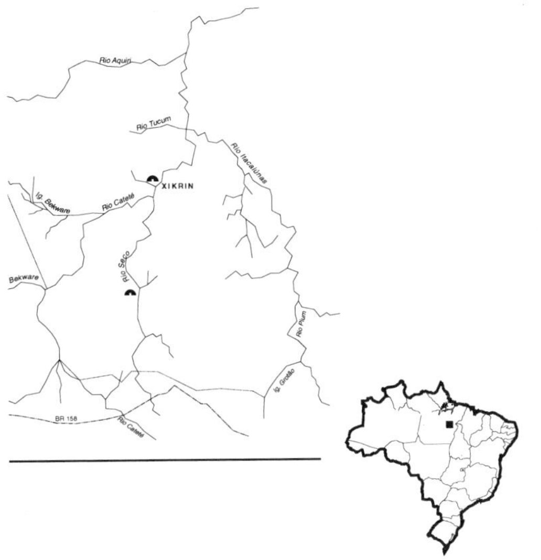

Os Waiãpi estão no centro do universo enquanto em volta deles, as outras etnias se distribuem como amigos, inimigos e brancos.

A superposição de patamares é pensada, no tempo, como uma degradação física das camadas de terra, que suportam diferentes estados da humanidade.

A plataforma superior é dura e nova, tanto do ponto de vista da floresta, como da sobre-humanidade que nela vive. Em contraposição, o patamar inferior é um espaço degradado, domínio do monstro associado ao Jupará - macaco da noite. Ele possui uma foice que corta a cabeça à distância, alimenta-se de carne semi-crua e toma banho no sangue, configurando comportamento no humano.

O plano terrestre, onde vive a humanidade atual, já está degradado e um dia cairá para baixo, no mundo subterrâneo, pensado como "podre". Na borda desta terra, moram as borboletas, encarregadas de amarrar os cipós que mantêm a boa altura do céu, evitando que este desabe sobre a terra, provocando a destruição cíclica que levará a humanidade para baixo e trará nova carga de homens, novos, vindos do céu de cima. No ritual do Jupará, dança-se com longas varas que, simbolicamente, recolocam o céu no seu lugar.

No final da terra, estende-se uma região de grandes águas, o oceano, cuja turbulência assinala a presença de seu principal ocupante, a grande Anaconda, que, ao se levantar, aparece como o arco-íris, a leste. A presença do arco-íris, à oeste, significaria uma alteração no movimento das águas, prefigurando o cataclisma.

O segundo patamar celeste é a morada do urubu-de-duas-cabeças e das aves de rapina, representadas pelo Gavião Real. Enquanto o dono do lugar no sai de sua morada, suas criaturas, os urubus da mata, descem à terra, à procura de carne apodrecida que levam ao seu mestre. O Gavião Acauã freqüenta esse céu. Esta ave é intermediária entre o mundo sobre-humano e a humanidade atual, sendo responsável pelo transporte dos homens ao céu. É auxiliar dos xamãs, que também fazem essa mediação, para trazer os mortos em visita a seus parentes terrestres.

O terceiro patamar é a morada do herói criador, com as aldeias dos mortos, espalhadas numa floresta limpa. Os mortos, quando chegam a esse patamar, bebem o caxiri, que lhes é oferecido pelos parentes, para que se distanciem, definitivamente, do mundo dos vivos. Ali rejuvenescem, formando, assim, uma humanidade nova, que virá substituir a nossa, após o próximo cataclisma.

Além desse, existem outros céus, que configuram a infinidade dessa estrutura de transformações cíclicas do cosmo."

Foto Luís Grupioni.

Instalação para apresentação da cosmovisão dos índios Waiãpi através da materialização de algumas imagens com as quais os índios Waiãpi explicam a estrutura do universo e de sua dinâmica de transformação. Na transposição dos relatos míticos para o cenário foram selecionados apenas alguns elementos das relações que equilibram os domínios celeste, terrestre e subterrâneo.

Personagens e figuras: Na camada subterrânea habita um monstro canibal. Na camada terrestre foi representado os Waiãpi, o xamã, os porcos do mato, a cobra anaconda, o arco-íris, as borboletas amarelas e a fortaleza de Macapá. Há uma garoto escorregando para o mundo subterrâneo. Na primeira camada celeste há o urubu de duas cabeças e o gavião real que carrega uma criança no cesto. Na segunda camada celeste, mundo dos mortos, estão representados dois antepassados.

Artefatos: adornos de cabeça (akanetá), panela com cipó em volta, bastão de dança, rede, cinto masculino, cuias, cestos. Coleção do Museu de Arqueologia e Etnologia da USP (acervo originário Plinio Ayrosa) e coleção particular Dominique Gallois.

DIÁLOGO CULTURAL: ÍNDIOS DO PRESENTE E DO FUTURO

Entidades de Apoio aos índios; a atuação da sociedade civil organizada

"No final dos anos 70, em diferentes cidades do território brasileiro surgiram os primeiros grupos e entidades de apoio aos índios. Constituindo-se como reação à proposta de emancipação forçada dos índios, elaborada pelo governo militar, estes grupos dedicaram-se à realização de campanhas de solidariedade aos povos indígenas e de denúncias das ameaças que pairavam sobre eles.

Estas entidades desenvolveram projetos de intervenção local junto a vários povos indígenas, nas áreas de saúde, educação, atividades econômicas e de proteção legal de suas terras. A atuação local, multifacetada, e o contato com profissionais variados talvez seja o que melhor traduz o início da atuação destas entidades.

Ao longo dos anos 80, tais grupos foram, paulatinamente, se profissionalizando e conseguindo recursos para montar escritórios, elaborar projetos de apoio, intervenção e assistência, obter financiamento para realização de projetos e formar quadros de pessoal especializado. Nesse processo de profissionalização, essas entidades passaram das denúncias à formulação de projetos alternativos de intervenção. Constituiram-se em interlocutores para várias questões relacionadas aos destinos dos índios no Brasil. Ao mesmo tempo, acirraram-se as disputas entre as entidades pelo controle de certas áreas de atuação, pelo direito de falar sobre certos assuntos e interferir em determinados contextos.

Uma das marcas do trabalho realizado pelas organizações não governamentais de apoio aos índios é a produção de várias publicações especializadas relativas à temática indígena. Hoje, algumas destas entidades possuem informações mais detalhadas e completas do que os órgos oficiais. Apresentando informações confiáveis e atualizadas, as publicações editadas por estas entidades constituem importantes instrumentos de pressão e de divulgação da problemática indígena contemporânea."

Apresentação dos trabalhos das entidades e organizações de apoio aos índios através de cartazes de campanhas e de publicações realizadas por elas. Foram selecionados materiais das principais entidades de apoio: ANAI/BA - Ação pela Cidadania - CEDI - CPI/SP - CCPY - CIMI NACIONAL - CTI - GTME - COMIN - CIMI/RO - Centro MAGUTA - CPI/RR - Fundação Mata Virgem - IAMA - MARI/USP - OPAN - NDI.

Vitrines: Livros, folhetos, relatórios de atividades, camisetas, cartões-postais, cartilhas de alfabetização, jornais e boletins.

Painel: Cartazes de campanhas produzidas pelas entidades de apoio aos índios nos últimos dez anos.

Organizações e Associações indígenas: novas formas de representação política

"No final dos anos 80, principalmente após a promulgação da atual constituição, surgiram diferentes organizações e associações indígenas.

Realizando assembléias e reuniões, elegendo diretorias, registrando estatutos em cartórios e abrindo contas bancárias, vários grupos indígenas se apropriaram destas formas de representação política.

Essas novas formas de organização política fizeram surgir novos líderes e novas possibilidades de aliança.

Conquistando espaços na mídia, local e nacional, passaram a interlocutores na discussão e no encaminhamento de reivindicações, junto a órgos do governo e outras entidades do movimento social.

Desempenhando, prioritariamente, a função de representação política, essas entidades são resposta à falência dos serviços de assistência prestados pelos órgãos do governo. Paralelamente ao surgimento destas organizações, os índios participam cada vez mais dos pleitos regulares, elegendo-se vereadores e deputados.

Embora muitas pessoas acreditem que os índios não farão parte de nosso futuro, a organização dos índios hoje demonstra que eles estão aqui, e para ficar."

Foto Antonio Queiroz/CIMI.

Painel: Fotografias de encontros, assembléias e manifestações públicas promovidas pelas organizações indígenas de Antonio Carlos Queiroz, Veronice Rossato, Antônio Brand, João Saffírio, Fábio Villas, Fritz Tschol, Egon Heck, Walber Kontsá, Cristina Ávila e Darci Ciconetti (fotografias pertencentes ao acervo fotográfico do Porantim) e de Luís Donisete Benzi Grupioni.

Mapa com a localização de 82 organizações indígenas elaborado pelo Setor de Documentação do CIMI/Nacional.

Fotografias de lideranças indígenas presentes no Encontro de Povos e Organizações Indígenas do Brasil (Luziânia, GO - 25 a 30 de abril/1992) de Celso Maldos.

Os direitos dos índios na Constituição do Brasil

Foto Luís Grupioni.

"Em 1988, durante os trabalhos da Assembléia Nacional Constituinte, o movimento indígena e o movimento de apoio aos índios articularam-se para conduzir as iniciativas referentes aos direitos indígenas na futura Constituição do país.

Além de participar das discussões sobre temas referentes à questão indígena, eles assessoraram os parlamentares na elaboração de propostas e emendas constitucionais, mobilizando, ainda, a opinião pública em favor dos direitos indígenas.

Essa articulação foi fundamental para que a Assembléia Constituinte não só aprovasse os direitos consagrados nas constituições anteriores, como ampliasse a definição de outras importantes garantias.

Promulgada em 05 de outubro de 1988, a nova Constituição da República Federativa do Brasil estabelece os direitos dos índios em um capítulo específico ("Dos índios") e de oito artigos, distribuídos em diferentes títulos.

A inovação mais importante desta Constituição foi o abandono da postura integracionista, que sempre buscou enquadrar os índios na "comunidade nacional", entendendo-os como uma categoria étnica e social transitória, condenada ao desaparecimento.

Com o novo texto constitucional em vigência, os índios deixaram de ser uma "espécie em vias de extinção". Sua organização social, costumes, línguas, crenças e tradições foram asseguradas, a partir do direito à diferença cultural.

Ao contrário do que determinavam as Constituições anteriores, a União passou a legislar sobre as populações indígenas com o fim de protegê-las.

Outro dispositivo importante desta Constituição é reconhecer que os índios têm direitos originários sobre as terras que ocupam, porque foram os primeiros habitantes e donos destas terras e por terem precedido a formação do Estado brasileiro.

É necessário, entretanto, reconhecer que, no Brasil, sempre houve grande distância entre o que está estabelecido na lei e o que ocorre na prática. Os índios e as organizações que os apoiam estão trabalhando para que esses direitos se consolidem e não sejam alterados na revisão constitucional de 1993."

Foto Luís Grupioni.

Painel: Apresentação dos dispositivos constitucionais referentes aos direitos dos índios na atual Constituição brasileira acompanhado de fotografias da mobilização indígena durante os trabalhos da Assembléia Nacional Constituinte. Fotografias de Egon Heck e Luís Santos Lobo (Porantim), Guilherme Rangel e Reynaldo Stavale (ADIRP) e Luís Donisete B. Grupioni.

Grupos Isolados na Amazônia

"A maioria das sociedades indígenas contemporâneas está em contato com segmentos da sociedade brasileira há muitos anos.

Outras, optaram por permanecer isoladas. Abrigadas em refúgios naturais, como regiões montanhosas ou interfluxo de rios e igarapés, ou, ainda, fugindo quando encontram sinais da presença dos brancos, essas sociedades relutam em aceitar o contato permanente, adiando o momento de "pacificarem" os brancos.

Foto Luís Grupioni.

Várias delas já experimentaram o convívio com garimpeiros, caçadores, madeireiros, fazendeiros, sertanistas e missionários.

Estima-se que vivem hoje em várias regiões da Amazônia cerca de 53 grupos isolados, praticamente sem contato com a sociedade envolvente.

Estes grupos indígenas ainda terão que decidir o momento de estabelecer relações permanentes com os brasileiros das fronteiras, com suas ferramentas, suas máquinas, suas bíblias, suas doenças...

Até recentemente, o grupo Tupi do Cuminapanema permaneceu isolado, no norte do Pará, a 300 km de Santarém. Em 1987, cem deles se aproximaram da base da Missão Novas Tribos do Brasil, que desde 1982 tentava encontrá-los e atraí-los.

A Funai sabia de sua existência desde 1976, quando foi planejada a construção da rodovia Perimetral Norte, mas optou por não promover o contato. No final de 1988, a Funai foi alertada pela Missão de que um surto de doenças tinha atingido o grupo, causando a morte de vários indivíduos.

Hoje, os Tupi do Cuminapanema são 133 indivíduos, que vivem em quatro aldeias diferentes, localizadas numa região de floresta entre os rios Erepecuru e Cuminapanema, por onde têm penetrado castanheiros e garimpeiros. Morreram cerca de trinta pessoas nos últimos cinco anos.

Além de ferramentas e de outros bens industrializados, os Tupi do Cuminapanema estão procurando remédios junto aos brancos. Mas, aparentemente, eles não querem mudar seu ritmo e seus padrões de vida em troca dessas coisas. Aceitar o contato, para eles, ainda depende de "pacificar os brancos"."

Apresentação da exposição fotográfica itinerante "Descobrindo o Brasil: índios Tupi encontram os brancos no Cuminapanema" realizada pelo Cedi, USP e Secretaria Municipal de Cultura/SP em 1990 apresentando fotografias de Dominique Gallois e Luís Donisete Benzi Grupioni.

Vitrine: Tipóia, pente, adorno de braço, colar, goivo com pingente, isqueiro com revestimento, colher confeccionada com cabeça de macaco, pulseira de castanheira, adorno labial, estojo peniano, tiara de plumas de urubu, furador de osso de macaco, panela de cerâmica, abano de palha, diadema frontal de penas, tiara de folha de palmeira, cortador com lâmina de metal, cesto com tampa, fuso com roliço de cerâmica, ramo de bacaba seco (vassoura), arco, arpão e flecha. Coleção: Dominique Gallois e Luís Donisete B. Grupioni.

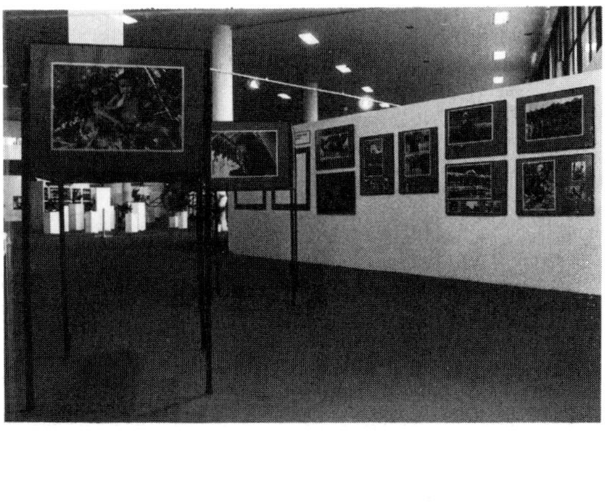
Foto Luís Grupioni.

Mineração em terras indígenas: uma grande ameaça

"A questão da mineração em terras indígenas, sobretudo na Amazônia brasileira, tem sido, ao longo dos últimos anos, assunto polêmico e preocupante, em virtude do jogo de interesses econômicos e políticos envolvidos. De um lado, estão as empresas privadas e estatais e os empresários do garimpo ansiosos por encontrar e explorar novas reservas de minérios. Do outro lado, estão os índios e entidades da sociedade civil, preocupados com as conseqüências da mineração para os índios e seus territórios.

Durante os trabalhos da Assembléia Nacional Constituinte, a questão da mineração em terras indígenas gerou muitos debates. Para se contrapor aos interesses das empresas mineradoras, que queriam ter autorização para explorar recursos minerais em áreas indígenas, organizações da sociedade civil levaram ao Congresso Nacional os resultados de uma pesquisa importante. Essa pesquisa demonstrava que as empresas mineradoras tinham interesse sobre mais de um terço das áreas indígenas da Amazônia. Mostrava, também que o Governo brasileiro tinha, na época, autorizado 560 alvarás de pesquisa e haviam sido pedidos mais de 1.685 requerimentos para pesquisa de mineração que atingiam 77 áreas indígenas diferentes.

Diante dessa denúncia e do perigo que essas atividades podem causar aos índios e a seus territórios, os parlamentares incluíram, na Constituição, um artigo que estabelece que somente o Congresso Nacional pode autorizar o aproveitamento dos rios e a lavra em áreas indígenas. Atualmente, existem pressões para que esse artigo seja modificado. E há uma oportunidade para que isso aconteça: a revisão constitucional no próximo ano."

Painel: Mapa "Empresas de Mineração e Terras Indígenas na Amazônia" elaborado pelo CEDI/CONAGE e apresentado durante os trabalhos da Assembléia Nacional Constituinte (1988).

Garimpo em áreas indígenas: o caso dos índios Nambiquara

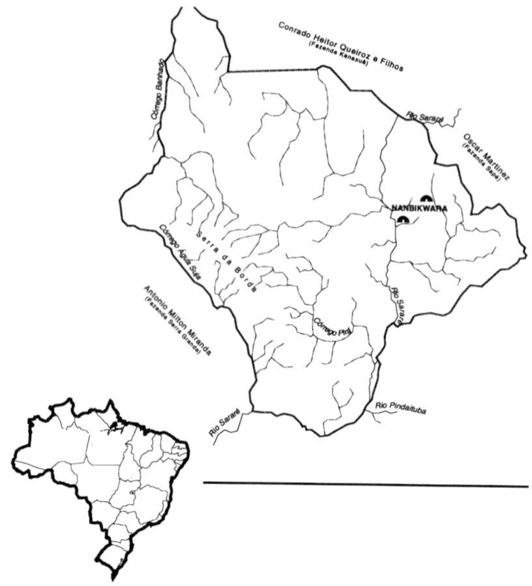

"O Garimpo é uma atividade que altera em grande escala o meio ambiente. Não se pode mexer no sub-solo sem afetar o solo. O garimpo manual, além de poluir os rios com mercúrio, espanta animais silvestres e altera a composição da flora local.

Quando praticado de forma desordenada, suas consequências são devastadoras para as sociedades indígenas, que mantêm estreita relação com a natureza.

Há alguns anos, a sociedade nacional e internacional vêm acompanhando as dificuldades enfrentadas pelos índios Yanomami, que tiveram suas terras invadidas por milhares de garimpeiros.

Muitos Yanomami moreram contaminados por mercúrio e por doenças transmitidas pelos garimpeiros.

A mesma história se repete, agora, entre os índios Nambiquara, que vivem no sul do Mato-Grosso.

Em 18 de janeiro de 1989, a mineradora Santa Elina Indústrias e Comércio Ltda. obteve alvará do Departamento de Produção Mineral/DNPM, autorizando-a a pesquisar minério na Gleba Sararé. Esta Gleba está localizada na margem direita do Córrego Água Suja, limite natural da Área Indígena Sararé, habitat imemorial dos Nambiquara.

Um ano depois, essa empresa efetuou um Termo de Acordo com a Cooperativa Mista dos Garimpeiros e Produtores de Ouro do Vale do Sararé. O acordo permitia aos garimpeiros a extração do ouro nos limites da área indígena. O acordo firmado foi apresentado à Funai para anuência. Mas essa entidade, apesar de não fornecê-la, silenciou e omitiu-se sobre os fatos.

O contrato limitava-se à presença de 735 garimpeiros. Porém, pouco tempo depois, a atividade garimpeira cresceu desordenada e rapidamente avançando sobre a área indígena. Constatou-se a presença de 1300 garimpeiros, passando logo para 1800, 2000.

Em 18 de dezembro de 1991, o juiz da 9 Vara do Distrito Federal, Dr. Mário Cézar Ribeiro, concedeu liminar favorável à retirada dos garimpeiros da área indígena.

Para cumprir a liminar, os órgos responsáveis - Funai, Ibama e Polícia Federal- alegaram falta de verbas. No entanto, existem recursos do Banco Mundial disponíveis.

Por outro lado, a área indígena está demarcada existindo provas da invasão e da depredação ambiental causada pelos garimpeiros. Todas as evidências são favoráveis para que a liminar se cumpra.

O número de garimpeiros chegou a 3000 e a invasão levou a disseminação de doenças, como viroses e malária, que atingiram mais de 70% da população indígena e já ocasionaram a morte de um adulto e duas crianças.

A devastação ambiental pode ser atestada pela mortandade dos peixes, assoreamento dos rios, poluição dos córregos com óleo e graxa e destruição das matas ciliares.

Embora a atividade garimpeira em área indígena seja absolutamente ilegal, nada foi feito até o momento."

Vídeo: "Boca Livre no Sararé" de Vicent Carelli, Virgínia Valadão e Maurício Congobardi. Produção CTI/TV Cultura, 1992 (vídeo sobre a invasão de garimpeiros na área indígena Nambiquara).

Centro de Cultura Indígena Guarani Ambá Arandu: resistência e resgate

"Poucas pessoas sabem que existem índios na cidade e mesmo no Estado de São Paulo. Bem perto de nós, entretanto, moram os índios Guarani. Eles convivem com nossa sociedade desde os tempos do descobrimento. São exemplo de uma cultura milenar.

Algumas pessoas acreditam que, por falarem a língua portuguesa e utilizarem, no seu cotidiano, produtos industrializados, os Guarani estão deixando de ser índios. Porém, é bom lembrar, que as culturas indígenas são antigas, mas não paradas no tempo. Elas têm se transformado, se modificado. A cultura de um povo não é algo congelado no passado: é um modo particular de viver, de entender e explicar o mundo, que se transforma em função dos novos acontecimentos e situações.

Os Guarani da Aldeia do Morro da Saudade estão construindo o Centro de Cultura Indígena Ambá Arandú. Através de uma instituição típica da nossa cultura - o centro cultural - os Guarani buscam resgatar e valorizar suas tradições, especialmente para as crianças, índias ou não-índias. Além disso, o Centro prope o desenvolvimento de projetos práticos, voltados para busca da auto-suficiência econômica dos Guarani, e de atividades culturais, com a apresentação de danças e explicações sobre a tradição Guarani."

Painéis: Fotografias de detalhes da construção do Centro de Cultura Guarani e de aspectos do cotidiano da aldeia Morro da Saudade. Fotos de Ivo Adolfo Fucker.

Povo Ticuna constrói seu próprio museu

"Os Ticuna contam hoje com uma população de 23.000 indivíduos. Localizados na região Amazônica, na fronteira do Brasil, Peru e Colômbia, eles são um dos povos indígenas mais numerosos do Brasil.

Divididos em 90 aldeias, todas elas situadas nas margens, ilhas e afluentes do rio Solimões, os Ticuna se distribuem em seis municípios: Benjamin Constant, Tabatinga, São Paulo de Olivença, Amaturá, São Antônio de Içá e Tocantins.

No dia 06 de dezembro de 1991, os índios Ticuna e o Centro de Documentação e Pesquisa do Alto Solimões fundaram, em Benjamin Constant, o **Museu Maguta**. Trata-se do primeiro museu fundado por índios.

O museu tem por objetivo preservar e divulgar aspectos da cultura indígena, tanto para as futuras gerações de Ticuna, como também para os não-índios que moram na região.

Maguta, nome escolhido para denominar o museu, é o nome do primeiro povo pescado por Yoi, um herói cultural, na região chamada Evaré. Os Ticuna acreditam que descendem deste povo."

Museu Magüta

Av. Castelo Branco, 396
69.630 Benjamin Constant
Amazonas - Brasil
fone/fax: (092) 415-56-24

convite

Os índios TICUNA e o CENTRO DE DOCUMENTAÇÃO E PESQUISA DO ALTO SOLIMÕES convidam para a cerimôni de inauguração do Museu Magüta, a realizar-se no dia 6 d dezembro de 1991, às 10 hs.

MAGÜTA é o nome do primeiro povo pescado por Yoi (herói cultural) no Evare. Os Ticuna descendem deste povo.

"O Museu do Centro Maguta é importante para nós, porque nele vai ficar guardada a cultura do nosso povo, para o futuro dos nossos filhos e netos. É importante, também, para os brancos conhecerem nossa arte, nossa ciência, para compreenderem que os Ticuna são gente que têm história, que têm cultura, que tem sua própria língua, como qualquer outro povo que existe no mundo. Para os Ticuna, o Centro Maguta é como a nossa terra sagrada, o Evaré."(Pedro Inácio Pinheiro, Ngematucu Presidente do Conselho Geral da Tribo Ticuna - CGTT)."

"O Museu é importante porque foi organizado com nossa participação; porque foi feito perto das nossas aldeias. O povo Ticuna vai poder visitar, vai poder mostrar para os não-índios sua arte, sua cultura, que quase ninguém conhece nesta região. É o primeiro Museu feito pelos próprios índios, conforme nosso pensamento. É um lugar para conservar nossa cultura e relembrar nossa história". (Constantino Ramos Lopes, Cupeatucu, Museólogo).

Foto Jussara Gruber.

Painéis: Fotografias do processo de constituição do Museu Tikuna e de seu uso por parte das crianças Tikuna. Fotos de Jussara Gruber.

Demarcação de terras indígenas

Instalação com a história **O Caso dos X**: quadrinhos e textos com informações sobre a situação das terras indígenas no Brasil. Em 16 painéis uma história em quadrinhos, ampliada fotograficamente, mostra o lado dos índios da luta pela terra. Texto e desenho de André Toral.

Abaixo-assinado

"Você pode manifestar seu apoio em favor da demarcação das terras indígenas.

Sr. Presidente do Brasil,

Tendo em vista o prazo que se esgota em 05 de outubro de 1993 para o cumprimento do artigo 67 do Ato das Disposições Constitucionais Transitórias da Constituição do Brasil, onde está estabelecido que "A União concluirá a demarcação das terras indígenas no prazo de cinco anos a partir da promulgação da Constituição", pedimos a aceleração dos processos de reconhecimento e demarcação das terras indígenas. Entendemos que a garantia das terras indígenas é condição fundamental para a sobrevivência das populações nativas de nosso país.

Nome: R.G.

Sr. Presidente do Brasil,

Os índios precisam de terras para sobreviver. Eles preservam a natureza e são exemplos para todos os brasileiros. Têm direito às suas tradições e ao seu modo próprio de viver. São cidadãos e por isso devem ser respeitados. Nós, crianças, pedimos que as terras dos índios sejam logo demarcadas."

Foto Vilma Gonçalves.

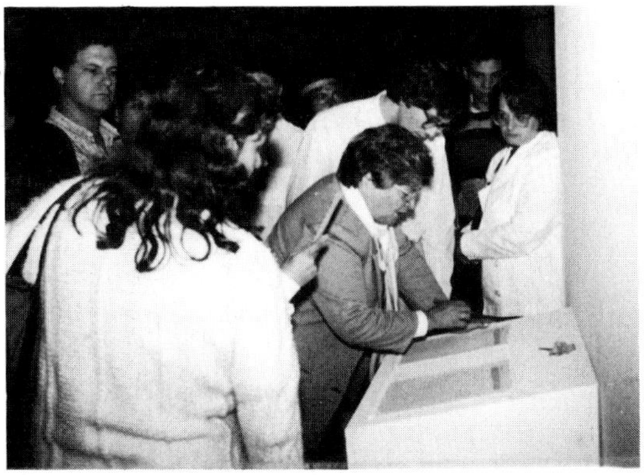

Painel: Resumo da situação jurídica das terras indígenas no Brasil no ano de 1992 e texto de abaixo-assinado pela demarcação das terras indígenas.

Créditos da Exposição índios no Brasil: Alteridade, Diversidade e Diálogo Cultural

Prefeitura do Município de São Paulo
Prefeita: Luiza Erundina de Sousa

Secretaria Municipal de Cultura
Secretária: Marilena de Souza Chaui

Coordenador V Centenário
José Américo Motta Pessanha

EXPOSIÇÃO ÍNDIOS NO BRASIL
Curadores:
Isabelle Vidal Giannini
Luís Donisete Benzi Grupioni

Consultores:
Berta G.Ribeiro, Cristina Bruno, Dominique T. Gallois, Lúcia Hussak van Velthem, Lux Boelitz Vidal, Sérgio Cardoso, Sônia T. Ferraro Dorta.

Eventos Paralelos:
Coordenação: Rejane de Cássia B. da Nóbrega

Visitas monitoradas:
Coordenação: Ana Maria Campanhã
Aloísio José da Silva, Christina Evangelista, Eurides Feitosa da Silva, Maria Cristina Barreto de Souza, Maria Delcina Feitosa, Miria de Moraes, Neusa Gonçalves, Rita Daher, Robson Donizete de Jesus, Sandra F. de Araújo Montagmoli, Sonia Valério da Costa, Teresa Cristina Brando Cesar.

Assessoria de Projetos Especiais
José Jacinto de Amaral, Maria das Graças de Souza Sá, Hilvânia Maria de Carvalho, Maria Valéria Ribeiro Sostena, Maria Cristina Martins.

Montagem:
Escritório Julio Abe Wakahara

Coordenação Geral:
Julio Abe Wakahara

Projeto Arquitetônico:
Coordenação: Carlos Verna
Dalva Thomaz
Glória Bayeux

Produção e Controller:
Coordenação: Élida Gagete
Sandra Miyuki Tsuji

Cenografia:
Maria Helena Grembrecki

Conservação Obras de Arte:
Celso do Padro

Serviços Fotográficos:
Coordenação: Haroldo Kinder
Claudio Wakahara, Cinara Dias, Luciana Guidorzi, Jorge von Simson, Caio Vilela, Roberto Wakahara.

Coordenadores de Produção:
Música Indígena: Flora Dias
Bonecos Waiãpi e Bororo: Elsje Maria Lagrou
História em Quadrinhos: André Toral
Casa de Farinha: Aloísio Cabalzar
Cultos Afros e Produtos Comerciais: Omar Thomaz

Coordenadores de Montagem:
Cosmologia Waiãpi e Sala do Manto: José Maria Polezi
Casa de Farinha: José Mendes de Camargo

Bonecos Waiãpi e Bororo: Anésia Maria Braz e Julio Lopes
Estandartes: Cirineu Tarciso Diccianoi
Painéis Bororo: Julio Pequeno
Painéis Cosmologia Waiãpi: Rosana G. de Andrade

INSTITUIÇÕES COLABORADORAS

Acervo Artístico Cultural Palácios do Governo
Biblioteca Mário de Andrade /SMC/PMSP
Centro Cultural de São Paulo/SMC/PMSP
Departamento de Patrimônio Histórico - SMC/PMSP
Fundação Museus Raymundo Ottoni de Castro Maya
Gabinete da Prefeita - Secretaria do Governo Municipal/PMSP
Instituto Histórico e Geográfico Brasileiro
Laboratório de Recursos Visuais e Sonoros em Antropologia da Universidade de São Paulo
Museu de Arqueologia e Etnologia da Universidade de São Paulo
Museu de Arte Comtemporânea da Universidade de São Paulo
Museu de Arte de São Paulo
Museu de Arte Moderna de São Paulo
Museu de Arte Moderna do Rio de Janeiro
Museu de Zoologia da Universidade de São Paulo
Museu Histórico Nacional
Museu Imperial
Museu Paulista da Universidade de São Paulo
Pinacoteca do Estado de São Paulo
Projeto Portinari/PUC/RJ

Colecionadores Particulares

Augusto Martins Capela
Cláudio Patrick Amato
Clécio Penedo
Dominique T. Gallois
Isabelle Vidal Giannini
João Candido Portinari
Leila Florence Moraes
Luís Donisete B. Grupioni
Lux B. Vidal
Maria da Conceição de Souza Cahu
Marisia Portinari
Nelson Di Francesco
Renato Magalhães Gouvea
Sônia Ferraro Dorta
Sylvia Caiuby Novaes
Taro Kaneko

ENTIDADES COLABORADORAS:

AÇÃO PELA CIDADANIA
ABRAFITE - Associação Brasileira de Filatelia Temática
ADIRP - Congresso Nacional
ANAI/BA -Associação Nacional de Apoio ao Índio/Bahia
CCPY - Comissão para Criação do Parque Yanomami
CEDI - Centro Ecumênico de Documentação e Informação
CENTRO MAGUTA
CIMI - Conselho Indigenista Missionário
CIMI/RO - Conselho Indigenista Missionário de Rondônia
COMIN - Conselho de Missão entre Índios/IECLB
CPI-RR - Comissão Pró-Índio de Roraima
CPI/SP - Comissão Pró-Índio de São Paulo
CTI - Centro de Trabalho Indigenista
FUNDAÇÃO MATA VIRGEM
GTME - Grupo de Trabalho Missionário e Evangélico
IAMA - Instituto de Antropologia e Meio Ambiente
MARI - Grupo de Educação Indígena da USP
MIS - Museu da Imagem e do Som
NDI - Núcleo de Direitos Indígenas
OPAN - Operação Anchieta

AGRADECIMENTOS:

Aldo lo Curto, Aloísio Cabalzar, André Amaral de Toral, André Dusek, André Villas Boas, Antonella Tassinari, Antonio Afonso de Miranda, Antonio Carlos Magalhães, Celso Maldos, Cinemateca, Cláudia Andujar, Columbia Filmes, Dominique T. Gallois, Eduardo Carrara, Fany Ricardo, Flávio Giannini, Flora Dias, Francisco Ramalho Jr., Guilherme Rangel, H.B. Filmes Ltda, Heloísa Fenelon Costa, Hermano Pena, Isaura de Oliveira Santos, Ivo Adolfo Fucker, Jaime Garcia Jr., Jerusa Pires Ferreira, João Salvador Rodrigues, Jota Barros, Jussara Gruber, Loretta Emihi, Manuela Carneiro da Cunha, Márcio Santilli, Maria Aparecida Urbano, Maria Helena Ortolan Matos, Marta Azevedo, Maureen Bisilliat, Mãe Silvia de Oxalá, Memorial da América Latina, Museu de Copenhague, Museu do Homem, Nanmcy Flowers, Pai Doda de Ossaim, Paula Morgado Dias Lopes, Paulo Vanzolini, Reynaldo Stavale, Rizio Bruno Sant'ana, Ruth Monserrat, Sonia Salstein, Sylvia Caiuby Novaes, Universidade de Brasília, Vagner Gonçalves da Silva, Virgínia Valadão.

SOBRE OS AUTORES

Ana Maria de M. Belluzzo, Professora-Doutora do Departamento de História da Faculdade de Arquitetura e Urbanismo da USP onde leciona História da Arte desde 1978. Mestre em Artes pela Escola de Comunicações e Artes da USP com a tese "Voltolino e as raízes do modernismo", 1981 e doutora pela FAU com o tema "Artesanato, Arte, Indústria", 1987. Foi curadora da exposição "Walter Cordeiro", no MAC/USP, e do módulo "Modernos" na exposição "Tradição e Ruptura", na Bienal de São Paulo. Organizou a coletânea **Modernidade e as Vanguardas Artísticas na América Latina** (1990) e tem publicado artigos de história e crítica de arte em revistas especializadas. Dirigiu o Centro de Documentação e Informação Artística da SMCSP. Colaborou nos Conselhos do Museu de Arte Contemporânea da USP, Bienal de São Paulo, FUNARTE e Bolsas VITAE de Artes.

Aracy Lopes da Silva, doutora em Antropologia Social pela Universidade de São Paulo, onde leciona desde 1974, com pós-doutorado na Universidade de Harvard (1988-89). Ex-presidente da Comissão Pró-Índio de São Paulo é atualmente coordenadora do MARI - Grupo de Educação Indígena da USP. Fez pesquisa de campo entre os Xavante e os Xerente do Brasil Central e os Pataxó Hãhãhãi do sul da Bahia. Suas publicações incluem estudos sobre estrutura social e mitologia, educação escolar indígena e trabalhos de divulgação científica sobre sociedades indígenas e sua problemática atual destinados a crianças jovens e não-índios e seus professores. É autora do livro **Nomes e Amigos: da prática Xavante a uma reflexão sobre os Jê**, FFLCH-USP, 1986.

Berta Ribeiro, licenciada em Geografia e História pela UERJ e doutora em Antropologia Social pela USP. É Professor-adjunto do Museu Nacional/UFRJ e professora do curso de pós-graduação em Artes Visuais da Escola de Belas Artes/UFRJ. Sua área de especialização é etnologia indígena e, dentro desta, cultura material, tecnoeconomia e etnoestética. Publicou cerca de quarenta trabalhos, em revistas especializadas e de divulgação científica, e vários livros, destacando-se: **Diário do Xingu, O Índio na História do Brasil, O Índio na Cultura Brasileira, Dicionário do Artesanato Indígena**. Foi coordenadora dos três volumes Etnobiologia, Tecnologia Indígena e Arte Índia da **Suma Etnológia Brasileira**. O último - **Amazônia Urgente, Cinco Séculos de História e Ecologia** - é o guia de uma exposição do mesmo nome, laureado com "Menção Honrosa" - Prêmio Nacional de Ecologia de 1989 - pelo CNPq.

Carlos Frederico Marés de Souza Filho, mestre em Direito Público pela UFPR e professor de Direito Agrário e Ambiental no Curso de Direito da PUC-PR. É procurador do Estado do Paraná, ocupando o cargo de Procurador Geral e diretor técnico do Núcleo de Direitos Indígenas. É membro da Junta Diretiva de ILSA - Instituto Latinoamericano de Serviços Legais Alternativos (Colômbia), do comitê ICOMOS-BR, e da Comissão Índios no Brasil. Foi Secretário Municipal de Cultura de Curitiba no período de 1983-88. Publicou ensaios e artigos sobre direito, índios, meio ambiente, patrimônio cultural e direitos humanos.

Dominique Tilkin Gallois, Professora-Doutora do Departamento de Antropologia da Universidade de São Paulo. É pesquisadora colaboradora do Programa Povos Indígenas no Brasil do Centro Ecumênico de Documentação e Informação e membro do Centro de Trabalho Indigenista. Entre 1983 e 1989 foi coordenadora das atividades de organização, pesquisa e divulgação das coleções etnográficas do Acervo Plinio Ayrosa da USP. Tem organizado exposições etnográficas, destacando-se a coordenação da mostra "Ka'a eté: Waiãpi, povo da floresta" e "Descobrindo o Brasil: Índios Tupi encontram os brancos no Cuminapanema". Desenvolve pesquisa etnológica entre os Waiãpi do Amapá e os Tupi do Cuminapanema. Tem trabalhos publicados sobre a história do contato, a cosmologia e o xamanismo dos povos indígenas da região Guiana Brasileira. É autora do livro **Migração, Guerra e Comércio: os Waiãpi na Guiana**, FFLCH-USP, 1986.

Gerôncio Albuquerque Rocha, geólogo, secretário geral da Coordenadoria Nacional dos Geólogos - CONAGE - e membro do Conselho Diretor da Sociedade Brasileira de Geologia. Organizou o livro **Em busca do ouro: garimpo e garimpeiro no Brasil** (CONAGE - Ed. Marco Zero, 1984). É membro da Comissão Índios no Brasil.

Isabelle Vidal Giannini, bióloga de formação. Fez mestrado em Antropologia na USP tendo defendido a tese "A Ave Resgata: a impossibilidade da leveza do ser", que ganhou o primeiro lugar do prêmio ABA/FORD - 1990 de melhor tese sobre sociedades indígenas e meio-ambiente. Realiza pesquisa entre os Xikrin do Cateté (Pará) desde 1983. É assessora dos índios no Convênio Xikrin - Cia. Vale do Rio Doce. Atualmente desenvolve trabalho de manejo sustentável, financiado pelo Fundo do Meio Ambiente/SEMAN (Secretaria do Meio Ambiente) na área Xikrin do Cateté, tendo como objetivo a auto-sustentação deste povo. É colaboradora do Programa Povos Indígenas no Brasil do Centro Ecumênico de Documentação e Informação. É membro-fundadora do MARI - Grupo de Educação Indígena, onde assessora diretamente grupos indígenas na formulação de currículos diferenciados.

John Manuel Monteiro, doutor em História pela Universidade de Chicago, é pesquisador visitante do Centro Brasileiro de Análise e Planejamento (CEBRAP) e presidente da Associação Nacional de Professores Universitários de História (Núcleo Regional de São Paulo). Vinculado ao Núcleo de História Indígena e do Indigenismo da USP desde seu início, coordena o Projeto "Guia de Fontes para a História Indígena em Arquivos Brasileiros", com o objetivo de cadastrar e descrever os principais acervos de todas as capitais do país. É compilador das bibliografias básicas **América Latina Colonial** (com Francisco Moscoso) e **A Escravidão na América Latina e no Caribe** (com Horácio Gutiérrez). Publicou diversos trabalhos sobre a presença e o papel das sociedades indígenas na história do Brasil.

Laymert Garcia dos Santos, jornalista, professor na Universidade Estadual de Campinas. Atualmente faz pós-doutorado na Universidade de Oxford na Inglaterra. Publicou **Desregulagem** e **Alienação e Capitalismo** (Brasiliense), **Tempo de Ensaio** (Companhia das Letras) e artigos em revistas especializadas e jornais. É secretário geral da Comissão Índios no Brasil.

Lúcia Bettencourt, formada em Português e Literaturas pela UFRJ. Atualmente está filiada a "Yale University", onde já obteve o título de Mestre e agora completa seu Ph.D. Além de ensinar Português em "Yale", fez várias conferências em universidades americanas, tais como "Trinity College" e "Louisiana State University". Também foi convidada a participar de seminário internacional na Universidade do Minho em Portugal e a apresentar seus trabalhos no "New England Modern Language Association" e em solenidades comemorativas do ensino bi-lingue do sistema escolar da cidade de Bridgeport, em Connecticut, EUA. Dedica-se atualmente ao estudo comparativo das literaturas do continente americano. Sua tese concentra-se na importância do banquete como metáfora nas literaturas brasileiras e latino-americanas.

Lucia Hussak van Velthem, pesquisadora do Museu Paraense Emilio Goeldi desde 1975 e curadora do acervo etnográfico dessa instituição. Graduada em Museologia, recebeu em 1984 o título de Mestre em Antropologia Social pela Universidade de São Paulo com a dissertação "A pele de tulupere: estudo dos traçados Wayana-Apalai". Realiza pesquisa entre os Wayana, povo de língua karib do norte do Pará, desde 1975, e tem como interesse central os estudos de cultura material e etnoestética, com ênfase especial nos motivos decorativos. Desenvolve para tese de doutoramento um projeto que tem como tema as representações Wayana da cultura material.

Luís Donisete Benzi Grupioni, aluno de Pós-Graduação em Antropologia Social da Universidade de São Paulo e membro do MARI - Grupo de Educação Indígena. Foi pesquisador no Acervo Plinio Ayrosa da USP, quando realizou pesquisa de campo sobre a cultura material dos índios Bororo no Mato Grosso. Atualmente coleta dados para sua tese sobre o início da etnologia indígena no Brasil e paralelamente pesquisa entre os índios Tupi isolados do rio Cuminapanema no Pará. Tem organizado exposições etnográficas e mostras de fotografias sobre os índios, entre as quais destacam-se "Os Bororo: quando a vida passa pela morte" e "Descobrindo o Brasil: índios Tupi encontram os brancos no Cuminapanema". Assessora o Projeto 500 Anos da Secretaria Municipal de Cultura de São Paulo desde 1991.

Lux Boelitz Vidal estudou na França, Espanha e Estados Unidos, onde obteve o título de Bachelor of Arts em Filosofia, Antropologia e Teatro. Foi professora no Liceu Pasteur e desde 1969 é professora do Departamento de Antropologia da Universidade de São Paulo, onde obteve os títulos de Mestre e Doutor. Foi responsável pelo Acervo Plinio Ayrosa, tendo organizado várias exposições etnográficas. Tem como áreas de interesse a teoria antropológica, os índios do Brasil e a etnoestética. É membro do Conselho da Comissão Pró-Índio de São Paulo e assessora os índios Kayapó-Xikrin do Cateté e do Bacajá. Desenvolve pesquisa entre os Kayapó e os povos da bacia do Uaça, Oiapoque , Amapá. É autora do livro **Morte e Vida de uma Sociedade Indígena Brasileira**, organizadora do livro **Grafismo Indígena: Estudo de Antropologia Estética** e de vários artigos e capítulos de livros sobre assuntos ligados à etnologia brasileira e política indigenista. É membro da Comissão Índios no Brasil.

Maria Sylvia Porto Alegre, graduada em Ciências Sociais e doutora em Antropologia pela Universidade de São Paulo. Iniciou seus estudos de campo em 1976, entre os artistas e artesãos do nordeste. Aprofundou-se na pesquisa sobre as origens do artesanato brasileiro e do trabalho livre, no Arquivo Histórico Ultramarino de Lisboa e na Universidade de Barcelona, onde foi pesquisadora visitante em 1983-1984. Desses estudos resultou sua tese de doutoramento, defendida na USP em 1988. Em 1989 foi bolsista de pós-doutorado no Instituto Latino-Americano da Universidade Livre de Berlim. É autora de estudos sobre trabalho indígena, iconografia e representações étnicas, relações interétnicas e fontes arquivísticas para a história indígena. Desde 1975 é professora do Departamento de Ciências Sociais e do Mestrado de Sociologia da Universidade Federal do Ceará.

Marilena Chaui, professora titular de História da Filosofia Moderna e Filosofia Política da Universidade de São Paulo; membro-fundador do Centro de Estudos de Cultura Contemporânea (CEDEC) e da Association des Amis de Spinoza (Paris). Publicou: **O que é Ideologia, Apontamentos para uma crítica da Ação Integralista Brasileira, Cultura e Democracia, Da Realidade sem Mistérios ao Mistério do Mundo: Espinosa, Voltaire, Merleau-Ponty, Conformismo e Resistência - Notas sobre a Cultura Popular, Repressão Sexual Esta Nossa (Des) Conhecida, Seminários sobre o Nacional e o Popular na Cultura**, e diversos artigos sobre aspectos da história da filosofia, teoria política e política brasileira. É membro-fundador do Partido dos Trabalhadores e Secretária Municipal de Cultura na gestão da prefeita Luiza Erundina de Sousa.

Omar Ribeiro Thomaz, aluno de Pós-Graduação em Antropologia Social da Universidade de São Paulo, bolsista do Centro Brasileiro de Análise e Planejamento (CEBRAP) e pesquisador do Grupo de Estudos do V Centenário (USP). Formado em História e Geografia com especialização em História da Arte na Universidade de Barcelona, realizou pesquisa de campo em áreas urbanas da Guiné-Bissau. Atualmente desenvolve pesquisa para a sua dissertação de mestrado sobre a "Questão Africana" no discurso político salazarista e o luso-tropicalismo de Gilberto Freyre. É secretário-editorial da revista **Cadernos de Campo** (Revista dos alunos de pós-graduação em Antropologia Social da USP).

Priscila Dulce Dalledone Siqueira, jornalista profissional trabalhando, atualmente, na Agência Estado. Como correspondente desta agência no litoral norte paulista e sul fluminense, especializou-se em assuntos ligados ao Meio Ambiente, comunidades tradicionais e na questão indígena. É membro-fundador da SOS Mata Atlântica, fazendo parte de seu Conselho Administrativo. Também ajudou a fundar o Movimento de Preservação de São Sebastião - Mopress - participando de sua atual diretoria. De 1988 a 1990 editou a Revista Mulher Libertação. Ganhou o Prêmio Clube de Criação de São Paulo, 1986, pela série publicada no Jornal da Tarde, intitulada "Terra à vista ou Terra a prazo", sobre as ilhas e ilhéus do litoral paulista. Foi enviada especial da A.E. para os assuntos relacionados à questão indígena nos eventos ligados à Rio 92. É autora do livro **Genocídio dos Caiçaras** e de vários artigos sobre a responsabilidde da Imprensa na divulgação das lutas das minorias em nosso país. É membro da Comissão Índios no Brasil.

Ruth Maria Fonini Montserrat, linguista, mestre em Ciências Filológicas pela Universidade da Amizade dos Povos Patrice Lumumba, de Moscou e professor adjunto da Universidade Federal do Rio de Janeiro. Ex-bolsista-pesquisadora do Conselho de Pesquisa para Graduados (CPEG) da UFRJ e do CNPq. Tem trabalhos realizados, publicados e/ou apresentados em congressos, sobre várias línguas indígenas brasileiras: Aweti (Tupi), Kulína (Arawá), Mundurukú (Tupi), Botocudo (Macro-Jê), Yamamadí (Arawá), Myky (isolada), Suruí

Mudjetíre, Asurini do Xingu e Parakanã (Tupi-Guarani), Cinta Larga, Suruí e Zoró (Tupi Mondé), além de estudos de tipologia diacrônica das línguas Tupi (hierarquia referencial, classes lexicais, ergatividade). Organizou o livro **A Conquista da Escrita** (OPAN/Iluminuras). É assessora e consultora linguística de vários projetos de educação escolar indígena, no Mato Grosso, Rondônia e Mato Grosso do Sul. Atualmente é coordenadora do Seminário Permanente de Educação e Estudos Indígenas (Sepeei) da Faculdade de Letras da UFRJ.

Washington Novaes, bacharel pela Faculdade de Direito da Universidade de São Paulo. Trabalhou nos principais jornais (**Folha de São Paulo, O Estado de São Paulo, Jornal do Brasil, Correio da Manhã, O Jornal**, entre outros) e revistas brasileiras **(Veja e Visão)**. Foi editor-chefe de Telejornalismo da TV Rio e do **Globo Repórter**, além de editor do **Jornal Nacional**. Como produtor independente, dirigiu as séries **Xingu, Kuarup e Os Caminhos da Sobrevivência**, para a TV Manchete, que receberam vários prêmios internacionais e nacionais. **Xingu** foi ainda sala especial na Bienal de Veneza (1985). Autor de vários livros **(Xingu - uma flecha no coração, A quem pertence a informação, Xingu** (edição Olivetti) e co-autor de outros, recebeu o Prêmio Rei de Espanha, pelo conjunto da obra, e Golfinho de Ouro, pela obra em televisão. Dirigiu ainda 14 documentários sobre o Centro Oeste para a TV Brasil Central de Goiânia.

Impresso por
EGB
EDITORA GRÁFICA BERNARDI LTDA
Aqui, os sentimentos são impressos.
Tel/Fax: 11 2431 - 5577
www.egb.com.br